ACCESO GRATIS *a la Lectura en la Nube*

Para visualizar el libro electrónico en la nube de lectura envíe junto a su nombre y apellidos una fotografía del código de barras situado en la contraportada del libro y otra del ticket de compra a la dirección:

ebooktirant@tirant.com

En un máximo de 72 horas laborables le enviaremos el código de acceso con sus instrucciones.

GUÍA JURÍDICO-PRÁCTICA SOBRE LOS ERTEs

Procedimiento de selección de originales, ver página web:
www.tirant.net/index.php/editorial/procedimiento-de-seleccion-de-originales

GUÍA JURÍDICO-PRÁCTICA SOBRE LOS ERTEs

Remedios Roqueta Buj
Catedrática de Derecho del Trabajo y de la Seguridad Social
Universidad de Valencia

tirant lo blanch
Valencia, 2025

En caso de erratas y actualizaciones, la Editorial Tirant lo Blanch publicará la pertinente corrección en la página web www.tirant.com.

Directora de colección
CAROLINA DEL CARMEN CASTILLO MARTÍNEZ

EDITA: TIRANT LO BLANCH
C/ Artes Gráficas, 14 - 46010 - Valencia
TELFS.: 96/361 00 48 - 50
FAX: 96/369 41 51
Email: tlb@tirant.com
www.tirant.com
Librería virtual: www.tirant.es
DEPÓSITO LEGAL: V-1351-2025
ISBN: 979-13-7010-115-2
MAQUETA: Innovatext

Si tiene alguna queja o sugerencia, envíenos un mail a: *atencioncliente@tirant.com*. En caso de no ser atendida su sugerencia, por favor, lea en *www.tirant.net/index.php/empresa/politicas-de-empresa* nuestro procedimiento de quejas.

Responsabilidad Social Corporativa: http://www.tirant.net/Docs/RSCTirant.pdf

Índice

Capítulo Tercero

LOS ERTES FM

Capítulo Cuarto

LOS EFECTOS DE LOS ERTES ETOP Y FM

Capítulo Quinto

EL MECANISMO RED DE FLEXIBILIDAD Y ESTABILIZACIÓN DEL EMPLEO

Capítulo Sexto

LAS MEDIDAS EXCEPCIONALES POR LA COVID-19, LA ERUPCIÓN VOLCÁNICA EN LA PALMA Y LA DANA

Capítulo Séptimo

LA IMPUGNACIÓN JUDICIAL DE LOS ERTES

Abreviaturas

AA.VV.	Autores Varios.
AAP	Auto Audiencia Provincial.
AGE	Administración General del Estado.
AJM	Auto del Juzgado de lo Mercantil
AJS	Auto del Juzgado de lo Social.
BOE	Boletín Oficial del Estado.
(CA)	Sala de lo Contencioso-Administrativo.
CC	Código Civil.
CE	Constitución Española.
DA	Disposición Adicional.
DD	Disposición Derogatoria.
DF	Disposición Final.
DT	Disposición Transitoria.
EBEP	Real Decreto Legislativo 5/2015, de 30 de octubre, por el que se aprueba el texto refundido de la Ley del Estatuto Básico del Empleado Público.
ERE	Expediente de regulación de empleo.
ERTE	Expediente de regulación temporal de empleo.
ERTE ETOP	Expediente de regulación temporal de empleo por causas económicas, técnicas, organizativas o productivas.
ERTE FM	Expediente de regulación temporal de empleo por fuerza mayor.
ERTE COVID-19	Expediente de regulación temporal de empleo por causas relacionadas con el COVID-19.
ERTE RED	Expediente de regulación temporal de empleo del Mecanismo RED de Flexibilidad y Estabilización del Empleo.
ET	Real Decreto Legislativo 2/2015, de 23 de octubre, por el que se aprueba el Texto Refundido de la Ley del Estatuto de los Trabajadores.

ET/1995	Real Decreto Legislativo 1/1995, de 24 de marzo, por el que se aprobó el Texto Refundido de la Ley del Estatuto de los Trabajadores.
ETOP	Causas económicas, técnicas, organizativas o productivas.
FM	Fuerza mayor.
ISM	Instituto Social de la Marina.
LC	Real Decreto Legislativo 1/2020, de 5 de mayo, por el que se aprueba el texto refundido de la Ley Concursal.
LEC	Ley 1/2000, de 7 de enero, de Enjuiciamiento Civil.
LGSS	Real Decreto Legislativo 8/2015, de 30 de octubre, por el que se aprueba el Texto Refundido de la Ley General de la Seguridad Social.
LGSS/1994	Real Decreto Legislativo 1/1994, de 20 de junio, por el que se aprobó el Texto Refundido de la Ley General de la Seguridad Social.
LISOS	Real Decreto Legislativo 5/2000, de 4 de agosto, por el que se aprueba el texto refundido de la Ley sobre Infracciones y Sanciones en el Orden Social.
LJCA	Ley 29/1998, de 13 de julio, Reguladora de la Jurisdicción Contencioso-Administrativa.
LJS	Ley 36/2011, de 10 de octubre, Reguladora de la Jurisdicción Social.
LOPJ	Ley Orgánica 6/1985, de 1 de julio, del Poder Judicial.
LPAC	Ley 39/2015, de 1 de octubre, del Procedimiento Administrativo Común de las Administraciones Públicas.
LRJSP	Ley 40/2015, de 1 de octubre, de Régimen Jurídico del Sector Público.
LSNPC	Ley 17/2015, de 9 de julio, del Sistema Nacional de Protección Civil.
OM	Orden Ministerial.
PGE	Presupuestos Generales del Estado.
RD	Real Decreto.
Rec.	Recurso.
Recud.	Recurso de casación para la unificación de doctrina.

RRED	Real Decreto 608/2023, de 11 de julio, por el que se desarrolla el Mecanismo RED de Flexibilidad y Estabilización del Empleo.
RPDC	Real Decreto 1483/2012, de 29 de octubre, por el que se aprueba el Reglamento de los procedimientos de despido colectivo y de suspensión de contratos y reducción de jornada.
RPD	RD 625/1985, de 2 de abril, por el que se desarrolla la Ley 31/1984, de 2 de agosto, de Protección por Desempleo.
SEPE	Servicio Público de Empleo Estatal.
SJS	Sentencia del Juzgado de lo Social.
SJM	Sentencia del Juzgado de lo Mercantil.
STC	Sentencia del Tribunal Constitucional.
STCT	Sentencia del Tribunal Central de Trabajo.
STJCE	Sentencia del Tribunal de Justicia de la Unión Europea.
STS	Sentencia del Tribunal Supremo.
STSJ	Sentencia del Tribunal Superior de Justicia.
TGSS	Tesorería General de la Seguridad Social.
Tol	Tirant on line.

Capítulo Primero

Las medidas de ajuste temporal en el empleo

I. INTRODUCCIÓN

La reducción temporal de la jornada y la suspensión contractual constituyen un instrumento de flexibilidad que permite alcanzar un equilibrio beneficioso para empresarios y trabajadores, ya que favorece la flexibilidad interna de la relación laboral, al facilitar el ajuste de la plantilla a las necesidades cambiantes del mercado sin que las empresas tengan que desprenderse de trabajadores cualificados o experimentados en la actividad empresarial, y, al mismo tiempo, proporciona a los trabajadores un alto grado de seguridad, al conservar el puesto de trabajo y mantener su nivel de ingresos económicos por la protección dispensada por el sistema de protección por desempleo y su cotización a la Seguridad Social. Además, los trabajadores pueden seguir formándose, al tiempo que se evitan tanto la búsqueda de trabajo como la angustia relacionada con ésta.

Con el propósito declarado de *«facilitar el uso de los expedientes temporales de empleo, como fórmula alternativa y prioritaria a las extinciones —artículo 47 del Estatuto de los Trabajadores—»*, el RD-l 32/2021, de 28 de diciembre, de medidas urgentes para la reforma laboral, la garantía de la estabilidad en el empleo y la transformación del mercado de trabajo, modifica nuevamente la regulación laboral y de Seguridad Social aplicable a la suspensión contractual y a la reducción temporal de la jornada. En este sentido, da una nueva redacción a los arts. 47 del Real Decreto Legislativo 2/2015, de 23 de octubre, por el que se aprueba el texto refundido de la Ley del Estatuto de los Trabajadores (ET), y 262.2 y 3, 267.1 y 273.2 del Real Decreto Legislativo 8/2015, de 30 de octubre, por el que se aprueba el texto refundido de la Ley General de la Seguridad Social (LGSS), al tiempo que añade nuevas reglas en el art. 47 bis del ET y en el art. 153 bis y en las DD.AA. 41.ª y 44.ª de la LGSS. El nuevo art. 47 bis del ET regula el Mecanismo RED de Flexibilidad y Estabilización del Empleo con el fin de atender las necesidades de naturaleza macroeconómica (cíclica o sectorial) que justifiquen la adopción de medidas de ajuste y protección temporal.

Por su parte, el RD 1483/2012, de 29 de octubre, aprueba el Reglamento de los procedimientos de despido colectivo y de suspensión de contratos y reducción de jornada (RPDC), y el RD 608/2023, de 11 de julio, desarrolla el Mecanismo RED de Flexibilidad y Estabilización del Empleo (RRED), al tiempo que incorpora diversos cambios en el RPDC[1].

Además, se han establecido especialidades normativas en los ERTEs relacionados con las situaciones excepcionales de la COVID-19, la erupción del volcán en la isla de La Palma y la DANA, que persiguen evitar que situaciones coyunturales como estas tengan un impacto negativo de carácter estructural sobre el empleo, y que, a la vista del éxito que han tenido, han sido recogidas parcialmente por la normativa general aplicable a los ERTEs.

Pues bien, el presente libro ofrece un análisis completo del régimen jurídico aplicable a las diferentes modalidades de ERTEs, a saber: ERTEs ETOP, ERTEs FM, ERTEs del Sistema RED y ERTEs especiales por la COVID-19, la erupción volcánica en La Palma y la DANA.

II. CLASES Y ELEMENTOS DEFINIDORES

---

1 La DT 2.ª del RPDC, añadida por la DF 3.8 del RD 608/2023, prescribe que *«los despidos colectivos y expedientes de regulación temporal de empleo que se hubieran iniciado a la fecha de la entrada en vigor del Real Decreto 608/2023, de 11 de julio, por el que se desarrolla el Mecanismo RED de Flexibilidad y Estabilización del Empleo, se regirán por la normativa vigente en el momento de su inicio»*.

DE LAS MEDIDAS DE AJUSTE TEMPORAL

1. La reducción de jornada

La reducción de la jornada de trabajo, se sobreentiende que de la jornada «ordinaria», tal y como se colige de la interpretación conjunta de los arts. 47.7.a) del ET y 262.2 y 3 de la LGSS, continúa limitándose por referencia a los siguientes condicionantes:

1.º) Para determinar cuándo nos encontramos ante una reducción de jornada, el parámetro de comparación es la jornada efectivamente desempeñada por el trabajador con anterioridad a la medida de ajuste temporal, y no la jornada legal o convencional aplicable en el sector de actividad de que se trate. En este sentido, el art. 262.3 de la LGSS, al emplear el posesivo *«su»*, avala esta conclusión.

2.º) La reducción de la jornada debe ser **temporal** (art. 47.1 ET). La reducción de jornada definitiva se traduce en la transformación de un contrato a tiempo completo en otro a tiempo parcial, que tendrá siempre carácter voluntario para el trabajador y no se podrá imponer de forma unilateral o como consecuencia de una modificación sustancial de las condiciones de trabajo al amparo de lo dispuesto en la letra a) del art. 41.1 [art. 12.4.e) ET][2] o por la vía del art. 47 del ET. Y, si los trabajadores acuerdan la conversión voluntaria de su contrato a tiempo completo en otro a tiempo parcial o de fijo-discontinuo, no podrán acceder a las prestaciones por desempleo[3]. De este modo, empresario y trabajador no pueden acordar la reducción definitiva

---

[2] Cfr. STC 213/2005, de 21 de julio; STS de 24 de noviembre de 2015 (Rec. 154/2015); y STSJ de Andalucía de 7 de julio de 2009 (Rec. 1393/2008).

[3] Cfr. SSTS de 5 de mayo de 2004 (Recud. 2092/2003) y 14 de mayo de 2007 (Rec. 85/2007); y SSTSJ de Castilla y León de 29 de noviembre de 1999 (Rec. 715/1999), de la Comunidad de Madrid de 21 de diciembre de 2000 (Rec. 4993/2000), de Cataluña de 19 de febrero de 2011 (Rec. 7735/2000) y de Madrid de 24 de julio de 2014 (Rec. 460/2014)

de la jornada como mal menor a la pérdida de empleo, con lo que la finalidad de la reforma laboral de evitar los despidos no se cumple, forzando la extinción indemnizada de los contratos de trabajo. Con todo, según el Tribunal Supremo, en el marco de un ERTE cabe pactar la posibilidad de consolidar la reducción de la jornada, siempre que se cumpla el presupuesto de situación económica desfavorable, manteniendo la empresa en tal supuesto la posibilidad de que los afectados puedan optar por la extinción indemnizada[4].

3.º) La reducción de jornada **puede computarse en relación con el día, la semana, el mes o el año**, de suerte que se permiten diversas fórmulas de reducción de la jornada, como la cesación completa del trabajo en determinados días o la minoración de la jornada en todos o parte de los días del período computado, incluso fórmulas mixtas (no trabajar algunos días y reducir la jornada en otros). En este sentido, el párrafo segundo del art. 16.2 del RPDC, en su nueva redacción dada por el RD 608/2023, dispone que la reducción de la jornada de trabajo diaria podrá conllevar *«el cese de actividad durante un determinado número de horas al día»* y que la reducción de la jornada semanal, mensual o anual podrá suponer *«el cese de actividad durante unas horas al día o durante jor-*

No obstante, las SSTSJ del Principado de Asturias de 21 de junio de 2002 (Rec. 976/2002) y 19 de julio de 2002 (Rec. 1008/2002) admiten el derecho de los trabajadores a la prestación por desempleo parcial porque la finalidad de la reducción de la jornada era volver a la situación anterior de normalidad. Además, la STSJ de Castilla y León de 9 de marzo de 2004 (Rec. 2843/2003) en un supuesto en el que un trabajador a tiempo completo aceptó la conversión en trabajador fijo-discontinuo afirma que *«la voluntariedad de la conversión no es decisiva porque el artículo 208.4 del Real Decreto Legislativo 1/94 [...] dispone que se encontrarán en situación legal de desempleo los trabajadores fijos discontinuos en los períodos de inactividad productiva sin que se haga mención alguna a la voluntad en la inactividad, pues la incidencia de la voluntad del trabajador sólo se halla contemplada en el apartado 2.1 del citado artículo 208»*.

4 STS de 27 de abril de 2017 (Rec. 95/2016).

nadas completas, dentro del límite porcentual máximo, semanal, mensual o anual, fijado».

En este contexto, puede resultar difícil distinguir la reducción de jornada de la suspensión contractual, y pueden plantearse situaciones que admitan una doble conceptuación, como puede ser el caso de una disminución de la jornada en unos días a la semana, en varias semanas al mes o en varios meses al año. No obstante, y aunque la catalogación de tales situaciones como reducción temporal de jornada o como suspensión contractual carece de relevancia en el ámbito de la protección por desempleo, como se verá más adelante, nos encontraremos ante una reducción cuando se produzca una minoración de la jornada en unas horas al día, en unos días a la semana, en varias semanas al mes o en varios meses al año, siempre que se mantenga la actividad parcialmente en esos períodos de referencia, y ante una suspensión contractual, en cambio, cuando el cese sea total y temporal del trabajo de forma continuada, de manera que dicha situación no se interrumpa con retornos intermitentes al trabajo o con un algún residuo de actividad laboral. Además, como el cómputo anual es el período-módulo de referencia más amplio que admite el art. 47.2 del ET, más allá del límite anual, la única medida posible es la suspensión contractual.

4.º) La reducción de jornada **debe oscilar entre un 10 y un 70% de la jornada de trabajo** computada sobre una base diaria, semanal, mensual o anual [art. 47.7.a) ET], lo que implica que no pueden ampararse en el art. 47 del ET las reducciones que no alcancen o superen los indicados límites[5]. El límite mínimo del 10%

---

[5] La exposición de la normativa de la Covid permite concluir que las especialidades de dicha normativa no establecieron ninguna previsión específica sobre los porcentajes de reducción de jornada, por lo que no excluyeron, al menos de forma expresa, la aplicación del (entonces) art. 47.2 del ET, de conformidad con el cual la reducción de jornada por causas ETOP tenía un mínimo del 10% y un máximo del 70% [SSTS de 4 de abril de 2024 (Rec. 1156/2023, *Tol 9.985.477*) y 5 de julio de 2024 (Rec. 3825/2021, *Tol 10.105.806*)]. En la actualidad este máxi-

deja fuera las reducciones de jornada de muy escasa relevancia, que poca incidencia pueden tener en la superación de la situación por la que atraviesa la empresa. Además, las incidencias por debajo de este porcentaje pueden resolverse mediante mecanismos de distribución irregular y/o flexible del tiempo de trabajo o de reducción salarial. El tope máximo evita que se trate de una reducción prácticamente total que desdibuja sus diferencias con la mera y simple suspensión de la relación laboral.

Con todo, los umbrales mínimo y máximo van a tener poca repercusión práctica, ya que los mismos dependen del período de referencia, de suerte que bastará con recortar o alargar este último, para situar la reducción temporal de jornada dentro de aquellos márgenes. Y así, la reducción temporal de la jornada podrá consistir en la aminoración de unas pocas horas dentro de un período de referencia muy breve, o en una reducción próxima al 100% de la jornada en un período de referencia amplio. Por consiguiente, puede concebirse una reducción de jornada que afecte a algo más de siete meses a lo largo del año y que podrá distribuirse de forma flexible. El único límite claro que existe en torno a estos porcentajes estriba en el período de referencia anual. Las reducciones de jornada no pueden trascender ese período de referencia.

De este modo, el art. 47.7.a) del ET proporciona una gran flexibilidad a favor de las empresas, que pueden reducir la jornada de trabajo a medida de sus necesidades. Además, la reducción de jornada acordada al amparo del referido precepto puede ir acompañada de un cambio en la distribución del tiempo de trabajo, siempre que se respeten los límites del art. 41 o, en su caso, del art. 82.3 del ET. Es más, la reducción de jornada permitirá activar la facultad empresarial de distribuir irregularmente la jornada en

---

mo sigue estando previsto en el vigente art. 47.7.a) del ET, que lo aplica igualmente para el ERTE FM, y rige tanto en el proceso de afectación como en el de desafectación parcial.

defecto de convenio colectivo o acuerdo de empresa, prevista en el art. 34.2 del ET.

2. La suspensión de contratos

Se entiende por suspensión del contrato aquella situación en la que el trabajador no está obligado a trabajar ni el empresario a abonarle el salario (art. 45.2 ET), si bien el contrato se mantiene vigente y el trabajador tiene derecho a la reserva del puesto de trabajo (art. 48.1 ET), pasando a la situación de desempleo total (art. 262.2 LGSS). Y así, durante el período de suspensión contractual los trabajadores percibirán prestaciones por desempleo o, en su defecto, el subsidio por desempleo, siempre que reúnan los requisitos legales correspondientes.

El legislador **no limita la duración máxima** de la suspensión del contrato de trabajo, lo que es preocupante, máxime en el nuevo contexto de esta institución. No obstante, el nuevo art. 47.1 del ET ha restaurado la anterior precisión legal en orden a configurar esta medida como temporal. Además, el art. 16.4 del RD 1483/2012 determina que *«el alcance y duración de las medidas de suspensión de los contratos o de reducción de jornada se adecuarán a la situación coyuntural que se pretende superar»*. En el mismo sentido el art. 18.1 de esta disposición reglamentaria exige que la documentación que se aporte en el ERTE tiene que acreditar que la situación que afecta a la actividad de la empresa es coyuntural. Por consiguiente, la decisión de reducir la jornada o de suspender las relaciones laborales de los trabajadores, además de responder a causas económicas, técnicas, organizativas o de producción, debe tener como finalidad mejorar la situación de la empresa superando una crisis coyuntural, teniendo una duración temporal[6]. Más esta exigencia se interpreta de forma muy flexible y dispar en sede judicial. Así, mientras algunas resoluciones judiciales no conside-

---

[6] SSTSJ de Asturias de 14 de junio de 2013 (Rec. 694/2013) y 28 de junio de 2013 (Rec. 696/2013), y de Andalucía de 18 de diciembre de 2020 (Rec. 68/2020).

ran excesivo un ERTE de 18 meses en una entidad bancaria[7] ni de 6 meses[8] o tres ERTEs sucesivos en una compañía de seguridad por la pérdida de servicios de escolta debida al cese de la actividad terrorista[9], otras, en cambio, estiman abusivas sucesivas medidas de ajuste temporal que alcanzan los 24[10] o 39 meses de duración[11]. Además, existe un límite indirecto, que viene dado por el período máximo de protección por desempleo, ya sea en el nivel contributivo o en el asistencial, a que tengan derecho los trabajadores afectados. De esta forma, la situación suspensiva podrá mantenerse hasta un máximo de 720 días, si los trabajadores afectados han cotizado por desempleo 2.160 días (art. 269.1 LGSS). Sin embargo, aunque el período máximo de protección por desempleo vaya a condicionar el acuerdo en la fase de consultas, lo cierto es que, en su defecto, es el empresario quien decide la medida suspensiva y, en rigor, es posible que ésta no genere derecho a la prestación por desempleo si el trabajador afectado no reúne los requisitos previstos en la normativa de Seguridad Social.

3. *La prioridad de las medidas de reducción de jornada frente a las de suspensión de contratos*

La nueva regulación laboral continúa haciendo referencia tanto a la reducción temporal de la jornada de trabajo como a la suspensión del contrato de trabajo. No obstante, *«en la medida en que ello sea viable, se priorizará la adopción de medidas de reducción de jornada frente a las de suspensión de contratos»* [arts. 47.7.a) ET y 16.2 RPDC]. Pero ello **no impone imperativamente** que deban operar **las medidas de reducción de jornada sobre las de suspensión contractual**[12]. Ahora bien, la prioridad de las medidas de re-

---

7 SAN de 26 de mayo de 2014 (Proc. 25/2014).

8 SAN de 17 de julio de 2020 (Rec. 137/2020).

9 STSJ del País Vasco de 21 de enero de 2014 (Rec. 2299/2013).

10 STSJ de las Islas Canarias de 31 de julio de 2014 (Rec. 5/2014).

11 STSJ del País Vasco de 25 de febrero de 2014 (Rec. 220/2014).

12 STSJ del País Vasco de 26 de marzo de 2024 (Rec. 419/2024).

ducción de jornada frente a las de suspensión de contratos viene a exigir a la empresa que estime que las primeras no son viables que aporte en el curso del expediente y, en particular, en la información que transmita a los representantes de los trabajadores en el trámite de consultas, la **justificación** de que por qué sólo proceden o prevalecen las medidas de suspensión contractual[13].

4. La combinación medidas de reducción de jornada y de suspensión de contratos

Las medidas de reducción de jornada y de suspensión de contratos **no son excluyentes**, de forma que se pueden combinar en el marco del mismo ERTE, según las necesidades concretas de cada empresa. Así, por ejemplo, una empresa que este atravesando por una importante disminución de clientes, puede necesitar aplicar un ERTE de suspensión temporal a varios o a todos los trabajadores del área productiva y reducir la jornada diaria a los trabajadores del departamento administrativo. Además, dicha reducción puede ser mayor para unos trabajadores que para otros, siempre dentro de los límites legales. Ahora bien, de conformidad con el art. 16.3 del RPDC, añadido por el RD 608/2023, durante la aplicación de un mismo ERTE «***cada persona trabajadora solo*** *podrá verse afectada en exclusiva* ***por una reducción de su jornada o por la suspensión de su contrato****, sin que quepa una combinación de ambas, y sin perjuicio de la afectación o desafectación, o de la variación en el porcentaje de reducción de jornada, que se produzcan ante la alteración de las circunstancias alegadas como causa justificativa de las medidas*».

---

13 DE LA PUEBLA PINILLA, A., «El nuevo régimen de reducción de jornada y de suspensión por causas ETOP y por fuerza mayor. Una apuesta por la estabilidad y la formación en el empleo», *Labos, Revista de Derecho del Trabajo y de Protección Social*, enero 2022, pág. 91; y MOLERO MARAÑÓN, M.ª L., «Reducción temporal de jornada y suspensión del contrato *ex* art. 47 ET: un heredero directo de los ERTE de la crisis sanitaria», *CIELO*, número monográfico dedicado a la reforma laboral española de 2021, pág. 3.

III. ÁMBITO SUBJETIVO DE LOS ERTES

1. *Empresas*

Todas las empresas pueden recurrir a los ERTEs, con independencia del sector de actividad y de su tamaño, sin más excepciones que las Administraciones Públicas y el resto de las entidades integrantes del sector público administrativo. No se prevé tampoco un número mínimo o máximo de trabajadores afectados por las medidas de ajuste temporal en las empresas, de suerte que las mismas podrán extenderse a todos, a parte de los trabajadores de la empresa o, incluso, a un único trabajador[14].

2. *Trabajadores*

El art. 47 del ET no distingue entre los trabajadores en función del tipo o modalidad contractual, por lo que la reducción temporal de jornada o suspensión contractual puede afectar a **todos los trabajadores**, independientemente de si tienen un contrato indefinido o temporal, fijo ordinario o fijo-discontinuo, a tiempo completo o a tiempo parcial, etc. Los **trabajadores en situación de incapacidad temporal** deben ser incluidos en el ERTE, ya que, como indica la Administración laboral cuando finalicen dicha situación pasarán a cobrar la prestación por desempleo; circunstancia que deberá reflejarse en la relación de las personas trabajadoras afectadas por el ERTE.

3. *La aplicación de los ERTEs en el sector público*

3.1. Sector público administrativo

La reducción de jornada y la suspensión contractual constituyen un instrumento de flexibilidad que permite alcanzar un equilibrio beneficioso para empresarios y trabajadores, ya que favore-

---

[14] STS de 11 de junio de 2024 (Rec. 144/2022, *Tol 10.075.558*).

ce la flexibilidad interna de la relación laboral, al facilitar el ajuste de las plantillas a las necesidades cambiantes del mercado sin que las empresas tengan que desprenderse de empleados cualificados o experimentados en la actividad empresarial, y, al mismo tiempo, proporciona a los trabajadores un alto grado de seguridad, al conservar el puesto de trabajo y mantener su nivel de ingresos económicos por la protección dispensada por el sistema de protección por desempleo y su cotización a la Seguridad Social (arts. 47 ET y 262.2 y 3 LGSS).

Sin embargo, la DA 17.ª del ET determina que *«lo previsto en el artículo 47 no será de aplicación a las Administraciones Públicas y a las entidades de derecho público vinculadas o dependientes de una o varias de ellas y de otros organismos públicos, salvo a aquellas que se financien mayoritariamente con ingresos obtenidos como contrapartida de operaciones realizadas en el mercado»15.* Por consiguiente, y como quiera que las medidas de apoyo a las reducciones de jornada y suspensiones contractuales vienen vinculadas a los mecanismos de ajuste temporal tramitados de conformidad con el art. 47 del ET, **las Administraciones Públicas y sus trabajadores no podrán beneficiarse de las mismas**. Por lo demás, la DA 17.ª del ET se remite expresamente al art. 47 del mismo texto legal, sin diferenciar entre las causas reguladas en este último precepto, que engloba tanto la reducción de jornada o suspensión del contrato por causas económicas, técnicas, organizativas o de producción como por fuerza mayor[16].

Esta medida restrictiva se aplica a[17]:

---

15 Por todos, ROQUETA BUJ, R., *La reestructuración de las plantillas laborales en las Administraciones Públicas* (2.ª Edición), Tirant Lo Blanch, 2013, págs. 82 y ss.; STC 8/2015, de 22 de enero; y STS de 3 de Julio de 2024 (Rec. 4393/2022, *Tol 10.106.022*).

16 STSJ de Castilla y León de 4 de diciembre de 2020 (Rec. 1806/2020).

17 No obstante, las SSTS de 1 julio 2015 (R. 3408/2014), 14 de septiembre de 2015 (Recud. 2467/2014), 15 de septiembre de 2015 (Recud. 2796/2014) y 27 de octubre de 2015 (Recud. 2876/2014) consideran que el funcionario interino de la Comunidad Autónoma Valenciana,

1.º) Las **Administraciones Públicas**, esto es, la Administración General del Estado (en lo sucesivo, la AGE), las Administraciones de las Comunidades Autónomas y de las ciudades de Ceuta y Melilla, y las Entidades que integran la Administración Local[18].

2.º) Las *«entidades de derecho público vinculadas o dependientes de una o varias de ellas y de otros organismos públicos, salvo a aquellas que se financien mayoritariamente con ingresos obtenidos como contrapartida de operaciones realizadas en el mercado»*. De esta suerte, el criterio a tener en cuenta para determinar si un ente institucional concreto se somete o no a las prescripciones de la DA 17.ª del ET es su condición de ente público y su vinculación o dependencia respecto

---

que vio reducida, desde el 1 marzo de 2012 al 31 diciembre de 2013, a 25 horas semanales, su jornada laboral tras la entrada en vigor del art. 3 del Decreto-Ley 1/2012, de 5 enero, tiene derecho a las prestaciones por desempleo parcial. En este sentido, no considera relevante el hecho de que la reducción de jornada del actor no se haya efectuado al amparo del art. 47 del ET, ya que el carácter contributivo de la prestación cuestionada impide privar del derecho a la prestación por desempleo parcial por la que se cotizó sin mandato legal expreso, cuando se trata de situaciones no contempladas por la norma. Además, el art. 110 de la LPAC dispone que las facultades de revisión establecidas en este Capítulo no podrán ser ejercidas cuando por prescripción de acciones, por el tiempo transcurrido o por otras circunstancias, su ejercicio resulte contrario a la equidad, a la buena fe, al derecho de los particulares o a las leyes. Y así, el principio de confianza legitima debe aplicarse cuando el SEPE ha reconocido al trabajador la situación legal de desempleo con base en haber sido suspendida su relación laboral en virtud de un ERTE FM cuando su empleadora, Administración pública, no podía acogerse a dicha medida, en tanto que el administrado ha actuado en la forma que le ha sido marcada por la decisión empresarial y de la que la autoridad laboral y la propia entidad gestora de las prestaciones por desempleo tenían conocimiento, a pesar de lo que establece la DA 17.ª del ET, creando así un esperanza legítima en su derecho a estar protegido por la situación de desempleo a la que había sido avocado [SSTS de 21 de septiembre de 2023 (Rec. 980/2021, *Tol 9.730.816*) y 26 de junio de 2024 (Rec. 114/2022, *Tol 10.095.008*)].

18 STSJ de Castilla y León de 4 de diciembre de 2020 (Rec. 1806/2020).

de una o varias Administraciones Públicas y de otros organismos públicos. La expresión *«entidades de derecho público»* engloba tanto a los entes que adoptan una forma pública de personificación y actúan sujetos al Derecho público (**las entidades gestoras y los servicios comunes de la Seguridad Social, los organismos autónomos y las Universidades Públicas**) como a los entes que adoptan una forma pública de personificación, pero actúan sujetos al Derecho privado (**las entidades públicas empresariales**)[19]. También quedan comprendidas en el ámbito de aplicación de la DA 17.ª del ET las entidades de naturaleza administrativa creadas por diferentes Administraciones Públicas para cooperar entre sí, es decir, **las mancomunidades de municipios y los consorcios**, siempre y cuando adopten una forma pública de personificación.

Con todo, a las entidades de derecho público reseñadas no les será de aplicación lo previsto en el art. 47 del ET **cuando se financien mayoritariamente con fondos públicos** —vía presupuestos o transferencias de otras Administraciones Públicas—, lo que deberá ser acreditado por el Servicio Público de Empleo Estatal (SEPE) de acuerdo con lo dispuesto en el art. 217 de la Ley 1/2000, de 7 de enero, de Enjuiciamiento Civil (LEC)[20]. Por consiguiente, sí podrán aprovecharse de las medidas temporales de regulación de empleo contempladas en el antecitado precepto cuando se financien mayoritariamente (esto es, en más de un 50%) *«con ingresos obtenidos como contrapartida de operaciones realizadas en el mercado»* (DA 17.ª ET). A efectos de determinar si una entidad se financia mayoritariamente con ingresos, cualquiera que sea su naturaleza, obtenidos como contrapartida a la entrega de bienes o a la prestación de servicios, se tendrá en cuenta el **inventario de entes dependientes** de la AGE, de la Administración autonómica o de

---

19 Siendo la Entidad Estatal de Derecho Público Trabajo Penitenciario y Formación para el Empleo una Entidad Estatal de Derecho Público, que se financia con los PGE, a la misma le es de aplicación la DA 17.ª del ET y, por lo tanto, no puede acogerse a un ERTE FM COVID-19 [STSJ de Castilla y León de 29 de septiembre de 2021 (Rec. 427/2021)].

20 STSJ de Andalucía de 3 de noviembre de 2016 (Rec. 2919/2015).

la Administración local[21]. En efecto, según la DA 3.ª del RPDC, a tales efectos se tomará en consideración que *«la entidad no esté clasificada como Administración Pública en el inventario de entes del sector público estatal, autonómico o local, de conformidad con los criterios de contabilidad nacional, de acuerdo con la información disponible en el portal web del Ministerio de Hacienda y Administraciones Públicas»* y *«en caso de que la entidad no figure en el correspondiente inventario, deberá justificarse por la entidad la presentación ante el Ministerio de Hacienda y Administraciones Públicas de la solicitud de inclusión en el mismo»*. El Inventario de Entes del Sector Público Estatal está constituido por todas las formas jurídicas relacionadas en el art. 2 de la Ley 47/2003, de 26 de noviembre, General Presupuestaria, excepto la AGE, e incluye los entes del Sector Público con legislación específica. Para cada uno de los Entes se proporcionan sus datos generales y postales, la estructura de dominio, los datos económico-financieros más significativos y el régimen de control. Asimismo, ofrece el inventario de los Grupos Consolidables Estatales, proporcionando para cada uno de ellos las sociedades estatales que forman parte del perímetro de consolidación. Como información adicional, proporciona información relativa a Otros Entes participados por el Estado: consorcios, empresas y fundaciones, donde figura el Estado, directa o indirectamente, como uno de los componentes de forma minoritaria. Y así, cuando una entidad estatal no esté clasificada como Administración Pública en dicho inventario, se presume que no se financia mayoritariamente con fondos públicos y puede acogerse a la suspensión contractual o reducción temporal de la jornada. Esta presunción admite prueba en contrario, pudiendo ser destruida por el interesado (en este caso, la autoridad laboral) mediante actos o pruebas que muestren que la entidad se financia mayoritariamente con fondos públicos. En principio, es dudoso que la autoridad laboral cuestione el Inventario de Entes del Sector Público Estatal elaborado por el propio Ministerio de Hacienda y Administraciones Públicas.

---

21 SJS núm. 2 de Vitoria de 27 de mayo de 2020 (Proc. 187/2020).

Ciertamente, la AGE, constituida por órganos jerárquicamente ordenados, actúa con «*personalidad jurídica única*» [art. 3.4 Ley 40/2015, de 1 de octubre, de Régimen Jurídico del Sector Público (LRJSP)]. Pero la autoridad laboral sí puede cuestionar el inventario de entes del sector público autonómico o local si no responde a la realidad sustantiva de las entidades.

A mayor abundamiento, las Administraciones Públicas tampoco podrán reducir la jornada, ni definitiva (**a**) ni temporalmente (**b**), por la vía del art. 41 del ET.

a) La reducción definitiva de jornada no tiene encaje en el art. 41 del ET, ya que no cabe novar por esta vía un contrato de trabajo a jornada completa en otra modalidad contractual diversa, como es el contrato a tiempo parcial. En este sentido, el art. 12.4.e) del ET establece que «*la conversión de un trabajo a tiempo completo en un trabajo parcial y viceversa tendrá siempre carácter voluntario para el trabajador y no se podrá imponer de forma unilateral o como consecuencia de una modificación sustancial de condiciones de trabajo al amparo de lo dispuesto en el artículo 41.1.a)*» y que «*el trabajador no podrá ser despedido ni sufrir ningún otro tipo de sanción o efecto perjudicial por el hecho de rechazar esta conversión, sin perjuicio de las medidas que, de conformidad con lo dispuesto en los artículos 51 y 52.c), puedan adoptarse por causas económicas, técnicas, organizativas o de producción*». Y, si los trabajadores acuerdan la conversión voluntaria de su contrato a tiempo completo en otro a tiempo parcial o de fijo-discontinuo, ello conllevará una reducción del salario y del salario regulador de las futuras indemnizaciones, así como de todo su régimen de derecho público (cotizaciones y prestaciones). Además, en estos casos no cabe hablar de extinción parcial del contrato[22], ni los trabajadores se encontrarán en situación legal de desempleo[23].

---

[22] STS de 7 de abril de 2000 (Recud. 1746/1999); y SSTSJ de Galicia de 26 de julio de 2003 (Rec. 3544/2003) y del País Vasco de 11 de abril de 2006 (Rec. 417/2006).

[23] Cfr. SSTS de 5 de mayo de 2004 (Recud. 2092/2003) y 14 de mayo de 2007 (Rec. 85/2007).

Aunque acuerden a nivel individual la suspensión de los contratos [art. 45.1.a) ET] o la reducción de jornada definitiva con la consiguiente reducción proporcional de los salarios [art. 12.4.e) ET], los trabajadores no podrán acceder a las prestaciones por desempleo total o parcial, respectivamente. En efecto, los apdos. 2.º y 3.º del art. 262 de la LGSS vinculan las situaciones de desempleo total o parcial a que la suspensión del contrato o reducción temporal de la jornada hayan sido ordenadas al amparo del art. 47 del ET. A mayor abundamiento, se siguen excluyendo *«las reducciones de jornadas definitivas o que se extiendan a todo el período que resta de la vigencia del contrato de trabajo»* del ámbito de aplicación del art. 263.3 de la LGSS[24].

b) La modificación/reducción de la jornada de manera temporal tampoco es posible por la vía del art. 41 del ET, ya que, a partir de la reforma de 2010 las reducciones temporales de jornada quedan expulsadas del ámbito aplicativo de dicho precepto, para tramitarse al modo de los expedientes de regulación temporal de empleo. Por consiguiente, las modificaciones de la jornada de trabajo comprendidas en el art. 41 del ET son las ampliaciones de la jornada pactada en los contratos de trabajo o en los con-

---

24 SSTSJ de Castilla y León de 29 de noviembre de 1999 (Rec. 715/1999), de la Comunidad de Madrid de 21 de diciembre de 2000 (Rec. 4993/2000) y de Cataluña de 19 de febrero de 2011 (Rec. 7735/2000). No obstante, las SSTSJ de Asturias de 21 de junio de 2002 (Rec. 976/2002) y 19 de julio de 2002 (Rec. 1008/2002) admiten el derecho de los trabajadores a la prestación por desempleo parcial porque la finalidad de la reducción de la jornada era volver a la situación anterior de normalidad. Además, la STSJ de Castilla y León de 9 de marzo de 2004 (Rec. 2843/2003) en un supuesto en el que un trabajador a tiempo completo aceptó la conversión en trabajador fijo-discontinuo afirma que *«la voluntariedad de la conversión no es decisiva porque el artículo 208.4 del Real Decreto Legislativo 1/94 {...} dispone que se encontrarán en situación legal de desempleo los trabajadores fijos discontinuos en los períodos de inactividad productiva sin que se haga mención alguna a la voluntad en la inactividad, pues la incidencia de la voluntad del trabajador sólo se halla contemplada en el apartado 2.1 del citado artículo 208»*.

venios no estatutarios o acuerdos de empresa o disfrutada por los trabajadores en virtud de una decisión unilateral del empresario hasta el límite de la jornada máxima legal[25]. De este modo, en las Administraciones Públicas no cabe la reducción temporal de la jornada como mal menor a la pérdida de empleo a través de ninguno de los mecanismos previstos en los arts. 47 y 41 del ET, con lo que la finalidad de la reforma laboral de 2012 de evitar los despidos no se cumple en dicho ámbito, forzando la extinción indemnizada de los contratos de trabajo, lo que, por otra parte, se compadece mal con la necesidad de reducir el déficit público. Cierto que no parece razonable que las Administraciones Públicas puedan valerse de la bonificación de las cuotas ni de la reposición de las prestaciones por desempleo para enjugar el déficit público. No obstante, estas medidas de apoyo a la suspensión contractual y a la reducción temporal de la jornada ya no están en vigor con carácter general y excluir a sus trabajadores de la posibilidad de reducir temporalmente su jornada si la situación por la que atraviesa la Administración Pública tiene un marcado carácter coyuntural y de acceder a las prestaciones por desempleo supone una desigualdad de trato por razón de la condición de su empleador de difícil justificación.

En cualquier caso, el interés de las Administraciones Públicas en evitar el desembolso de las indemnizaciones por la extinción de los contratos de trabajo y de los trabajadores en conservar su puesto de trabajo puede favorecer que acuerden la reducción de la jornada de trabajo con la consiguiente disminución de los salarios. Aunque dicha reducción no comportará el acceso a la prestación por desempleo y, si luego su contrato se extingue, afectará muy desfavorablemente a su futura indemnización y prestación por desempleo, que se calcularán a partir de los salarios y bases de cotización reducidos, no sería problemático que aceptaran dicha medida si se les compensara parcialmente del coste que les supone, reconociéndoles el derecho preferente a la reinstauración de

---

25 Cfr. la STS de 16 de mayo de 2011 (Rec. 197/2010).

su jornada a tiempo completo, garantizándoles que el salario regulador a tener en cuenta a efectos del cálculo de las indemnizaciones previstas en el Estatuto de los Trabajadores fuera el que les hubiera correspondido sin considerar la reducción de jornada o asumiendo la obligación de abonar las cuotas destinadas a la financiación de un convenio especial respecto de los trabajadores. En este sentido, debe tenerse en cuenta que, conforme al art. 92 del Real Decreto Legislativo 5/2015, de 30 de octubre, por el que se aprueba el texto refundido de la Ley del Estatuto Básico del Empleado Público (EBEP), las situaciones del personal laboral (suspensiones, excedencias, etc.) se regirán por el ET y por los convenios colectivos que desarrollen estos contenidos, pudiendo éstos últimos determinar que sea aplicable el EBEP y éste autoriza a las Leyes de Función Pública que se dicten en su desarrollo a regular otras situaciones administrativas de los funcionarios de carrera *«cuando por razones organizativas, de reestructuración interna o exceso de personal, resulte una imposibilidad transitoria de asignar un puesto de trabajo o la conveniencia de incentivar la cesación en el servicio activo»*, pudiendo conllevar dichas situaciones *«garantías de índole retributiva o imponer derechos u obligaciones en relación con el reingreso al servicio activo»* (art. 85.2). Sin embargo, el supuesto que nos ocupa, en rigor, no encaja en ninguno de los casos en los que se permite la suscripción de un convenio especial con el Sistema de la Seguridad Social y, además, la acción protectora del convenio especial no comprende la protección por desempleo, según determina el art. 9.1 de la Orden TAS/2865/2003, de 13 de octubre.

Por último, cabe señalar que existen dos supuestos en los que los tribunales admiten que las Administraciones Públicas puedan reducir la jornada de trabajo sin seguir los trámites de los arts. 41 y 47 del ET, a saber:

— En primer lugar, cuando el trabajador ostenta un contrato de interinidad supeditado en su extinción a la cobertura de la plaza en propiedad o a su amortización, ya que en este caso ha de afectarle igualmente como causa extintiva la amortización parcial que supone convertir el puesto de jornada completa en otro de jornada parcial a través de la modificación de la relación de puestos de trabajo.

— En segundo lugar, cuando se adapta la jornada y el horario de los profesores de religión a las necesidades de cada curso escolar y en cada centro docente. En este sentido, la STS de 19 de julio de 2011 (Recud. 135/2010, *Tol 2.247.761*) afirma que, dadas las peculiares y extraordinarias características de la asignatura de religión, de oferta obligatoria para los centros y de carácter voluntario para los alumnos, *«las condiciones de trabajo de ese tipo de docentes, en términos generales y a salvo de lo que pudiera establecerse formal e individualmente en cada contrato de trabajo, no vienen constituidas por la jornada concreta —y su consecuente distribución— que pudiera haberse venido realizando durante el curso anterior, puesto que, en abstracto y por definición, ni una ni otra se encuentran consolidadas en esa peculiar relación laboral regulada en el RD 696/2007, de 1 de junio, dado que en su art. 4.2, además de reiterar el contenido de la adicional Tercera de la LOE respecto a las facultades de las Administraciones docentes en función de las necesidades de cada centro, también se contempla la posibilidad («... sin perjuicio de...») de que las modificaciones puedan producirse por razón de la planificación educativa»*. A mayor abundamiento, se señala que *«no consta que los profesores de religión afectados por este conflicto hayan tenido nunca un horario o una jornada estable o determinada, porque, al parecer, siempre han dependido de las circunstancias de la demanda en cada curso escolar y en cada centro docente»* y *«siendo así* (es decir, ni siquiera estando acreditado que jornada y horario constituyeran en estos casos, y en términos generales, condiciones pactadas de manera estable y permanente, ni de forma individual ni colectivamente), *tampoco puede entenderse que los cambios que, a consecuencia de las variaciones experimentadas por las solicitudes de los alumnos, hayan de producirse en el curso siguiente deban seguir las formalidades y requisitos que contempla el art.*

41 del ET»[26]. Y, por ello, se considera que no hay razón alguna para que esas modificaciones no sean tratadas como tales a efectos de desempleo, siempre que las reducciones de jornada entren en el margen legal para considerarlo desempleo parcial, aunque la decisión corresponda a la Administración, que no está obligada a acudir al procedimiento del art. 47 del ET[27].

3.2. Sector público empresarial y fundacional

Las entidades privadas de las Administraciones Públicas, esto es, **las sociedades mercantiles estatales y las fundaciones del sector público** quedan excluidas del ámbito de aplicación de la DA 17.ª del ET. Por lo tanto, estas entidades **sí podrán valerse de las suspensiones contractuales y de las reducciones temporales de jornada** en los términos previstos en el art. 47 del ET y en los arts. 17 y siguientes del RPDC, para ajustar la plantilla a las necesidades cambiantes del mercado, aunque la participación, directa o indirecta, de las Administraciones Públicas en el capital social de las sociedades mercantiles sea superior al 50%, y las fundaciones se constituyan con una aportación mayoritaria, directa o indirecta, de una o varias entidades integradas en el sector público, o su patrimonio fundacional, con un carácter de permanencia, esté formado en más de un 50% por bienes o derechos aportados o

26 Por todas, las SSTS de 29 de noviembre de 2011 (Recud. 4696/2010) y 25 de enero de 2012 (Recud. 1412/2011).

27 SSTSJ de Asturias de 30 de marzo de 2017 (Rec. 113/2017, 3046/2016 y 166/2017) y 11 de abril de 2017 (Rec. 185/2017), de las Islas Baleares de 30 de marzo de 2017 (Rec. 113/2017), 30 de octubre de 2017 (Rec. 320/2017), 31 de octubre de 2017 (Rec. 339/2017), 22 de noviembre de 2017 (Rec. 393/2017) y 5 de diciembre de 2017 (Rec. 470/2017), de la Comunidad de Madrid de 7 de diciembre de 2017 (Rec. 921/2017), de las Islas Baleares de 14 de diciembre de 2017 (Rec. 471/2017 y 500/2017) y de la Comunidad de Madrid de 30 de mayo de 2018 (Rec. 894/2017).

cedidos por las referidas entidades[28]. De esta manera, las Administraciones territoriales tienen más posibilidades de mantener estas formas de personificación privada que las entidades públicas, lo que no parece de recibo, ya que en los últimos tiempos aquéllas han proliferado no con la pretensión real de adquirir mayores cuotas de eficacia en la actuación de la Administración, sino de liberarse de los procedimientos y controles establecidos por el Derecho público, huyendo del Derecho administrativo. Además, las entidades privadas de las Administraciones Públicas también contribuyen al incremento del déficit público y, si alguna justificación existe para la exclusión de las medidas de ajuste temporal de empleo en el sector público, es, precisamente, que no parece razonable que éste pueda acogerse a los incentivos previstos por el legislador en aras a favorecer dichas medidas, para enjugar el déficit público. Es más, esta medida restrictiva debería extenderse a los trabajadores de empresas privadas cuyos salarios se abonen por pago delegado por la Administración Pública, ya que existe identidad de razón, que es el abono del gasto con cargo a las mismas y únicas arcas públicas[29].

En fin, **las asociaciones privadas** constituidas conforme a la Ley Orgánica 1/2002, de 22 de marzo, reguladora del Derecho de Asociación, que se nutren de cuotas privadas y de **ayudas públicas**, obtenidas mediante convenios de colaboración suscritos con la Administración, no forman parte del sector público institucional, por lo que **sí pueden recurrir a la suspensión de los contratos de trabajo del art. 47 del ET**[30]. Y lo mismo cabe decir con respecto a

---

28 SSTSJ de Castilla-La Mancha de 20 de febrero de 2017 (Rec. 335/2016), del País Vasco de 16 de octubre de 2020 (Rec. 1008/2020), de Murcia de 2 de marzo de 2021 (Rec. 651/2020) y de Madrid de 5 de marzo de 2021 (Rec. 90/2021) y 30 de septiembre de 2021 (Rec. 590/2021).

29 Cfr. STS de 27 diciembre de 2011 (Rec. 207/2010).

30 SSTSJ del País Vasco de 15 de septiembre de 2020 (Rec. 822/2020) y 27 de octubre de 2020 (Rec. 1213/2020).

las **empresas privadas**, aun cuando sean **contratistas de una Administración Pública**[31].

IV. LAS CLASES DE ERTES

Dentro de los ERTEs hay que distinguir las siguientes **modalidades**:

1.º) Los ERTEs ETOP.

2.º) Los ERTEs FM.

4.º) Los ERTEs del Sistema RED.

Como precisa el art. 47.1 del ET, los ERTES requieren una actuación *«con arreglo a lo previsto en este artículo y al procedimiento que se determine reglamentariamente»*. Proceder a la aplicación de medidas de suspensión de contratos o reducción de jornada por causas económicas, técnicas, organizativas o de producción o derivadas de fuerza mayor o del Mecanismo RED en cualquiera de sus modalidades, **sin acudir a los procedimientos establecidos** en los arts. 47 y 47 bis del ET, 16 y siguientes del RPDC y 5 y siguientes del RRED conlleva la **obligación empresarial de abonar a los trabajadores los salarios dejados de percibir** como contraprestación al trabajo que no realizaron como consecuencia de tales medidas[32]. Y, además, constituye una **infracción muy grave** en material

---

31 Por todas, la SJS núm. 1 de Salamanca de 13 de mayo de 2020 (Proc. 240/2020).

32 STS de 19 de mayo de 2022 (Rec. 294/2021, *Tol 8.992.446*). Si nos encontramos ante un cierre decidido unilateralmente por la empresa, sin que conste la forma en la que se lo comunicó a los trabajadores, ni que existiera comunicación a sus representantes, no procede subsanar dicha carencia acudiendo a una figura desconocida en nuestro ordenamiento —la licencia retribuida recuperable— que se pretende amparar en los procedimientos de modificación sustancial de condiciones de trabajo y de inaplicación de convenios colectivos regulados, respectivamente, en los arts. 41 y 83.3 del ET, desde el momento en que en ambos casos se exige la negociación previa, siendo que, además, se

laboral, según determina el art. 8.3 del Real Decreto Legislativo 5/2000, de 4 de agosto, por el que se aprueba el Texto Refundido de la Ley sobre Infracciones y Sanciones en el Orden Social (LISOS), añadido por el art. 5.4 del RD-l 32/2021.

---

otorga eficacia retroactiva a dichas medidas al momento en que fueron decididas unilateralmente por la empresa [STS de 2 de junio de 2022 (Rec. 230/2021, *Tol 9.097.368*)]. No obstante, las jornadas en las que no hubo actividad en Renault en los meses de marzo y abril de 2020 por la pandemia, permiten aplicar el Acuerdo sobre bolsa de horas colectivas por parte de la empresa, cuya solicitud de ERTE por fuerza mayor, derivada del Covid, le fue denegada y trató de llegar a un acuerdo de compensación con la representación legal de sus trabajadores que no aceptaron, pues en este caso no solo no ha sido una decisión unilateral de la empresa, al haberse adoptado las medidas y ajustes de conformidad con los acuerdos de flexibilidad que las propias partes en conflicto habían pactado como un mecanismo alternativo a la suspensión de contratos y reducción de jornada [STS de 22 de febrero de 2024 (Rec. 223/2021, *Tol 9.911.999*)].

Capitulo Segundo

Los ERTEs ETOP

I. LAS CAUSAS ECONÓMICAS, TÉCNICAS, ORGANIZATIVAS O DE PRODUCCIÓN

El art. 47.1 del ET define las causas justificativas de las suspensiones contractuales y reducciones temporales de jornada en los siguientes términos:

> *«Se entiende que concurren causas económicas cuando de los resultados de la empresa se desprenda una situación económica negativa, en casos tales como la existencia de pérdidas actuales o previstas, o la disminución persistente de su nivel de ingresos ordinarios o ventas. En todo caso, se entenderá que la disminución es persistente si durante dos trimestres consecutivos el nivel de ingresos ordinarios o ventas de cada trimestre es inferior al registrado en el mismo trimestre del año anterior.*
>
> *Se entiende que concurren causas técnicas cuando se produzcan cambios, entre otros, en el ámbito de los medios o instrumentos de producción; causas organizativas cuando se produzcan cambios, entre otros, en el ámbito de los sistemas y métodos de trabajo del personal o en el modo de organizar la producción; y causas productivas cuando se produzcan cambios, entre otros, en la demanda de los productos o servicios que la empresa pretende colocar en el mercado».*

El legislador distingue diversas esferas o ámbitos de afectación en los que pueden jugar las medidas de reducción de jornada o suspensión contractual, cuáles son los resultados de la explotación —causas económicas en sentido estricto—, los medios o instrumentos de producción —causas técnicas—, los sistemas y métodos de trabajo —causas organizativas— y los productos o servicios que se pretenden colocar en el mercado —causas productivas—. Por lo demás, aunque toda causa técnica, organizativa y productiva tiene su impacto económico en la empresa, ello no las torna en causa económica ni exige para su acreditación la constatación de estas en términos económicos. Las causas técnicas, organizativas y productivas atienden a parámetros diferenciados de las causas económicas y su acreditación pivota en ámbitos diversos y sobre elementos que no pueden compartirse[33].

Para que puedan considerarse justificadas las suspensiones contractuales o reducciones temporales de jornada deben concurrir las razones económicas, técnicas, organizativas o de producción con la misma intensidad que para la modificación o inaplicación de los convenios colectivos estatutarios *ex* art. 82.3 del ET. Con todo, en las suspensiones o reducciones de jornada debe darse una innovación tecnológica o un descenso de la demanda o de la producción que provoque un **desajuste temporal** de la plantilla[34]. De ahí, precisamente, que no se permita la realización de horas extraordinarias ni la contratación o subcontratación de otros trabajadores para desempeñar las tareas o trabajos de los trabajadores afectados por el ERTE [art. 47.7.d) ET)][35]. Si lo que subyace es una situación económica negativa que no requiere de cambios en los medios o instrumentos de producción ni en los sistemas y métodos de trabajo del personal o en el modo de organizar la producción, y tampoco provoca la necesidad de reajustar el volumen de la producción, en tal caso lo razonable no es reducir temporalmente la jornada de trabajo o suspender los contratos de trabajo con cargo al erario público, sino ajustar el coste de la mano de obra mediante una modi-

---

33 Por ello, invocándose dichas causas, no es exigible para su constatación la traducción económica de las previsiones que sobre disminución de encargos y pérdida de actividad productiva se exige por los sindicatos demandantes, debiendo atenderse a los parámetros concretos que definen la causa técnica, organizativa y productiva para su acreditación, y no a otros aspectos que en nada inciden en estas últimas [SAN de 26 de enero de 2022 (Rec. 252/2021)].

34 STSJ de Asturias de 14 de junio de 2013 (Rec. 694/2013).

35 Cfr. la SAN de 5 de febrero de 2021 (Proc. 179/2020); y la STSJ de la Comunidad Valenciana de 4 de mayo de 2021 (Rec. 180/2021).

ficación sustancial de las condiciones de trabajo, por ejemplo, rebajando el salario o incrementando la jornada, con los límites previstos en el correspondiente convenio colectivo[36]. Por ello, la empresa no puede limitarse a aducir las pérdidas económicas, sino que, además, **debe explicar y argumentar mínimamente en qué medida dichas pérdidas producen un desajuste entre los medios humanos y materiales de su organización**. De otro modo, será ciertamente difícil que en sede judicial se pueda controlar el uso correcto de las medidas de ajuste temporal, y no se den por buenas, como sucede en la práctica, situaciones en las que la empresa realiza nuevas contrataciones simplemente por ser diferente el nivel de los trabajadores contratados al que ostentan los afectados por el ERTE[37].

Además, el desajuste de plantilla debe ser **coyuntural, no estructural, y con perspectivas de recuperación o de recolocación de los trabajadores**, pues, de otro modo, sólo servirían para alargar la agonía de las empresas[38]. Las suspensiones contractuales o

---

36 Cfr. la STS de 27 de mayo de 2015 (Rec. 160/2014).

37 STS de 27 de mayo de 2015 (Rec. 160/2014).

38 En cuanto a las causas organizativas y productivas invocadas por la empresa, explica que su actividad es la de prestar asistencia en tierra a los aviones que operan en los diferentes aeropuertos en los que dispone de centros de trabajo, para señalar seguidamente que los datos contenidos en la memoria explicativa demuestran que el número de vuelos, pernoctas y aviones en base se han reducido drásticamente en los años 2020 y 2021, siendo todavía inferiores a los constatados en el año 2019, previo a la pandemia Covid, apreciándose un cierta recuperación a partir de 2022. Lo que le lleva finalmente a concluir que las causas no son estructurales, sino coyunturales, y la aplicación de la medida se está realizando de forma racional por la empresa, existiendo criterios de selección que la amparan [STS de 11 de septiembre de 2024 (Rec. 232/2022, *Tol 10.206.570*)]. En otro supuesto, la determinación de un periodo de 8 meses de duración de las medidas es absolutamente arbitraria en cuanto la empresa no facilita una sola información de porque en ese momento, la situación supuestamente transitoria que atraviesa va a ser finalmente superada [SAN de 5 de noviembre de 2021 (Proc. 193/2021)]. En las empresas de actividad fija discontinua, el descenso

reducciones temporales de jornada se vinculan a una situación coyuntural, como ha tenido que reconocer expresamente el art. 16.4 del RPDC. Aunque el carácter coyuntural o estructural de la situación dependerá de muchos factores y no puede reconducirse a parámetros unitarios, si la empresa recurre a las medidas de ajuste temporal de forma continua o reiterada, entonces la situación no se muestra como coyuntural sino estructural, lo que supone un abuso de derecho y/o un fraude de ley. Así sucede, por ejemplo, cuando la empresa se vale de las prestaciones por desempleo para eludir su obligación de remunerar los denominados días de inactividad de los estibadores portuarios[39] o de paro técnico. Lo mismo ocurre cuando su intención no es remontar una situación negativa temporal a fin de reincorporar a los trabajadores cuando esta mejore, sino dar por terminados los contratos de trabajo cuando otro empresario se haga cargo del servicio que ella venía prestado al Ayuntamiento, porque ya un mes antes de la notificación de la decisión suspensiva, la empresa había cerrado el establecimiento tras haber sido resuelto el contrato de arrendamiento de servicio público por el Ayuntamiento ante el incumplimiento contractual de la empresa que no abonaba los cánones correspondientes[40]. Pero, por lo general, el carácter temporal de la situación no podrá apreciarse sin una exhaustiva valoración de las circunstancias concretas de cada caso.

Y, en fin, la medida de ajuste temporal tiene sentido para los excesos de plantilla **con posibilidades de recolocar a los trabajadores afectados en un plazo razonable**, pero no cuando no existan unas mínimas expectativas para que los contratos de trabajo vuelvan a recobrar su plena vigencia. Cierto que no se produce

---

de actividad vinculado a la estacionalidad no es coyuntural sino estructural; la empresa ha de adaptar el modelo organizativo y productivo a esa realidad, y solo la concurrencia de una causa ETOP ajena a la propia temporalidad de la actividad justificaría acudir a un ERTE [STSJ de Canarias de 4 de junio de 2020 (Rec. 1492/2019)].

39 STS de 17 de julio de 2014 (Rec. 253/2013)

40 STSJ de Andalucía de 22 de julio de 2020 (Rec. 1134/2020).

un perjuicio antijurídico para el sistema de protección por desempleo por el hecho de suspender los contratos de trabajo en lugar de extinguirlos, ya que en ambos casos los trabajadores tienen derecho a desempleo. Sin embargo, en ocasiones el recurso a las medidas de ajuste temporal para un exceso de plantilla sin posibilidades de reabsorberse en plazo razonable sí puede ocasionar un perjuicio a la entidad gestora de las prestaciones de desempleo, como, por ejemplo, cuando no coincidan los trabajadores afectados por las sucesivas medidas de ajuste temporal y definitivo.

Con estas matizaciones, la modificación de los convenios colectivos estatutarios y las suspensiones o reducciones temporales de la jornada se pueden ubicar entre la casi total liberalización de las causas para los traslados y las modificaciones sustanciales de las condiciones de trabajo y el mayor rigor, si bien relativo, para los despidos. El legislador muestra así las preferencias en la jerarquización de cada una de estas medidas. En efecto, el número de trimestres consecutivos de disminución de ingresos ordinarios o de ventas requeridos para que se puedan llevar a cabo la modificación de los convenios colectivos estatutarios o las suspensiones contractuales o reducciones temporales de jornada se sitúan en dos, es decir, en un umbral inferior al de tres exigidos para la justificación del despido económico. Sin embargo, la diferenciación en la justificación causal de tales medidas es tan pequeña, de un solo trimestre, que las mismas causas podrán dar lugar a medidas tan diferentes como son la modificación de los convenios colectivos estatutarios, las suspensiones contractuales o reducciones temporales de jornada o los despidos económicos, sin que el legislador imponga un planteamiento secuencial en la adopción de tales medidas, obligando a recurrir en primer término a los mecanismos de flexibilidad interna. Más a partir de la reforma de 2021 tal planteamiento ha de ser revisado, por cuanto que el designio del legislador es que ante situaciones de dificultad coyuntural necesariamente se debe acudir a los ERTEs y no acabe hacer uso de los despidos. Avalaría esta interpretación el hecho de que expresamente la exposición de motivos de la norma contempla las medidas de regulación temporal de empleo *«como fórmula alternativa y prioritaria a las extinciones»*[41].

Por último, a pesar de que la regulación legal vigente ha omitido toda referencia a la razonabilidad de la medida empresarial, lo que han dejado claro nuestros tribunales es que su función no se limita a verificar la existencia de unos hechos[42]. Al contrario, los tribunales deben valorar si, ante la concurrencia de las causas aducidas, la medida elegida por el empresario es o no razonable. En definitiva, **el control de razonabilidad, proporcionalidad o funcionalidad resulta imprescindible**. Por consiguiente, el control judicial debe comprobar si existe causa, determinar su efecto sobre los contratos y valorar si la suspensión, la reducción de jornada, la inaplicación del convenio o la amortización parcial o total de los puestos de trabajo resulta una medida razonable o proporcional a la luz de aquella causa.

En concreto, el proceder judicial se fundamenta en la búsqueda de indicios que pongan sobre la pista de la razonabilidad y proporcionalidad de la medida. Y así, por ejemplo, se declara improcedente la medida de ajuste temporal, aunque se haya producido un descenso de pedidos con el consiguiente desajuste en la capacidad productiva de la empresa, cuando dicho desajuste se puede solventar con los días de flexibilidad que la empresa posee y/o los días de vacaciones que les quedan por disfrutar a los trabajado-

---

41 CRUZ VILLALÓN, J., «El sistema Red de regulación temporal de empleo», AEDTSS 20 enero 2022 (https://www.aedtss.com/el-sistema-red/).

42 SSTS de 21 de diciembre de 2017 (Rec. 282/2016), 9 de septiembre de 2020 (Rec. 13/2018), 20 de octubre de 2021 (Rec. 121/2021) y 19 de enero de 2022 (Rec. 82/2021, *Tol 8.787.400*); SSAN de 29 de junio de 2020 (Proc. 118/2020), 5 de febrero de 2021 (Proc. 179/2020) y 26 de febrero de 2021 (Proc. 288/2020); y SSTSJ de Andalucía de 18 de diciembre de 2020 (Rec. 68/2020) y de Madrid de 18 de noviembre de 2024 (Rec. 302/2024).

res[43]. No obstante, como la empresa no puede modificar de forma unilateral el calendario de vacaciones fijado con la representación de los trabajadores, en estos casos se valora positivamente por los tribunales el que la empresa haya ofertado como alternativa al ERTE, el adelanto de las vacaciones, y que esta haya sido rechazada por la representación de los trabajadores[44].

II. PROCEDIMIENTO

El art. 47.3 del ET establece un procedimiento similar al del despido colectivo, que será aplicable *«cualquiera que sea el número de personas trabajadoras de la empresa y el número de personas afectadas por la reducción o por la suspensión»*, lo que a primera vista puede resultar paradójico cuando estamos ante un supuesto de menor intensidad que el despido. Sin embargo, lo que explica y justifica el procedimiento es el necesario control en el acceso a la prestación por desempleo y el riesgo de fraude al sistema de protección por desempleo que es mayor en los ERTEs que en los ERES.

El procedimiento consta de una **fase de consultas/negociación** con la representación legal de los trabajadores; pero, **a falta de acuerdo**, es **el empresario** quien **aprecia la existencia de las causas y decide si el ERTE se lleva o no a efecto**[45]. De esta manera, el ré-

---

43 SAN de 25 de enero de 2013 (Rec. 305/2012) y STSJ de Andalucía de 7 de noviembre de 2024 (Rec. 147/2024).

44 SSTSJ de Aragón de 15 de febrero de 2021 (Rec. 50/2021) y del País Vasco de 26 de marzo de 2024 (Rec. 419/2024). Del acuerdo entre los representantes de los trabajadores y la empresa por el que los trabajadores renuncian al plazo previsto legalmente de dos meses de conocimiento de las fechas de vacaciones anuales, al disfrute de las vacaciones coincidiendo con las escolares y el periodo festivo de Semana Santa y a los planes que tuvieran para el disfrute de estas, no resulta la obligación empresarial de solicitar el ERTE [STSJ de Castilla y León de 15 de febrero de 2021 (Rec. 47/2021)].

45 La STS de 16 de junio de 2014 (Rec. 194/2013) defiende la licitud de la reducción temporal de jornada y salario operada a través del proce-

gimen concursal de las suspensiones contractuales y reducciones temporales de jornada, como ya ocurriera con el de los traslados y modificaciones colectivas, es manifiestamente más protector del interés de los trabajadores que el modelo estatutario, ya que en aquél, si el período de consultas finaliza sin acuerdo, es el juez del concurso quien debe determinar lo que proceda de acuerdo con la normativa laboral, tal y como prescribe el art. 182.2 del Real Decreto Legislativo 1/2020, de 5 de mayo, por el que se aprueba el texto refundido de la Ley Concursal (LC). Sin embargo, el art. 53 de la LC limita la jurisdicción del juez del concurso para conocer de las acciones sociales que tengan por objeto la suspensión de contratos y la reducción de jornada por causas económicas, técnicas, organizativas o de producción que, conforme a la legislación laboral y a lo establecido en esta ley, *«tengan carácter colectivo»* (apdo. 1.º) y tendrán dicho carácter cuando afecten al número de trabajadores establecido en la legislación laboral para la modificación sustancial de las condiciones de trabajo de carácter colectivo (apdo. 2.º). Por consiguiente, cuando no tengan carácter colectivo, corresponderá a la empresa o a la administración concursal, en función de las limitaciones de facultades empresariales en el procedimiento concursal, suplir la falta de acuerdo con la representación legal de los trabajadores.

El procedimiento, que será aplicable con **independencia del número de trabajadores afectados y la dimensión de la empresa**, se rige por **el art. 47.3 del ET y los arts. 16 y siguientes del RPDC**, en la medida en que no contradigan lo dispuesto en el RD-l 32/2021. No obstante, debe advertirse que la adopción de **medidas de despido colectivo, suspensión de contratos de trabajo, modificaciones sustanciales de condiciones e inaplicación de las con-**

dimiento establecido en el art. 47 del ET, tras una subrogación empresarial pero no con motivo de la misma, sino con base en circunstancias económicas concurrentes en la empresa absorbente, procedimiento que reúne iguales o mayores garantías que el del art. 41.4 del ET al añadirse la intervención de la autoridad laboral y de la Entidad Gestora por su propio interés [STS de 16 de junio de 2014 (Rec. 194/2013)].

diciones de trabajo previstas en el convenio colectivo aplicable, deben negociarse y tramitarse conjuntamente en un único proceso de despido colectivo[46]. Imponer un proceso de negociación separado y diferente para cada tipo de medida laboral sería un sinsentido que podría causar gravosas distorsiones en perjuicio de todas las partes, cuando la causa económica, técnica, organizativa o de producción que subyace bajo estas medidas empresariales es una y la misma, lo que aconseja y obliga a tratarlas conjuntamente en un solo proceso de consultas, para evitar una fragmentación inconexa del tratamiento de una misma problemática que es homogénea y exige una respuesta coordinada y global, tanto en la fase de negociación durante el periodo de consultas, como, aún más si cabe, en la respuesta que haya de darse a una eventual impugnación en un único procedimiento judicial. A mayor abundamiento, las garantías, exigencias y requisitos del proceso de negociación del despido colectivo que regula el art. 51 del ET son muy similares, y, en cualquier caso, superiores y más rigurosas, a las que requieren los periodos de consultas de los arts. 41, 47.3 y 82.3 del ET, lo que garantiza plenamente los derechos de los trabajadores sin menoscabo alguno de la finalidad que la ley otorga al periodo de consultas. Asimismo, las medidas modificativas de condiciones de trabajo y la inaplicación del convenio colectivo o descuelgue pueden adoptarse por la comisión negociadora en el marco de un ERTE, dada la homogeneidad reguladora existente entre estas figuras jurídicas[47]. Ahora bien, de no alcanzarse un acuerdo con la representación legal de los trabajadores, la modificación del convenio colectivo estatutario sólo podrá llevarse a

---

46 STS de 17 de mayo de 2017 (Rec. 221/2016).

47 STS de 23 de junio de 2022 (Rec. 216/2021, *Tol 9.114.127*); SAN de 18 de marzo de 2021 (Proc. 154/2020); y STSJ de la Comunidad de Madrid de 24 de septiembre de 2021 (Rec. 605/2021). En todo caso, la inaplicación o descuelgue del convenio colectivo puede acordarla la comisión negociadora del ERE o del ERTE —no la comisión de seguimiento de los mismos— [STS de 20 de marzo de 2024 (Rec. 139/2022, *Tol 9.967.738*)].

cabo en el marco de las previsiones de los arts. 82.3 del ET y 19 y siguientes del RD 1362/2012, de 27 de septiembre, por el que se regula la Comisión Consultiva Nacional de Convenios Colectivos.

En fin, en caso de declaración de concurso, la suspensión debe ser acordada por los representantes de los trabajadores y la empresa o la administración concursal y, de no alcanzarse un acuerdo, el juez del concurso determinará lo que proceda conforme a la legislación laboral (arts. 169 y ss. LC)[48].

1. La comunicación empresarial de la intención de iniciar el procedimiento

La comisión representativa de los trabajadores *«deberá quedar constituida con carácter previo a la comunicación empresarial de apertura del periodo de consultas»* (art. 47.3 ET). A estos efectos, la dirección de la entidad empleadora *«deberá comunicar de manera fehaciente a los trabajadores o a sus representantes su intención de iniciar el procedi-*

[48] AAJM núm. 1 de Sevilla de 16 de diciembre de 2005 (Proc. 484/2005) y 16 de diciembre de 2005 (Rec. 43/2004) y AJM núm. 1 de Cádiz de 19 de julio de 2011 (Proc. 220/2011). Cabe comenzar el expediente concursal solicitando la extinción colectiva y modificarlo solicitando la suspensión colectiva [AJM núm. 1 de Bilbao de 11 de mayo de 2009 (Proc. 224/2009)]. La adopción de la medida suspensiva sólo podrá solicitarse del juez del concurso una vez emitido informe de la administración concursal, salvo que se estime que la demora en la aplicación de las medidas pretendidas puede comprometer gravemente la viabilidad futura de la empresa y del empleo o causar grave perjuicio a los trabajadores, en cuyo caso, y con acreditación de esta circunstancia, podrá realizarse la petición al juez en cualquier momento procesal desde la declaración de concurso (art. 64.3 ET) [AJM núm. 1 de Cádiz de 19 de julio de 2011 (Proc. 220/2011)]. No resulta procedente solicitar la extinción de los contratos de trabajo que se encuentran suspendidos en fase de liquidación, en recurso de apelación y ante la Audiencia Provincial; tal cuestión debe plantearse en el procedimiento seguido en el Juzgado conforme a la LC [AAP de Málaga de 9 de abril de 2014 (Rec. 1125/2013)].

miento» (art. 47.3 ET). Del tenor literal del precepto resulta que **la empresa tiene que comunicar a los representantes de los trabajadores el inicio del periodo de consultas y debe hacerlo a todos los representantes de los trabajadores** a fin de que procedan a constituir la comisión representativa que va a negociar el ERTE. De no comunicar la empresa a alguna sección sindical con legitimación negocial —cuya constitución y ámbito de representación conozca previamente— su intención de iniciar el procedimiento de consultas, ni convocarle a las reuniones para negociar el ERTE, habiendo convocado a las otras secciones sindicales constituidas en la empresa, habrá vulnerado el derecho de libertad sindical del sindicato de procedencia, lo que acarreará la nulidad de todo el período de consultas en el que no se ha negociado con buena fe por la parte empresarial[49]. Por lo demás, la empresa debe compeler tanto a los representantes de los trabajadores como a los trabajadores de los centros que no cuenten con dichos representantes a que designen representantes en la referida comisión[50].

---

49 Cfr. las SSTS de 6 de junio de 2018 (Rec. 149/2017) y 18 de julio de 2024 (Rec. 235/2022, *Tol 10.179.360*).

50 No obstante, la SAN de 20 de septiembre de 2021 (Proc. 162/2020) señala lo siguiente:
«Si bien la constitución de la CRT no se ajustó a lo previsto en el ya transcrito art. 23 del RD Ley 8/2.020 en relación con el art. 41.4 E.T. por cuanto que no consta que se compeliese a los trabajadores del centro de trabajo de Madrid, ni al de Sevilla (i+D+I) a que designasen representantes en la referida comisión, el motivo de impugnación no puede ser apreciado por cuanto que:
— de un lado la fecha de constitución de la comisión negociadora, momento en el que debe determinarse la representación de las partes hubo un reconocimiento mutuo entre estas para negociar el expediente, lo que hace que la denuncia de la irregular constitución de la comisión en un momento posterior sea contraria a los más elementales deberes de buena fe (arts. 6.1 Cc, y 11 de LOPJ) —en este sentido cabe citar la reciente STS de 15-7-2.021 —rec 8/2.021-, con cita de las precedentes SSTS 20 de julio de 2016, rec. 303/2014 y 323/14—;
— por otro lado, porque una vez denunciado tal defecto de representación en el periodo de consultas por la CRT, la decisión de la empresa fue desafectar a los trabajadores de los centros que carecieron de representación de la decisión final

2. *La constitución de la comisión negociadora*

La intervención como interlocutores ante la dirección de la empresa en el procedimiento de consultas *«corresponderá a los sujetos indicados en el artículo 41.4, en el orden y condiciones señalados en el mismo»* (art. 47.3 ET). De conformidad con el art. 47.3 del ET, *«la consulta se llevará a cabo en una única comisión negociadora, si bien, de existir varios centros de trabajo, quedará circunscrita a los centros afectados por el procedimiento»*, que *«estará integrada por un máximo de trece miembros en representación de cada una de las partes»*. Por consiguiente, el período de consultas es único y conjunto para todos los trabajadores afectados, con independencia del centro de trabajo y del grupo profesional al que pertenezcan, quedando excluida la negociación diferenciada por centros de trabajo[51] o grupos profesionales[52].

Por lo demás, a la hora de acotar el **ámbito del procedimiento**, debe tenerse en cuenta que las causas económicas se valoran a nivel de empresa en su conjunto, en tanto que, tratándose de causas técnicas, organizativas o de producción se valoran con respecto al concreto ámbito en el que es necesaria la medida, ya sea la empresa en su conjunto, un centro de trabajo o una unidad productiva.

---

adoptada que afecta tal y como consta en el descriptor 2 únicamente a trabajadores de los centros de trabajo cuyos representantes conformaron la meritada CRT».

51 Cfr. las SSTS de 24 de junio de 2014 (Rec. 235/2013), 17 de julio de 2014 (Rec. 253/2013), 9 de diciembre de 2014 (Rec. 291/2013) y 16 de noviembre de 2015 (Rec. 256/2013). No obstante, la STS de 9 de diciembre de 2014 (Rec. 291/2013) acepta la validez de la negociación por centros a instancia de los representantes de los trabajadores y con la aquiescencia de la empresa.

52 Cfr. la STS de 16 de noviembre de 2015 (Rec. 256/2013). Con todo, según esta resolución judicial no cabe que la Sala de instancia, sin haberlo formulario las partes ni haber sido oídas, se plantee de oficio la problemática legal de la existencia de dos o más comisiones negociadoras con distintos integrantes en la representación de los trabajadores y afectante a distintos centros de trabajo o colectivos para decretar la nulidad íntegra del acuerdo de consultas jurisdiccionalmente impugnado.

Ahora bien, la empresa incurre en un fraude de ley cuando divide artificiosamente el ámbito de afectación del procedimiento, por ejemplo, cuando se ampara en una mínima causa productiva a valorar respecto del centro de trabajo y, en realidad, lo que subyace es una pérdida económica a enjuiciar respecto de la totalidad de la empresa[53].

La intervención como interlocutores ante la dirección de la empresa en el procedimiento de consultas *«corresponderá a las secciones sindicales cuando éstas así lo acuerden, siempre que tengan la representación mayoritaria en los comités de empresa o entre los delegados de personal de los centros de trabajo afectados»*, esto es, la mitad más uno de los representantes unitarios de la empresa (art. 41.4 ET). En tal caso, las secciones sindicales *«representarán a todos los trabajadores de los centros afectados»* (art. 41.4 ET).

En defecto de lo previsto en el párrafo anterior, la intervención como interlocutores se regirá por las siguientes reglas (art. 41.4 ET):

> *«a) Si el procedimiento afecta a un único centro de trabajo, corresponderá al comité de empresa o a los delegados de personal. En el supuesto de que en el centro de trabajo no exista representación legal de los trabajadores, estos podrán optar por atribuir su representación para la negociación del acuerdo, a su elección, a una comisión de un máximo de tres miembros integrada por trabajadores de la propia empresa y elegida por estos democráticamente o a una comisión de igual número de componentes designados, según su representatividad, por los sindicatos más representativos y representativos del sector al que pertenezca la empresa y que estuvieran legitimados para formar parte de la comisión negociadora del convenio colectivo de aplicación a la misma.*
>
> *En el supuesto de que la negociación se realice con la comisión cuyos miembros sean designados por los sindicatos, el empresario podrá atribuir su representación a las organizaciones empresariales en las que estuviera integrado, pudiendo ser las mismas más representativas a nivel autonómico, y con independencia de que la*

[53] STS de 25 de mayo de 2015 (Rec. 72/2014).

organización en la que esté integrado tenga carácter intersectorial o sectorial.

b) Si el procedimiento afecta a más de un centro de trabajo, la intervención como interlocutores corresponderá:

En primer lugar, al comité intercentros, siempre que tenga atribuida esa función en el convenio colectivo en que se hubiera acordado su creación.

En otro caso, a una comisión representativa que se constituirá de acuerdo con las siguientes reglas:

1.ª Si todos los centros de trabajo afectados por el procedimiento cuentan con representantes legales de los trabajadores, la comisión estará integrada por estos.

2.ª Si alguno de los centros de trabajo afectados cuenta con representantes legales de los trabajadores y otros no, la comisión estará integrada únicamente por representantes legales de los trabajadores de los centros que cuenten con dichos representantes. Y ello salvo que los trabajadores de los centros que no cuenten con representantes legales opten por designar la comisión a que se refiere la letra a), en cuyo caso la comisión representativa estará integrada conjuntamente por representantes legales de los trabajadores y por miembros de las comisiones previstas en dicho párrafo, en proporción al número de trabajadores que representen.

En el supuesto de que uno o varios centros de trabajo afectados por el procedimiento que no cuenten con representantes legales de los trabajadores opten por no designar la comisión de la letra a), se asignará su representación a los representantes legales de los trabajadores de los centros de trabajo afectados que cuenten con ellos, en proporción al número de trabajadores que representen.

3.ª Si ninguno de los centros de trabajo afectados por el procedimiento cuenta con representantes legales de los trabajadores, la comisión representativa estará integrada por quienes sean elegidos por y entre los miembros de las comisiones designadas en los centros de trabajo afectados conforme a lo dispuesto en la letra a), en proporción al número de trabajadores que representen.

En todos los supuestos contemplados en este apartado, si como resultado de la aplicación de las reglas indicadas anteriormente el número inicial de representantes fuese superior a trece, estos elegirán por y entre ellos a un máximo de trece, en proporción al número de trabajadores que representen».

Por consiguiente, a falta de acuerdo de intervención de las secciones sindicales que tengan la representación mayoritaria en los comités de empresa o entre los delegados de personal de los centros de trabajo afectados, habrá que distinguir varios supuestos de hecho, a saber:

a) Si el procedimiento afecta a un **único centro de trabajo**, corresponderá al comité de empresa o a los delegados de personal. En las empresas en las que **no exista representación legal de los trabajadores**, los trabajadores podrán optar por atribuir su representación para la negociación del acuerdo, a su elección, a una comisión de un máximo de tres miembros integrada por trabajadores de la propia empresa y elegida por éstos democráticamente o a una comisión de igual número de componentes designados, según su representatividad, por los sindicatos más representativos y representativos del sector al que pertenezca la empresa y que estuvieran legitimados para formar parte de la comisión negociadora del convenio colectivo de aplicación a la misma (art. 41.4 ET). Y, si se opta por una comisión sindical, ésta estará integrada por un máximo de tres miembros *«designados, según su representatividad, por los sindicatos más representativos y representativos del sector al que pertenezca la empresa y que estuvieran legitimados para formar parte de la comisión negociadora del convenio colectivo de aplicación a la misma»* (art. 41.4 ET), es decir, por los sindicatos más representativos conforme a lo establecido en los art. 6 y 7 de la Ley Orgánica 11/1985, de 2 de agosto, de Libertad Sindical (LOLS), así como por las organizaciones a que se refiere el art. 7.2 de la citada Ley. La suficiente representatividad, según la regla general, debe referirse al *«sector al que pertenezca la empresa»*.

En el supuesto de que la negociación se realice con la comisión cuyos miembros sean designados por los sindicatos, el empresario podrá atribuir su representación a las organizaciones empresariales en las que estuviera integrado, pudiendo ser las mismas más representativas a nivel autonómico, y con independencia de la organización en la que esté integrado tenga carácter intersectorial o sectorial (art. 41.4 ET).

b) Si el procedimiento afecta a **más de un centro de trabajo**, la intervención como interlocutores corresponderá, en primer lugar, al comité intercentros, siempre que tenga atribuida esa función en el convenio colectivo en que se hubiera acordado su creación.

En otro caso, a una comisión representativa que se constituirá de acuerdo con las siguientes reglas:

1.ª Si todos los centros de trabajo afectados por el procedimiento cuentan con representantes legales de los trabajadores, la comisión estará integrada por éstos.

2.ª Si alguno de los centros de trabajo afectados cuenta con representantes legales de los trabajadores y otros no, la comisión estará integrada únicamente por representantes legales de los trabajadores de los centros que cuenten con dichos representantes. Y ello salvo que los trabajadores de los centros que no cuenten con representantes legales opten por designar la comisión *ad hoc*, en cuyo caso la comisión representativa estará integrada conjuntamente por representantes legales de los trabajadores y por miembros de las comisiones previstas en dicho párrafo, en proporción al número de trabajadores que representen.

En el supuesto de que uno o varios centros de trabajo afectados por el procedimiento que no cuenten con representantes legales de los trabajadores opten por no designar la comisión *ad hoc*, se asignará su representación a los representantes legales de los trabajadores de los centros de trabajo afectados que cuenten con ellos, en proporción al número de trabajadores que representen.

3.ª Si ninguno de los centros de trabajo afectados por el procedimiento cuenta con representantes legales de los trabajadores, la comisión representativa estará integrada por quienes sean elegidos por y entre los miembros de las comisiones *ad hoc* designadas en los centros de trabajo afectados, en proporción al número de trabajadores que representen.

En todos los supuestos contemplados en este apartado, si como resultado de la aplicación de las reglas indicadas anteriormente el número inicial de representantes fuese superior a trece, estos elegirán por y entre ellos a un máximo de trece, en proporción a la respectiva plantilla de los centros de trabajo[54]. Además, en esta designación habrá de guardarse la proporcionalidad respecto de los puestos obtenidos en los diversos órganos de representación unitaria por las candidaturas sindicales y no sindicales.

El **plazo máximo** para la constitución de la comisión representativa *«será de cinco días desde la fecha de la referida comunicación, salvo que alguno de los centros de trabajo que vaya a estar afectado por el procedimiento no cuente con representantes legales de los trabajadores, en cuyo caso el plazo será de diez días»* (art. 47.3 ET). Transcurrido el plazo máximo para la constitución de la comisión representativa, la dirección de la entidad empleadora *«podrá comunicar formalmente a la representación de las personas trabajadoras y a la autoridad laboral el inicio del periodo de consultas»* y la falta de constitución de la comisión representativa *«no impedirá el inicio y transcurso del periodo de consultas, y su constitución con posterioridad al inicio del mismo no comportará, en ningún caso, la ampliación de su duración»* (art. 47.3 ET).

Por lo demás, tal y como subraya la STS de 20 de julio de 2016 (Recud. 323/2014, *Tol 5.781.909*), la configuración de la comisión negociadora de los trabajadores corresponde exclusivamente a estos, sin injerencias empresariales. Por tanto, **la defectuosa o indebida conformación** de esta, con carácter general y a salvo de supuestos muy evidentes de los que pudiera aprovecharse la contraparte, no puede producir la nulidad de la medida empresarial por inexistencia del período de consultas. No sería admisible en este caso trasladar las consecuencias al empresario de una hipotética incorrecta decisión relativa a la configuración de la comisión negociadora y con ello pretender que todo el proceso quede por esta razón anulado, máxime si la composición de la comisión no fue objeto de crítica u objeción alguna por parte

---

54 Cfr. las SSTS de 16 de septiembre de 2015 (Rec. 139/2014) y 20 de diciembre de 2017 (Rec. 116/2017).

de ningún sindicato o representante legal hasta el acuerdo de consultas.

3. La comunicación del inicio del procedimiento a la representación legal de los trabajadores

El procedimiento se iniciará por escrito mediante **la comunicación de la apertura del período de consultas** dirigida por el empresario a los representantes legales de los trabajadores, así como a la autoridad laboral (arts. 47.3 ET y 17 y 19 RPDC). A dicho escrito deberá acompañarse, según la causa alegada, la **documentación** que se señala en el siguiente epígrafe (art. 17.1 RPDC). Simultáneamente a la entrega de la comunicación a los representantes legales de los trabajadores, el empresario solicitará por escrito de estos la emisión del **informe** a que se refiere el art. 64.5.a) y b) del ET (art. 17.3 RPDC).

Cualquiera que sea la causa alegada por la empresa, la comunicación de inicio del período de consultas deberá precisar los siguientes extremos (art. 17.2 RPDC):

> *«a) La especificación de las causas que motivan la suspensión de contratos o la reducción de jornada.*
>
> *b) Número y clasificación profesional de los trabajadores afectados por las medidas de suspensión de contratos o reducción de jornada. Cuando el procedimiento afecte a más de un centro de trabajo, esta información deberá estar desglosada por centro de trabajo y, en su caso, provincia y comunidad autónoma.*
>
> *c) Número y clasificación profesional de los trabajadores empleados habitualmente en el último año. Cuando el procedimiento de suspensión de contratos o reducción de jornada afecte a más de un centro de trabajo, esta información deberá estar desglosada por centro de trabajo y, en su caso, provincia y comunidad autónoma.*
>
> *d) Concreción y detalle de las medidas de suspensión de contratos o reducción de jornada.*
>
> *e) Criterios tenidos en cuenta para la designación de los trabajadores afectados por las medidas de suspensión de contratos o reducción de jornada.*

> *f) Copia de la comunicación dirigida a los trabajadores o a sus representantes por la dirección de la empresa de su intención de iniciar el procedimiento de suspensión de contratos o reducción de jornada.*
>
> *g) Representantes de los trabajadores que integrarán la comisión negociadora o, en su caso, indicación de la falta de constitución de ésta en los plazos legales».*

De este modo, el empresario debe recoger en la comunicación de inicio del procedimiento los **aspectos básicos** de las medidas de suspensión contractual o reducción temporal de jornada, a saber[55]: las causas (**a**), las medidas (**b**) y los trabajadores afectados (**c**).

a) El empresario debe recoger en la comunicación de inicio del procedimiento las **causas** que motivan la suspensión de contratos o la reducción de jornada, el **número de los trabajadores afectados** por las medidas de suspensión de contratos o reducción de jornada, su **desglose funcional y territorial**, y, además, debe motivar estos extremos en la memoria explicativa que debe entregar a los representantes legales de los trabajadores y a la autoridad laboral. En particular, en la comunicación empresarial de inicio deben figurar el *«número y clasificación profesional de los trabajadores afectados por las medidas de suspensión de contratos o reducción de jornada»* y el *«número y clasificación profesional de los trabajadores empleados habitualmente en el último año»*; previsiones que completa el art. 17.2 del RPDC, precisando que cuando el procedimiento afecte a más de un centro de trabajo, esta información deberá estar desglosada *«por centro de trabajo y, en su caso, provincia y comunidad autónoma»*.

Estos datos cumplen una función esencial, a saber: contribuir a justificar la concurrencia de las causas alegadas por el empresario, pues la identificación del número, clasificación profesional y ubicación de los puestos de trabajo afectados por las medidas

---

55 Cfr. ROQUETA BUJ, R., *La selección de los trabajadores afectados por los despidos colectivos*, Tirant lo Blanch, Valencia, 2015, págs. 26 y ss.

de ajuste temporal son trascendentes para poder verificar que esos puestos de trabajo han perdido temporalmente su utilidad. Ciertamente, la empresa no solo debe acreditar la concurrencia de la causa propiamente dicha, pues también ha de argumentar acerca de sus efectos sobre los contratos de trabajo; efectos que justifican su suspensión o la reducción temporal de la jornada. Y aquí es donde cobran especial protagonismo la identificación de los contratos de trabajo afectados por las medidas de suspensión de contratos o reducción de jornada y su ubicación funcional y territorial, puesto que si no se detallan estos extremos difícilmente se podrá comprobar la pérdida temporal de utilidad de esos contratos a raíz de la concurrencia de la causa alegada por la empresa. En definitiva, como subraya la SAN de 8 de julio de 2013 (Proc. 180/2013), esta información *«tiene una finalidad evidente, cual es que los representantes de los trabajadores tengan conocimiento de los términos de afectación, en orden a estar en condiciones de discutir su justificación y proporcionalidad, y proponer alternativas»*[56].

Además, el número y la clasificación profesional de los trabajadores afectados, desglosados por centros de trabajo, provincias y Comunidades Autónomas, cumplen una función adicional, mediata y accesoria, la de servir de perímetro en el que debe desenvolverse la designación individualizada de los trabajadores afectados por el ERTE. Este perímetro tiene unas coordenadas de carácter funcional y territorial precisas, a saber: la clasificación profesional, esto es, los grupos o categorías profesionales —no los concretos puestos de trabajo—, y los centros de trabajo[57]. De este modo, la determinación de los trabajadores finalmente afectados por las medidas de suspensión de contratos o reducción de jornada no tiene por qué coincidir, necesariamente, con la lista de los empleados que ocupen los concretos puestos de trabajo de los que se vaya a prescindir. Por ello, este perímetro, aunque de

---

56 En el mismo sentido, la STS de 11 de julio de 2013 (Proc. 181/2013) y la SAN de 10 de junio de 2013 (Rec. 112/2013).

57 STSJ del País Vasco de 8 de abril de 2014 (Rec. 527/2014).

suyo comporte una labor selectiva, necesitará normalmente de un marco ulterior, esto es, de los criterios de selección de los trabajadores afectados *stricto sensu*, cuando concurra una pluralidad de trabajadores del mismo grupo o categoría profesional y centro de trabajo afectado.

b) La comunicación de inicio debe concretar y detallar las **medidas de reducción de jornada o suspensión de contratos** (duración, modalidades, período previsto para la aplicación de las medidas, etc.). La duración y los elementos cuantitativos y temporales de las medidas de ajuste temporal no pueden quedar indeterminados ni depender de la exclusiva voluntad del empresario, no siendo posible vincular dichas medidas a una condición resolutoria[58].

c) Los *«criterios tenidos en cuenta para la designación de los trabajadores afectados por las medidas de suspensión de contratos o reducción de jornada»* y también, obviamente, aunque la norma no lo diga, los criterios de retorno a la actividad[59]. De este precepto se infiere claramente que la identificación de los **criterios de selección de los trabajadores afectados** por el ERTE no está relacionada directamente con la acreditación de las causas alegadas por el em-

---

58 La empresa en la comunicación inicial a los representantes de los trabajadores no mencionó las medidas concretas de reducción de jornada, incumpliendo frontalmente lo previsto en el art. 17. 2 del RD 1483/2012 y se trata de un incumplimiento que impide el correcto desarrollo del período de consultas, dado que la parte social desconoce las medidas concretas, tanto en cuanto a su alcance personal y temporal, como en lo que se refiere al porcentaje de reducción de jornada que la empresa plantea. En este contexto los representantes de los trabajadores no pueden plantear alternativa alguna durante la negociación, puesto que las medidas concretas que postula la parte empresarial constituyen un arcano. En esta tesitura no existe período de consultas, pues los representantes de los trabajadores carecen de la mínima información para negociar, lo que vicia de nulidad la decisión empresarial [STSJ del País Vasco de 28 de febrero de 2023 (Rec. 124/2023)].

59 Cfr. las SSAN de 29 de julio de 2020 (Proc. 129/2020) y 30 de julio de 2020 (Proc. 130/2020).

presario para justificar las medidas de ajuste temporal, sino con el control de la discrecionalidad empresarial en orden a la selección de los trabajadores afectados por el ERTE para alejar cualquier sospecha de parcialidad o arbitrariedad en su designación[60].

Este **control** se desarrolla en **dos fases distintas**, a saber:

1.ª) En la comunicación de la apertura del período de consultas dirigida por el empresario a los representantes legales de los trabajadores deben figurar los *«criterios tenidos en cuenta para la designación de los trabajadores afectados por las medidas de suspensión de contratos o reducción de jornada»*, a fin de que tales representantes puedan verificar su objetividad, idoneidad y suficiencia, y proponer su corrección, o presentar otros criterios alternativos o complementarios, durante el período de consultas. Dentro de la lógica del sistema la fase de consultas a los representantes legales de los trabajadores permitirá que estos puedan exponer sus opiniones favorables o adversas sobre los criterios propuestos por la empresa para la selección de los trabajadores y, en su caso, proponer otros alternativos.

2.ª) El alcance de esta obligación no se agota en la fase de consultas, sino que trasciende a la fase de aplicación o ejecución del ERTE, facilitando el control de esta fase por los representantes de los trabajadores y los tribunales. Ciertamente, si los representantes están legitimados para negociar el acuerdo de consultas, también lo están para vigilar

---

60 SSTSJ de Cataluña de 21 de junio de 2013 (Rec. 1793/2013), de Navarra de 24 de junio de 2013 (Rec. 106/2013) y del País Vasco de 8 de abril de 2014 (Rec. 562/2014).
En cambio, las SSAN de 15 de octubre de 2012 (Proc. 162/2012), 10 de junio de 2013 (Proc. 112/2013), 11 de julio de 2013 (Proc. 181/2013) y 16 de mayo de 2014 (Proc. 500/2013) sostienen que los criterios tenidos en cuenta para la designación de los trabajadores afectados por la medida constituyen un presupuesto imprescindible para poder apreciar la adecuada justificación de los despidos colectivos.

su cumplimiento y aplicación en el caso concreto. En definitiva, los criterios adoptados deben permitir verificar que la designación de cada trabajador responde a esos criterios, y no a otros distintos, o al mero arbitrio empresarial, y posibilitar el control sindical y, en su caso, judicial *a posteriori* de que la elección obedece a los criterios prefijados, evitando que la actuación del empresario, aun dentro de su ámbito de discrecionalidad, provoque discriminaciones directas o indirectas, o configure un trato desigual, arbitrario e injustificado.

Por consiguiente, esta exigencia no es meramente formal, sino que intenta garantizar la efectividad del período de consultas y que la actuación de la empresa, dentro de su ámbito de discrecionalidad, no resulte arbitraria, abusiva, fraudulenta ni provoque discriminaciones directas o indirectas[61]. Lo anterior no obsta a que los criterios de selección de los trabajadores afectados, así como su aplicación, puedan cumplir otra función adicional nada desdeñable, cual es la de servir de útil parámetro o guía para valorar el ajuste o adecuación de la causa alegada por el empresario a la finalidad perseguida por las medidas de suspensión contractual o reducción temporal de jornada.

En definitiva, y a modo de conclusión, el *«número y clasificación profesional de los trabajadores afectados por las medidas de suspensión de contratos o reducción de jornada»* y los *«criterios tenidos en cuenta para la designación de los trabajadores afectados por las medidas de suspensión de contratos o reducción de jornada»* son requisitos distintos que atienden a finalidades también diferentes, por lo que no se pueden confundir. En la práctica, sin embargo, las memorias explicativas mezclan y confunden la información relativa a ambas exigencias, lo que obliga a los tribunales a efectuar una labor previa de deslinde conceptual tal compleja como imprescindible, pues están en juego, de un lado, la concurrencia de las causas económicas,

---

61 SSTSJ de Navarra de 24 de junio de 2013 (Rec. 106/2013) y del País Vasco de 8 de abril de 2014 (Rec. 562/2014).

técnicas, organizativas o productivas alegadas por el empresario, y, de otro, el nudo gordiano de la selección de los trabajadores afectados por ERTEs[62]. Mientras no se tenga clara tal distinción, y puesto que en la práctica se confunden ambos tipos de requisitos, se corre el riesgo de que pase por vacuidad la utilización de criterios de selección *strictu sensu* de nula o escasa objetividad sobre la base de que la causa económica tiene en principio una afectación general sobre toda la plantilla[63]. Y, al contrario, que tampoco merezca reproche judicial alguno la excesiva ambigüedad de la infor-

---

[62] Incluso algunas resoluciones judiciales confunden ambas exigencias. Véanse, por ejemplo, las SSTSJ de Castilla y León de 24 de abril de 2014 (Rec. 420/2014) y de Cataluña de 24 de octubre de 2014 (Rec. 4541/2014).

[63] Véase, por ejemplo, la SAN de 16 de mayo de 2014 (Proc. 500/2013) que afirma que los criterios propuestos en la memoria «*colman las exigencias legales que se acaban de detallar al tratarse de criterios que aun siendo genéricos por tener que emplearse para un colectivo de trabajadores, no por ello impiden apreciar la conexión de funcionalidad invocada en la demanda*». En este mismo sentido, las SSAN de 29 de julio de 2020 (Rec. 129/2020) y 30 de julio de 2020 (Rec. 130/2020) consideran que no procede acoger la alegación realizada por los sindicatos de que, si bien se ha podido conocer qué trabajadores se encuentran adscritos a los servicios que la mercantil ha visto suspendidos o reducidos por sus respectivos clientes, en modo alguno, se ha procedido a detallar ni concretar en qué medida afecta tal reducción o suspensión a los trabajadores ni qué tipo de reducción o suspensión contractual pretende realizar la demandada a sus trabajadores, puesto que, se aplicaron los criterios de selección acordados y, se procedió a la constitución de una comisión de seguimiento y control de la ejecución de los acuerdos integrada por los miembros de las secciones sindicales firmantes del Acuerdo, con funciones de información actualizada de servicios afectados y sus modificaciones. Por su parte, la STSJ de Castilla y León de 17 de julio de 2013 (Rec. 1183/2013) considera que en el caso de los despidos fundados en causa económica genérica que afecte a la empresa en general «*la relación de causalidad entre la causa económica y el despido se establece con carácter general respecto del conjunto de la plantilla de la empresa, por lo que no son precisos criterios demasiados específicos para poder controlar tal relación de causalidad, bastando con que se establezcan criterios que permitan controlar la ausencia de discriminaciones o diferenciaciones por motivos ilícitos*».

mación relativa al desglose funcional y territorial de los trabajadores afectados en aras a la subjetividad empresarial en materia de selección de los concretos trabajadores afectados por las medidas de suspensión de contratos o reducción de jornada[64].

4. La documentación que debe acompañar a la comunicación de inicio

La comunicación de la apertura del periodo de consultas a los representantes legales de los trabajadores deberá ir acompañada de *«una memoria explicativa de las causas de la suspensión de contratos o reducción de jornada y restantes aspectos relacionados»* en el apartado 2 del art. 17 del RPDC (art. 17.1 RPDC)[65]. La documentación justificativa que debe acompañar a la comunicación de la apertura del periodo de consultas será *«la necesaria para acreditar la concurrencia de la causa y que se trata de una situación coyuntural de la actividad de la empresa»* (art. 18.1 RPDC).

4.1. ERTEs por causas económicas

En el caso de que las causas aducidas por la empresa sean de índole económica, la documentación exigible será la indicada en el art. 4 del RPDC para los despidos colectivos, con las siguientes particularidades (art. 18.2 RPDC):

a) Se limitará a la del último ejercicio económico completo, así como a las cuentas provisionales del vigente a la presentación de la comunicación por la que se inicia el procedimiento[66].

---

64 Cfr. STS de 16 de septiembre de 2015 (Rec. 230/2014).

65 Cfr. SSAN de 29 de junio de 2020 (Proc. 118/2020), 20 de julio de 2020 (Proc. 128/2020), 29 de julio de 2020 (Proc. 129/2020) y 30 de julio de 2020 (Proc. 130/2020).

66 Cfr. las SSTS de 18 de noviembre de 2015 (Rec. 19/2015), 8 de noviembre de 2016 (Rec. 266/2015) y 21 de junio de 2017 (Recud. 12/2017).

b) En caso de que la causa aducida consista en la disminución persistente del nivel de ingresos ordinarios o ventas, el empresario deberá aportar, además de la documentación prevista en la letra a), la documentación fiscal o contable acreditativa de la disminución persistente del nivel de ingresos ordinarios o ventas durante, al menos, los dos trimestres consecutivos inmediatamente anteriores a la fecha de la comunicación de inicio del procedimiento de suspensión de contratos o reducción de jornada, así como la documentación fiscal o contable acreditativa de los ingresos ordinarios o ventas registrados en los mismos trimestres del año inmediatamente anterior.

Por consiguiente, la empresa deberá aportar la siguiente documentación (arts. 4 y 18.2 RPDC):

1.º) Una **memoria explicativa** que acredite, en la forma señalada en los siguientes apartados, los resultados de la empresa de los que se desprenda una situación económica negativa.

2.º) Las **cuentas anuales del último ejercicio económico completo**, integradas por los siguientes documentos[67]:

— Balance de situación.

— Cuentas de pérdidas y ganancias.

— Estado de cambios en el patrimonio neto.

— Estado de flujos de efectivos.

— Memoria del ejercicio.

— Informe de gestión.

3.º) La **cuenta de pérdidas y ganancias abreviada y balance y estado de cambios en el patrimonio neto abreviados**, debidamente auditadas en el caso de empresas obligadas a

---

[67] Cfr. la STS de 29 de septiembre de 2015 (Rec. 1/2015).

realizar auditorías[68]. En el caso de tratarse de una empresa no sujeta a la obligación de auditoría de las cuentas, se deberá aportar declaración de la representación de la empresa sobre la exención de la auditoría.

4.º) Las **cuentas provisionales al inicio del procedimiento**, firmadas por los administradores o representantes de la empresa que inicia el procedimiento[69].

5.º) Cuando la situación económica negativa alegada consista en una **previsión de pérdidas**, el empresario, además de aportar la documentación anterior, deberá informar de los **criterios utilizados para su estimación**. Asimismo, deberá presentar un informe técnico sobre el volumen y el carácter permanente o transitorio de esa previsión de pérdidas basado en datos obtenidos a través de las cuentas anuales, de los datos del sector al que pertenece la empresa, de la evolución del mercado y de la posición de la empresa en el mismo o de cualesquiera otros que puedan acreditar esta previsión.

6.º) Cuando la situación económica negativa alegada consista en la disminución persistente del nivel de ingresos o ventas, el empresario deberá aportar también la **documentación fiscal o contable acreditativa de la disminución persistente del nivel de ingresos ordinarios o ventas** durante, al menos, los dos trimestres consecutivos inmediatamente anteriores a la fecha de la comunicación de inicio del procedimiento de ERTE, así como la documentación fiscal o contable acreditativa de los ingresos ordinarios o ventas

---

68 La falta de aportación de la auditoría de cuentas en el período de consultas es una cuestión nueva, no planteada ni en dicho período, ni en la instancia, ni se indica en qué determinó la falta de acceso a dicha auditoría una frustración de la negociación en el período de consultas [STS de 17 de julio de 2024 (Rec. 83/2024, *Tol 10.123.832*)].

69 Cfr. las SSTS de 29 de septiembre de 2015 (Rec. 1/2015) y 20 de octubre de 2015 (Rec. 172/2014).

registrados en los mismos trimestres del año inmediatamente anterior.

7.º) Cuando la empresa que inicia el procedimiento forme parte de un **grupo de empresas**, también se deben aportar las cuentas del grupo mercantil en los siguientes términos[70]:

— Si la empresa del grupo que inicia el procedimiento forma parte de un grupo de empresas con obligación de formular cuentas consolidadas cuya sociedad dominante tenga su domicilio en España, deberán acompañarse las cuentas anuales e informe de gestión consolidados de la sociedad dominante del grupo debidamente auditadas, en el caso de empresas obligadas a realizar auditorías, durante el último ejercicio económico completo, siempre que existan saldos deudores o acreedores con la empresa que inicia el procedimiento.

— Si no existiera obligación de formular cuentas consolidadas, además de la documentación económica de la empresa que inicia el procedimiento a que se ha hecho referencia, deberán acompañarse las de las demás empresas del grupo debidamente auditadas, en el caso de empresas obligadas a realizar auditorías, siempre que dichas empresas tengan su domicilio social en España, tengan la misma actividad o pertenezcan al mismo sector de actividad y tengan saldos deudores o acreedores con la empresa que inicia el procedimiento.

Las medidas sociales de acompañamiento no son exigibles, ya que únicamente están previstas en el art. 8 del RD 1483/2012 para los supuestos de despido colectivo[71].

---

70 Cfr. las SSTS de 24 de junio de 2014 (Rec. 235/2013), 19 de julio de 2017 (Rec. 14/2017), 25 de septiembre de 2018 (Rec. 43/2018) y 15 de diciembre de 2022 (Rec. 18/2022).

71 STS de 27 de mayo de 2015 (Rec. 160/2014).

4.2. ERTEs por causas técnicas, organizativas o de producción

Cuando se aleguen por la empresa causas técnicas, organizativas o de producción, la documentación presentada por el empresario incluirá una **memoria explicativa** de dichas causas que acredite la concurrencia de estas, aportando los **informes técnicos oportunos** en los términos señalados en el art. 5.2 del RPDC (art. 18.3 RPDC). En efecto, el empresario deberá aportar los informes técnicos que confirmen, en su caso, la concurrencia de las causas técnicas, derivadas de los cambios, entre otros, en los medios e instrumentos de producción; la concurrencia de las causas organizativas derivadas de los cambios, entre otros, en el ámbito de los sistemas y métodos de trabajo del personal o en el modo de organizar la producción o la concurrencia de las causas productivas derivadas de los cambios, entre otros, en la demanda de los productos y servicios que la empresa pretende colocar en el mercado. El art. 5.2 del RPDC no exige que los informes técnicos sean elaborados por técnicos ajenos a la empresa, lo que posibilita, en principio, que se confeccionen internamente por la empresa, aunque su crédito y consiguiente eficacia probatoria para justificar el ERTE, basado en causas técnicas, organizativas o de producción, serán normalmente menores que los de los informes elaborados externamente, máxime si han sido realizados por personas de la empresa que han participado en la tramitación del ERTE, ya que si la finalidad de los informes técnicos es acreditar las causas alegadas en la memoria, resulta difícilmente admisible que dicha acreditación se residencie precisamente en los responsables en el ámbito a los que afectan los dictámenes, porque se trata objetivamente de partes interesadas, cuyos conocimientos técnicos están al servicio de una de las partes en el conflicto y han intervenido, como no podría ser de otro modo, en la gestación de la medida[72].

---

72 SSTS de 25 de enero de 2018 (Rec. 176/2017) y 7 de febrero de 2024 (Rec. 172/2023, *Tol 9.895.417*); y SAN de 12 de mayo de 2015 (Rec. 14/2013).

4.3. El principio de plenitud informativa al servicio de las consultas

Con carácter general rige el principio de plenitud informativa al servicio de las consultas. No basta la mera notificación formal a los representantes de los trabajadores del inicio de las consultas y del propósito de suspender los contratos o reducir temporalmente la jornada de trabajo; se precisa, además, que ambas vayan acompañadas de la entrega en tiempo hábil de toda la información y documentación constitutiva del objeto de las consultas, de suerte que la obligación de documentación, se conforma como parte esencial del deber empresarial de información en el procedimiento del ERTE, que conecta con el principio de buena fe que, por imperativo legal, debe presidir la negociación en esta fase procedimental. La información se sigue configurando como un presupuesto ineludible de las consultas.

En todo caso, debe advertirse que los tribunales, a la hora de valorar el cumplimiento o incumplimiento de este deber, suelen ponderar las reclamaciones de información realizadas por la representación de los trabajadores durante el período de consultas y reflejadas en las actas de las reuniones y las objeciones recogidas en el informe de la Inspección de Trabajo y Seguridad Social (ITSS)[73]. Además, subrayan el carácter instrumental del deber de información al servicio del derecho a la negociación colectiva en el seno de las consultas lo que implica que no todo incumplimiento de obligación documental conlleva la nulidad del ERTE sino tan sólo aquel que sea trascendente a los efectos de la acreditación de la causa y de una negociación adecuadamente informada[74]. Por

73 Cfr. SSTS de 15 de septiembre de 2014 (Rec. 290/2013), 16 de septiembre de 2015 (Rec. 230/2014), 18 de noviembre de 2015 (Rec. 19/2015), 20 de octubre de 2021 (Rec. 121/2021), 2 de noviembre de 2021 (Rec. 90/2021), 16 de febrero de 2022 (Rec. 267/2021, *Tol 8.833.141*), 7 de febrero de 2024 (Rec. 172/2023, *Tol 9.895.417*) y 17 de julio de 2024 (Rec. 83/2024, *Tol 10.123.832*).

74 SSTS de 20 de octubre de 2021 (Rec. 121/2021), 2 de noviembre de 2021 (Rec. 90/2021) y 7 de febrero de 2024 (Rec. 172/2023, *Tol*

otra parte, una cosa es que no se entregue ningún informe técnico y otra que el informe que se facilite incurra en deficiencias, de manera que pueda carecer de toda «solvencia probatoria»[75]. En este último caso, desde luego, la concurrencia de la causa no podrá fundarse en ese deficiente informe técnico; pero se tratará de una cuestión de valoración probatoria de dicho informe, sin que se pueda negar que el informe se entregó, por muy deficiente que fuera. Y, en fin, en este último supuesto la representación de los trabajadores no puede limitarse en sede judicial a alegar que no se presentó el informe técnico, sino que debe suministrar argumentos para rebatir la solvencia probatoria del mismo[76].

5. El incumplimiento de las obligaciones informativas del empresario al inicio del período de consultas

El incumplimiento de los requisitos formales exigidos por los art. 47 del ET y 17 y 18 del RPDC puede ser denunciado por los representantes de los trabajadores en el procedimiento de impug-

9.895.417). La ausencia de una contabilidad regular impide que pueda considerarse a la empresa incursa en pérdidas y en caso de partirse hipotéticamente de tal situación negativa, la misma sería considerada definitiva o estructural, no coyuntural, por lo que procede declarar injustificada la medida de ajuste temporal [SSTSJ de Andalucía de 18 de noviembre de 2021 (Rec. 21/2021) y 14 de julio de 2022 (Rec. 8/2022)].

75 STS de 7 de febrero de 2024 (Rec. 172/2023, *Tol 9.895.417*). Y así, la SAN de 20 de septiembre de 2021 (Rec. 162/2020) decreta la nulidad de la decisión de la empresa de suspensión de los contratos de trabajo por causas ETOP relacionadas con el COVID-19 por la ausencia de aportación de un informe técnico que acredite la causa productiva y la intensidad de la misma, resultando dicha documentación preceptiva, por cuanto la memoria aparece fundada en documental configurada *ad hoc* por la empresa y suscrita por personal directivo de la misma, sin basarse en información objetiva.

76 STS de 7 de febrero de 2024 (Rec. 172/2023, *Tol 9.895.417*).

nación colectiva y, en su defecto, por los trabajadores individuales en el procedimiento de impugnación individual.

No obstante, a la luz de la doctrina jurisprudencial, conviene tener presente lo siguiente[77]:

1.º) El examen de las exigencias que debe cumplir la comunicación empresarial que da inicio al período de consultas ha de hacerse partiendo de la finalidad perseguida por el art. 47.3 del ET, que es la de que los representantes de los trabajadores tengan una información suficientemente expresiva para conocer las causas del ERTE y afrontar adecuadamente el período de consultas.

2.º) Por ello, no todo incumplimiento de las obligaciones de carácter documental conlleva la nulidad de la decisión empresarial, sino tan solo aquel que sea trascendente a los efectos de conocer documentalmente la situación real de la empresa sobre la que se justifican las medidas de reducción de jornada o suspensión de contratos o de poder abordar con mínimas garantías el período de consultas.

3.º) El carácter instrumental de los requisitos formales obliga a efectuar un análisis caso por caso y a valorar tales exigencias en relación con el conjunto de la información proporcionada y teniendo en cuenta, además, las circunstancias concretas sobre las que se proyectan en cada caso y muy en particular el contenido de las actas de las reuniones habidas.

Así, por ejemplo, hay que distinguir los siguientes supuestos de hecho en cuanto a los incumplimientos de las obligaciones informativas al inicio del procedimiento del ERTE:

---

[77] Cfr. SSTS de 15 de septiembre de 2014 (Rec. 290/2013), 16 de septiembre de 2015 (Rec. 230/2014), 18 de noviembre de 2015 (Rec. 19/2015) y 20 de octubre de 2021 (Rec. 121/2021); y SSAN de 16 de marzo de 2021 (Proc. 515/2020), 30 de junio de 2021 (Proc. 135/2021) y 20 de septiembre de 2021 (Proc. 162/2020).

a) La omisión del desglose funcional y/o territorial de los contratos de trabajo afectados por el ERTE, ello constituye, en principio y con carácter general, un incumplimiento que debe dar lugar a la nulidad de la decisión (art. 138.7 LJS)[78]. Se trata de una información capital para poder apreciar la concurrencia de las causas del ERTE y, consiguientemente, un presupuesto insoslayable para un correcto desenvolvimiento del período de consultas. De tal modo que la falta de entrega total o parcial de esta información escrita, o su entrega extemporánea, vicia de nulidad el propio período de consultas, al impedirse una auténtica negociación entre las partes, tendente a la consecución de un acuerdo y a la adopción de medidas para evitar o reducir los ERTEs o despidos colectivos y atenuar sus consecuencias.

b) La omisión de los criterios de selección de los trabajadores afectados al iniciar el período de consultas impide alcanzar el objetivo de este, que es lograr un acuerdo, en aras a limitar la discrecionalidad y arbitrariedad empresarial en la selección. Por ello, el ERTE, de conformidad con el art. 138.7 de la LJS, debe calificarse como nulo. Mas solo la ausencia de los criterios de designación de los trabajadores afectados determina la nulidad del ERTE por falta de entrega de la documentación prevista en los arts. 47.3 del ET

---

78 La STS de 18 de julio de 2024 (Rec. 235/2022, *Tol 10.179.360*) confirma la nulidad del ERTE promovido por la empresa al no justificar los criterios objetivos de afectación de sus trabajadores. En este sentido, se aduce que ni en la memoria ni en el acuerdo de consultas alcanzado se indican datos objetivos (número de reservas, pernoctaciones o ventas) para tomar la decisión de suspender o reducir los contratos de trabajo de los veintiún trabajadores afectados, dándose así «carta en blanco» a la empresa para que durante un plazo de once meses decida, unilateralmente, y sin ajustarse a ningún criterio objetivo, suspensiones o reducciones de jornada de hasta veintiún trabajadores.

y 17.2.e) del RPDC[79]. La ambigüedad o imprecisión de estos, por el contrario, no vacía de contenido el período de consultas, pues ello no impide que los representantes de los trabajadores puedan proponer su corrección o presentar otros alternativos, a fin de reducir la discrecionalidad empresarial en la selección de los trabajadores afectados.

6. La comunicación del inicio del procedimiento a la autoridad laboral

La reforma laboral de 2012 suprimió la autorización administrativa. Pero a la autoridad laboral se le reserva el papel de velar porque el período de consultas se siga correctamente, cumpliendo las exigencias legales y reglamentarias, y no se defraude al sistema de protección por desempleo. Ciertamente, un cierto control es preciso para evitar los fraudes al sistema de protección por desempleo, como los supuestos mediante los cuales aunque formalmente se pacte una suspensión de contratos o una reducción temporal de jornada se continúe de hecho trabajando igual que antes de las medidas de ajuste temporal, beneficiándose en tal caso el empresario y los trabajadores de una serie de ventajas injustificadas, o los casos en que estos beneficios se empleen como métodos de gestión ordinaria estacional en lugar de su utilización como mecanismos para aminorar el impacto social generalizado en situaciones reales de crisis. Por ello, se **obliga al empresario** a

---

79 STS de 20 de octubre de 2021 (Rec. 121/2021); y SAN de 20 de septiembre de 2021 (Proc. 162/2020). Los criterios de designación estaban determinados al comienzo del período de consultas y quedaron definitivamente perfilados en el acuerdo final, creándose una Comisión de Empleabilidad como órgano garante, por lo que no es admisible plantear la nulidad del ERTE por tal motivo [STS de 15 de septiembre de 2014 (Rec. 290/2013)]. Ciertamente, la Comisión de Empleabilidad aparece como garante de la aplicación del ERTE en los términos acordados, sin que la empresa tenga potestad para aplicar la suspensión según su propio criterio, ya que solo cabe suspender el contrato cuando el trabajador desasignado ha pasado por la Comisión de Empleabilidad y se han agotado otras medidas alternativas distintas al ERTE

comunicar **a la autoridad laboral**, que es la señalada para los despidos colectivos (art. 25 RPDC) y los ERTEs FM (art. 31 RPDC), la iniciación del procedimiento, **a la autoridad laboral** a dar traslado de la comunicación empresarial al **SEPE y** a recabar informe preceptivo de la **ITSS** sobre los extremos de dicha comunicación y sobre el desarrollo del período de consultas, y a ésta última a evacuar dicho **informe** en el improrrogable plazo de quince días desde la notificación a la autoridad laboral de la finalización del período de consultas (art. 47.1 ET). Sin embargo, el nuevo art. 47.3 del ET ha eliminado la obligación de la autoridad laboral de comunicar al SEPE la decisión empresarial, tanto inicial como final.

El empresario hará llegar a la autoridad laboral, preferiblemente en soporte informático, simultáneamente a su comunicación a los representantes legales de los trabajadores, copia del escrito de iniciación del procedimiento, la documentación que se acompañe y la información sobre la composición de la representación de los trabajadores, así como de la comisión negociadora del ERTE (arts. 47.3 ET y 19.1 y 2 RPDC). Para estos documentos no hay ningún modelo oficial establecido, por lo que la empresa puede confeccionarlos como considere más adecuado.

El empresario está obligado a relacionarse con la autoridad laboral a través de **medios electrónicos** (DA 2.ª RPDC). Del mismo modo, todas las comunicaciones que deban realizarse por cualesquiera órganos de las administraciones con competencias para la tramitación de los ERTEs, incluyendo aquellas dirigidas a la representación legal de las personas trabajadoras, se realizarán por medios electrónicos. A tales efectos, el Ministerio de Trabajo y Economía Social desarrollará y mantendrá una aplicación informática que permita la tramitación y gestión administrativa de los procedimientos regulados en este reglamento. En cumplimiento de esta disposición dicho ministerio ha desarrollado la **aplicación informática SERENA**, que ya está en funcionamiento desde el 7 de noviembre de 2023, para todos los tramites previstos en el RPDC, que sean de su competencia. Las Comunidades Autónomas podrán utilizar sus propias aplicaciones informáticas o bien adherirse a la aplicación informática SERENA, mediante la suscripción del correspondiente convenio con el Ministerio de Trabajo y Economía Social.

Si la comunicación de iniciación del ERTE no reuniese los requisitos exigidos, la autoridad laboral lo advertirá así al empresario, especificando los mismos, y remitiendo copia del escrito a los representantes de los trabajadores y a la ITSS (art. 19.4 RPDC). Y, si durante el período de consultas esta observase que la comunicación empresarial no reúne los requisitos exigidos, lo comunicará, antes de la finalización de aquel, a la autoridad laboral para que proceda conforme a lo dispuesto en el párrafo anterior (art. 19.4 RPDC). No obstante, la advertencia de la autoridad laboral a que se refiere este apartado *«no supondrá la paralización ni la suspensión del procedimiento»* (art. 19.4 RPDC).

7. El periodo de consultas

7.1. El objeto y contenido de las consultas

La reducción de jornada o suspensión contractual requiere la apertura de un período de consultas con los representantes legales de los trabajadores que tendrá por objeto llegar a un acuerdo entre la empresa y los representantes de los trabajadores sobre las medidas de ajuste temporal de empleo (art. 20.1 RPDC).

7.2. Duración de las consultas, calendario y reuniones

El período de consultas debe desarrollarse desde el día de la comunicación a la autoridad laboral del propósito empresarial conforme a lo previsto en el art. 47.3 del ET y los apartados 2 a 5 del art. 20 del RPDC (calendario de reuniones, primera reunión a celebrar en un plazo no inferior a un día desde la fecha de la entrega de la comunicación del inicio del procedimiento a la autoridad laboral, duración del período de consultas no superior a quince días —o a siete días, en las empresas de menos de 50 trabajadores—, obligación de celebrar, al menos, dos reuniones, separadas por un intervalo no superior a siete días ni inferior a tres, obligación de levantar acta de todas las reuniones). No obstante, el periodo de consultas podrá darse por finalizado en todo caso cuando las partes alcancen un acuerdo (art. 20.4 RPDC)[80]. En cualquier caso, el carácter máximo del período de consultas que establece la ley no impide que pueda ampliarse de común acuerdo.

7.3. El deber de negociar de buena fe

Durante el período de consultas, **las partes deberán negociar de buena fe** (art. 47.3 ET). El deber de negociar de buena fe constituye una obligación de medio con un contenido positivo y otro negativo y que es exigible a una y otra parte[81]. Del lado positivo, supone que la representación legal de los trabajadores debe tener la oportunidad de efectuar alegaciones y de aportar propuestas alternativas o de mostrar su rechazo, y que la empresa está obligada a ofrecer a la representación de los trabajadores la información necesaria sobre las medidas y sus causas y a observar una conducta que haga posible el acuerdo, esto es, a realizar todos los esfuerzos que estén en su mano para llegar a un compromiso, transigiendo dentro de sus posibilidades en orden a la reducción del número de trabajadores afectados y/o el ofrecimiento de mejoras de las prestaciones por desempleo o de un plan de formación para los trabajadores afectados, y justificando y razonando su negativa a

---

80 STSJ de Cantabria de 10 de septiembre de 2013 (Rec. 550/2013).

81 Cfr. SSTS de 11 de diciembre de 2014 (Rec. 138/2014), 27 de mayo de 2015 (Rec. 160/2014), 16 de septiembre de 2015 (Rec. 230/2014), 18 de noviembre de 2015 (Rec. 19/2015), 21 de diciembre de 2017 (Rec. 282/2016), 11 de julio de 2018 (Rec. 81/2017), 18 de septiembre de 2018 (Rec. 69/2017) y 6 de abril de 2022 (Rec. 150/2020, *Tol 8.916.549*); y SSAN de 29 de junio de 2020 (Proc. 118/2020), 3 de julio de 2020 (Proc. 110/2020), 20 de julio de 2020 (Proc. 128/2020), 29 de julio de 2020 (Proc. 129/2020) y 30 de julio de 2020 (Proc. 130/2020).

aceptar las propuestas de la contraparte[82]. Desde el segundo, la buena fe supone evitar las obstrucciones, esto es, no simular que se negocia cuando no se está dispuesto a convenir o limitarse a exponer una posición inamovible, suministrar razones convincentes y ofrecer contrapropuestas. Implica no usar de intimidación ni valerse de maquinaciones dolosas tendentes a desestabilizar la propia negociación, como, por ejemplo, cuando la empresa amenaza a la representación social con realizar despidos en caso de no alcanzarse un acuerdo[83] o emprende negociaciones paralelas con los trabajadores afectados por las medidas de ajuste temporal. Configurado de esta manera ese deber, habrá de analizarse en cada caso el alcance de la posición empresarial y la manera en la que han discurrido esas negociaciones, a la luz del contenido de las actas de las reuniones habidas durante el período de consultas y de la documentación remitida para la apertura del periodo de consultas[84]. Y, en fin, la parte que alegue la inobservancia de la buena fe negocial no puede limitarse simplemente a afirmar que no ha existido buena fe durante el periodo de consultas, sin hacer el menor esfuerzo por identificar y acreditar los concretos y específicos datos y elementos de prueba de los que pudiere deducirse esa consecuencia jurídica.

Además, la autoridad laboral velará por la efectividad del periodo de consultas pudiendo remitir, en su caso, advertencias y

---

82 El hecho de que la posición empresarial «apenas haya variado» desde el inicio del periodo de consultas en modo alguno invalida el mismo o evidencia mala fe patronal, máxime cuando la misma resulta coincidente con el criterio mantenido por la mayoría de la representación social [SAN de 21 de abril de 2021 (Rec. 500/2020)]. Es cierto que la duración de las reuniones entre la RLT y la representación legal de la empresa es ciertamente corta, celebrándose dos reuniones el 22 y el 28 de diciembre de 2023. Pero esta Sala no puede estar conforme con la petición de nulidad, pues ante la cerrada posición sindical, nada hubiera aportado alargar el periodo de consultas más allá del previsto [SAN de 6 de mayo de 2023 (Rec. 39/2024)]

83 STS de 2 de noviembre de 2021 (Rec. 90/2021).

84 STS de 16 de febrero de 2022 (Rec. 267/2021, *Tol 8.833.141*).

recomendaciones a las partes que no supondrán, en ningún caso, la paralización ni la suspensión del procedimiento (art. 21.1 RPDC). La autoridad laboral dará traslado a ambas partes de los escritos que contengan dichas advertencias o recomendaciones, aun cuando se dirijan a una de ellas en particular. El empresario deberá responder por escrito a la autoridad laboral antes de la finalización del periodo de consultas sobre las advertencias o recomendaciones que le hubiere formulado esta. Los representantes de los trabajadores podrán dirigir en cualquier fase del procedimiento observaciones a la autoridad laboral sobre las cuestiones que estimen oportunas y la autoridad laboral, a la vista de estas, podrá actuar conforme a lo indicado anteriormente (art. 21.2 RPDC). La autoridad laboral garantizará el acceso de las partes interesadas al expediente administrativo, y, en particular, les remitirá el informe de la ITSS en el momento de su recepción (art. 21.3 RPDC).

Con todo, el deber de negociar y de hacerlo, además, de acuerdo con el principio de buena fe **no obliga a la empresa a llegar a un acuerdo**[85].

7.4. El régimen de adopción de acuerdos

De acuerdo con lo dispuesto en el art. 47.3 del ET, los acuerdos en el período de consultas requerirán *«la conformidad de la mayoría de los representantes legales de los trabajadores o, en su caso, de la mayoría de miembros de la comisión representativa de las personas trabajadoras siempre que, en ambos casos, representen a la mayoría de las personas trabajadoras del centro o centros de trabajo afectados»*. Por su parte, el art. 28.1 del RPDC establece que los acuerdos *«requerirán la conformidad de la mayoría de los miembros de la comisión negociadora que, en su conjunto, representen a la mayoría de los trabajadores del centro o centros de trabajo afectados, para lo cual, se considerará el*

---

[85] SSTS de 27 de mayo de 2015 (Rec. 160/2014) y 22 de junio de 2022 (Rec. 51/2022, *Tol 9.111.741*).

porcentaje de representación que tenga, en cada caso, cada uno de sus integrantes». Por consiguiente, son dos los requisitos que deben darse para que el acuerdo se entienda válidamente adoptado, a saber[86]: 1.º) que concite el voto favorable de la mayoría de los miembros de la comisión negociadora (**mayoría nominativa**); y 2.º) que los integrantes de dicha comisión que hayan votado a su favor, en su conjunto, representen a la mayoría de los trabajadores del centro o centros de trabajo afectados, debiéndose estar a tales efectos al porcentaje de representación que tenga cada uno de ellos (**mayoría representativa**).

7.5. Finalización del período de consultas

Las consultas pueden terminar con acuerdo (**a**) o sin él (**b**).

a) En el caso de alcanzarse un **acuerdo** entre la empresa y la representación de los trabajadores, *«se presumirá que concurren las causas justificativas a que alude el apartado 1 y solo podrá ser impugnado ante la jurisdicción social por la existencia de fraude, dolo, coacción o abuso de derecho en su conclusión»* (art. 47.3 ET). De este modo, **se presume que concurren las causas que justifican el ERTE** y se limita la posibilidad de impugnar el acuerdo ante la jurisdicción social a la existencia de fraude, dolo, coacción o abuso de derecho en su conclusión[87]. Ahora bien, un acuerdo que no responda a ninguna situación previa de índole económica, técnica, organizativa o productiva, en connivencia o no con los representantes de los trabajadores, implica un fraude en los términos del art. 6.4 del Código Civil[88], si bien la carga de la prueba de que ello es así corresponderá a quien cuestione la existencia de causa y con especial ahínco si el acuerdo ha sido suscrito por una mayoría social que va más allá de una simple mayoría más o

---

[86] En este sentido, la STS de 6 de abril de 2022 (Rec. 150/2020, *Tol 8.916.549*) y la SAN de 3 de julio de 2020 (Proc. 110/2020) claramente sientan el criterio del voto proporcional y no por «cabezas».

[87] STS de 23 de junio de 2022 (Rec. 216/2021, *Tol 9.114.127*).

[88] STS de 17 de mayo de 2017 (Rec. 221/2016).

menos cualificada, ya que ello le otorga un valor especialmente reforzado a tales efectos [art. 217.2 Ley 1/2000, de 7 de enero, de Enjuiciamiento Civil (LEC)][89]. En definitiva, sólo acreditando las anomalías que el legislador menciona se puede conseguir que el órgano judicial reconsidere la concurrencia de la causa, correspondiendo la carga de la prueba del fraude, dolo, coacción o abuso de derecho en la conclusión del acuerdo de consultas a la parte actora. Por lo demás, existiendo acuerdo, las deficiencias documentales durante el período de consultas sólo son relevantes si afectan a sus eventuales vicios, no a las causas de las medidas[90].

b) Durante el desarrollo de las consultas, *«el empresario y la representación de los trabajadores podrán acordar, en cualquier momento del periodo de consultas, la sustitución del mismo por los procedimientos de mediación o de arbitraje que sean de aplicación en el ámbito de la empresa, en particular los regulados en los acuerdos sobre solución extrajudicial de conflictos laborales de nivel estatal o de nivel autonómico»* (art. 28.2 RPDC). En todo caso, el procedimiento de mediación o arbitraje deberá desarrollarse dentro del plazo máximo de duración establecido para la consulta con los representantes de los trabajadores.

A falta de acuerdo, es **el empresario** quien **decide si la reducción temporal de jornada o suspensión de contratos se lleva a término o no**[91].

---

89 SSTS de 15 de septiembre de 2014 (Rec. 290/2013), 1 de octubre de 2014 (Rec. 214/2013), 18 de noviembre de 2015 (Rec. 19/2015) y 17 de mayo de 2017 (Rec. 221/2016), 23 de junio de 2022 (Rec. 216/2021, *Tol 9.114.127*) y 11 de septiembre de 2024 (Rec. 232/2022, *Tol 10.206.570*); y SAN de 18 de marzo de 2021 (Rec. 154/2020).

90 STS de 18 de noviembre de 2015 (Rec. 19/2015).

91 La STS de 11 de septiembre de 2024 (Rec. 232/2022, *Tol 10.206.570*) confirma la validez de la decisión empresarial de aplicar un ERTE de suspensión de contratos de trabajo tras haber finalizado sin acuerdo el periodo de consultas con los representantes de los trabajadores, al no constar la existencia de abuso de derecho y fraude de ley, aplicándose la

8. *Finalización del procedimiento de suspensión del contrato de trabajo y reducción de jornada*

Tras la finalización del período de consultas **el empresario notificará** a las **personas trabajadoras**, a los **representantes de los trabajadores** y a la **autoridad laboral** *«su decisión sobre la reducción de jornada o la suspensión de contratos, que deberá incluir el periodo dentro del cual se va a llevar a cabo la aplicación de estas medidas»* (art. 47.3, párrs. 11.° y 13.°, ET). El legislador sólo obliga al empresario a remitir a la autoridad laboral su decisión sobre la reducción de jornada o la suspensión de contratos. Sin embargo, en el nuevo esquema legal es imprescindible que aquélla venga acompañada del acuerdo que se haya alcanzado con la representación legal. En este sentido, es más correcto el art. 20.6 del RPDC que traza el siguiente esquema[92]: *«A la finalización del periodo de consultas, el empresario comunicará a la autoridad laboral competente el resultado del mismo. Si se hubiera alcanzado acuerdo, trasladará a la autoridad laboral copia íntegra del mismo. En todo caso, comunicará a los representantes de los trabajadores y a la autoridad laboral su decisión sobre la suspensión de contratos o reducción de jornada,*

---

medida, una vez que había finalizado el ERTE FM COVID-19 al que se acogió anteriormente la empresa y acreditando las causas organizativas y productivas coyunturales y no estructurales. No se aprecia fraude en el acuerdo adoptado por la empresa con nueve trabajadores individualmente considerados de reducción del salario en el marco de un ERTE implantado de forma unilateral por el empresario tras el fracaso de la negociación con la representación legal de los trabajadores, al no haber quedado acreditada la existencia de ningún vicio del consentimiento en tal acuerdo [STSJ de la Comunidad de Madrid de 18 de noviembre de 2024 (Rec. 302/2024)].

92 Al no constar la finalización del periodo de consultas con acuerdo, la comunicación de la decisión empresarial final de la suspensión temporal y colectiva de los contratos de trabajo a la representación legal de los trabajadores es un presupuesto constitutivo y un requisito esencial para la efectividad de esta: si no hay comunicación, la decisión empresarial debe ser declarada nula [STS de 6 de abril de 2022 (Rec. 150/2020, *Tol 8.916.549*); y SSAN de 3 de julio de 2020 (Proc. 110/2020) y 20 de julio de 2020 (Proc. 128/2020)].

actualizando, en su caso, los extremos de la comunicación empresarial a que se refiere el artículo 17, en el plazo máximo de quince días a contar desde la fecha de la última reunión celebrada en el periodo de consultas, acompañando las actas de las reuniones celebradas durante el mismo».

Además, la empresa junto con la comunicación a la autoridad laboral sobre su decisión de reducir la jornada de trabajo o suspender los contratos de trabajo, **comunicará**, a través de los procedimientos automatizados que se establezcan [art. 47.7.b) ET]:

1.º) El período dentro del cual se va a llevar a cabo la aplicación de la suspensión del contrato o la reducción de jornada.

2.º) La identificación de las personas trabajadoras incluidas en el expediente de regulación temporal de empleo.

3.º) El tipo de medida a aplicar respecto de cada una de las personas trabajadoras y el porcentaje máximo de reducción de jornada o el número máximo de días de suspensión de contrato a aplicar.

La regulación del nuevo 47.7.b) del ET es extraordinariamente **flexible**[93], mucho más que la que se contiene en el art. 20.6 del

---

93 Cfr. la STS de 17 de mayo de 2017 (Rec. 221/2016) que viene a subrayar lo siguiente: *«Y como es de ver en el mismo, se aprueba la suspensión de un máximo de 20 jornadas completas de trabajo, en el periodo que va desde su firma hasta 31 de marzo de 2008, y se fija expresamente un calendario de días de suspensión a tal efecto que consiste en aplicarlo el primer, segundo y tercer viernes de cada mes de vigencia del expediente, siempre que dichas fechas no coincidan con festivos o con los periodos de vacaciones que se fijen en el calendario, comenzando su cómputo en cada una de las anualidades afectadas a partir del 16 de septiembre de 2016 y del 8 de septiembre en 2017, tras lo que se concede a la empresa ciertas facultades para modificar las jornadas inicialmente establecidas, informando de ello a la comisión de seguimiento del acuerdo. Este acuerdo cumple adecuadamente las exigencias que imponen los mencionados preceptos legales, que contra lo que se sostiene en el recurso, no obligan a aplicar necesariamente las suspensiones de los contratos de trabajo en la fecha en que se comunique a la autoridad laboral, cuando en el pacto*

pudiere haberse establecido una fecha posterior. Y en lo que, al establecimiento de un calendario de aplicación, es suficiente para cumplir con las exigencias legales la referencia que en el pacto se hace a los tres primeros viernes de cada mes {...}. Cuestión distinta es la posterior obligación que incumbe a la empresa de trasladar todo ello a la notificación individual que debe remitir a cada trabajador conforme al citado art. 23, para informarle en ese momento de «los días concretos afectados por dichas medidas y, en su caso, el horario de trabajo afectado por la reducción de jornada durante todo el periodo que se extienda su vigencia», garantizando de esta forma el perfecto conocimiento de los afectados de las jornadas concretas de suspensión de su contrato de trabajo, lo que en nada afecta a la validez del acuerdo sino a su futuro cumplimiento». En el mismo sentido, la STS de 14 de febrero de 2019 (Rec. 194/2017) o las SSAN de 26 de enero de 2022 (Rec. 252/2021) o 6 de mayo de 2024 (Rec. Rec. 39/2024), que entienden que no se genera indefensión a la RLT a la hora de una eventual impugnación de la decisión empresarial pues se fija un periodo de aplicación máximo, un porcentaje máximo de afectación y después en función de las necesidades, se van determinando los periodos concretos de afectación de cada trabajador. En cambio, la STS de 17 de mayo de 2023 (Rec. 266/2022, *Tol 9.588.543*) indica lo siguiente: *«Podrá compartirse la manifestación de una voluntad empresarial de reducción de jornada, y que así se ha puesto en conocimiento de la autoridad laboral y de dichos representantes, pero en modo alguno se extiende o contempla la concreción del porcentaje de disminución temporal, computada sobre la base diaria, semanal, mensual o anual, los periodos determinados en los que se va a producir la reducción ni el horario de trabajo afectado por la misma, durante todo el lapso de vigencia de las medidas. Indicaremos aquí que la crónica fáctica revela que la medida de reducción de jornada de trabajo tendría ab initio carácter temporal desde el 12 de abril de 2021 hasta, al menos, el 31 marzo de 2022, fecha en la que comenzaría la temporada de verano, sin verificar mayores precisiones, al igual que acaecía con el eventual alcance respecto de algunos aeropuertos. La referencia a la copia del cuadrante trimestral orientativo presentado a la autoridad laboral, que se adjuntó mediante el correo electrónico de 8 de abril de 2021 para conocimiento de los miembros de la Comisión representativa de los trabajadores resulta claramente insuficiente. La propia calificación de orientativo —que da solo una idea aproximada— resulta contraria al requerimiento normativo de concreción (la concreción implica precisión, determinación, es decir, sin vaguedad) no solo de periodos horarios, sino también de determinación del porcentaje de minoración temporal, en referencia a los parámetros ya señalados, exigen-*

RPDC, que, por lo tanto, habrá que entender derogada[94]. Más, en todo caso, la comunicación debe contemplar el **calendario de afectación general y el tipo de medida, así como el porcentaje máximo de reducción de jornada o el número máximo de días de suspensión de contrato a aplicar respecto de cada una de las personas trabajadoras afectadas**. Y así, ya no se exige que la comunicación concrete los periodos de reducción de jornada o de suspensión de forma individualizada para cada uno de los trabajadores, pero, en cambio, ya no basta con fijar un periodo máximo de aplicación y un porcentaje máximo de reducción de jornada y/o de suspensión en relación a las plantas o departamentos afectados, para después en función de las necesidades, ir determinando en cada momento el tipo de medida y el porcentaje máximo de reducción de jornada o el número máximo de días de suspensión de contrato a aplicar respecto de cada persona trabajadora.

Si en el plazo de quince días desde la fecha de la última reunión celebrada en el periodo de consultas, el empresario no hubiera comunicado a los representantes de los trabajadores y a la autoridad laboral su decisión sobre la suspensión de contratos en los términos

---

cia que, como la regulación establece, debe cumplimentarse por la empresa en todo caso». En parecidos términos se expresa la STSJ del País Vasco de 28 de febrero de 2023 (Rec. 124/2023) en un supuesto en el que al finalizar el período de consultas no se entregó a los representantes de los trabajadores el calendario con los períodos y porcentajes de reducción de jornada, siendo que, además, en la comunicación empresarial de inicio tampoco se mencionaron las medidas concretas de reducción de jornada, por lo que la parte social padeció la ausencia de información durante todo el período de negociación.

94 En efecto, de conformidad con el art. 20.6 del RPDC, la comunicación deberá especificar (art. 20.6 RPDC): — El calendario con los días concretos de reducción de jornada o de suspensión de contratos individualizados por cada uno de los trabajadores afectados. — En el supuesto de reducción de la jornada, se determinará asimismo el porcentaje de disminución temporal, computada sobre la base diaria, semanal, mensual o anual, los periodos concretos en los que se va a producir la reducción, así como el horario de trabajo afectado por la misma, durante todo el periodo que se extienda su vigencia.

exigidos por el art. 20.6 del RPDC en relación con el art. 47 del ET, se producirá la **caducidad del procedimiento**, lo que impedirá al empresario proceder a la reducción de jornada o suspensión contractual so pena de nulidad de cualquier decisión que traiga causa del mismo, sin perjuicio, en su caso, de la posibilidad de iniciar un nuevo procedimiento (arts. 47.3 ET y 20.7 RPDC)[95].

Recibida la comunicación del empresario, cabe subrayar lo siguiente a propósito de las **actuaciones de la autoridad laboral**:

1.ª) El nuevo art. 47.3 del ET ha suprimido la obligación de la autoridad laboral de dar traslado de la decisión empresarial final al **SEPE** prevista en los arts. 47.1 del ET/2015 y 20.8 del RPDC, a pesar de que se mantiene la impugnación de oficio por la autoridad laboral cuando el SEPE le informe que la decisión extintiva de la empresa pueda tener por objeto la obtención indebida de las prestaciones por parte de los trabajadores afectados, por inexistencia de la causa motivadora de la situación legal de desempleo [arts. 47.3 ET y 148.b) LJS]. A mayor abundamiento dicha obligación se mantiene en el art. 267.3.a) de la LGSS.

2.ª) La autoridad laboral comunicará a la **ITSS** la finalización del periodo de consultas, dándole traslado, en su caso, de la copia del acuerdo alcanzado y, en todo caso, de la decisión empresarial final (art. 22.1 RPDC). La ITSS deberá emitir su **informe** siguiendo los criterios fijados en los arts. 11 y 22 del RPDC; informe que habrá de versar sobre la documentación presentada por el empre-

---

95 STS de 17 de mayo de 2023 (Rec. 266/2022, *Tol 9.588.543*); y SSAN de 30 de junio de 2021 (Proc. 135/2021) y 20 de julio de 2020 (Proc. 128/2020). En cambio, según las SSTSJ de la Comunidad Valenciana de 9 de julio de 2024 (Rec. 1915/2023) y 26 de septiembre de 2024 (Rec. 2134/2023), si el ERTE ETOP no da lugar a autorización administrativa alguna, la falta de comunicación a la autoridad laboral, en el plazo de los quince días siguientes al acuerdo alcanzado en el periodo de consultas, no es un requisito *ad solemnitatem* o preceptivo para el dictado de una resolución administrativa posterior, de suerte que su incumplimiento no puede producir la caducidad del expediente como así ocurrió.

sario en función de la concreta causa alegada para adoptar medidas de ajuste temporal, el desarrollo del período de consultas (participantes, negociación de buena fe, incidencias, actas de las reuniones, duración, resultados, etc.) y sobre la pretensión empresarial a efectos de su posible impugnación judicial —tanto si ha sido consensuada como no—[96].

Obviamente, un informe sobre dichos extremos no puede limitarse a la comprobación meramente formal de que han sido mencionados en la comunicación empresarial, sino que deberá entrar a valorar tanto su existencia cuanto su suficiencia o adecuación en orden a justificar las medidas empresariales pretendidas y cualquier otra cuestión que el inspector actuante considere relevante u oportuna para la correcta tramitación del ERTE[97]. Más claramente, la actuación inspectora no debe limitarse simplemente a verificar que el procedimiento contiene todos los documentos preceptivos y que se han cumplido todos los plazos reglamentarios, sino que, en función del extremo a comprobar, debe poder desplegar su capacidad investigadora para asegurar

---

96 Con el fin de homogeneizar la actuación inspectora en los ERES y ERTEs, se dictó el Criterio Operativo 92/2012 sobre la intervención de la ITSS. Este incluye, entre otros extremos, la documentación que debe ser objeto de examen para comprobar la veracidad de lo manifestado por la empresa a la autoridad laboral, las comunicaciones que pueden dirigir a dicha autoridad con motivo de las incidencias que puedan tener lugar con ocasión del desarrollo del procedimiento, controles de calidad por parte de órganos directivos, recomendaciones realizadas a los funcionarios de la Inspección durante el desarrollo de la función indagatoria, etc. No obstante, la publicidad de dicha información puede suponer un perjuicio para las labores de investigación, por lo que prevalece la existencia de un interés superior en proteger la labor indagatoria y de control por parte de la ITSS sobre el interés privado de los particulares en obtener información, teniendo en cuenta además que dicho criterio, dada su naturaleza de criterio operativo, en ningún caso produce efectos jurídicos en la esfera de los sujetos privados (Resolución de la Dirección General de la ITSS de 13 de enero de 2015).

97 Cfr. la STS (CA) de 2 de noviembre de 2016 (Rec. 2587/2015).

que cada una de las obligaciones empresariales señaladas en la norma se cumple de manera efectiva según su finalidad. Asimismo, ha de poner de manifiesto lo que corresponda cuando compruebe que concurre fraude, dolo, coacción o abuso de derecho en la conclusión del acuerdo adoptado en el período de consultas y parece difícil que la ITSS pueda evacuar un informe en el que tiene que pronunciarse sobre la existencia de fraude o dolo sin efectuar un análisis pormenorizado de las causas alegadas y de la concurrencia de las circunstancias aducidas por el empresario. En cualquier caso, hay que subrayar el lapsus de la Ley 3/2023, de 28 de febrero, al modificar el art. 51.2 del ET, indicando que el informe de la ITSS en los ERES, *«además de comprobar los extremos de la comunicación y el desarrollo del periodo de consultas, se pronunciará sobre la concurrencia de las causas especificadas por la empresa en la comunicación inicial, y constatará que la documentación presentada por esta se ajusta a la exigida en función de la causa concreta alegada para despedir»*, y, sin embargo, dejar intacto el art. 47.3 del ET, a pesar del evidente paralelismo en el rol de la autoridad laboral en los ERES y ERTEs ETOP. Además, si considerase que el acuerdo tiene por objeto la obtención indebida de prestaciones por desempleo por parte de los trabajadores, así se lo hará constar en el informe, para su valoración por la entidad gestora de las prestaciones por desempleo. En fin, el informe verificará que los criterios utilizados para la designación de los trabajadores afectados por el ERTE parcial no resultan discriminatorios.

El **informe** es *«**preceptivo**»* y *«deberá ser evacuado en el improrrogable plazo de quince días desde la notificación a la autoridad laboral de la finalización del periodo de consultas y quedará incorporado al procedimiento»* (arts. 47.3 ET y 22.2 RPDC). El **plazo de 15 días** debe computarse con arreglo a lo previsto en el art. 30.2 de la Ley 39/2015, de 1 de octubre, del Procedimiento Administrativo Común de las Administraciones Públicas (LPAC). Por consiguiente, se trata de 15 días hábiles, excluyéndose del cómputo los sábados, domingos y festivos.

Por último, el **informe de la ITSS** tiene un **carácter informativo** que conduce a su ulterior valoración por parte de quien juzga en instancia, como **un medio probatorio más** sin que quepa atribuirle efecto vinculante alguno y sin que pueda excluirse el análisis de los demás medios de prueba y, en suma, la necesaria convicción de quien juzga tras la valoración de todos ellos[98]. Ciertamente, la reforma legal operada en 2012 en materia de despidos colectivos y ERTEs ETOP reorienta la función de la autoridad laboral, a quien asiste la ITSS. La función de esta es de apoyo a la autoridad laboral para que, a su vez, esta cumpla con su misión de advertir, hacer observaciones y formular recomendaciones a la empresa, que resulta la única responsable de su seguimiento. Y como elemental consecuencia de ello, los informes de la ITSS no son «documentos» a los efectos revisorios, pues aunque proceden de un funcionario especialmente cualificado en la materia sobre la que informa, de todas formas, la material incorporación de sus apreciaciones fácticas carece de la fehaciencia exigible para modificar la apreciación judicial de los hechos y no dejan de ser —aunque objetivas y competentes— manifestaciones documentadas inhábiles para modificar el relato fáctico[99].

9. Los ERTEs en los grupos de empresas

Dentro de los grupos de empresas hay que distinguir entre los «fisiológicos» y los «patológicos».

9.1. Grupos de empresas «fisiológicos»

Con carácter general, hay **independencia y no comunicación de responsabilidades laborales entre las empresas de un mismo grupo**, ya que los componentes de este tienen en principio un

---

98 SSTS de 18 de marzo de 2014 (Rec. 114/2013), 29 de diciembre de 2014 (Rec. 83/2014) y 17 de marzo de 2021 (Rec. 14/2021); y ATS de 31 de marzo de 2016 (Rec. 2480/2015).

99 Por todas, la STS de 17 de marzo de 2016 (Rec. 178/2015).

ámbito de responsabilidad propio como personas jurídicas independientes que son. Por otra parte, el **ámbito de referencia** para apreciar si efectivamente concurren las causas económicas, técnicas, organizativas o de producción que justifican las medidas de reducción temporal de jornada o suspensión contractual y seguir la tramitación del correspondiente procedimiento es cada una de las empresas del grupo[100]. No obstante, hay que tener en cuenta que los arts. 51.8 del ET y 4.5 del RPDC hacen referencia a los grupos de empresas sin matización alguna, esto es, a los grupos de empresas «fisiológicos», en punto a determinadas **obligaciones de información y documentación** en la tramitación de dichos procedimientos[101]. En particular, cuando la empresa que inicia el procedimiento forme parte de un grupo de empresas, con obligación de formular cuentas consolidadas cuya sociedad dominante tenga su domicilio en España, deberán acompañarse las cuentas anuales e informe de gestión consolidados de la sociedad dominante del grupo debidamente auditadas, en el caso de empresas obligadas a realizar auditorías, siempre que existan saldos deudores o acreedores con la empresa que inicia el procedimiento, y si no existiera obligación de formular cuentas consolidadas, además de la documentación económica de la empresa que inicia el procedimiento a que se ha hecho referencia, deberán acompañarse las de las demás empresas del grupo debidamente auditadas, en el caso de empresas obligadas a realizar auditorías, siempre que dichas empresas tengan su domicilio social en España, tengan la misma actividad o pertenezcan al mismo sector de actividad y tengan saldos deudores o acreedores con la empresa que inicia el procedimiento (art. 4.5 RPDC)[102]. Es más, según la doctrina jurisprudencial, no resulta ajustado a los más elementales parámetros de la buena fe, presentarse en la negociación como un grupo laboral de empresas e invocar una causa económica cual es la previsión de pérdidas futuras y, quirúrgicamente, a la hora de

[100] Cfr. la STS de 11 de julio de 2018 (Rec. 81/2017).

[101] STSJ de Andalucía de 18 de diciembre de 2020 (Rec. 68/2020).

[102] Cfr. la STS de 19 de julio de 2017 (Rec. 14/2017).

presentar la situación económica del grupo, prescindir del cómputo de aquellas sociedades que reparten beneficios, bajo el pretexto de que las mismas consolidan cuentas en grupo extranjero, ya que el artificioso planteamiento de la situación —obviando las sociedades que generan mayor beneficio— no tiene otro objeto que servir de excusa para no colmar las garantías del ERTE y condicionar de ese modo su negociación[103].

9.2. Grupos de empresas patológicos

La existencia de personalidades jurídicas separadas y la correspondiente limitación de responsabilidades no impide, sin embargo, que en determinados supuestos singulares, cuando se detecte que la constitución de entidades o su integración en el grupo, aunque al amparo formal de una norma se produce con el propósito abusivo y fraudulento de evadir responsabilidades personales en perjuicio de otros, persiguiendo un resultado contrario al ordenamiento jurídico, sea posible penetrar en el substrato personal de dichas entidades para proteger los derechos de quienes de otro modo resultarían perjudicados. Y así, levantando el velo de la personalidad jurídica sobre la base del fraude de ley (art. 6.4 Cc), el abuso de derecho o el ejercicio antisocial de derechos (art. 7. 2 Cc) o la transgresión del principio de la buena fe (art. 7.1 Cc), se produce una comunicación de responsabilidades entre las entidades integrantes del grupo.

Los elementos adicionales determinantes de la existencia de un grupo de empresas patológico son básicamente los siguientes[104]:

1.º) La confusión de plantillas o plantilla única.

2.º) La confusión patrimonial o unidad de caja.

---

103 STS de 2 de noviembre de 2021 (Rec. 90/2021).

104 Cfr. la STS de 27 de abril de 2017 (Rec. 95/2016); y la STSJ de Andalucía de 18 de diciembre de 2020 (Rec. 68/2020).

3.º) El ejercicio abusivo de la dirección unitaria y la utilización fraudulenta de la personalidad jurídica

Hay que subrayar que en modo alguno es necesario que en cada caso concreto concurran simultáneamente todas y cada una de las circunstancias determinantes de la existencia de un grupo de empresas patológico a efectos laborales, bastando con que concurra alguna de ellas. Por lo demás, la carga de la prueba de la concurrencia de las notas adicionales, exigidas por la jurisprudencia, para apreciar la existencia de un grupo de empresas a efectos laborales corresponde a quien pretende hacer valer los efectos jurídicos laborales atribuidos al mismo[105]. No obstante, la **carga de la prueba de la existencia del grupo de empresas** puede resultar muy problemática para el trabajador, ya que no tiene acceso a los datos internos de las empresas de carácter organizativo, contable y económico. Y como recuerda la sentencia de la Sala Primera del Tribunal Supremo de 30 de marzo de 2010, el principio de facilidad probatoria hace recaer las consecuencias de la falta de prueba sobre la parte que se halla en una posición prevalente o más favorable por la disponibilidad o proximidad de la fuente; la disponibilidad y facilidad probatoria ha de tenerla en cuenta el tribunal para la aplicación de las reglas de la carga de la prueba, según establece el art. 217.7 de la LEC. Esto es, como norma general corresponderá a quien afirma la existencia de un grupo laboral la carga de probar que existen operaciones vinculadas o intragrupo relevantes y, acreditado esto, corresponderá a las partes de dichas transacciones y operaciones (esto es, a las empresas vinculadas) acreditar la forma en que se han valorado contablemente y/o fijado los precios de dichas operaciones y transacciones y su ajuste a los principios de plena competencia en los términos antes analizados. Obviamente tanto en uno como en

---

[105] Cfr. STS de 19 de febrero de 2014 (Rec. 60/2013); SAN de 14 de octubre de 2014 (Proc. 30/2014); y SSTSJ de Cataluña de 7 de mayo de 2014 (Rec. 992/2014), de Castilla y León de 14 de mayo de 2014 (Rec. 635/2014) y de Cataluña de 30 de enero de 2017 (Rec. 6893/2016) y 17 de octubre de 2017 (Rec. 3614/2017).

otro caso no se hace precisa una prueba plena. Así, si la parte que afirma la existencia de grupo acredita un volumen significativo de operaciones intragrupo, no le será exigible, si no es quien tiene la disponibilidad probatoria, una prueba plena de todas ellas. Y a las empresas que realizan las operaciones vinculadas o intragrupo no les será preciso acreditar minuciosamente la valoración de todas y cada una de ellas y su ajuste al principio de plena competencia, sino la aplicación consistente de dichos principios en su práctica cotidiana. Y, en fin, una actitud del grupo deliberadamente no transparente, que ocultara la realidad subyacente, debería provocar el desplazamiento de la carga de la prueba[106].

Los efectos o las **consecuencias** que se derivan de la presencia de cada uno de los elementos adicionales determinantes de la existencia de un grupo de empresas patológico no son siempre iguales, a saber:

1.º) La **comunicación de responsabilidades entre las entidades integrantes del grupo**. Una consecuencia común a todos los elementos adicionales determinantes de la existencia de un grupo de empresas patológico es la comunicación de la responsabilidad empresarial entre las entidades integrantes del grupo, mediante la declaración de la responsabilidad solidaria de las distintas entidades.

2.º) La **existencia de una empresa unitaria**. La existencia de una plantilla única o de una caja única implica también la existencia de una empresa unitaria *ex* art. 1 del ET. Y, al existir una única empresa, este dato se proyectaría, entre otros, a los efectos de apreciar si efectivamente las causas económicas justifican las medidas de reducción temporal de jornada o de suspensión contractual e identificar el ámbito de afectación y el interlocutor competente para negociar dichas

106 STS de 19 de febrero de 2014 (Rec. 60/2013).

medidas[107]. Ciertamente, tal grupo de empresas está legitimado activamente para incoar un ERTE o un despido colectivo de grupo empresarial para todas las sociedades que lo integran[108]. Ahora bien, como el periodo de consultas debe realizarse con los representantes de cada empresa, si éstos se niegan a negociar en una sola comisión constituida a imagen y semejanza de la comisión negociadora de los planes de igualdad en los grupos de empresas *ex* art. 5.2 del RD 901/2020, de 13 de octubre, por el que se regulan los planes de igualdad, no habrá una sola mesa negociadora, sino una para cada empresa afectada[109].

Por último, hay que señalar que, aunque la obligación de negociar de buena fe durante el periodo de consultas es exigible a una y otra parte, en lo referente a la posible existencia de un grupo de empresas patológico recae en primer lugar sobre la empresa que insta la adopción de ese tipo de medidas, por ser la que tiene conocimiento de los vínculos internos que pudieren existir con otras sociedades, motivo por el que debería de exponer esa situación a la parte social durante el periodo de consultas y facilitar los datos relativos al conjunto del grupo empresarial, que se configura como el verdadero y real empleador con el que debería sostenerse la negociación con vistas a la consecución de un acuerdo. Y, si finalmente se evidencia la realidad de un grupo de empresas patológico, la ocultación por la empresa de ese tipo de información supone una actuación que constituye grave trasgresión de la buena fe, y cuya sanción comporta la declaración de nulidad de la medida que habría sido adoptada sin que el periodo de consultas hubiere versado sobre la verdadera y real situación económica del

---

107 Cfr. las SSTS de 26 de marzo de 2014 (Rec. 158/2013) y 17 de marzo de 2016 (Rec. 178/2015).

108 SSTS de 18 de febrero de 2014 (Rec. 96/2013) y 26 de marzo de 2014 (Rec. 158/2013).

109 STS de 19 de mayo de 2015 (Rec. 286/2014).

grupo empresarial en su conjunto que se configura como el verdadero empleador de los trabajadores[110].

III. LA DESIGNACIÓN DE LOS TRABAJADORES AFECTADOS POR LAS MEDIDAS DE SUSPENSIÓN DE CONTRATOS O REDUCCIÓN TEMPORAL DE JORNADA

1. Límites y criterios de selección

La individualización de los trabajadores objeto de las medidas de ajuste temporal conforme a los criterios preestablecidos, **compete en exclusiva al empresario** —salvo que hayan sido identificados nominativamente previamente por la propia empresa, o en el acuerdo suscrito con los representantes del personal—. Con carácter general debe admitirse cierta libertad decisoria por parte de la empresa al seleccionar a los trabajadores afectados por las medidas de reducción de jornada o suspensión de contratos, en cuanto que no es sino otra manifestación más del poder de dirección y organización empresarial. Pero, a su vez, el ejercicio de tal poder de dirección se encuentra sujeto a límites específicos, que establece de forma expresa el ordenamiento jurídico laboral. Por más que los tribunales continúen aplicando la doctrina legal anterior a la reforma en cuya virtud, y con la única excepción de la existencia de preferencias legales a favor de determinados colectivos, la selección de los trabajadores corresponde a la empresa, esta facultad ha de ejercitarse dentro de ciertos límites de muy variada naturaleza.

Efectivamente, la selección de los concretos trabajadores que vayan a quedar afectados por el ERTE corresponderá a las empresas, si bien estas deberán respetar los siguientes **límites**[111]:

---

110 STS de 18 de septiembre de 2018 (Rec. 69/2017).

111 Cfr. las SSTS de 27 de mayo de 2015 (Rec. 160/2014) y 21 de diciembre de 2017 (Rec. 282/2016); y la STSJ de Andalucía de 24 de junio de 2021 (Rec. 518/2021).

— Las **prioridades de permanencia reconocidas por el legislador o por la autonomía colectiva a favor de determinados trabajadores**[112]. El art. 68.b) del ET establece a favor de los representantes legales de los trabajadores en la empresa una *«prioridad de permanencia en la empresa o centro de trabajo respecto de los demás trabajadores, en los supuestos de suspensión o extinción por causas tecnológicas o económicas»*. Aunque no se mencione la reducción temporal de jornada, cabe entenderla incluida en el referido precepto por analogía con la suspensión contractual. Y pese a que la prioridad de permanencia en la empresa se enuncie respecto de las antiguas causas tecnológicas o económicas, en tal expresión se han de entender comprendidas las actuales causas económicas, técnicas, or-

La carga de la prueba ha de venir distribuida conforme a los principios generales, de modo que cada parte ha de probar los hechos en que base su posición, lo que implica que la empresa ha de acreditar el ejercicio regular de sus funciones directivas, dentro del marco del acuerdo de consultas o de la decisión final de suspensión contractual o reducción de jornada, y los trabajadores han de probar en su caso los indicios de discriminación —con la correspondiente inversión de la carga de la prueba, si existen indicios de ella—, el carácter representativo de alguno de los afectados, o el abuso de derecho o el fraude de ley en la afectación o desafectación. Ciertamente, la inicial libertad decisoria de la empresa queda inmediatamente vinculada al cumplimiento de los criterios pactados, sin que pueda desconocerlos, imponiendo además a la empresa la carga de la prueba sobre la correcta aplicación y sujeción a los mismos en la determinación del trabajador afectado o, en su caso, desafectado, cuando éste denuncia el incumplimiento de los criterios de selección en su elección. Además, el art. 217.7 de la LEC establece que el tribunal deberá tener presente la disponibilidad y facilidad probatoria que corresponde a cada una de las partes del litigio, de tal modo que la carga de la prueba se impone a quien razonablemente tenga fácil asumirla; precepto que debe contar con una cierta aplicación en un proceso como el que nos ocupa en el que la desigualdad social entre el trabajador y el empleador se extiende también a las posibilidades probatorias. Cfr. la STSJ de Canarias de 12 de septiembre de 2024 (Rec. 724/2023).

112 Cfr. la STSJ de la Comunidad Valenciana de 4 de mayo de 2021 (Rec. 180/2021).

ganizativas y productivas, sin exclusión de ninguna de ellas[113]. Es más, esta garantía legal se aplica a los supuestos de suspensión del contrato de trabajo por fuerza mayor, por remisión del art. 47.3 del ET al art. 51.7 del mismo texto legal, atendida la literalidad del apartado 5 de este precepto al establecer que *«los representantes legales de los trabajadores tendrán prioridad de permanencia en la empresa en los supuestos a que se refiere este artículo»*, haciendo extensiva la garantía no solo a los despidos colectivos ETOP sino también a los que traen causa en fuerza mayor (art. 51.7 ET), pues todos ellos se contemplan en el precepto[114].

Por lo demás, la prioridad de permanencia se aplica en los ERTEs, tanto en la fase de afectación como en la de desafectación[115], y no es absoluta, sobre todo cuando nos encontramos ante una causa de fuerza mayor[116].

Finalmente, y en línea con lo dispuesto en los arts. 40.7 y 51.5 del ET a propósito de los traslados y despidos colectivos, mediante convenio colectivo o acuerdo alcanzado durante el período de consultas se podrán establecer prioridades de permanencia a fa-

---

113 STSJ de Canarias de 17 de junio de 2022 (Rec. 336/2021).

114 SSTSJ de la Comunidad de Madrid de 11 de diciembre de 2020 (Rec. 703/2020), de Canarias de 10 de diciembre de 2021 (Rec. 4/2021), 6 de mayo de 2022 (Rec. 1744/2021), 9 de mayo de 2022 (Rec. 195/2022) y 21 de septiembre de 2022 (Rec. 695/2021), y de las Islas Baleares de 20 de noviembre de 2023 (Rec. 327/2023).

115 STSJ de las Islas Baleares de 20 de noviembre de 2023 (Rec. 327/2023).

116 SSTSJ de Andalucía de 16 de febrero de 2022 (Rec. 1600/2021) y del País Vasco de 29 de noviembre de 2022 (Rec. 2435/2022). Y así, por ejemplo, no se aprecia vulneración del art. 68.b) del ET por la inclusión de representantes de los trabajadores en un ERTE FM COVID-19 pues la selección de los trabajadores afectados se ha hecho atendiendo a criterios objetivos, como los de la edad para evitar que quedaran afectados por el COVID los trabajadores de mayor edad que son más vulnerables [STSJ de Andalucía de 5 de noviembre de 2020 (Rec. 919/2020])] o el escalafón [STSJ de Canarias de 20 de junio de 2024 (Rec. 546/2024)], o a criterios de selección acordados por unanimidad [STSJ de Castilla y León de 24 de mayo de 2022 (Rec. 301/2022)].

vor de otros colectivos (por ejemplo, excluyendo a los jubilados parciales y a los trabajadores que ya tuvieran asignados días de vacaciones en el período de aplicación del ERTE[117]).

— Los **criterios de selección de los trabajadores afectados** pactados con la representación legal de los trabajadores en el acuerdo de consultas[118] o, en su defecto, establecidos unilateralmente por el empresario en la decisión final del ERTE, que resultan vinculantes.

— La decisión de la empresa debe observar en todo caso **los derechos fundamentales y libertades públicas de los trabajadores** de la plantilla, incluyendo la prohibición de trato discriminatorio (edad o discapacidad o por razón de sexo, origen, incluido el racial o étnico, estado civil, condición social, religión o convicciones, ideas políticas, orientación o condición sexual, adhesión o no a sindicatos y a sus acuerdos, etc.) (arts. 14 CE y 17.1 ET)[119].

---

117 STSJ de Aragón de 15 de febrero de 2021 (Rec. 50/2021).

118 La genericidad de los criterios sobre designación de las personas afectadas no comporta una anomalía radical, máxime cuando la posterior selección es controlable, ha habido negociación al respecto y existe una Comisión Paritaria para el seguimiento del acuerdo alcanzado [STS de 23 de junio de 2022 (Rec. 216/2021, *Tol 9.114.127*)].

119 Cfr. SSTS de 27 de mayo de 2015 (Rec. 160/2014) y 8 de noviembre de 2016 (Rec. 266/2015); SAN de 5 de febrero de 2021 (Proc. 179/2020); SSTSJ de Canarias de 3 de noviembre de 2020 (Rec. 13/2020), de Asturias de 22 de junio de 2021 (Rec. 1115/2021) y del País Vasco de 23 de enero de 2024 (Rec. 2230/2023); SJS núm. 11 de Valencia de 2 de junio de 2020 (Proc. 328/2020); y SJS núm. 1 de Palma de Mallorca de 16 de septiembre de 2020 (Proc. 505/2020). Por lo demás, si el empleador es un sujeto público, por ejemplo, una sociedad mercantil pública o un notario, entonces también rige el principio de igualdad en la ley, esto es, una obligación de trato igual de los empleados salvo cuando la diferencia de trato esté justificada proporcionadamente por una causa legítima y probada, y ello es así tanto por lo que se refiere a la afectación como a la desafectación de estos [STSJ de la Comunidad de Madrid de 27 de enero de 2021 (Rec. 720/2020)].

— La decisión de la empresa en la selección de los trabajadores debe fundamentarse en criterios de **razonabilidad** y ser coherente con los fines buscados, no pudiéndose admitir una designación que sea caprichosa o arbitraria[120].

— Además y en todo caso la propia decisión empresarial de seleccionar a los trabajadores afectados por el ERTE se encuentra sometida a lo que podemos denominar límites generales aplicables al ejercicio de cualquier derecho, como es **el deber de buena fe y la ausencia de fraude de ley y de abuso de derecho**[121].

2. *Notificación de las medidas de suspensión o reducción de jornada a los trabajadores afectados*

Tras comunicar a los representantes de los trabajadores y a la autoridad laboral su decisión final sobre el ERTE, el empresario debe notificar individualmente a los trabajadores afectados la aplicación de las correspondientes medidas de reducción de jornada o suspensión de contratos, que surtirán efectos a partir de la fecha en que el empresario haya comunicado la mencionada decisión empresarial a la autoridad laboral, salvo que en ella se contemple una posterior (arts. 47.3 ET y 23 RPDC). La **notificación individual** a cada trabajador sobre las medidas de reducción de jornada o sus-

---

120 Cfr. las SSTSJ de Andalucía de 24 de junio de 2021 (Rec. 518/2021) y 17 de febrero de 2022 (Rec. 13/2022). En todo caso, debe advertirse que los tribunales, a la hora de valorar las afectaciones y desafectaciones realizadas por las empresas, ponderan que las mismas sean informadas positivamente por la comisión de seguimiento del ERTE [STS de 15 de septiembre de 2014 (Rec. 290/2013) y STSJ de Galicia de 9 de julio de 2024 (Rec. 1361/2024)].

121 Así, por ejemplo, la actuación de la empresa vulnera el derecho a las vacaciones de los trabajadores afectados y es contraria a la buena fe contractual, si existen otros trabajadores que no tuvieran asignadas las vacaciones en el período de aplicación del ERTE por los que podía haber optado [SSTSJ de Navarra de 11 de marzo de 2021 (Rec. 64/2021) y 31 de marzo de 2021 (Rec. 90/2021)].

pensión de contratos contemplará los días concretos afectados por dichas medidas y, en su caso, el horario de trabajo afectado por la reducción de jornada durante todo el periodo que se extienda su vigencia (art. 23 RPDC), lo que genera certidumbre y seguridad para los trabajadores a quienes se garantiza la prestación de trabajo en los días que se prefijen en su notificación individual[122].

Como ha señalado la doctrina de suplicación a propósito de otras medidas de flexibilidad interna, aunque los preceptos citados no expresan la forma y el contenido de la notificación, debe considerarse preceptiva la **forma escrita** como resulta de la interpretación conjunta del art. 47.3 en relación con la previsión del art. 8.5 del ET sobre el deber de información del empresario, precisándose en dicha comunicación la concreta causa en que se funda la decisión empresarial, poniéndose en conocimiento del trabajador cuales son las circunstancias que configuran la situación empresarial en que se apoya la causa económica, técnica, organizativa o de producción que se invoca y, en su caso, las razones por las que ha sido uno de los trabajadores afectados por el ERTE parcial, especialmente si éste no ha sido acordado con la representación de los trabajadores[123]. Requisito esencial que no se cumple con la mera referencia genérica a las causas que motivan la decisión, sino que deberán concretarse **las causas genérica y especifica** que fundamentan la misma, pues en otro caso se coloca en situación de indefensión al trabajador que precisa tener un completo conocimiento de las causas que se invocan para poder ejercitar con eficacia la facultad de impugnación en caso de disconformidad.

IV. LA PRÓRROGA DE LOS ERTES ETOP

En cualquier momento durante la vigencia de un ERTE ETOP y siempre y cuando la causa económica, técnica, organizativa o de

---

[122] STSJ de Andalucía de 29 de abril de 2021 (Rec. 336/2021).

[123] Cfr. las SSTSJ de Canarias de 3 de noviembre de 2022 (Rec. 1336/2022) y 18 de noviembre de 2022 (Rec. 1491/2022).

producción que subyace sea la misma —pues, de otro modo, habrá que tramitar un nuevo ERTE—, la empresa podrá comunicar a la representación de las personas trabajadoras con la que hubiera desarrollado el periodo de consultas *«una propuesta de prórroga»* del mismo (art. 47.4 ET). En todo caso, la prórroga del ERTE tiene que ser una medida adecuada, proporcional y oportuna para hacer frente a la situación[124].

La necesidad de esta prórroga deberá ser tratada en un periodo de consultas a desarrollar con arreglo a las reglas generales del art. 47.3 del ET, pero de duración máxima de cinco días, y la decisión empresarial será comunicada a la autoridad laboral en un plazo de siete días, surtiendo efectos desde el día siguiente a la finalización del periodo inicial de reducción de jornada o suspensión de la relación laboral. Salvo en los plazos señalados, resultarán de aplicación a este periodo de consultas las previsiones recogidas en el art. 47.3 del ET (art. 47.4 ET), por lo que la prórroga, a diferencia de la prórroga de los ERTEs ETOP COVID-19, no se condiciona a la existencia de un acuerdo con los representantes de los trabajadores[125].

Además, la empresa junto con la comunicación a la autoridad laboral sobre su decisión de prorrogar el ERTE, comunicará, a través de los procedimientos automatizados que se establezcan [art. 47.3 y 7.b) ET]:

1.º) El período dentro del cual se va a llevar a cabo la aplicación de la prórroga del ERTE.

2.º) La identificación de las personas trabajadoras afectadas por la prórroga.

---

124 Cfr. la STSJ de la Comunidad de Madrid de 18 de noviembre de 2024 (Rec. 302/2024).

125 JURADO SEGOVIA, A., «La reforma en materia de «ERTES» (art. 47 ET): «quid novi?»», en AA.VV., *Interpretación, aplicación y desarrollo de la última reforma laboral,* La Ley, Madrid, 2023 pág. 413.

3.º) El tipo de medida a aplicar respecto de cada una de las personas trabajadoras y el porcentaje máximo de reducción de jornada o el número máximo de días de suspensión de contrato a aplicar.

Por lo demás, como que el nivel de garantías y las medidas de control por parte de la Administración no son inferiores a los de la tramitación de un nuevo ERTE, a mi modo de ver, no hay inconveniente en admitir la posibilidad de introducir algún cambio en la forma de aplicar el ERTE respecto de lo pactado en el ERTE inicial: ampliando o modificando los colectivos afectados, variando el sistema de rotación, o modificando las condiciones de aplicación del ERTE —el tipo de medida a aplicar respecto de cada una de las personas trabajadoras y/o el porcentaje máximo de reducción de jornada o el número máximo de días de suspensión de contrato a aplicar, etc.—. Sin embargo, la Administración laboral considera que no se puede incrementar el número de trabajadores/as afectados en un ERTE ya presentado y que, si en un primer momento no es posible determinar el número total de afectados y el modo en que va a ir implementándose aquél, la empresa tiene que presentar un segundo ERTE.

Capítulo Tercero

Los ERTEs FM

I. EL CONCEPTO DE FUERZA MAYOR

Las empresas podrán aplicar la reducción de la jornada de trabajo o la suspensión de los contratos de trabajo por causa derivada de «*fuerza mayor temporal*» [arts. 45.1.i) y 47.5 ET). A tales efectos, ha de tratarse de un hecho involuntario, esto es, imprevisible o inevitable que no se deba a la voluntad del empresario y que entre dicho resultado y el evento que lo produjo, exista un nexo de causalidad eficiente (art. 1.105 CC). Por ello, como los cortes de fluido eléctrico por mora en el pago del suministro o la extinción del contrato de arrendamiento del local de negocio por denuncia del término pactado son previsibles y sus consecuencias sobre la prestación de trabajo evitables, no permiten al empresario reducir temporalmente la jornada de trabajo ni suspender los contratos de trabajo por causa de fuerza mayor[126].

La fuerza mayor, a los efectos de los arts. 47.5 y 51.7 del ET, ha de entenderse como la actuación de causa extraña al empresario, es decir, como la acción de elementos exteriores que quedan fuera de su esfera de control y que originan la imposibilidad de trabajar con carácter temporal o definitivo. Ha de diferenciarse el supuesto de fuerza mayor así concebida del caso fortuito ya que en ambos supuestos, aunque coincide la circunstancia de imposibilidad de prestación laboral por causas inimputables al trabajador y empresario, en el primero el origen de la imposibilidad nace de un acto ajeno a toda

---

126 STS de 8 de julio de 2008 (Recud. 1857/2007). En el mismo sentido, se expresa la STSJ de Castilla-La Mancha de 6 marzo de 2012 (Rec. 123/2012) a propósito de la decisión administrativa de suspender las obras objeto de subcontratación por la empresa.

voluntad —de los sujetos de la relación laboral o de sujetos externos— y al margen del círculo de riesgo que la actividad empresarial implica, mientras que en el segundo la imposibilidad surge de actos normales en los correspondientes sectores de actividad o, en cualquier caso, perfectamente previsibles y que, por tanto, caben en la esfera del riesgo empresarial —como, por ejemplo, la ausencia de suministro de materias primas[127], la acción de un piquete, la necesidad de efectuar reparaciones ordinarias en la empresa[128], los vicios ocultos aparecidos en el centro de trabajo tras al inicio de unas obras[129], la ruptura de las relaciones comerciales con el proveedor casi único de la empresa[130], la decisión de la empresa principal de suspender las obras objeto de subcontratación o de expulsar de las mismas a la empresa contratista[131], o la suspensión del servicio de limpieza de la residencia de mayores de la localidad por causa de las obras de reforma del edificio, con la consiguiente obligación de la Administración de abonar los daños y perjuicios sufridos[132] —.

Las causas de fuerza mayor pueden ser hechos catastróficos (fuerza mayor propia) o simples hechos imposibilitantes no catastróficos (fuerza mayor impropia).

a) La **fuerza mayor propia** puede derivarse de hechos catastróficos como:

— Terremotos.

— Maremotos.

---

127 Cfr. la STS (CA) de 29 de noviembre de 1999 (Rec. 1509/1994).

128 STS (CA) de 20 de mayo de 1997 (Rec. 3243/1991).

129 STS (CA) de 10 de febrero de 1997 (Rec. 5367/1991).

130 STS (CA) de 7 de marzo de 1995 (Rec. 2482/1992).

131 SSTSJ de Cantabria de 9 de octubre de 1995 (Rec. 1075/1995), y de Galicia de 11 de marzo de 2014 (Rec. 4389/2013) y 18 de marzo de 2014 (Rec. 4391/2013). En cambio, la STSJ de las Islas Baleares de 17 de enero de 2014 (Rec. 253/2013) admite la existencia de fuerza mayor al concurrir la circunstancia de haberse cumplido el término final de la contrata sin que se hubiera adjudicado otra nueva.

132 STSJ del País Vasco de 8 de octubre de 2024 (Rec. 1828/2024).

— Erupciones volcánicas.

— Incendios[133].

— Inundaciones[134].

— Fenómenos meteorológicos adversos (v.gr. una nevada intensa)[135].

— Naufragios.

— Plagas.

— Epidemias o pandemias.

---

133 SSTS (CA) de 5 de abril de 1979 (RJ/1602), 22 de noviembre de 1990 (RJ/8491), 5 de julio de 1991 (RJ/5658) y 28 de octubre de 1998 (Rec. 125/1994); y STSJ de la Comunidad de Madrid de 18 de febrero de 1999 (Rec. 237/1999). Cfr. la STS (CA) de 12 de julio de 1990 (RJ/6381).

134 En este sentido, la STS (CA) de 23 de junio de 2003 (Rec. 2443/1999) señala lo siguiente:

«El agente meteorológico de la lluvia puede constituir causa de fuerza mayor si determina una interrupción en el abastecimiento a la empresa de la remolacha necesaria para la molturación. Si bien, para que ello ocurra es necesario que se trate de una lluvia que por su intensidad y frecuencia pueda calificarse de extraordinaria, escapando de lo que es exigible a la diligencia empresarial que debe prever, mediante el almacenamiento necesario de dicha materia prima, la superación de unas dificultades normales de entrega del producto derivado de lo que son índices pluviométricos ordinarios de la temporada y zona.

Pues bien, en el presente caso la sentencia de instancia contemplada, frente a lo que señalaba la sentencia de instancia examinada en nuestra sentencia de 19 Oct. 1998, afirma el hecho notorio local de la intensidad [de la lluvia] acaecida en la época: 167 litros [debe entenderse por metro cuadrado]. Y ante tal circunstancia fáctica, de la que se ha de partir, resulta difícil negar que se estaba ante unos índices pluviométricos extraordinarios, no previsibles; y por ello no era exigible al empresario adoptar medidas de estructura organizativa que permitieran, aun en tales circunstancias atmosféricas, la provisión de remolacha necesaria para la molturación.»

En el mismo sentido, la STSJ de Castilla y León de 20 de junio de 2024 (Rec. 382/2024). En cambio, si entran dentro de lo que pueden considerarse precipitaciones normales de la zona y temporada, su incidencia perturbadora en la actividad empresarial debe ser prevista y evitada por el empresario con el correspondiente plan de medidas, no constituyendo un supuesto de fuerza mayor [STS (CA) de 8 de marzo de 2002 (Rec. 964/1997)].

135 STS (CA) de 4 de marzo de 1991.

— Guerras[136].

A este tipo de supuestos se refiere, entre otras normas, la Ley 17/2015, de 9 de julio, del Sistema Nacional de Protección Civil (LSNPC), que prevé que la simple concurrencia de alguno de los supuestos enunciados por la norma, o de otros, siempre que deriven de acontecimientos catastróficos, y previo Acuerdo del Consejo de Ministros, conlleven la declaración de zona afectada gravemente por una emergencia de protección civil con la consiguiente consideración de provenientes de una situación de fuerza mayor de las extinciones o suspensiones de los contratos de trabajo o las reducciones temporales de la jornada de trabajo que tengan su causa directa en la emergencia. Por lo demás, la finalidad de preservación de la empresa y de los puestos de trabajo perseguida en los ERTEs FM aconseja no tener por rota la relación causal respecto a los efectos de la fuerza mayor cuando la actividad sobre la que ésta incide directamente está ligada de forma tan íntima con la desarrollada por la empresa solicitante de la regulación, que haga notoriamente dificultoso o incluso prácticamente imposible que ésta pueda continuar trabajando normalmente (como ocurre con las industrias azucareras por la falta de remolacha debido a las adversas condiciones climatológicas que sufren los recolectores o proveedores de las mismas)[137].

Por otra parte, tampoco puede cuestionarse la existencia de fuerza mayor por el hecho de que el «suceso» (por ejemplo, un ciberataque a través de un virus ransomeware) no haya sido uno de los tradicionalmente considerados como tales, pues el art. 1.105 del Código Civil no exige que sea un suceso natural. Puede ser de otro tipo, atendida la realidad social en la que nos hallamos, una sociedad tecnológica, donde los sucesos pueden ser provocados por la acción del hombre[138]. En ese sentido, la principal diferencia entre una causa de fuerza mayor y otra de tipo objetivo técnica no está en la causalidad natural de la primera y humana en la segun-

---

136 STSJ de la Comunidad de Madrid de 16 de julio de 2015 (Rec. 133/2015).

137 STS (CA) de 26 de junio de 1988 (RJ/4730).

138 STS de 11 de junio de 2024 (Rec. 144/2022, *Tol 10.075.558*).

da, sino en el hecho de que la fuerza mayor es un suceso externo, ajeno a la voluntad de la empresa y de carácter extraordinario, y la segunda es una causa introducida, favorecida o exigida por las circunstancias, pero siempre ordinaria y voluntaria. La empresa cuya actividad se desarrolla mediante el uso de sistemas informáticos puede haber previsto en su actividad ordinaria la existencia de un ciberataque (previsibilidad), pero hay algunos sucesos de este tipo que rebasan los tenidos en cuenta en el desenvolvimiento ordinario y, por ello, no pueden ser evitados (inevitabilidad). Por eso, si se trata de un suceso inevitable, que rebasa los que pueden ser tenidos en cuenta en el curso normal de la actividad empresarial, estaremos ante un supuesto de fuerza mayor.

b) Se consideran **fuerza mayor impropia** otros acontecimientos semejantes a los anteriores de carácter extraordinario, que los contratantes no hayan podido prever o que, previstos, no se han podido evitar (v. gr., una huelga de transportes que se prolonga sin aviso y supone el corte de carreteras y el cierre de fronteras, provocando el desabastecimiento de materias primas de la empresa[139]), incluyendo el denominado *factum principis* o decisión de los poderes públicos, imprevisible o inevitable, que recae sobre una empresa y le impide continuar con la actividad empresarial[140]. A este respecto, el nuevo art. 47.6 del ET admite expresamente que la fuerza mayor temporal puede *«estar determinada por impedimentos o limitaciones en la actividad normalizada de la empresa que sean consecuencia de decisiones adoptadas por la autoridad pública competente, incluidas aquellas orientadas a la protección de la salud pública».*

Ahora bien, la admisibilidad del *factum principis* como supuesto de fuerza mayor, se condiciona a que la orden o disposición ad-

---

139 SSTS (CA) de 3 de marzo de 1998 (Rec. 7023/1992) y 24 de febrero de 1999 (Rec. 3536/1993).

140 El supuesto típico en estos casos sería el desahucio judicial de la empresa de los terrenos que tenía arrendados como base física de la empresa [STS de 29 de marzo de 1980 (RJ/1567)] o la extinción de un Colegio Universitario [STS de 30 de mayo de 1988 (RJ/4670)].

ministrativa, gubernativa o judicial, además de ser legal, impida la continuidad de la relación de trabajo y que sea imprevisible o inevitable. Los acontecimientos en que la fuerza mayor consiste han de ser independientes de la voluntad del empresario. Desde luego han de ser independientes de su voluntad suspensiva o extintiva; pero también deben serlo, con seguridad de actos u omisiones voluntarias que sean la causa mediata de una aparente fuerza mayor; así, por ejemplo, la nulidad de un proceso de selección, por sentencia firme de la jurisdicción contencioso-administrativa, para el desempeño de plazas laborales en las Administraciones Públicas[141]; el requerimiento de suspensión inmediata de la producción, ordenada por la Administración como medida cautelar en el seno de un procedimiento administrativo sobre control de los planes de seguridad de la empresa[142]; el cierre del centro de trabajo por incumplimiento de la normativa administrativa en ejecución de sentencia del orden contencioso-administrativo[143] o por una resolución judicial cautelar en un proceso de instrucción penal[144]. Estos supuestos no constituyen fuerza mayor que pueda jugar como causa de suspensión de los contratos de trabajo o de reducción temporal de la jornada de trabajo ya que son consecuencia de un defectuoso proceder inicial del empleador o de la realización de una actividad ilegal.

En fin, el concreto suceso de *vis maior* puede ser de eficacia instantánea o sucesiva, de afectación única o paulatina, lo que es

---

141 Cfr. las SSTS de 12 de junio 1989 (RJ/4567), 10 de marzo de 1999 (Recud. 2138/1998), 5 de octubre de 1999 (Recud. 2773/1999), 5 de julio de 2000 (Recud. 3115/1999), 18 de diciembre de 2007 (Recud. 4998/2006), 21 de enero de 2008 (Recud. 454/2007), 28 de mayo de 2008 (Recud. 136/2007) y 28 de abril de 2009 (Recud. 4335/2007). Cuando en virtud de una Ley se ordena la disolución y liquidación de los Fondos de Promoción de Empleo tampoco se trata de un caso de fuerza mayor, ya que este suceso no es independiente de la voluntad de la Administración empleadora [STSJ de la Comunidad de Madrid de 17 de noviembre de 2014 (AS/583)].

142 STS (CA) de 3 de abril de 2000 (Rec. 3236/1994).

143 STSJ de Cataluña de 1 de febrero de 2005 (Rec. 702/2004).

144 STSJ de Cataluña de 11 de marzo de 2016 (Rec. 389/2016).

coherente con un *animus* de *favor negotii*, o sea con un propósito de mantener la relación laboral a favor del trabajador[145].

II. EL CARÁCTER SUBSIDIARIO O SUPLETORIO DE LOS ERTES FM RESPECTO DE OTRAS MEDIDAS LABORALES ALTERNATIVAS

No obstante lo señalado en el epígrafe anterior, cuando los trabajadores no puedan acceder al centro de trabajo o transitar por las vías de circulación necesarias para acudir al mismo, como consecuencia de las recomendaciones, limitaciones o prohibiciones al desplazamiento establecidas por las autoridades competentes, así como cuando concurra una situación de riesgo grave e inminente (v. gr. unas inundaciones o un incendio, etc.), los ERTEs FM tienen carácter subsidiario o supletorio respecto de otras medidas laborales alternativas, concretamente el **trabajo a distancia y/o el nuevo permiso por riesgo catastrófico o fenómenos climáticos adversos**, tal y como determina el art. 47.6 del ET, en la nueva redacción dada por la DF 2.ª.2 del RD-l 8/2024, de 28 de noviembre, por el que se adoptan medidas urgentes complementarias en el marco del Plan de respuesta inmediata, reconstrucción y relanzamiento frente a los daños causados por la Depresión Aislada en Niveles Altos (DANA) en diferentes municipios entre el 28 de octubre y el 4 de noviembre de 2024.

Esta regla será de aplicación a partir de la entrada en vigor de esta norma, que se produjo el 30 de noviembre de 2024 (DF 2.ª RD-l 8/2024), esto es, con posterioridad al Acuerdo del Consejo de Ministros, de 5 de noviembre de 2024, por el que se declara zona afectada gravemente por una emergencia de protección civil, el territorio damnificado como consecuencia de la DANA que ha afectado a amplias zonas de la Península y Baleares durante los días 28 de octubre al 4 de noviembre de 2024, en las Comunida-

---

145 STSJ de la Comunidad de Madrid de 16 de julio de 2015 (Rec. 133/2015).

des Autónomas de la Comunidad Valenciana, Castilla-La Mancha, Andalucía, Islas Baleares, Cataluña y Aragón.

Pero vayamos por partes[146]:

a) Si los trabajadores no pueden acceder al centro de trabajo o transitar por las vías de circulación necesarias para acudir al mismo como consecuencia de las circunstancias anteriores, la empresa les debe reconocer un permiso retribuido de hasta cuatro días, a no ser que *«la naturaleza de la prestación laboral sea compatible con el trabajo a distancia y el estado de las redes de comunicación permita su desarrollo»*, en cuyo caso, la empresa *«podrá establecerlo, observando el resto de las obligaciones formales y materiales recogidas en la Ley 10/2021, de 9 de julio, de trabajo a distancia, y, en particular, el suministro de medios, equipos y herramientas adecuados»* [art. 37.3.g) ET].

Las circunstancias del párrafo anterior *«no serán constitutivas de fuerza mayor durante la duración del permiso del artículo 37.3.g)»* y durante este tiempo *«solo podrá justificarse la fuerza mayor en base a otras circunstancias»* diferentes a las restricciones en el transporte público y, en general, de la movilidad de las personas que afecten al desplazamiento de las personas trabajadoras al centro de trabajo (v. gr. las pérdidas de la actividad empresarial directa o indirectamente originadas por la catástrofe o el fenómeno meteorológico adverso, incluidas las derivadas de las órdenes, prohibiciones, instrucciones, recomendaciones o requerimientos realizados por las autoridades de protección civil, que impliquen suspensión o cancelación de actividades, cierre temporal de locales de afluencia pública, restricciones en el transporte de mercancías o la falta de suministros que impidan gravemente continuar con el desarrollo ordinario de la

---

146 El RD-l 8/2024 también incrementa el nivel de información de la representación legal de las personas trabajadoras sobre las medidas de actuación previstas por la empresa con motivo de la activación de alertas por catástrofes y otros fenómenos meteorológicos adversos, y exige que la negociación colectiva aborde directamente protocolos de actuación frente a estas situaciones [arts. 64.4.e) y 85.1 ET].

actividad empresarial), en cuyo caso *«los efectos se retrotraerán al momento del hecho causante correspondiente»* (art. 47.6 ET).

b) Transcurridos los cuatro días, el permiso se prolongará hasta que desaparezcan las circunstancias que lo justificaron, salvo que la empresa recurra a la aplicación de un ERTE FM [art. 37.3.g) ET]. Efectivamente, si tras los cuatro días del permiso retribuido a cargo de la empresa, persiste la imposibilidad de que los trabajadores se desplacen al centro de trabajo y no es posible el trabajo a distancia en las condiciones recogidas en el art. 37.3.g) del ET, la empresa podrá aplicar un ERTE FM en los términos previstos en el art. 47.6 del ET [arts. 37.3.g) y 47.6 ET].

III. PROCEDIMIENTO

Aunque se admite la reducción de la jornada de trabajo o la suspensión de los contratos de trabajo por causa derivada de fuerza mayor temporal, no se permite, sin embargo, que el empresario ponga en marcha estas medidas de ajuste temporal de manera directa, sino que se exige que la fuerza mayor sea **constatada por la autoridad laboral**, estableciendo a tal fin un procedimiento administrativo especial conforme a los arts. 47.5 y 51.7 del ET y sus disposiciones de desarrollo reglamentario (art. 47.5 ET). La existencia de fuerza mayor, para que produzca la reducción de la jornada de trabajo o la suspensión de las relaciones de trabajo, habrá de ser constatada por la autoridad laboral competente, cualquiera que sea el número de las personas trabajadoras afectadas, previo expediente de regulación temporal de empleo (art. 47.5 ET) y con independencia de que la empresa se encuentre en situación concursal, ya que la jurisdicción del juez del concurso sólo comprende *«la suspensión de contratos y la reducción de jornada por causas económicas, técnicas, organizativas»* (art. 53.1 LC). Dicho expediente se desarrollará con arreglo a los principios generales y disposiciones de común aplicación contenidas en la LPAC, con las especialidades que se establecen en los arts. 47.5 y 51.7 del ET y 31 a 33 del RD 1483/2012[147].

En todo caso, una medida de ajuste temporal por fuerza mayor realizada sin haber obtenido la previa autorización administrativa será declarable judicialmente nula (art. 124.11 LJS). Y, por consiguiente, será de aplicación el art. 30 del ET con la consiguiente obligación empresarial de satisfacer los salarios e ingresar las cotizaciones a la Seguridad Social[148].

1. Autoridad laboral competente

La autoridad competente es la señalada para los despidos colectivos (arts. 25 y 31 RPDC).

De este modo, la competencia para tramitar y resolver los expedientes se determinará conforme a las siguientes reglas (art. 25 RPDC)[149]:

---

147 Por todas, las SSTSJ de Castilla-La Mancha de 15 de diciembre de 1997 (Rec. 387/1997), del País Vasco de 2 de octubre de 2007 (Rec. 1867/2007) y de las Islas Canarias de 25 de febrero de 2008 (Rec. 1169/2007). No obstante, la STSJ de Castilla y León de 4 de noviembre de 2002 (Rec. 1886/202) señala lo siguiente: «*mientras en el supuesto de que el empresario proceda a la extinción colectiva de los contratos de trabajo, sin haber obtenido la pertinente autorización, se declara nula dicha decisión, en virtud de lo dispuesto en el artículo 124 de la Ley de Procedimiento Laboral, en el supuesto de que suspenda los contratos de trabajo por fuerza mayor, sin obtener la pertinente autorización, no hay previsión alguna al respecto, por lo que no es ineficaz la aplicación de la cláusula suspensiva contenida en cada uno de los contratos de los actores, hoy recurrentes, que prevé dicha suspensión*».

148 SSTSJ del País Vasco de 30 de marzo de 1993 (Recud. 2454/1992), de Cantabria de 9 de octubre de 1995 (Rec. 1075/1995) y de Castilla-La Mancha de 15 de diciembre de 1997 (Rec. 387/1997). Cfr. la STSJ de Cataluña de 1 de febrero de 2005 (Rec. 702/2004).

149 La STS de 27 de enero de 2022 (Rec. 78/2020, *Tol 8.793.972*) reconoce la competencia de la jurisdicción social para conocer de la demanda formulada ante la falta de respuesta por la Administración a la solicitud de información formulada por un sindicato en relación con los ERTES-COVID tramitados por la misma, por tratarse de una solicitud

1.ª) Cuando los trabajadores afectados desarrollen su actividad o se encuentren adscritos a centros de trabajo ubicados en su totalidad dentro del territorio de una Comunidad Autónoma, la competencia corresponderá al órgano que determine la Comunidad Autónoma respectiva[150].

En los procedimientos en empresas cuya plantilla exceda de quinientos trabajadores, la autoridad laboral de la Comunidad Autónoma competente deberá informar del procedimiento a la Dirección General de Trabajo del Ministerio de Trabajo y Economía Social.

2.ª) Cuando los trabajadores afectados desarrollen su actividad o se encuentren adscritos a centros de trabajo radicados en dos o más Comunidades Autónomas la competencia corresponderá a la AGE, salvo que el 85%, como mínimo, de plantilla de la empresa radique en el ámbito territorial de una Comunidad Autónoma y existan trabajadores afectados en la misma —como la norma no distingue, a la hora de calcular dicho porcentaje, todos los trabajadores/as computan por igual

---

formulada en el ejercicio de sus funciones de defensa de los derechos de los trabajadores e ir dirigida a la Administración competente en función de las competencias previstas en el RD-l 8/2020.

150 En el ámbito de la Comunidad Valenciana, tendrá la consideración de autoridad laboral competente (RD 262/1985, de 23 de enero; Decreto 27/2022, de 11 de marzo; y Decreto 77/2015, de 22 de mayo):
a) La Dirección Territorial de la Conselleria de Economía Sostenible, Sectores Productivos, Comercio y Trabajo, cuando el expediente afecte a uno o varios centros de trabajo de empresas, ubicados en una sola provincia de la Comunitat Valenciana, salvo que el número de trabajadores afectados por el expediente sea superior a 200 y la plantilla total de la empresa sea igual o superior a 500.
b) La Dirección General de Trabajo cuando se trate de expedientes que afecten a uno o varios centros de trabajo ubicados en dos o en las tres provincias de la Comunidad Autónoma o en una sola provincia de la Comunitat Valenciana, siempre que el número de trabajadores afectados por el expediente sea igual o superior a 200, o cuando la plantilla de la empresa sea igual o superior a 500.

con independencia de si trabajan a jornada completa o a tiempo parcial—, en cuyo caso corresponderá a la autoridad laboral competente de esa Comunidad Autónoma realizar la totalidad de las actuaciones de intervención en el procedimiento[151]. En todo caso, esta deberá notificar a la Dirección General de Trabajo del Ministerio de Trabajo y Economía Social la finalización del periodo de consultas, trasladándole la copia del acuerdo alcanzado en el mismo, o en caso de concluir éste sin acuerdo, la decisión empresarial.

En el ámbito de la AGE, tendrá la consideración de autoridad laboral competente:

a) La Dirección General de Trabajo del Ministerio de Trabajo y Economía Social:

1.º) Cuando los trabajadores afectados desarrollen su actividad o se encuentren adscritos a centros de trabajo ubicados en el territorio de dos o más Comunidades Autónomas, así como cuando presten servicios en Departamentos, entes, organismos o entidades encuadrados en la AGE.

2.º) Cuando el procedimiento afecte a empresas o centros de trabajo relacionados con créditos extraordinarios o avales acordados por el Gobierno de la Nación; con empresas pertenecientes al Patrimonio del Estado y, en general, aquellas que tengan la condición de sociedades mercantiles estatales de acuerdo con la Ley 47/2003, de 26 de noviembre, General Presupuestaria, o con la LRJSP, así como con empresas relacionadas directamente con la Defensa Nacional u otras cuya producción sea declarada de importancia estratégica nacional mediante norma con rango de ley.

[151] SAN de 5 de noviembre de 2021 (Proc. 193/2021).

b) La Delegación del Gobierno si la Comunidad Autónoma es uniprovincial o a la Subdelegación del Gobierno en la provincia, en los mismos supuestos a que se refiere el párrafo a), 2.º, de este apartado, siempre que el procedimiento afecte a centros de trabajo en el ámbito de una provincia, sin perjuicio de lo dispuesto en el párrafo d) de este apartado.

c) La Delegación del Gobierno en las ciudades de Ceuta o Melilla respectivamente, cuando los trabajadores afectados por el procedimiento desarrollen su actividad o se encuentren adscritos a centros de trabajo ubicados en dichas ciudades.

En los casos de procedimientos con centros afectados en dos o más Comunidades Autónomas, la autoridad laboral competente para intervenir en el procedimiento comunicará dicha intervención a las autoridades laborales de los territorios donde radican dichos centros de trabajo.

2. Iniciación

El procedimiento se iniciará mediante **solicitud de la empresa** dirigida a la autoridad laboral competente, acompañada de los *«medios de prueba que estime necesarios»*, y **simultánea comunicación a la representación legal de las personas trabajadoras** (arts. 47.5 ET y 32 RPDC)[152].

---

[152] Con carácter general, el art. 68.1 de la LPAC establece que si la solicitud de iniciación no reúne los requisitos exigidos *«se requerirá al interesado para que, en un plazo de diez días, subsane la falta o acompañe los documentos preceptivos, con indicación de que, si así no lo hiciera, se le tendrá por desistido de su petición, previa resolución que deberá ser dictada en los términos previstos en el artículo 21»*, ello sin perjuicio, como es lógico, del ajuste del plazo al tipo de procedimiento especial de que se trate. La determinación de los efectos del incumplimiento del requerimiento subsanatorio requiere, como presupuesto necesario, que al efectuarlo la Administración indique expresamente cuál es el plazo en el que habrá de realizarse

Además, la empresa junto con la solicitud a la autoridad laboral, **comunicará**, a través de los procedimientos automatizados que se establezcan [art. 47.7.b) ET]:

1.º) El período dentro del cual se va a llevar a cabo la aplicación de la suspensión del contrato o la reducción de jornada.

2.º) La identificación de las personas trabajadoras incluidas en el expediente de regulación temporal de empleo.

3.º) El tipo de medida a aplicar respecto de cada una de las personas trabajadoras y el porcentaje máximo de reducción de jornada o el número máximo de días de suspensión de contrato a aplicar.

Para estos documentos tampoco se han establecido modelos oficiales, por lo que las empresas pueden confeccionarlos como consideren más adecuado. Los ERTES, competencia del **Ministerio de Trabajo y Economía Social**, deben ser presentados a través de **su sede electrónica** y se puede conocer en tiempo real el estado del expediente introduciendo el número de registro.

El **enlace de acceso** a la sede electrónica de dicho Ministerio es el siguiente: https://sede.mites.gob.es/inicio

---

la actuación requerida [STSJ de Galicia de 3 de junio de 2024 (Rec. 1114/2024)]. En este orden de ideas, la subsanación extemporánea de los defectos formales advertidos por la Administración al solicitante no determina el desistimiento de la solicitud, salvo cuando concurran otros intereses protegibles y mientras que no tenga lugar la declaración expresa de desistimiento.

El mero hecho de que los trabajadores ejerciten la acción de despido antes de que el empresario inste el expediente de suspensión de los contratos de trabajo dentro de un plazo razonable, no implica que dicha acción de despido deba prosperar necesariamente; puesto que es preciso que los elementos configuradores del despido concurran en todo caso; lo que no ocurre en el presente caso, toda vez que la falta de ocupación es ajena a la voluntad del empresario y obedece a un supuesto de fuerza mayor [STSJ de Castilla-La Mancha de 20 de enero de 1999 (Rec. 1552/1998)].

El contenido de la comunicación a la representación legal de los trabajadores debe ser el mismo que conste en la solicitud formulada a la autoridad laboral a fin de que la representación social tenga cabal conocimiento de los términos de esta[153]. La falta de comunicación en tiempo y forma de la solicitud a la representación legal de los trabajadores puede viciar de nulidad conforme al art. 47.1 de la LPAC el acto administrativo, pues los titulares de intereses colectivos ven mermadas sus posibilidades de intervenir en el procedimiento administrativo, generándose una situación de efectiva indefensión[154]. Mas este defecto de procedimiento deberá plantearse a través de la impugnación de la resolución de la autoridad laboral, quedando extramuros del objeto del cauce procesal contra la decisión empresarial[155].

3. Instrucción

El procedimiento se ajusta a las siguientes reglas:

1.ª) La autoridad laboral competente recabará, **con carácter preceptivo, informe de la ITSS** —que *«deberá pronunciarse sobre la concurrencia de la fuerza mayor»* — y podrá realizar o solicitar cuantas otras actuaciones o informes considere indispensables (arts. 47.5 ET y 33.1 RPDC).

2.ª) En el caso de que figuren en el procedimiento y puedan ser tenidos en cuenta en la resolución otros hechos, alegaciones y pruebas distintos de los aportados por la empresa en su solicitud, se dará a ésta y a los representantes legales de las personas trabajadoras el oportuno **trámite de audiencia**, que deberá realizarse en el término de un día (art. 33.3 RPDC). Pero no se exige ningún período de consultas, lo que resulta lógico, pues los supuestos de

---

153 SAN de 22 de octubre de 2020 (Proc. 332/2020).

154 SAN de 22 de octubre de 2020 (Proc. 332/2020); y SJS núm. 1 de Oviedo de 27 de agosto de 2020 (Proc. 436/2020).

155 STSJ de Cataluña de 10 de mayo de 2021 (Rec. 647/2021).

fuerza mayor se constatan o no por el instructor del expediente, pero sobre los mismos no puede caber pacto alguno[156].

3.ª) No está previsto normativamente la apertura de un período de prueba en este procedimiento administrativo especial y no resulta de aplicación la previsión contenida en el art. 77.2 de la LPAC (DA 1.ª LPAC)[157].

4.ª) En cuanto a la obligación de despacho y resolución de los expedientes administrativos por orden riguroso de incoación *ex* art. 71.2 de la LPAC, cabe señalar que, aunque es cierto que el respeto al orden de incoación en la resolución de los expedientes administrativos está al servicio del principio de igualdad entre los administrados, no es menos cierto que dicho criterio se debe aplicar en asuntos de homogénea naturaleza y, además, teniendo en cuenta las circunstancias concurrentes. Así, en la constatación de la fuerza mayor derivada del COVID-19, la erupción del volcán en la isla de La Palma o la DANA, no todas las solicitudes de acreditación son de naturaleza homogénea. En efecto, ha habido solicitudes relativas a actividades directamente afectadas por las restricciones impuestas por la normativa reguladora del Estado de Alarma o por las órdenes, prohibiciones, instrucciones, recomendaciones o requerimientos realizados por las autoridades de protección civil; mientras que en otras la afectación necesitaba de una acreditación simple o compleja, según los casos. Simplemente, tales diferencias pueden explicar y justifi-

---

156 STCT de 28 de junio de 1988 (Rec. 4478) y STS de 22 de junio de 2022 (Rec. 15/2022, *Tol 9.123.906*). Y, por ello, se rechaza que el acuerdo de conciliación judicial sobre el ERTE entre sindicatos y empresa vincule a la Administración, ni pueda tener operatividad sobre la concurrencia de fuerza mayor, que no resulta de la voluntad de las partes sino de la constatación de los elementos que configuran tal hecho jurídico según la norma que lo regula.

157 STS de 15 de diciembre de 2021 (Rec. 179/2021).

car que la tramitación de unos y otros expedientes deba ser distinta y, consecuentemente, requerir de mayor o menor tiempo de tramitación. Pero es que, además, en las situaciones fácticas como las descritas, cumplir escrupulosamente el principio del orden riguroso de incoación puede resultar imposible, en atención a las restricciones derivadas de las mismas y las consecuencias que producen en el propio funcionamiento de los recursos humanos de la administración[158]. En todo caso, quien denuncie el incumplimiento de la obligación de despacho del expediente por orden riguroso de incoación debe precisar qué indefensión le causó que hubiera solicitudes presentadas después de la suya que fueran resueltas con anterioridad o peticiones anteriores resueltas con posterioridad.

4. Resolución

4.1. Contenido de la resolución administrativa

La resolución de la autoridad laboral declarará la **existencia de la fuerza mayor** alegada por la empresa (**a**) o la **inexistencia de esta** (**b**).

a) En el primer supuesto, la resolución de la autoridad laboral deberá limitarse, en su caso, a constatar la existencia de la fuerza mayor alegada por la empresa, correspondiendo a esta la decisión sobre la aplicación de las medidas de reducción de jornada o suspensión de los contratos, que surtirán efectos desde la fecha del hecho causante de la fuerza mayor (arts. 47.5 y 33.4 y 5 RPDC). Aunque no es posible sujetar las medidas de suspensión contractual o reducción temporal de jornada por causas económicas, técnicas, organizativas o productivas a una condición resolutoria, en los supuestos de fuerza mayor, la duración de las medidas de ajuste temporal depende del evento causante. Por ello, la resolución

---

[158] STS de 15 de diciembre de 2021 (Rec. 179/2021).

que declare la existencia de la fuerza mayor *«expresará, además, hasta qué fecha surte efectos»* (art. 33.4 RPDC).

En la resolución de la autoridad laboral deberán figurar, entre otros, los siguientes datos [art. 22.2 RD 625/1985, de 2 de abril, por el que se desarrolla la Ley 31/1984, de 2 de agosto, de Protección por Desempleo (RPD), en su nueva redacción dada por la DF 1.ª del RRED]:

a) Nombre o razón social de la empresa, código de cuenta de cotización a la Seguridad Social y domicilio del centro o centros de trabajo.

b) La existencia de la FM temporal, así como las fechas del hecho causante y de finalización de la misma (art. 47.5 ET).

c) Relación nominal de los trabajadores afectados y números de identificación fiscal de los mismos.

d) Causa y carácter de la situación legal de desempleo de los trabajadores, consignando si el desempleo es total o parcial y, en el primer caso, si es temporal o definitivo. Si fuese temporal, se consignará el período dentro del cual se va a llevar a cabo la aplicación de la suspensión del contrato o la reducción de jornada, así como el tipo de medida y el porcentaje máximo de reducción de jornada o el número máximo de días de suspensión de contrato que se pretenda aplicar respecto de cada una de las personas trabajadoras incluidas en la relación nominal anterior

b) En el supuesto de que, instruido el procedimiento, no se haya constatado la existencia de la fuerza mayor alegada, **se podrá iniciar el oportuno ERE o ERTE ETOP** (art. 33.6 RPDC).

4.2. Plazo máximo para resolver y notificar la resolución

La autoridad laboral **dictará resolución en el plazo máximo de cinco días** a contar desde el día siguiente a la presentación de la solicitud en el registro del órgano competente para su tramitación (arts. 47.5 ET y 33.1 RPDC y 30.3 LPAC)[159], y **la notificará a la empresa interesada dentro del plazo de diez días** a partir de la fecha en que haya sido dictada (art. 40.2 LPAC). Dichos días, de conformidad con lo estipulado por los arts. 30 y 31 de la LPAC son **hábiles**, excluyéndose del cómputo los sábados, los domingos y los declarados festivos, y cuando el último día del plazo sea inhábil, se entenderá prorrogado al primer día hábil siguiente[160].

No obstante lo anterior, el **plazo máximo legal para resolver** el procedimiento **y notificar la resolución se podrá suspender o ampliar** en los términos previstos en los arts. 22 y 23 de la LPAC, respectivamente[161]. Además, el art. 32.4 y 5 de la misma norma regula la ampliación de los plazos en el supuesto de una incidencia técnica o un ciberincidente.

En efecto, el art. 22 de la LPAC dispone que el transcurso del plazo máximo legal para resolver el procedimiento y notificar la resolución se podrá suspender en determinados supuestos, a saber[162]:

a) Cuando deba requerirse *«a cualquier interesado para la subsanación de deficiencias o la aportación de documentos y otros elementos de juicio necesarios, por el tiempo que medie entre la notificación del requerimiento y su efectivo cumplimiento por el destinatario, o, en su defecto, por el del plazo concedido, todo ello sin perjuicio de lo previsto en el artículo 68 de la presente Ley»* [art. 22.1.a) LPAC]. Previsión que

---

159 Cfr. las SSTSJ de la Comunidad de Madrid de 19 de febrero de 2021 (Rec. 824/2020) y 9 de marzo de 2021 (Rec. 845/2020); y SJS núm. 5 de Oviedo de 25 de mayo de 2020 (Proc. 210/2020).

160 Por todas, la STS de 17 de enero de 2024 (Rec. 2249/2021, *Tol 9.864.264*); y las SSTSJ de la Comunidad de Madrid de 19 de febrero de 2021 (Rec. 824/2020) y 9 de marzo de 2021 (Rec. 845/2020).

161 Cfr. la SJS núm. 5 de Oviedo de 25 de mayo de 2020 (Proc. 210/2020).

162 Cfr. la SJS núm. 1 de Ávila de 27 de mayo de 2020 (Proc. 191/2020).

debe ponerse en relación con el art. 68 de la LPAC en cuanto a la posibilidad que tiene la autoridad laboral de solicitar a la empresa la subsanación por falta de los datos que deben figurar en la solicitud o de los documentos preceptivos que exige el art. 32 del RPDC. Por consiguiente, si aquel es requerido para que subsane la solicitud defectuosa o aporte la documentación preceptiva, desde la notificación de dicho requerimiento debe entenderse que el plazo para resolver y, por tanto, para que opere el silencio administrativo a su favor, queda suspendido en tanto el propio interesado no subsane la falta observada o aporte la documentación necesaria, sin perjuicio de lo dispuesto en el inciso final del art. 68.1 de la LPAC.

b) Cuando *«se soliciten informes preceptivos a un órgano de la misma o distinta Administración, por el tiempo que medie entre la petición, que deberá comunicarse a los interesados, y la recepción del informe, que igualmente deberá ser comunicada a los mismos»*, y sin que este plazo de suspensión pueda *«exceder en ningún caso de tres meses»* [art. 22.1.d) LPAC]. De este modo, la solicitud del informe de la ITSS en los ERTEs FM, al ser preceptiva, suspende el plazo para resolver el procedimiento y notificar la resolución[163]. Dicha suspensión, sin embargo, exige una comunicación al interesado de que se ha pedido ese informe preceptivo y, después, otra comunicación de que ese informe

[163] STSJ de la Comunidad de Madrid de 18 de febrero de 2021 (Rec. 619/2020). Ahora bien, de conformidad con la STS de 23 de junio de 2022 (Rec. 1014/2021, *Tol 9.102.202*), cuando se soliciten informes preceptivos a un órgano de la misma o distinta Administración, como sucede en este caso, lo que establece la norma es que el plazo de referencia *«se podrá suspender»*. Y la Dirección General de Trabajo ahora recurrente en ningún momento ha acreditado (ni siquiera alegado) que hubiere acordado tal suspensión, a su vez sujeta a las reglas de la propia norma autorizante.

se ha recibido. En tal caso, de no recibirse el informe en el plazo indicado, proseguirá el procedimiento [art. 22.1.d) LPAC].

c) Cuando deban realizarse *«pruebas técnicas o análisis contradictorios o dirimentes propuestos por los interesados, durante el tiempo necesario para la incorporación de los resultados al expediente»* [art. 22.1.e) LPAC]. Más la apertura del período de prueba difícilmente determinará la suspensión del procedimiento de reconocimiento de la existencia de fuerza mayor. En efecto, como señala la STS (CA) de 29 de septiembre de 2011 (Rec. 5394/2007, *Tol 2.252.267*), el legislador *«se refiere a determinados medios de prueba, de carácter pericial o científico —pruebas técnicas o análisis contradictorios dirimentes—, debiendo entenderse por prueba técnica la referida a los informes o dictámenes de un experto sobre una materia que requiere el conocimiento y aplicación de una ciencia o técnica o que comprendan la realización de comprobaciones de tipo técnico o científico; y la expresión análisis contradictorios dirimentes abarca por lo general los controles y verificaciones de resultados llevados a cabo por laboratorios aplicando métodos científicos»*. De este modo, si las pruebas son de carácter documental y tampoco consisten en la emisión de un informe o dictamen por algún órgano administrativo o entidad pública, no se puede acordar la suspensión del procedimiento.

d) Cuando para la resolución del procedimiento *«sea indispensable la obtención de un previo pronunciamiento por parte de un órgano jurisdiccional, desde el momento en que se solicita, lo que habrá de comunicarse a los interesados, hasta que la Administración tenga constancia del mismo, lo que también deberá serles comunicado»* [art. 22.1.g) LPAC].

e) El transcurso del plazo máximo legal para resolver el procedimiento y notificar la resolución se suspenderá preceptivamente *«cuando el órgano competente para resolver decida realizar alguna actuación complementaria de las pre-*

vistas en el artículo 87, desde el momento en que se notifique a los interesados el acuerdo motivado del inicio de las actuaciones hasta que se produzca su terminación» [art. 22.2.b) LPAC]. De conformidad con el referido art. 87, antes de dictar resolución, el órgano competente para resolver *«podrá decidir, mediante acuerdo motivado, la realización de las actuaciones complementarias indispensables para resolver el procedimiento»*, no teniendo la consideración de actuaciones complementarias *«los informes que preceden inmediatamente a la resolución final del procedimiento»*. El acuerdo de realización de actuaciones complementarias *«se notificará a los interesados, concediéndoseles un plazo de siete días para formular las alegaciones que tengan por pertinentes tras la finalización de las mismas»*, las actuaciones complementarias *«deberán practicarse en un plazo no superior a quince días»* y el plazo para resolver el procedimiento *«quedará suspendido hasta la terminación de las actuaciones complementarias»*.

f) La LPAC determina que *«cuando el número de las solicitudes formuladas o las personas afectadas pudieran suponer un incumplimiento del plazo máximo de resolución, el órgano competente para resolver, a propuesta razonada del órgano instructor, o el superior jerárquico del órgano competente para resolver, a propuesta de éste, podrán habilitar los medios personales y materiales para cumplir con el despacho adecuado y en plazo»* (art. 21.5 LPAC) y que, *«excepcionalmente, cuando se hayan agotado los medios personales y materiales disponibles a los que se refiere el apartado 5 del artículo 21, el órgano competente para resolver, a propuesta, en su caso, del órgano instructor o el superior jerárquico del órgano competente para resolver, podrá acordar de manera motivada la ampliación del plazo máximo de resolución y notificación, no pudiendo ser éste superior al establecido para la tramitación del procedimiento»* [art. 23.1 LPAC][164]. De acor-

[164] Cfr. la SJS núm. 1 de Ávila de 27 de mayo de 2020 (Proc. 191/2020).

darse, finalmente, la ampliación del plazo máximo, éste no puede ser *«superior al establecido para la tramitación del procedimiento»* y *«contra el acuerdo que resuelva sobre la ampliación de plazos, que deberá ser notificado a los interesados, no cabrá recurso alguno»* [art. 23 LPAC]. De este modo, esta posibilidad excepcional de ampliación del plazo para resolver no puede ser utilizada como una prórroga rutinaria y generalizada mediante el uso de fórmulas generales y estereotipadas, sino que tiene carácter excepcional, una vez agotadas todas las posibilidades para dotar a la autoridad laboral de los medios materiales y personales necesarios para que sea capaz de resolver los expedientes en el plazo reglamentario y, además, el acuerdo que resuelva sobre la ampliación de plazos debe motivarse y notificarse a los interesados comparecidos en el procedimiento[165].

g) Finalmente, de conformidad con el art. 32.4 de la LPAC, *«cuando una incidencia técnica haya imposibilitado el funcionamiento ordinario del sistema o aplicación que corresponda, y hasta que se solucione el problema, la Administración podrá determinar una ampliación de los plazos no vencidos, debiendo publicar en la sede electrónica tanto la incidencia técnica acontecida como la ampliación concreta del plazo no vencido»*. De este modo, si la ampliación del plazo para resolver deriva de una incidencia técnica, el art. 32.4 de la LPAC solo exige la publicación en la sede electrónica, tanto de la inciden-

165 En este sentido, la STS (CA) de 15 de febrero de 2013 (Rec. núm. 3378/2008) subraya lo siguiente: *«El propio tenor de este apartado evidencia, sin necesidad de mayores disquisiciones, que la posibilidad de ampliar el plazo de tramitación se rige por las siguientes notas: 1.º) es una facultad de carácter excepcional, y como tal ha de aplicarse de forma restrictiva; 2.º) su utilización ha de ser expresamente motivada; 3.º) dicha motivación no puede basarse en consideraciones genéricas sino por referencia singularizada a las circunstancias del caso; y 4.º) no puede adoptarse de forma apriorística sino que procederá tan sólo después de haber agotado todos los medios pertinentes para resolver en el plazo establecido»*.

cia técnica acontecida como de la ampliación concreta del plazo no vencido, ya que, en este caso, a tenor de lo dispuesto en la propia LPAC, la ampliación perdura hasta que se resuelva el problema[166]. Además, «*cuando como consecuencia de un ciberincidente se hayan visto gravemente afectados los servicios y sistemas utilizados para la tramitación de los procedimientos y el ejercicio de los derechos de los interesados que prevé la normativa vigente, la Administración podrá acordar la ampliación general de plazos de los procedimientos administrativos*» (art. 32.5 LPAC).

5. *El silencio administrativo*

5.1. El sentido del silencio administrativo

Cuando la autoridad no dictase y notificase resolución expresa en el plazo máximo de cinco más diez días previsto en los arts. 51.7 y 33.1 RPDC y 40.2 LPAC[167], la solicitud empresarial había de entenderse aprobada por la vía del **silencio administrativo positivo** en virtud del art. 24.1 de la LPAC[168]. Ciertamente, este precepto se refiere expresamente a que transcurra el plazo máximo sin haberse notificado resolución expresa y ese plazo máximo está conformado por el establecido legalmente para su dictado más el señalado para su notificación. Sin

---

166 STS de 11 de junio de 2024 (Rec. 144/2022, *Tol 10.075.558*).

167 Por todas, las SSTSJ de la Comunidad de Madrid de 24 de noviembre de 2020 (Rec. 482/2020), 19 de febrero de 2021 (Rec. 824/2020) y 23 de septiembre de 2021 (Rec. 323/2021); y SJS núm. 5 de Oviedo de 25 de mayo de 2020 (Proc. 210/2020). En cambio, otras resoluciones judiciales consideran que la fecha para tener en cuenta es el día en que se firma y dicta la resolución y no el día de la notificación [STS de 17 de enero de 2024 (Rec. 2249/2021, *Tol 9.864.264*); STSJ de la Comunidad de Madrid de 16 de abril de 2021 (Rec. 37/2021); y SJS núm. 2 de Palencia de 8 de julio de 2020 (Proc. 203/2020)].

168 Por todas, la SAN de 15 de junio de 2020 (Proc. 113/2020); y la STSJ de la Comunidad de Madrid de 18 de febrero de 2021 (Rec. 619/2020).

embargo, el nuevo art. 47.5 del ET señala que *«si no se emite resolución expresa en el plazo indicado»* de cinco días, se entenderá autorizado el ERTE, ignorando el contenido de los arts. 40.2 y 24.1 de la LPAC.

En cualquier caso, la petición articulada por la parte instante del procedimiento administrativo establece y delimita, en principio, el contenido y extensión del acto administrativo, cuya extereorización se manifiesta de forma expresa o presunta mediante el instituto del silencio[169]. Por consiguiente, los efectos del silencio positivo operan sobre el reconocimiento de la existencia de la fuerza mayor, que es lo que piden los empresarios en su solicitud inicial, pero no sobre las prestaciones por desempleo ni sobre el periodo de devengo de estas, toda vez que el contenido del acto administrativo presunto debe coincidir, por definición, con el contenido de la solicitud no resuelta. Además, en la tramitación de las prestaciones de desempleo hemos de estar a lo establecido en el art. 129.3 de la LGSS, a cuyo tenor *«en los procedimientos iniciados a solicitud de los interesados, una vez transcurrido el plazo máximo para dictar resolución y notificarla fijado por la norma reguladora del procedimiento de que se trate sin que haya recaído resolución expresa, se entenderá desestimada la petición por silencio administrativo»*.

5.2. Los efectos del silencio administrativo positivo

En cuanto a los efectos del silencio administrativo positivo, cabe subrayar lo siguiente:

1.º) El silencio administrativo positivo se configura como un verdadero acto administrativo, como un acto declarativo de derechos para el interesado, según resulta sin ninguna duda del art. 24.2 de la LPAC, a cuyo tenor *«la estimación por silencio administrativo tiene a todos los efectos la consideración de acto administrativo finalizador del procedimiento»*.

---

169 Cfr. STS (CA) de 17 de febrero de 1979 (RJ/1194).

2.º) Producido el silencio positivo, en los términos antes indicados, ya no será posible dictar una resolución expresa posterior al acto presunto que no sea confirmatoria de la existencia de fuerza mayor[170]. En efecto, a tenor del art. 43.3.a) de la LPAC, en los casos de estimación por silencio administrativo, *«la resolución expresa posterior a la producción del acto sólo podrá dictarse de ser confirmatoria del mismo»*. De este modo, la autoridad laboral, cuya inactividad ha provocado la respuesta estimatoria presunta, carece ya de la posibilidad de ignorarlo (ni de contradecirlo por un acto ulterior desestimatorio de la solicitud estimada) si no es a través del procedimiento de revisión de actos declarativos de derechos regulado en el art. 146 de la Ley 36/2011, de 10 de octubre, reguladora de la jurisdicción social (LJS). Y así, la resolución administrativa extemporánea expresa que rechaza la existencia de fuerza mayor, es un acto nulo de pleno derecho apreciable en cualquier momento[171].

Ahora bien, los actos presuntos por silencio administrativo positivo no se encuentran entre los actos que ponen fin a la vía administrativa *ex* art. 114 de la LPAC, por lo que cabe el recurso de alzada por los interesados en el expediente administrativo, de forma que la resolución que lo resuelva podrá pronunciarse sobre la constatación de la fuerza mayor efectuada por silencio[172].

3.º) De conformidad con el art. 24.4 de la LPAC, *«los actos administrativos producidos por silencio administrativo se podrán hacer valer tanto ante la Administración como ante cualquier persona física o jurídica, pública o privada»* y *«los mismos producen efectos desde el vencimiento del plazo máximo en el que debe dictarse y notificarse la resolución expresa sin que la misma se haya expedido, y su existencia puede ser acreditada por cualquier medio de prueba admitido en Derecho, incluido el certificado acreditativo del silencio producido»*. De esta

---

170 SJS núm. 2 de Salamanca de 20 de mayo de 2020 (Proc. 263/2020).

171 STS de 17 de enero de 2024 (Rec. 2249/2021, *Tol 9.864.264*).

172 SSAN de 23 de abril de 2021 (Proc. 378/2020) y 17 de junio de 2021 (Proc. 148/2021).

forma, para la producción del silencio positivo sólo es necesario el vencimiento del plazo para resolver sin haberse notificado la resolución expresa, no teniendo la «certificación» otra finalidad que ser un medio de prueba del silencio ya producido. Por lo demás, el certificado *«se expedirá de oficio por el órgano competente para resolver en el plazo de quince días desde que expire el plazo máximo para resolver el procedimiento»*, si bien el interesado *«podrá pedirlo en cualquier momento, computándose el plazo indicado anteriormente desde el día siguiente a aquél en que la petición tuviese entrada en el registro electrónico de la Administración u Organismo competente para resolver»* (art. 24.4 LPAC).

Y, en fin, el acto adoptado por silencio administrativo, aun ficticio, es un verdadero acto, por lo que una vez es firme puede ser objeto de ejecución y, de no adoptarse en vía administrativa, puede impetrarse la misma en el procedimiento jurisdiccional del art. 29.2 de la Ley 29/1998, de 13 de julio, reguladora de la jurisdicción contencioso-administrativa (LJCA).

6. Especialidades en la tramitación de los ERTEs por impedimentos o limitaciones

En los ERTEs por impedimentos o limitaciones será de aplicación el procedimiento previsto para los ERTEs FM, con las siguientes particularidades (arts. 47.6 ET y 33.1 y 4 RPDC)[173]:

a) La solicitud de informe por parte de la autoridad laboral a la ITSS no será preceptiva.

b) La empresa deberá justificar, en la documentación remitida junto con la solicitud, la existencia de las concretas limitaciones o del impedimento a su actividad como consecuencia de la decisión de la autoridad competente.

c) La resolución de la autoridad laboral constatará la acreditación por parte de la empresa *«del impedimento o las li-*

173 Cfr. el art. 47.7.b) del ET.

mitaciones a su actividad», autorizando el expediente *«si se entienden justificadas las limitaciones o impedimento referidos»*, esto es, si la decisión de la autoridad pública competente que impide o limita la actividad normalizada empresarial es imprevisible o inevitable y ajena a la voluntad del empresario.

IV. LA REVISIÓN DE LAS RESOLUCIONES DE LA AUTORIDAD LABORAL

1. La revisión de oficio

A la autoridad laboral no le resulta de aplicación el art. 146 de la LJS, ya que la acción por dicha vía se halla reservada a las Entidades, órganos u Organismos gestores, y al Fondo de Garantía Salarial. La revisión de las resoluciones por la propia autoridad laboral ha de llevarse a cabo de conformidad con lo establecido en los arts. 106 a 111 de la LPAC.

En virtud de tales preceptos, la autoridad laboral dispone de las siguientes posibilidades:

a) La autoridad laboral, en cualquier momento, previo dictamen del Consejo de Estado u órgano consultivo equivalente de la Comunidad Autónoma, puede declarar de oficio la nulidad de *«los actos expresos o presuntos contrarios al ordenamiento jurídico por los que se adquieren facultades o derechos cuando se carezca de los requisitos esenciales para su adquisición»* [arts. 47.1.f) y 106.1 LPAC]. Además, la regulación de la revisión de oficio deja en manos de la Administración, en estos casos, las suficientes armas para defender adecuadamente el interés general. En efecto, el art. 108 de la LPAC permite que, una vez iniciado el procedimiento de revisión de oficio, se dicte como medida cautelar la suspensión del acto sometido a revisión cuando de su ejecución pudieran seguirse perjuicios de muy difícil o imposible reparación.

b) Si se pretende la anulación de los actos expresos o presuntos declarativos de derechos que incurran en cualquier infracción del ordenamiento jurídico, esto es, cuando se trate de un acto administrativo favorable para la empresa, lesivo para el interés general e incurso en infracción del ordenamiento jurídico, se precisa de la previa declaración de lesividad para el interés público y la ulterior impugnación judicial (art. 107 LPAC), si bien la jurisdicción competente para conocer de ello será la social en virtud de lo dispuesto en el art. 2.ñ) de la LJS. Por lo demás, de la impugnación judicial ningún efecto suspensivo se deriva, si bien la autoridad laboral puede solicitar la adopción de medidas cautelares que aseguren la efectividad de la sentencia en virtud de lo dispuesto en el art. 129 de la LJCA.

c) La autoridad laboral puede rectificar en cualquier momento, de oficio o a instancia de los interesados, los errores materiales o aritméticos existentes en sus actos (art. 109.2 LPAC). No obstante, aquella debe ajustarse a la conocida doctrina de la Sala Tercera del Tribunal Supremo sobre el ámbito de aplicación del procedimiento de revisión por errores materiales, aritméticos o de hecho[174]: *«El error material o de hecho se caracteriza por ser ostensible, manifiesto, indiscutible y evidente por sí mismo, sin necesidad de mayores razonamientos, y por exteriorizarse «prima facie» por su sola contemplación, por lo que para poder aplicar el mecanismo procedimental de rectificación de errores materiales o de hecho, se exige que concurran, en esencia, las siguientes circunstancias: 1) que se trate de simples equivocaciones elementales de nombres, fechas, operaciones aritméticas o transcripciones de documentos, 2) que el error se aprecie teniendo en cuenta exclusivamente los datos del expediente administrativo en que se advierte, 3) que el error*

---

174 SSTS (CA) de 30 de enero de 2012 (Rec. 2374/2008) y 19 de abril de 2012 (Rec. 6873/2009).

sea patente y claro, sin necesidad de acudir a interpretaciones de normas jurídicas aplicables, 4) que no se proceda de oficio a la revisión de actos firmes y consentidos, 5) que no se produzca una alteración fundamental en el sentido del acto (pues no existe error material cuando su apreciación implique un juicio valorativo o exija una operación de calificación jurídica), 6) que no padezca la subsistencia del acto administrativo, es decir, que no genere anulación o revocación del mismo, en cuanto creador de derechos subjetivos, produciéndose uno nuevo sobre bases diferentes y sin las debidas garantías para el afectado, pues el acto administrativo rectificador ha de mostrar idéntico contenido dispositivo, sustantivo y resolutorio que el acto rectificado, sin que pueda la Administración, so pretexto de su potestad rectificatoria de oficio, encubrir una auténtica revisión, y 7) que se aplique con un hondo criterio restrictivo».

2. *La revisión judicial*

En la hipótesis de que la resolución que pone fin el procedimiento administrativo para el reconocimiento de la existencia de fuerza mayor fuera desestimatoria, se abre la posibilidad de que la empresa afectada acuda a la vía judicial reclamando la revisión de la citada resolución administrativa[175]. Evidentemente, los representantes de los trabajadores también podrán impugnar la resolución administrativa que aprecie la existencia de fuerza mayor en los mismos términos que el empleador.

V. LA APLICACIÓN EMPRESARIAL DE LAS MEDIDAS DE SUSPENSIÓN DE CONTRATOS Y REDUCCIÓN DE JORNADA

La mera resolución administrativa no reduce la jornada de trabajo ni suspende los contratos de trabajo, sino que meramente fa-

---

[175] Véase infra Capítulo 7.º, II.1.

culta al **empresario** para llevar a cabo tales medidas, haciendo uso de la autorización concedida, pudiendo también decidir no hacer tal uso y no llevar a cabo la suspensión contractual o reducción temporal de la jornada para la que se le ha autorizado (arts. 47.5 y 33.4 y 5 RPDC)[176]. De este modo, corresponde a la empresa la decisión sobre las concretas medidas de suspensión y/o reducción de jornada a aplicar y su incidencia en cada uno de los trabajadores afectados, garantizando en todo caso su proporcionalidad; esto es, la decisión empresarial debe ser adecuada a las circunstancias causales concurrentes poniendo el acento en la realidad de la causa y en sus efectos sobre los contratos de trabajo[177]. Por lo demás, la empresa debe **notificar a los trabajadores** la medida de reducción temporal de jornada o de suspensión de contratos con la mayor concreción posible en función de las circunstancias concurrentes[178], que *«surtirá efectos desde la fecha del hecho causante*

---

176 Cfr. STSJ de la Comunidad de Madrid de 18 de febrero de 1999 (Rec. 237/1999); y SJS núm. 1 de Palencia de 30 de diciembre de 2015 (Proc. 444/2015).

177 STS de 19 de enero de 2022 (Rec. 82/2021, *Tol 8.787.400*).

178 En este sentido, la STS de 19 de enero de 2022 (Rec. 82/2021, *Tol 8.787.400*) señala lo siguiente: *«En el supuesto enjuiciado, la autoridad laboral constató la existencia de fuerza mayor. La medida de suspensión de los contratos de trabajo de los pilotos debe considerarse razonable en términos de gestión empresarial. La cancelación de un porcentaje muy elevado de vuelos justifica la suspensión de los contratos de trabajo. No ofrece duda que la fuerza mayor creó la necesidad de suspender los contratos de trabajo. Posteriormente, la evolución de la pandemia y las necesidades derivadas de la prestación del servicio de transporte aéreo hicieron que la empresa procediera en relación con el personal de vuelo de conformidad con lo explicitado en los fundamentos de derecho anteriores: comunicando a cada trabajador su respectiva programación mensual con 14 días de antelación y efectuando, en su caso, las desafectaciones impuestas por las necesidades del servicio. Air Nostrum mantuvo informado al personal en la medida en que las excepcionales circunstancias de la pandemia se lo permitieron, debiendo concluir que se trató de una medida razonable y proporcionada, que debe reputarse de razonable en términos de gestión empresarial. La decisión empresarial fue adecuada a las excepcionales circunstancias concurrentes, derivadas de la pandemia».*

de la fuerza mayor, y hasta la fecha determinada en la misma resolución» (art. 47.5). Asimismo, dará traslado de dicha decisión **a la representación de las personas trabajadoras y a la autoridad laboral** (arts. 51.7 y 33.5 RPDC)[179].

VI. LA NO PRÓRROGA DE LOS ERTES FM

En el supuesto de que se mantenga la FM a la finalización del período determinado en la resolución del expediente, *«se deberá solicitar una nueva autorización»* (art. 47.5 ET).

---

[179] Si la empresa no observó el requisito esencial de comunicar a la representación de los trabajadores qué decisión iba a adoptar, ni a qué trabajadores iba a afectar, ni durante qué periodos, este incumplimiento, referido a la decisión empresarial final, conforma un vicio formal que determina la falta de observancia del procedimiento legalmente establecido para poder validar la decisión adoptada por la empresa [STSJ de Navarra de 21 de enero de 2021 (Rec. 3/2021)].

Capítulo Cuarto
Los efectos de los ERTEs ETOP y FM

I. EFECTOS LABORALES

1. La reducción salarial y la exoneración de las obligaciones de trabajar y de remuneración

En el art. 47 del ET no se dice nada en cuanto a los efectos que la reducción temporal de la jornada o la suspensión contractual por causas económicas, técnicas, organizativas o productivas o de fuerza mayor, producen en los contratos de trabajo.

Pues bien, la reducción de la jornada de trabajo comporta la **reducción proporcional del salario**, habida cuenta que la misma se configura como una situación legal de desempleo[180]. A

---

180 Tratándose de trabajadores en ERTE por reducción de jornada, no procede el abono del plus de asistencia en su integridad, siendo conforme a Derecho su abono en la parte que no se contempla en la correspondiente prestación de desempleo [STS de 18 de octubre de 2023 (Rec. 130/2021, *Tol* 9.779.950)]. No procede el abono del bonus correspondiente a las tres anualidades reclamadas, porque en un contexto de ERTE seguido de ERE con acuerdo alcanzado con la representación de los trabajadores, parece difícil cumplir algún objetivo sobre la producción individual cuando la carga de trabajo se había reducido hasta el punto de desembocar en la adopción de una serie de medidas colectivas, objetivas o condicionantes para el cobro del bonus, que, por otra parte, ni siquiera se detallan en el recurso, evidenciando algún tipo de error en la sentencia por haber desconocido los requisitos a los que se hubiera vinculado el devengo de una retribución variable que, reiteramos, desconocemos [STSJ de la Comunidad de Madrid de 13 de septiembre de 2024 (Rec. 35/2024)]. La STS de 20 de marzo de

mayor abundamiento, según el art. 262.3 de la LGSS, el desempleo será parcial «*cuando el trabajador vea reducida temporalmente su jornada diaria ordinaria de trabajo, entre un mínimo de un 10 y un máximo de un 70 por ciento, siempre que el salario sea objeto de*

2024 (Rec. 72/2022, *Tol 9.968.008*) estima la pretensión relativa a que procede el abono a todos los pilotos desde el 21 de marzo de 2020 del plus garantía de horas previsto en el V Convenio Colectivo conforme al valor unitario que resulta de la cantidad fijada por especialidad y nivel. En cambio, se considera ajustado a derecho que durante el ERTE FM entre marzo 2020 y marzo 2022, se aplicara la suspensión del contrato a la jornada correspondiente con los denominados tiempos de trabajo efectivo de fin de vuelo que coinciden con el día de suspensión del contrato, y a los periodos de descanso en esos mismos días, percibiendo la prestación de desempleo, y, no se considere en alta y trabajado con derecho a remuneración excluyéndose del ERTE, el día durante el que se desarrolla en todo o en parte el tiempo de fin de vuelo cuando las tareas necesarias para hacer entrega de la aeronave o dejarla debidamente cerrada y estacionada se prolongan más allá de esa hora y en los que hubiere transcurrido cualquier periodo de descanso [STS de 29 de enero de 2025 (Rec. 108/2023, *Tol 10.388.854*)]. Asimismo, se desestiman las pretensiones de las entidades demandantes relativas a que los pilotos que hayan realizado una jornada superior al 30% tengan derecho al devengo íntegro de los días de vacaciones, así como de los días libres. Por otra parte, una interpretación lógico-sistemática de los Reales Decretos que anualmente fijan el importe del SMI para cada año y del art. 33 del ET muestra que cuando este alude al SMI se está refiriendo al que corresponde a una jornada completa y que cuando se trabaja a tiempo parcial el SMI que corresponde con arreglo a la norma debe reducirse en el mismo porcentaje que la jornada de trabajo, lo que resulta aplicable a los ERTEs de reducción de jornada [STSJ de la Comunidad de Madrid de 13 de septiembre de 2024 (Rec. 88/2024)]. Lo que, a mi juicio, no es de recibo, fundamentalmente porque durante el ERTE se sigue cotizando por todas las contingencias y, además, las eventuales exenciones en las aportaciones del FOGASA no tienen efectos para las personas trabajadoras, manteniéndose la consideración de los períodos en que se apliquen como efectivamente cotizados a todos los efectos (DA 44.ª.2 LGSS). En fin, la obligación empresarial de contratar a un trabajador relevista hasta que el jubilado parcial acceda a la jubilación ordinaria o anticipada *ex* DA 2.ª RD 1131/2002 no desaparece por el

análoga reducción». Mas dicha reducción en ningún caso determina *«la mutación del contrato tiempo completo/tiempo parcial, sino la mera reducción de la jornada en contrato a tiempo completo que persiste como tal categoría jurídica, pues la específica modalidad de que tratamos (contrato a tiempo parcial) únicamente puede ser fruto de una conversión contractual que se instrumente por medio de una novación extintiva, que en todo caso es requirente de la voluntad concorde del trabajador»*[181].

Y en cuanto a la suspensión, habrá de estarse a la regla general conforme a la cual el efecto primordial que define la figura jurídica suspensiva es la **exoneración de la obligación de trabajar y, por tanto, la liberación del empresario de hacer efectiva la remuneración correspondiente** (art. 45.2 ET)[182]. Lo que no obstará a que, a través del acuerdo con los representantes legales de los trabajadores, la empresa se comprometa a hacer efectivos complementos de las prestaciones por desempleo en la medida que éstas no cubren totalmente el salario dejado de percibir por los traba-

---

hecho de que se haya paralizado la actividad productiva como consecuencia de un ERTE con la consiguiente responsabilidad empresarial por las prestaciones abonadas al jubilado parcial por incumplimiento de dicha normativa [STS de 25 de octubre de 2022 (Rec. 2634/2019, *Tol 9.293.005*)].

181 STS de 7 de octubre de 2011 (Recud. 144/2011).

182 Cfr. SSTSJ de Cantabria de 9 de octubre de 1995 (Rec. 1075/1995), del Principado de Asturias de 9 de febrero de 2001 (Rec. 409/2000), 9 de febrero de 2001 (Rec. 407/2000) y 30 de enero de 2004 (Rec. 3130/2003) y de Canarias de 25 de septiembre de 2024 (Rec. 978/2023) y 22 de octubre de 2024 (Rec. 1185/2023). De conformidad con la SAN de 20 de septiembre de 2021 (Proc. 165/2021), la bolsa de vacaciones de carácter convencional correspondiente al año 2020 no tiene que ser proporcional al número de días que la persona haya estado en ERTE. Durante la suspensión del contrato de trabajo por causa de ERTE no puede realizarse un trabajo que implique concurrencia o competencia desleal con la empresa en la que se venían prestando los servicios [STSJ de Aragón de 8 de octubre de 2024 (Rec. 757/2024)].

jadores[183]. Éstos tendrán, en su caso, derecho a las prestaciones de desempleo durante la situación suspensiva y, a su término, *«a la reincorporación al puesto de trabajo reservado»* (art. 48.1 ET)[184]. De ahí, que la suspensión contractual no genere derecho a indemnización alguna a favor de los trabajadores, aunque el art. 47 del ET no lo diga expresamente. En cualquier caso, el art. 16.6 del RPDC señala expresamente que *«la adopción de las medidas de suspensión de contratos o reducción de jornada no generará derecho a indemnización alguna a favor de las personas trabajadoras afectadas»*.

Durante la aplicación del ERTE **los trabajadores afectados siguen de alta en la Seguridad Social**, con independencia de que la empresa pueda quedar exonerada del pago de las cotizaciones, por lo que no se les debe dar de baja. En fin, las personas trabajadoras que vean reducida temporalmente su jornada ordinaria diaria de trabajo o suspendido temporalmente su contrato conforme a lo establecido en los arts. 47 y 47 bis del ET *«serán computadas como ocupadas a efectos estadísticos»* (DA 6.ª RD-l 32/2021).

Por lo demás, respecto a los períodos de suspensión del contrato por causas económicas, técnicas, organizativas o de producción, en sede judicial se considera que no procede asimilarlos a servicios efectivos a efectos de la duración y devengo de las vacaciones porque ni el trabajador tiene la capacidad laboral mermada ni sufre desgaste laboral que deba ser reparado o compensado[185]. Y, por ello, la duración de las vacaciones de los tra-

---

183 El acuerdo en el que se pacta el derecho de los trabajadores afectados a gozar de los beneficios individuales y colectivos en los mismos términos y condiciones que con anterioridad a la medida suspensiva comprende el derecho a seguir utilizando el vehículo de la empresa al constar que su uso no era estrictamente profesional [STS de 28 de enero de 2013 (Rec. 29/2012)].

184 SSTSJ de las Islas Canarias de 29 de julio de 2002 (Rec. 737/2002), y de Cantabria de 13 de noviembre de 2002 (Rec. 1099/2002) y 27 de noviembre de 2002 (Rec. 1095/2002).

185 Cfr. SSTJCE de 8 de noviembre de 2012 (C-229/11 y C-230/11) y 13 de diciembre de 2018 (C-385/17); STS de 14 de julio de 1997 (Rec.

bajadores afectados debe ajustarse cada año proporcionalmente al tiempo efectivo de prestación de los servicios. Igualmente, los

---

4394/1996); y SSTSJ de la Comunidad de Madrid de 30 de octubre de 2015 (Rec. 537/2015), de Asturias de 21 de diciembre de 2021 (Rec. 2295/2021), de Castilla-La Mancha de 13 de mayo de 2022 (Rec. 656/2022) y de La Rioja de 18 de julio de 2024 (Rec. 139/2024). La STS de 5 de octubre de 2023 (Rec. 5/2022, *Tol 9.740.561*) aplica el principio de proporcionalidad a una bolsa de vacaciones para aquellos trabajadores que no habían disfrutado del periodo de vacación estival correspondiente porque su actividad laboral se había suspendido por un ERTE. Por su parte, la STS de 15 de octubre de 2024 (Rec. 247/2022, *Tol 10.249.494*) considera que la decisión empresarial de aplicar el principio de proporcionalidad en el sistema de asignación de puntos para la elección de las vacaciones a los trabajadores cuyos contratos se suspendieron por el ERTE FM COVID-19 no vulnera la normativa aplicable, sin que la empresa incurriera en abuso del derecho. Ahora bien, la STJCE de 13 de diciembre de 2018 (C-385/17) declara lo siguiente: «*El artículo 7, apartado 1, de la Directiva 2003/88 del Parlamento Europeo y del Consejo, de 4 de noviembre de 2003, relativa a determinados aspectos de la ordenación del tiempo de trabajo, y el artículo 31, apartado 2, de la Carta de los Derechos Fundamentales de la Unión Europea deben interpretarse en el sentido de que se oponen a una normativa nacional como la controvertida en el litigio principal, que, a efectos de calcular la remuneración por vacaciones, permite establecer mediante convenio colectivo que se tengan en cuenta las disminuciones salariales derivadas del hecho de que, en el período de referencia, no se ha realizado ningún trabajo efectivo durante determinados días debido a una reducción del tiempo de trabajo por causas empresariales, lo que tiene como consecuencia que el trabajador perciba, para la duración de las vacaciones anuales mínimas que le confiere el citado artículo 7, apartado 1, una remuneración por vacaciones inferior a la retribución ordinaria que percibe durante los períodos de trabajo. Corresponderá al órgano jurisdiccional remitente interpretar la normativa nacional, en la mayor medida posible, a la luz de la letra y de la finalidad de la Directiva 2003/88, de modo que la remuneración por vacaciones abonada a los trabajadores en concepto de las vacaciones mínimas establecidas en dicho artículo 7, apartado 1, no sea inferior a la retribución ordinaria media que estos perciben durante los períodos de trabajo efectivo*». Por lo demás, la decisión empresarial de modificar una condición (devengo completo del descanso vacacional con independencia del período de suspensión de la relación laboral) pactada

trabajadores no tienen derecho a disfrutar en su integridad de los días de asuntos propios regulados en los convenios colectivos cuando la relación laboral está suspendida por un ERTE, sino que deben disfrutarlos en proporción al tiempo de prestación de servicios[186]. Los ERTEs de suspensión del contrato tampoco pueden eludir la regulación de los días de ajuste de la jornada anual, aunque los mismos vengan derivados de fuerza mayor. Por ello, en sede judicial se desestima la demanda en la que se pide el derecho a dichos días para quienes han estado afectados por un ERTE[187]. Y, en fin, los trabajadores tampoco tienen derecho a que se computen los periodos de suspensión del contrato de trabajo como tiempo de permanencia en la empresa a efectos de la promoción y progresión profesional en los niveles de la empresa[188]. Por otra parte, el cálculo del descuento por día de afectación debe efectuarse a partir del salario base anual, en el que están incluidas las partes proporcionales de pagas extras y retribuciones de festivos, fines de semana y vacaciones, por lo que el descuento por cada día de suspensión no sólo debe comprender el salario correspondiente a ese día, sino también la parte proporcional correspondiente a dichos conceptos, salvo pacto

---

en el ERTE constituye una modificación sustancial de condiciones de trabajo nula o injustificada, pues para ello sería necesario que se negociase la prórroga del ERTE o se siguiese la vía del art. 41.4 del ET [STSJ del País Vasco de 9 de marzo de 2021 (Rec. 280/2021)].

186 STS de 14 de noviembre de 2023 (Rec. 312/2021, *Tol 9.803.231*).

187 STS de 16 de diciembre de 2021 (Rec. 147/2021); y STSJ del País Vasco de 2 de marzo de 2021 (Rec. 148/2021). En cambio, la STSJ de Castilla-La Mancha de 13 de mayo de 2022 (Rec. 656/2022) reconoce el derecho de los trabajadores a que la empresa fije la jornada máxima anual correspondiente al año de referencia teniendo en cuenta, proporcionalmente, los días en los que la actividad laboral estuvo suspendida como consecuencia del ERTE, computando en base a ello los posibles excesos de jornada y su compensación con los oportunos días de ajuste de convenio.

188 SAN de 4 de octubre de 2022 (Rec. 213/2022).

en contrario[189]. Por último, los periodos de tiempo en los que el contrato ha estado suspendido por ERTE, sin actividad y sin retribución, no pueden integrar el promedio a tomar en consideración para determinar el salario regulador del despido, cuando afecta a percepciones retributivas que, siendo computables, no son fijas (verbigracia, las horas extraordinarias)[190]. Y así, el importe de las retribuciones irregulares obtenidas por el trabajador en el año anterior al despido se dividirá por el número de días que integran ese año, una vez descontado el período en el que el contrato estuvo suspendido.

2. *Los complementos de las prestaciones por desempleo*

Las empresas pueden asumir de forma unilateral o en los acuerdos de consultas la obligación de complementar las prestaciones por desempleo en la medida que éstas no cubren totalmente el salario dejado de percibir por los trabajadores afectados por el ERTE[191]. Además, dicha obligación puede venir

---

189 STSJ de Cataluña de 20 de enero de 2023 (Rec. 5313/2022). La SAN de 27 de mayo de 2021 (Rec. 90/2021) a propósito del compromiso asumido por el empresario en el acta final del periodo de consultas en el ERTE relativo al derecho al percibo de las pagas extras, íntegramente y sin deducción alguna, reconoce el derecho de los trabajadores afectados a percibir a su cargo el 100% de la paga extraordinaria de navidad del año 2020, si bien teniendo en consideración, para su determinación en cada caso concreto, la parte de dicha paga ya percibida a través de lo obtenido con cargo a la prestación por desempleo parcial que cada uno percibió. Los trabajadores de Endesa que suscribieron el acuerdo voluntario de suspensión o extinción de contratos 2019-2024 tienen derecho a percibir los premios de fidelidad, en caso de no sumar los años de servicios que dan derecho a dichos premios, en su parte proporcional según los años devengados hasta la fecha de su jubilación ordinaria [STS de 20 de marzo de 2024 (Rec. 332/2021, *Tol 9.967.964*)].

190 STS de 7 de julio de 2022 (Rec. 2604/2021, *Tol 9.150.175*).

191 Cfr. SSTS de 30 de junio de 2011 (Recud. 3247/2010), 30 de junio de 2011 (Recud. 3536/2010), 5 de julio de 2011 (Recud. 3136/2010) y 28 de noviembre de 2011 (Recud. 4742/2010); y SSTSJ de la Comunidad

impuesta por el convenio colectivo sectorial que se aplique en la empresa[192].

Las fuentes fundamentales reguladoras de las mejoras voluntarias de las prestaciones por desempleo, además de los arts. 39 y 191 y siguientes de la LGSS y disposiciones reglamentarias que los desarrollan, son los pactos o reglas que las crean, ya se trate de convenios colectivos, acuerdos de consultas, contratos individuales de trabajo o decisiones unilaterales del empresario; y así, las condiciones, requisitos y elementos que configuran estas mejoras, son los que se expresan y determinan en el convenio, acuerdo, contrato o decisión unilateral del empresario que las crean o constituyen. En la interpretación de estas normas o reglas habrá de estarse a su tenor literal y a la intención de los contratantes —deducida de los actos coetáneos, anteriores y posteriores a su establecimiento—, con exclusión de las cláusulas oscuras que, de existir, nunca podrán beneficiar a la empresa en perjuicio del trabajador (arts. 1281 y ss. Cc)[193].

Los complementos arbitrados por la iniciativa privada para complementar las prestaciones por desempleo no son salarios ni indemnizaciones, sino mejoras voluntarias de la Seguridad So-

---

de Madrid de 30 de junio de 2010 (Rec. 6249/2009) y 23 de julio de 2010 (Rec. 6500/2009), de la Comunidad Valenciana de 11 de febrero de 2011 (Rec. 52/2011) y de Cataluña de 3 de junio de 2021 (Rec. 12/2021)

192 En este sentido, la STS de 20 de marzo de 2024 (Rec. 52/2022, *Tol 9.967.646*) señala que el art. 25.c) del Convenio de Alojamientos de Gipuzkoa, que prevé un complemento de la prestación de desempleo hasta el 100% del salario en casos de suspensión por fuerza mayor si la autoridad laboral exonera a las empresas de la obligación de cotizar a la Seguridad Social, se aplica en los ERTEs FM COVID-19, ya que en todo caso interviene la administración laboral y prestacional, que es lo relevante y, además, de la literalidad del precepto convencional no se infiere que la exoneración deba ser completa. Cfr. las SSTS de 20 de abril de 2022 (Rec. 264/2021, *Tol 8.916.430*) y 12 de septiembre de 2024 (Rec. 241/2022, *Tol 10.199.284*).

193 STSJ de Navarra de 28 de noviembre de 2022 (Rec. 384/2022).

cial[194]. A pesar de que provengan de la empresa y de que sean abonados a los trabajadores, su finalidad protectora impide su calificación como salarios. Al igual que las prestaciones de la Seguridad Social, tienen un carácter sustitutivo de las percepciones salariales. Ciertamente, no son salario porque no constituyen una contraprestación de servicios, ya que el contrato de trabajo está en suspenso o se ha reducido la jornada.

El carácter extrasalarial de los complementos de las prestaciones por desempleo va a determinar, entre otras consecuencias, que las mismas no computen a efectos de la cuantificación de los salarios de tramitación y de las indemnizaciones por extinción de los contratos, que no gocen de las garantías de los créditos salariales previstas en los arts. 32 y 33.1 del ET y que del incumplimiento del empresario de la obligación de abono de la mejora voluntaria no derive la acción rescisoria del contrato de trabajo prevista en el art. 50.1.b) del ET[195]. De este modo, los complementos de las prestaciones por desempleo percibidos por los trabajadores durante los ERTEs ETOP o FM *ex* art. 47 del ET quedan fuera del ámbito de cobertura del FOGASA (art. 26.1 y 33.1 ET)[196]. Ahora bien, debe advertirse al lector que los arts. 147.2.d) de la LGSS y 23.2.C) del RD 2064/1995, de 22 de diciembre, por el que se aprueba el Reglamento General sobre Cotización y Liquidación de otros derechos de la Seguridad Social (RGCL), únicamente excluyen de la base de cotización a la Seguridad Social las mejoras de las prestaciones por IT concedidas por las empresas[197].

---

194 SSTS de 2 y 8 de junio de 1998 (Recuds. 936/1997 y 936/1997), 25 de febrero y 18 de marzo de 1999 (Recuds. 4553/1997 y 1062/1998) a propósito de los complementos de prejubilación.

195 Cfr. SSTS de 2 y 8 de junio de 1998 (Recuds. 936/1997 y 2449/1997), 25 de febrero y 18 de marzo de 1999 (Recuds. 4553/1997 y 1062/1998).

196 Cfr. las SSTSJ de Galicia de 2 de junio de 1992 (Rec. 1157/1991) y de Andalucía de 19 de abril de 2012 (Recs. 2677/2010 y 2685/2010).

197 GONZÁLEZ GONZÁLEZ, C., *ERTES y la transición a los despidos por necesidades empresariales, Consecuencias ante la crisis de la COVID-19,* Aranzadi, Pamplona, 2020, págs. 276 y 277, sostiene que no debe cotizarse por el

Las mejoras voluntarias de las prestaciones temporales por desempleo no tienen la consideración de «compromisos por pensiones» a los efectos de lo previsto en la DA 1.ª del Real Decreto Legislativo 1/2002, de 29 de noviembre, por el que se aprueba el texto refundido de la Ley de Regulación de los Planes y Fondos de Pensiones, de suerte que las mismas pueden ser gestionadas directamente por las empresas con cargo a sus fondos internos.

Por último, la voluntariedad que se predica de estas mejoras voluntarias es relativa. Son voluntarias en cuanto que su instauración depende de la voluntad de las partes contratantes o del empresario. Pero, una vez establecidas, dejan de ser voluntarias en cuanto a su reconocimiento en favor de los beneficiarios (el reconocimiento es reglado, no discrecional) y en lo relativo a su eventual modificación o supresión posterior (sólo son posibles de acuerdo con las normas que regulan su reconocimiento). En este sentido, el art. 239 de la LGSS establece que *«no obstante el carácter voluntario para los empresarios de la implantación de las mejoras a que este artículo se refiere, cuando al amparo de las mismas un trabajador haya causado el derecho a la mejora de una prestación periódica, ese derecho no podrá ser anulado o disminuido si no es de acuerdo con las normas que regulan su reconocimiento»*. En definitiva, estas mejoras, aun voluntarias en su origen, una vez concedidas, devienen obligatorias en los términos mismos de la concesión y no pueden ser modificadas ni suprimidas unilateralmente por la empresa[198]. Si

---

complemento de la prestación por desempleo que se haya pactado en el ERTE.

198 En este sentido, la STS de 26 de septiembre de 2022 (Rec. 118/2022, *Tol 9.259.746*), referida al abono de un complemento de la prestación por desempleo durante un ERTE por causa de la pandemia, ha desestimado la pretensión empresarial y razonado que no cabe extinguir la obligación de la empresa de pago del complemento de desempleo por aplicación de la cláusula «rebus sic stantibus», como alega la recurrente, aduciendo la alta onerosidad de la concesión empresarial, sin que fuera previsible que la situación pandémica fuera a prolongarse durante tan dilatado periodo de tiempo, lo que genera una desmesura-

las mejoras alcanzan un grado de onerosidad que la prudencia empresarial aconseja rebajar, la empresa deberá emplear alguno de los mecanismos legalmente previstos para la modificación de las condiciones de trabajo, sin que le sea lícito la unilateral supresión o modificación del beneficio voluntariamente otorgado.

3. La suspensión de las aportaciones a los planes de pensiones de empleo

Una alteración de las circunstancias económicas en las que se pactó el contenido de las mejoras voluntarias de la acción protectora de la Seguridad Social previstas en el convenio colectivo supraempresarial o acuerdo de empresa puede urgir a las empresas a suspender el régimen de aportaciones a los planes de pensiones de empleo y/o prestaciones o, incluso, a ponerles término. En este sentido, la STS de 18 de noviembre de 2015 (Rec. 19/2015, *Tol 5.616.164*) señala que el plan de pensiones de empleo se rige por sus propias especificaciones, pero la obligación empresarial derivada del acuerdo colectivo o del contrato de trabajo puede alterarse con arreglo a la regulación de tal índole. Es decir, la misma fuente que ha establecido unos derechos puede operar sobre los mismos; naturalmente, respetando las exigencias constitucionales (irretroactividad, no discriminación, etc.) o legales (procedimiento, publicidad, etc.) del caso. La externalización de la obligación empresarial respecto de las pensiones de sus empleados traslada fuera del ámbito laboral el régimen jurídico del fondo, pero no la obligación de seguir realizando aportaciones al Plan. Una cosa es la gestión y dinámica de las prestaciones en función de lo ya aportado y otra el alcance del deber de seguir realizando aportaciones. En este sentido, se arguye que *«el modo en que se instrumenta el cumplimiento de una obligación, al cabo, no puede acabar alterando los términos*

da situación gravosa a la compañía. Véanse también las SSTSJ del País Vasco de 19 de enero de 2021 (Rec. 1628/2020) y de Cataluña de 3 de junio de 2021 (Rec. 12/2021).

de la obligación asumida. Lo ancilar está al servicio de lo principal, y no a la inversa. En nuestro caso: trabajadores y empresas no pueden alterar el funcionamiento del Fondo de pensiones que externaliza su previo compromiso, pero conservan el control sobre las características de las obligaciones externas al mismo, señaladamente la de realizar unas u otras aportaciones. Cosa diversa es que tales novaciones posean relevancia sobre las especificaciones del Plan de Pensiones o que los órganos rectores del Fondo hayan de adoptar determinadas medidas concordantes. En suma, no cabe confundir el compromiso por pensiones y el instrumento que lo garantiza». Y, por ello, se admite la validez de la suspensión de la obligación empresarial de realizar aportaciones al plan de pensiones de empleo previsto en un convenio que no fue registrado ni publicado, por la vía de la modificación sustancial de condiciones de trabajo, con independencia de que el plan contemple o no tal posibilidad[199].

En principio, la cláusula «rebus sic stantibus» habrá de invocarse como causa justificativa de la modificación en el marco de los procedimientos previstos en los arts. 82.3 y 41 del ET, en función del carácter estatutario o extraestatutario del convenio colectivo[200]. Sin embargo, hay que indicar que entre ambos proce-

---

199 SSTS de 23 de octubre de 2015 (Rec. 169/2014) y 18 de noviembre de 2015 (Rec. 19/2015).

200 Cfr. SSTS de 14 de octubre de 2008 (Rec. 129/2007) y 10 de mayo de 2011 (Rec. 8/2010). Por lo demás, la STS de 6 de octubre de 2009 (Recud. 3012/2008) sostiene que la modificación sustancial de las condiciones de trabajo reguladas en convenios colectivos no estatutarios puede ser acordada por el empresario una vez finalizado el período de consultas que establece el art. 41.4 del ET.
Las mejoras voluntarias de la acción protectora de la Seguridad Social, en principio, no se encontraban en ninguna de las condiciones de trabajo a que se referían los arts. 82.3 y 41.2 del ET/1995 y, en consecuencia, escapaban a los mecanismos de modificación de los convenios colectivos supraempresariales en ellos previstos [STS de 1 de julio de 1999 (Rec. 4055/1998)]. En efecto, la literalidad de los arts. 82.3 y 41.2 del ET admitían la modificación de las condiciones pactadas en este tipo de convenios colectivos siempre que la modificación se refiriera, respectivamente, al régimen salarial y al horario, al régimen de trabajo a turnos, al

dimientos y el procedimiento de suspensión contractual y reducción temporal de la jornada existe coincidencia de garantías. Es más, el art. 47 del ET abunda en un mayor número de exigencias referidas a la intervención de la autoridad laboral por cuanto se le deberá dar traslado del propósito modificador y de la apertura del trámite, y a su vez la autoridad laboral recabará informe de la ITSS que lo emitirá en un plazo de quince días[201]. De igual modo, el SEPE a su vez podrá promover la impugnación ante la

---

sistema de remuneración o al sistema de trabajo y rendimiento. Lo que implicaba que no eran posibles los denominados acuerdos de empresa «derogatorios» de los convenios colectivos estatutarios de ámbito supraempresarial en materia de mejoras voluntarias de la Seguridad Social. Pero estas restricciones estaban concebidas para el supuesto específico de un convenio colectivo supraempresarial que pretendía modificarse en una unidad empresarial, no para el caso de un convenio colectivo de empresa que siempre puede ser modificado por otro convenio de empresa [STS de 27 de enero de 2003 (Rec. 63/2002)]. Se podía objetar que carecía de sentido que pudiera ser modificado el régimen salarial de los trabajadores en activo y no pudiera serlo, en cambio, el aplicable a los complementos de los subsidios de IT, máxime cuando en este caso no hay contraprestación laboral. No obstante, cabe advertir que el Tribunal Supremo parecía interpretar generosamente los límites *ratione materiae* que establecía el art. 41.2 del ET, admitiendo la modificación de materias diferentes siempre que no se tratase de las que estaban expresamente excluidas de dicho precepto (jornada y funciones) [STS de 27 de enero de 2003 (Rec. 63/2002). En esta línea, la STS de 21 de noviembre de 2006 (Rec. 174/2005), aunque señalaba que el art. 41.2 del ET/1995 facilitaba *«la modificación mediante acuerdos colectivos de empresa pactados con los representantes de los trabajadores de determinadas condiciones de trabajo («horario», «régimen de trabajo a turnos», «sistema de remuneración», «sistema de trabajo y rendimiento») establecidas en convenios colectivos de eficacia general de ámbito supraempresarial»*, vino a convalidar un extenso acuerdo que incluía alguna materia de las que no figuraban en el art. 41.2 (por ejemplo, el seguro de vida) en posible conflicto con el convenio de sector.

201 En cuanto a la suspensión de las aportaciones a los Planes de Pensiones mediante el acuerdo de consultas alcanzado en el marco de un ERTE, véase, entre otras muchas, la STS de 25 de octubre de 2023 (Rec. 2616/2022, *Tol 9.764.267*).

Autoridad laboral para ser llevada a cabo por ésta, en el supuesto de apreciar connivencia entre las partes para la obtención de las prestaciones[202]. En definitiva, el número de garantías no es inferior a lo que se añade la intervención de la autoridad laboral y de la Entidad Gestora de las prestaciones por desempleo por su propio interés. Y así, lo viene a confirmar la DA 5.ª del RPDC al señalar que *«cuando en el acuerdo alcanzado en el periodo de consultas se incluya la inaplicación de lo dispuesto en el convenio colectivo en relación con alguna de las condiciones de trabajo a que hace referencia el artículo 82.3 del Estatuto de los Trabajadores, la empresa deberá proceder en todo caso al depósito del acuerdo de inaplicación, conforme a lo previsto en la disposición adicional cuarta del Real Decreto 713/2010, de 28 de mayo, sobre registro y depósito de convenios y acuerdos colectivos de trabajo»*[203]. Ahora bien, lo que sí es cierto es que, en caso de desacuerdo con la representación legal de los trabajadores, la modificación del régimen de aportaciones y/o de prestaciones previsto en un convenio colectivo estatutario sólo podrá llevarse a cabo en el marco de las previsiones de los arts. 82.3 del ET y 19 y siguientes del RD 1362/2012, de 27 de septiembre, por el que se regula la Comisión Consultiva Nacional de Convenios Colectivos.

4. *La prohibición de realizar horas extraordinarias y de externalizar la actividad empresarial o de concertar nuevas contrataciones laborales*

Durante la aplicación de los ERTEs ***«no podrán realizarse horas extraordinarias, establecerse nuevas externalizaciones de actividad ni***

---

202 STS de 16 de junio de 2014 (Rec. 194/2013).

203 En este sentido, las SSAN de 29 de julio de 2020 (Proc. 129/2020) y 30 de julio de 2020 (Proc. 130/2020) decretan la validez de la adopción, de forma simultánea a la negociación del ERTE y con acuerdo, de un permiso retribuido recuperable de un mes a los afectados por el ERTE, siendo recuperable el defecto de jornada generado por el trabajador hasta el 31 de diciembre de 2021, el cual supondría la inaplicación del convenio.

concertarse nuevas contrataciones laborales», ya *«sean directas o indirectas»* [arts. 47.7.d) ET y 52.1 RPDC], lo que no precisa de ningún esfuerzo especial de justificación[204]. No obstante, dicha prohibición *«no resultará de aplicación en el supuesto en que las personas en suspensión contractual o reducción de jornada que presten servicios en el centro de trabajo afectado por nuevas contrataciones o externalizaciones no puedan, por formación, capacitación u otras razones objetivas y justificadas, desarrollar las funciones encomendadas a aquellas, previa información al respecto por parte de la empresa a la representación legal de las personas trabajadoras»*. Por consiguiente, las citadas normas no se aplicarán, por ejemplo, cuando las horas extraordinarias obedezcan a incrementos del trabajo en centros no afectados, a trabajos que requieran una formación o capacitación fuera del alcance de los trabajadores afectados, a guardias, retenes y jornadas previamente planificadas, o la empresa presente una externalización estructural anterior, que no ha sido objeto de modificación o incremento, tras la aplicación del ERTE[205]. Y así, las referencias a la formación y capacitación —y no simplemente a las funciones— parecen indicar que, frente la alternativa de acometer nuevas contrataciones o externalizaciones o reincorporar a un trabajador afectado por el «ERTE» modificando sus funciones, el elemento a considerar es el límite referido a las titulaciones académicas o profesionales precisas para ejercer la prestación laboral al que se refiere el art. 39.1 del ET[206]. De este modo, con la salvedad de no rebasar este límite, el legislador se decanta por el cambio de funciones, aunque ello implique una movilidad funcional o incluso una modificación sustancial de las condiciones de trabajo (arts. 39 y 41 ET), lo que deberá ponderarse a la hora

---

204 Las prohibiciones sobre horas extraordinarias y nuevas externalizaciones de la actividad, en buena lógica, operan durante la aplicación de los ERTEs [STS de 15 de marzo de 2023 (Rec. 178/2022, *Tol 9.469.803*)].

205 Cfr. la SAN de 5 de febrero de 2021 (Proc. 179/2020); y la STSJ de la Comunidad Valenciana de 4 de mayo de 2021 (Rec. 180/2021).

206 JURADO SEGOVIA, A., «La reforma en materia de «ERTES»...», cit., pág. 420.

de valorar, en su caso, la legitimidad y efectos jurídicos de las decisiones de cambios de funciones adoptadas por la empresa para «desafectar» a trabajadores durante la ejecución de una medida *ex* art. 47 del ET. No obstante, se exige la previa información al respecto por parte de la empresa a la representación legal de las personas trabajadoras.

Además, el nuevo art. 11.4.f) del ET y el art. 52.2 del RPDC decretan que las empresas que estén aplicando algunas de las medidas de flexibilidad interna reguladas en los arts. 47 y 47 bis del ET podrán concertar *«**contratos formativos** siempre que las personas contratadas bajo esta modalidad no sustituyan funciones o tareas realizadas habitualmente por las personas afectadas por las medidas de suspensión o reducción de jornada»*. En fin, lo que viene a prohibir la norma es que en aquellas tareas o trabajos en los que se reduce la jornada o se suspenden los contratos, se supone que, por falta de trabajo, en ese mismo período se estén realizando horas extraordinarias o nuevas contrataciones laborales directas o indirectas o externalizaciones de actividad. Por consiguiente, si el trabajo no desciende tanto como se preveía, lo que debe hacer el empleador es desafectar a los trabajadores sobre la marcha en función de las alteraciones de la producción[207].

---

[207] Según la STSJ de las Islas Canarias de 8 de enero de 2018 (Rec. 773/2015), lo que regula el art. 16.5 del convenio colectivo es el plus de disponibilidad por trabajar en régimen de flexibilidad horaria, es decir, con posibilidad de ver modificada la jornada o turno de trabajo por causas imprevistas, entendiendo por tales, la demanda extraordinaria de servicio requerida por los clientes de la empresa, el retraso de operaciones, avería de máquinas y la ausencia sobrevenida de trabajadores. Pues bien, la prestación de servicios en dicho régimen de flexibilidad autoriza el cambio de turno o la modificación de la jornada de trabajo cuando concurran esas circunstancias excepcionales, que, de producirse respecto a un trabajador afectado por una reducción de jornada o suspensión de contrato, podrían dar lugar a la modificación por esas causas sobrevenidas de los concretos días de afectación por las medidas de flexibilidad interna. Cfr. la STSJ de las Islas Canarias de 5 de mayo de 2017 (Rec. 962/2016) a propósito del derecho de los trabajadores de taller a volver

La formalización de nuevas contrataciones laborales incumpliendo la prohibición establecida en el art. 47.7.d) del ET constituye una **infracción** grave en materia laboral, considerándose *«una infracción por cada persona trabajadora contratada»* (art. 7.14 LISOS, añadido por el art. 5.3 del RD-l 32/2021). Realizar nuevas externalizaciones de actividad incumpliendo la prohibición establecida en el art. 47.7.d) del ET integra una infracción muy grave en materia laboral (art. 8.20 LISOS, añadido por el art. 5.5 del RD-l 32/2021). Y, finalmente, la prohibición de realizar horas extraordinarias durante la ejecución de los «ERTES» no ha quedado reflejada expresamente en la LISOS, si bien parece aplicable el tipo infractor previsto para las transgresiones en materia de tiempo de trabajo (art. 7.5 LISOS), para el que no se establece tampoco la regla especial de una infracción por cada trabajador afectado. Todo lo cual da como resultado un régimen de las citadas prohibiciones, cuando menos, algo chocante desde el punto de vista de la lógica del Derecho sancionador.

II. LA PROTECCIÓN POR DESEMPLEO DE LOS TRABAJADORES AFECTADOS

Los **trabajadores afectados** por la suspensión contractual y la reducción temporal de la jornada **pasarán a la situación de desempleo total temporal o desempleo parcial**[208]. En este sentido, el

---

a su jornada ordinaria así como a que se les aplique el régimen de compensación económica por las guardias realizadas en sábados, domingos y festivos, conforme a lo previsto en el art. 16 i) del convenio colectivo de la empresa, al haberse declarado su desafección del ERTE por acuerdo de la Comisión de Seguimiento del Expediente de Regulación Temporal de Empleo, señala que el sometimiento previo de la cuestión ante Comisión Paritaria, que declara que la misma ha de ser sometida a la Comisión de Seguimiento del ERTE, abre la vía jurisdiccional a la parte actora, a pesar de no haber reiterado la consulta frente a esta última.

208 Las ayudas o subvenciones públicas adicionales de las que resulten beneficiarios los trabajadores por cuenta ajena sometidos a ERTEs, que

nuevo art. 47.7.f) de la LGSS establece que «*la prestación a percibir por las personas trabajadoras se regirá por lo establecido en el artículo 267 del texto refundido de la Ley General de la Seguridad Social y sus normas de desarrollo*».

1. Las situaciones de desempleo protegidas

El desempleo será «**temporal**» cuando el trabajador cese, con carácter temporal, en la actividad que venía desarrollando y sea privado, consiguientemente, de su salario, en virtud de una suspensión contractual o reducción temporal de jornada, ordenadas al amparo de lo establecido en el art. 47 del ET o en virtud de una resolución judicial adoptada en el seno de un procedimiento concursal (art. 262.2 LGSS)[209]. Y puede ser **total** (**a**) o **parcial** (**b**).

a) El desempleo será **total** cuando se produzca el cese del trabajador en la actividad por días completos, continuados o alternos, durante, al menos, una jornada ordinaria de

---

tengan como finalidad subvenir a situaciones de emergencia social, gozan de la prerrogativa de inembargabilidad parcial frente a deudas contraídas con la TGSS, al resultar aplicable el límite establecido en el art. 607 de la LEC [SSTS de 14 de enero de 2025 (Rec. 2665/2023, *Tol 10.352.020*) y 20 de enero de 2025 (Rec. 2773/2023, *Tol 10.362.361*)].

209 Sólo se reconoce el derecho a la prestación por desempleo total temporal o por desempleo parcial cuando la suspensión temporal del contrato o la reducción temporal de la jornada se produce por decisión unilateral del empresario conforme al procedimiento previsto en el art. 47 del ET o en virtud de resolución judicial adoptada en el seno de un procedimiento concursal [SSTSJ de Cataluña de 25 de abril de 2013 (Rec. 7598/2012) y de Murcia de 25 de noviembre de 2013 (Rec. 497/2013)]. También procede el reconocimiento del derecho a la prestación por desempleo a favor del trabajador que ve reducida su jornada, al amparo del procedimiento establecido en el art. 47 del ET, y en el seno del procedimiento de su impugnación, se llega a una conciliación judicial para revisar dicha decisión, quedando la misma modificada [STSJ de Cataluña de 29 de enero de 2016 (Rec. 3535/2015)].

trabajo, en virtud de una suspensión temporal de contrato o reducción temporal de jornada (art. 262.2 LGSS)[210].

b) El desempleo será **parcial** cuando el trabajador vea reducida temporalmente su jornada diaria ordinaria de trabajo, entre un mínimo de un 10 y un máximo de un 70%, siempre que el salario sea objeto de análoga reducción y *«sin que estén comprendidas las reducciones de jornadas definitivas o que se extiendan a todo el período que resta de la vigencia del contrato de trabajo»* (art. 262.3 LGSS).

A la vista de lo expuesto, cabe subrayar lo siguiente:

1.º) Las **suspensiones del contrato** únicamente generan la prestación por desempleo total temporal, mientras que las **reducciones de jornada** pueden ser protegidas tanto mediante la prestación por desempleo total temporal como mediante la prestación por desempleo parcial.

2.º) El concepto de **desempleo parcial** queda circunscrito a las reducciones de la jornada diaria ordinaria de trabajo con un mínimo de un 10% y un máximo del 70%, lo que supone que las reducciones diarias de la jornada que no alcancen o superen los indicados límites no constituyen situaciones protegibles en el sistema de protección por desempleo[211]. Lo que contrasta con la gran flexibilidad

---

210 Cfr. SSTSJ de Aragón de 29 de abril de 2003 (Rec. 206/2003), de la Comunidad Valenciana de 16 de mayo de 2011 (Rec. 566/2011) y de Madrid de 21 de noviembre de 2014 (Rec. 494/2014).

211 Entre las previsiones sobre las que la legislación COVID-19 no estableció ninguna especialidad está que la reducción de jornada puede ser como máximo de un 70% (art. 47 ET) y que la situación legal de desempleo, que da lugar a la correspondiente prestación, solo se da si aquella reducción no supera el mencionado 70% [arts. 262.3 y 267.1.c) LGSS] [STS de 5 de julio de 2024 (Rec. 3825/2021, *Tol 10.105.806*); y STSJ de Andalucía de 17 de octubre de 2024 (Rec. 3078/2022)]. Ahora bien, el trabajador incluido en un ERTE por Covid en el que se acordó una reducción de jornada superior al 70% (máxima reducción permitida) no

que el art. 47.7.a) del ET proporciona a las empresas. En efecto, según prescribe este precepto, la reducción de la jornada también debe oscilar entre un 10 y un 70% de la jornada de trabajo, pero computada sobre una base diaria, semanal, mensual o anual. Por ello, cuando la reducción temporal de la jornada ordinaria de trabajo se compute sobre una base semanal, mensual o anual, las horas no trabajadas se deben transformar en días y así estaremos ante días de suspensión del contrato protegibles mediante la prestación por desempleo total[212]. Por lo demás, el límite mínimo del 10% obedece a la voluntad de impedir que los trabajadores pasen a cobrar la prestación por desempleo, pero continúen trabajando la totalidad de la jornada —situación de fraude de difícil control—, y con el tope máximo del 70% se evita que con una reducción prácticamente total de la jornada diaria el trabajador tenga que acudir a trabajar.

3.º) La situación de desempleo será parcial cuando se reduzca la jornada diaria dentro de los **límites** reseñados, siempre y cuando *«el salario sea objeto de análoga reducción». A sensu contrario,* si no se aminora el salario, no cabe el derecho a la prestación por desempleo.

4.º) Se mantiene la **exclusión como reducciones de jornada** que constituyan situaciones de desempleo parcial prote-

---

tiene que devolver las prestaciones por desempleo que recibió porque el error fue exclusivamente del SEPE [por todas, las SSTS de 4 de abril de 2024 (Rec. 1156/2023, *Tol 9.985.477*) y 29 de abril de 2024 (Recs. 858/2022 y 1158/2023, *Tol 10.016.796* y *Tol 10.016.914*)]. El trabajador, al solicitar el desempleo, no comunicó ninguna falsedad y la cuantía, bastante modesta, servía para satisfacer necesidades básicas en un contexto de pandemia.

212 CAVAS MARTÍNEZ, F. y BLASCO JOVER, C., *Modificación sustancial de condiciones de trabajo, ERTEs y Mecanismo RED,* Aranzadi, Pamplona, 2023, pág. 148.

gibles, las que sean **definitivas** o *«que se extiendan a todo el período que resta de la vigencia del contrato de trabajo»* (art. 262.3 LGSS)[213]. Esta restricción entraña una diferencia de trato de los trabajadores temporales en relación con los indefinidos. No obstante, si la reducción de la jornada del trabajador temporal afecta a días completos, no opera tal limitación, de suerte que aquél se encontrará en situación de desempleo total protegible aunque la medida se extienda a todo el período que resta de la vigencia del contrato de trabajo. Lo que, a mi modo de ver, evidencia la voluntad de no penalizar por partida doble a los trabajadores temporales.

5.º) Los **trabajadores en situación de jubilación parcial, con contrato de relevo a tiempo parcial, efectuando la actividad laboral durante períodos concretos del año no coincidentes con el período de aplicación del ERTE suspensivo, no se encuentran en situación legal de desempleo**[214].

---

213 La reducción definitiva de la jornada de trabajo no está comprendida —por expresa exclusión legal del art. 262.3 de la LGSS— en el supuesto protegido de desempleo parcial [SSTSJ de Galicia de 28 marzo de 2012 (Rec. 370/2009) y 29 de mayo de 2014 (Rec. 2245/2012), y de la Comunidad Valenciana de 19 de noviembre de 2014 (Rec. 1271/2014). Cfr. la STC 213/2005, de 21 de julio].

214 Por todas, las SSTS de 6 de julio de 2020 (Rec. 941/2018), 4 de noviembre de 2020 (Rec. 3375/2018), 11 de noviembre de 2020 (Recs. 3247/2018, 3337/2018, 3376/2018 y 3385/2018), 10 de mayo de 2022 (Rec. 1428/2019, *Tol 8.972.165*) y 27 de octubre de 2022 (Rec. 247/2019, *Tol 9.284.335*). Asimismo, los trabajadores con contrato indefinido a tiempo parcial con jornada concentrada en determinados días del año, no trabajando el resto, que están dados de alta en la Seguridad Social los 365 días del año, prorrateándose por la empresa las cotizaciones durante los 12 meses, una vez realizado el periodo de parcialidad convenido, no generan situación legal de desempleo [SSTS de 22 de marzo de 2023 (Rec. 2586/2020, *Tol 9.501.569*) y 14 de junio de 2023 (Rec. 548/2020, *Tol 9.660.716*)]. La SAN de 15 de julio de 2021 (Rec. 4/2021), sin embargo, declara la nulidad de la decisión empresarial de excluir de la relación de trabajadores afectados por el ERTE FM

En efecto, como subraya la doctrina jurisprudencial, las partes que han suscrito un contrato de trabajo a tiempo parcial pueden acordar una distribución de la jornada que implique su acumulación en un determinado periodo del año. Pero ello no significa que pueda suspenderse un contrato de trabajo en relación con una jornada no debida por el trabajador, por lo que no es admisible considerar en situación de desempleo a quien ningún efecto sufre por la existencia de la decisión suspensiva. El trabajador realizó toda la prestación de servicios a la que estaba obligado y, por ello, tenía sin duda derecho al percibo de las retribuciones correspondientes y a que la empresa efectuara las pertinentes cotizaciones, pero ninguna consecuencia se deriva ni para la empresa ni para el trabajador por el ERTE. Para comprender esta solución baste con imaginar el hipotético supuesto de que la medida de regulación de empleo hubiera sido la reducción de la jornada de la plantilla suprimiendo la actividad de la tarde y nos encontráramos con una persona trabajadora que, por tener jornada a tiempo parcial, sólo prestara servicios de

---

COVID-19, a los trabajadores contratados a tiempo parcial con jornada concentrada, que a la fecha del ERTE no estaban prestando servicios efectivos, pero se mantenían de alta y cotizando en la Seguridad Social, y en consecuencia el derecho de estos trabajadores a su inclusión como afectados por el citado ERTE. Según la STSJ de la Comunidad de Madrid de 19 de julio de 2024 (Rec. 275/2024), seguida por otras muchas, la doctrina jurisprudencial general no es aplicable al supuesto de autos porque estamos ante una situación excepcional, que es la debida a la pandemia ocasionada por el COVID-19, que ha dado lugar a la adopción de medidas igualmente excepcionales para proteger a las empresas y a los trabajadores por el cese de actividad forzado por la situación sanitaria, entre las cuales se propició la tramitación de los ERTEs amparados por la normativa generada al efecto, que es la que sí se contempla en la SAN de 15-07-2021 (Rec. 4/2021) por la que se condenó a la empresa a incluir a todos los trabajadores con jornada concentrada en el ERTE, estuvieran o no en periodo de actividad a su inicio.

mañana. Sería obvio que la medida del ERTE no afectaría a dicha persona, la cual difícilmente podría considerarse en situación de desempleo porque su jornada parcial no quedaría reducida. Pues bien, lo mismo ha de predicarse del supuesto en que la jornada parcial se ha computado en términos anuales y la medida de regulación de empleo afecta a un periodo en que ya no existe deuda de prestación por parte de la persona trabajadora por haber satisfecho ya tal obligación contractual esencial. Por consiguiente, no existe suspensión del contrato de trabajo y, por ende, no nos encontramos ante la situación legal de desempleo del art. 267 de la LGSS, con independencia del modo en que la empresa fuera liquidando sus obligaciones de naturaleza salarial.

Y, en fin, como la regulación de la situación legal de desempleo recogida en el art. 262.3 de la LGSS no está plenamente coordinada con la normativa laboral en materia de reducción temporal de jornada, surgen dificultades para articular la protección por desempleo en los supuestos en que se emplean fórmulas mixtas (no trabajar algunos días y reducir la jornada en otros). En estas situaciones, lo más razonable y sencillo sería considerar que el desempleo por reducción de jornada es siempre desempleo parcial con independencia de cómo afecte esa reducción a cada día de trabajo a lo largo del período de referencia. De esta forma, el trabajador percibiría durante toda la reducción temporal de jornada una prestación parcial y uniforme con independencia de las fluctuaciones de la jornada a lo largo del indicado período, lo que facilitaría la gestión de la prestación. Es más, esta solución habría de aplicarse en todos los supuestos, tanto de suspensión contractual como de reducción temporal de jornada, si la empresa distribuye irregularmente la jornada a lo largo del año y, no obstante, prorratea el salario anual a lo largo de los doce meses del año.

Por lo demás, en cuanto a esta peculiar situación legal de desempleo, habría que formular las siguientes consideraciones:

1.ª) La situación legal de desempleo se limita a las reducciones temporales de jornada. La reducción de jornada definitiva se traduce en la transformación de un contrato a tiempo completo en otro a tiempo parcial, que por imperativo de la normativa internacional y comunitaria tendrá siempre carácter voluntario para el trabajador y no se podrá imponer de forma unilateral o como consecuencia de una modificación sustancial de las condiciones de trabajo al amparo de lo dispuesto en la letra a) del art. 41.1 [art. 12.4.e) ET][215] o por la vía del art. 47 del ET. Y, si los trabajadores acuerdan la conversión voluntaria de su contrato a tiempo completo en otro a tiempo parcial o de fijo-discontinuo, no podrán acceder a las prestaciones por desempleo[216].

215 Cfr. STC 213/2005, de 21 de julio; y STSJ de Andalucía de 7 de julio de 2009 (Rec. 1393/2008). Existen, no obstante, resoluciones judiciales que vienen admitiendo, sin muchas profundizaciones, que cabe recurrir al art. 41 del ET para reducir la jornada de trabajo y que niegan la prestación por desempleo al trabajador afectado por dicha reducción que rescinde su contrato de trabajo [STSJ de Galicia 14 de mayo de 2015 (Rec. 139/2014). Cfr. STSJ de Aragón de 20 de abril de 2015 (Rec. 221/2015)].

216 Cfr. SSTS de 5 de mayo de 2004 (Recud. 2092/2003) y 14 de mayo de 2007 (Rec. 85/2007); y SSTSJ de Castilla y León de 29 de noviembre de 1999 (Rec. 715/1999), de la Comunidad de Madrid de 21 de diciembre de 2000 (Rec. 4993/2000), de Cataluña de 19 de febrero de 2011 (Rec. 7735/2000) y de Madrid de 24 de julio de 2014 (Rec. 460/2014)
No obstante, las SSTSJ del Principado de Asturias de 21 de junio de 2002 (Rec. 976/2002) y 19 de julio de 2002 (Rec. 1008/2002) admiten el derecho de los trabajadores a la prestación por desempleo parcial porque la finalidad de la reducción de la jornada era volver a la situación anterior de normalidad. Además, la STSJ de Castilla y León de 9 de marzo de 2004 (Rec. 2843/2003) en un supuesto en el que un trabajador a tiempo completo aceptó la conversión en trabajador fijo-discontinuo afirma que *«la voluntariedad de la conversión no es decisiva porque el artículo 208.4 del Real Decreto Legislativo 1/94* {...} *dispone que se encontrarán en situación legal de desempleo los trabajadores fijos discontinuos en los períodos de inactividad productiva sin que se haga mención alguna a la voluntad en la inactividad, pues la incidencia de la voluntad del trabajador sólo se halla contemplada en el apartado 2.1 del citado artículo 208»*.

De este modo, empresario y trabajador no pueden acordar la reducción definitiva de la jornada como mal menor a la pérdida de empleo, con lo que la finalidad de la reforma laboral de evitar los despidos no se cumple, forzando la extinción indemnizada de los contratos de trabajo.

2.ª) Aunque el legislador no limita la duración ni el número de las medidas de regulación temporal de empleo, existe un límite indirecto, que viene dado por el período máximo de protección por desempleo, ya sea en el nivel contributivo o en el asistencial, a que tengan derecho los trabajadores afectados. De esta forma, la situación suspensiva podrá mantenerse hasta un máximo de 720 días, si los trabajadores afectados han cotizado por desempleo 2.160 días (art. 269.1 LGSS). Sin embargo, aunque el período máximo de protección por desempleo vaya a condicionar el acuerdo en la fase de consultas, lo cierto es que, en su defecto, es el empresario quien decide la medida suspensiva y, en rigor, es posible que ésta no genere derecho a la prestación por desempleo si el trabajador afectado no reúne los requisitos previstos en la normativa de Seguridad Social.

3.ª) La reforma laboral de 2012 modificó el papel de la autoridad laboral en materia de ERTEs, de tal forma que pasó de ser entidad autorizante a mera garante de la legalidad mediante el proceso de oficio. En efecto, de conformidad con los arts. 47.1 del ET y 148.b) de la LJS, la autoridad laboral queda autorizada para impugnar los acuerdos de consultas por la existencia de fraude, dolo, coacción o abuso de derecho en su conclusión y la decisión empresarial que tenga por objeto la obtención indebida de las prestaciones por parte de los trabajadores afectados por la inexistencia de la causa motivadora de la situación legal de desempleo[217].

---

[217] SSTS de 16 de diciembre de 2014 (Rec. 42/2014) y 25 de mayo de 2015 (Rec. 72/2014). Cfr. la STSJ de Canarias de 31 de julio de 2014 (Rec. 5/2014).

Sin embargo, la impugnación de oficio de las medidas de ajuste temporal y definitivo plantea importantes problemas debido a la falta de claridad y sintonía total entre las regulaciones sustantiva y procesal. En particular, la ley no establece plazo alguno para presentar la comunicación iniciadora del procedimiento de oficio. Parece evidente que el plazo de la acción es de caducidad y de 20 días, ya que este es el plazo que establece el art. 138 de la LJS a efectos de la impugnación de la decisión empresarial por parte de los trabajadores afectados por la medida de ajuste temporal[218], pero surge el problema relativo a la designación del *dies a quo* de dicho plazo. Pues bien, partiendo de que la principal fuente de fraude en estos supuestos tiene como móvil el cobro de las prestaciones por desempleo, el plazo de caducidad debería computar a partir de la recepción del informe del SEPE[219]. Sin embargo, dicho informe no es preceptivo y no está sujeto a ningún plazo. Por ello, en sede judicial se fija el *dies a quo* en la fecha de emisión del informe de la ITSS, que determina la finalización de la intervención administrativa en el procedimiento de los ERTEs y el conocimiento por la autoridad laboral de los elementos precisos para fundamentar el ejercicio de la acción correspondiente, o en la fecha en que concluye el plazo improrrogable de quince días para su emisión, pero con la relevante particularidad de que ese plazo de 15 días que tiene la Inspección comenzará a correr, como dice el art. 11.2 del RPDC *«desde la notificación a la autoridad laboral de la finalización del periodo de consultas»*[220]. Por otra parte, en la doctrina judicial se considera que el SEPE, aun habiendo pasado el ERTE por los filtros previos de la autoridad laboral y la Inspección de Trabajo, sin que ninguno de ellos haya

---

[218] SSTSJ de Andalucía de 5 de junio de 2014 (Rec. 7/2014) y 10 de diciembre de 2014 (Rec. 33/2014) y de Murcia de 13 de julio de 2015 (Rec. 1/2015).

[219] STSJ de Andalucía de 5 de junio de 2014 (Rec. 7/2014).

[220] SSTS de 22 de noviembre de 2017 (Rec. 264/2016), 7 de febrero de 2018 (Rec. 21/2017), 27 de junio de 2018 (Rec. 142/2017), 29 de enero de 2019 (Rec. 26/2018) y 21 de enero de 2021 (Rec. 118/2020).

opuesto objeción alguna al respecto de las futuras prestaciones por desempleo, puede denegarlas o, en su caso, revocarlas por la falta de situación legal de desempleo de los trabajadores y que, además, dicha revocación conlleva el reintegro por los trabajadores de las prestaciones percibidas hasta el momento en virtud del art. 299.i) de la LGSS, a pesar de que estos sean ajenos a la corrección o incorrección de la causa en cuya virtud se estableció su inicial derecho al percibo de las prestaciones[221]. En fin, ante la evidente importancia que reviste el informe de la entidad gestora de las prestaciones por desempleo, debería exigirse con carácter preceptivo y establecerse un plazo para su emisión, a fin de que la misma pueda fiscalizar y velar por la posición de la parte más débil de la relación laboral con carácter previo a la finalización del procedimiento, evitando que se generen situaciones que originan falsas expectativas a la obtención de las prestaciones por desempleo. Y, sin embargo, la reforma de 2021 no sólo no ha corregido estos desajustes, sino que profundiza en los mismos en la medida en que el nuevo art. 47.3 del ET ha eliminado la obligación de la autoridad laboral de comunicar al SEPE la decisión empresarial, tanto inicial como final.

2. *Requisitos para el nacimiento del derecho a las prestaciones*

Los trabajadores afectados por la suspensión contractual o reducción temporal de jornada **percibirán las prestaciones por**

---

[221] SSTSJ de Andalucía de 10 de septiembre de 2015 (Rec. 3037/2014) y 24 de septiembre de 2015 (Rec. 3220/2014). En cambio, en un supuesto en el que el SEPE tuvo conocimiento en tiempo y forma del ERTE FM a instancia del Ayuntamiento, no formuló objeción alguna, hasta el punto de adquirir firmeza la resolución administrativa, ello conlleva que tanto la tutela judicial efectiva, como el principio de seguridad jurídica (arts. 24 y 9.3 CE), implican que aquella resolución despliegue todos sus efectos, mientras que no se deje sin eficacia por los procedimientos legales, de lo que se deriva que el trabajador, legalmente se encontraba en situación legal de desempleo [SSTSJ de Andalucía de 14 de enero de 2021 (Rec. 909/2020) y 27 de mayo de 2021 (Rec. 312/2021)].

desempleo siempre que reúnan los requisitos legales, esto es, afiliación/alta o situación asimilada al alta y un período mínimo de cotización de 360 días dentro de los seis años anteriores a la situación legal de desempleo (art. 266 LGSS). De otro modo, podrán acceder al **nivel asistencial** de la protección por desempleo, acreditando las exigencias previstas en el art. 274.1 de la LGSS.

3. Solicitud del derecho a las prestaciones por parte de los trabajadores afectados y obligaciones informativas de las empresas

La concesión de las prestaciones por desempleo no opera de forma automática, siendo necesario que el **trabajador afectado** presente la correspondiente **solicitud en modelo oficial** ante la oficina del **SEPE** dentro de los 15 días siguientes a la fecha en que se inició la situación legal de desempleo (art. 268.1 LGSS), acompañada de la correspondiente documentación que acredite que se cumplen los requisitos para acceder a las mismas —el documento acreditativo de la situación legal de desempleo y el certificado de empresa, si la empresa no lo ha enviado al SEPE— [art. 21.5 RPD][222].

De conformidad con el art. 267.3.a) de la LGSS, las situaciones legales de desempleo recogidas en los apartados 1.a) 1.º, 1.b) 1.º y 1.c) de este artículo que se produzcan al amparo de lo establecido en el art. 47 del ET, se **acreditarán** mediante:

a) La comunicación escrita del empresario al trabajador en los términos establecidos en el art. 47 del ET. La causa y fecha de efectos de la situación legal de desempleo *«deberá figurar en el certificado de empresa considerándose documento válido para su acreditación»*.

b) El acta de conciliación administrativa o judicial o la resolución judicial definitiva.

Además, como quiera que sea el empleador quien tiene la facultad de suspender los contratos o de reducir temporalmente

---

[222] STSJ de Andalucía de 1 de marzo de 2012 (Rec. 2906/2011).

la jornada de trabajo, se requiere la aportación del **certificado de empresa** con indicación de la causa y fecha de efectos de la situación legal de desempleo[223]. Dicha comunicación es necesaria pero no suficiente a los efectos de acreditar la situación legal de desempleo de los trabajadores afectados por las medidas de ajuste temporal, pues se precisa además la **comunicación de la autoridad laboral al SEPE** [art. 267.3.a) LGSS].

Ciertamente, la autoridad laboral debe comunicar a la entidad gestora de las prestaciones por desempleo la decisión del empresario adoptada al amparo de lo establecido en el 47 del ET, en la que deberán constar los siguientes extremos [art. 267.3.a) y DA 2.ª RD 1483/2012][224]:

— La fecha en la que el empresario ha comunicado su decisión a la autoridad laboral.

— La causa de la situación legal de desempleo.

— Los trabajadores afectados.

— Si el desempleo es total o parcial.

— El plazo por el que se producirá la suspensión o reducción de jornada.

— Si el desempleo es parcial, el número de horas de reducción y el porcentaje que esta reducción supone respecto de la jornada diaria ordinaria de trabajo.

A mayor abundamiento, el art. 22.1 del RPD determina que **la empresa debe comunicar al SEPE**, a través de los medios electrónicos establecidos en las disposiciones de aplicación y desarrollo,

---

223 STSJ de Cataluña de 19 de enero de 2012 (Rec. 5126/2010).

224 Tan liviana exigencia, sin embargo, puede dificultar la labor de la ITSS en el control del fraude en materia de prestaciones por desempleo. Sobre las infracciones de los empresarios en este ámbito, véanse las SSTS (CA) de 3 de junio de 1988 (RJ/4526) y 20 de noviembre de 1990 (RJ/1319, 1991); y las SSTSJ de la Comunidad Valenciana (CA) de 20 de julio de 2000 (Rec. 956/1997) y 20 de septiembre de 2000 (Rec. 1859/1997).

y con carácter previo a su efectividad, las medidas de suspensión de contratos o de reducción de jornada adoptadas, con indicación de la siguiente información:

a) El ámbito territorial de los despidos colectivos, suspensiones de contratos o reducciones de jornada.

b) El nombre o razón social de la empresa, número de identificación fiscal, código de cuenta de cotización a la Seguridad Social y domicilio del centro o centros de trabajo afectados.

c) La relación nominal de los trabajadores afectados y su número de identificación fiscal.

d) En los supuestos de aplicación de medidas de suspensión de contratos o de reducción de jornada, la comunicación especificará el período dentro del cual se va a llevar a cabo la aplicación de la suspensión del contrato o la reducción de jornada, así como el tipo de medida y el porcentaje máximo de reducción de jornada o el número máximo de días de suspensión de contrato que se pretenda aplicar respecto de cada una de las personas trabajadoras incluidas en la relación nominal anterior. Cuando se produzcan variaciones en los datos inicialmente contenidos en la comunicación sobre la aplicación de las referidas medidas de suspensión de contratos o reducción de jornada, la empresa deberá comunicar dichas variaciones con carácter previo a que se produzcan.

Asimismo, la empresa acompañará a la comunicación el acuerdo empresarial remitido a la autoridad laboral. Este documento se remitirá igualmente a través de medios electrónicos.

En los supuestos de suspensión de contratos o reducción de jornada por causa de **fuerza mayor**, en la **resolución de la autoridad laboral** figurarán, entre otros, los siguientes **datos** (art. 22.2 RPD):

a) Nombre o razón social de la empresa, código de cuenta de cotización a la Seguridad Social y domicilio del centro o centros de trabajo.

b) Relación nominal de los trabajadores afectados y números de identificación fiscal de los mismos.

c) Causa y carácter de la situación legal de desempleo de las personas trabajadoras, consignando si el desempleo es total o parcial y, en el primer caso, si es temporal o definitivo. Si fuese temporal, se consignará el período dentro del cual se va a llevar a cabo la aplicación de la suspensión del contrato o la reducción de jornada, así como el tipo de medida y el porcentaje máximo de reducción de jornada o el número máximo de días de suspensión de contrato que se pretenda aplicar respecto de cada una de las personas trabajadoras incluidas en la relación nominal anterior.

Asimismo, la **empresa** *«deberá* ***comunicar mensualmente a la entidad gestora de las prestaciones por desempleo los periodos de actividad e inactividad de todas las personas afectadas*** *por la suspensión o la reducción de jornada»*, a efectos del pago de las prestaciones por desempleo (art. 22.3 RPD). Esta obligación se impone en todos los casos, aunque la aplicación de las medidas de suspensión de contratos o reducción de jornada vaya a ser de manera continuada e ininterrumpida durante todo el periodo de vigencia de esta. El plazo máximo para efectuar dicha comunicación *«será el mes natural siguiente al mes al que se refieren los periodos de inactividad»* (art. 22.3 RPD).

La Orden ESS/982/2013, de 20 de mayo, regula el contenido y el procedimiento de remisión de la comunicación que deben efectuar los empleadores a la Entidad Gestora de las prestaciones por desempleo en los procedimientos de despido colectivo, y de suspensión de contratos y reducción de jornada. La transmisión de la información requerida se realizará vía internet, a través de la **aplicación certific@2**, creada por la Orden TAS/3261/2006, de 19 de octubre, por la que se regula la comunicación del contenido del certificado de empresa y de otros datos relativos a los períodos de actividad laboral de los trabajadores y el uso de medios telemáticos en relación con aquella (art. 4 Orden ESS/982/2013). Se trata de un servicio que permite a las empresas que actúen en nombre propio y a las empresas y colegiados profesionales que actúen en representación de terceros, realizar comunicaciones de datos sobre sus trabajadores y trabajadoras, sustituyendo la entrega presencial de documentos. Para utilizar la aplicación Certific@2, las personas usuarias deben disponer de autorización para la transmisión telemática de datos a los Servicios Públicos de Empleo, obtenida previamente conforme lo definido en la aplicación Contrat@, o de firma electrónica expedida por alguna de las autoridades de certificación.

En definitiva, la empresa **debe remitir al SEPE** a través de la aplicación certific@2 la siguiente **documentación**:

1.ª) La comunicación, con **carácter previo a su efectividad**, de **las medidas de suspensión de la relación laboral y reducción temporal de la jornada**, aunque en ningún caso podrá hacerse extensiva dicha comunicación al pago de las prestaciones por desempleo que puedan derivarse de la aplicación de las medidas citadas. Dicha comunicación puede realizarse durante las 24 horas del día, todos los días del año.

2.ª) Las **altas iniciales en las prestaciones por desempleo** de las personas trabajadoras afectadas por el ERTE. La comunicación de las altas se puede realizar durante las 24 horas del día, todos los días del año, teniendo la autorización previa de la persona trabajadora.

3.ª) Las **comunicaciones de los períodos de actividad e inactividad** en el mes anterior de las personas afectadas por el ERTE. La comunicación de periodos de actividad se puede realizar durante las 24 horas del día, todos los días del año, teniendo la autorización previa del trabajador.

La transmisión, con carácter previo a su efectividad, de las medidas de suspensión contractual y reducción temporal de jornada, y de las **altas iniciales en las prestaciones por desempleo** y **comuni-**

caciones de los períodos de actividad e inactividad se puede efectuar utilizando la aplicación de la tecnología XML, mediante el tratamiento de ficheros en formato XML cuya gestión de envío es manual. Requiere la intervención de una persona usuaria para, una vez ha sido creado el fichero, proceder a seleccionarlo y enviarlo al SEPE. Para la generación de este fichero XML, existe un asistente dentro de la aplicación Certific@2.

Para los ficheros XML enviados a través del acceso a la aplicación Certific@2, se realizan dos niveles de control:

— Control de formato: Se realiza en tiempo real, en el mismo momento en el que se envía el fichero. En caso de detectarse error, se especifica este y el fichero no es enviado para su procesamiento en el SEPE. En caso contrario el fichero se envía al SEPE para su procesamiento.

— Resto de controles: Se realizan cuando el fichero ha sido enviado al SEPE. Como resultado de este segundo nivel de control, se procederá a enviar un correo electrónico informando del resultado definitivo del proceso, ya sea procesado correctamente o rechazado, en cuyo caso se adjuntarán los errores detectados.

Además, en cada envío se pueden anexar hasta 10 ficheros XML.

4.ª) Los **certificados de empresa de ceses** por suspensión de la relación laboral.

Esta comunicación se puede efectuar utilizando diferentes medios:

1.º) A través de la aplicación de la tecnología XML. Utilizando esta tecnología se presentan dos formas bien diferenciadas de hacer llegar al SEPE los certificados de cese:

Mediante el tratamiento de ficheros XML cuya gestión de envío es manual. Requiere la intervención de un usuario para, una vez el fichero XML ha sido creado, proceder a seleccionarlo y enviarlo al SEPE.

Mediante el tratamiento de ficheros XML cuya gestión de envío está automatizada a través de la utilización de servicios web. Se trata de una tarea de carácter desatendida que no requiere intervención por parte de ningún usuario.

Esta tecnología permite la comunicación de certificados de cese tanto a empresas con una única cuenta de cotización como a empresas que tengan más de una cuenta de cotización.

2.º) A través de la introducción online de los datos de certificados de cese en un formulario web.

Los **enlaces de acceso** al certific@2 son los siguientes:

1.º) **Transmisión previa de datos de ERTEs**:

https://sede.sepe.gob.es/portalSede/procedimientos-y-servicios/empresas/proteccion-por-desempleo/certific-2/certific-2-medidas-despido.html

2.º) **Transmisión de altas iniciales en prestaciones por desempleo de los trabajadores afectados por ERTEs**:

https://sede.sepe.gob.es/portalSede/procedimientos-y-servicios/empresas/proteccion-por-desempleo/certific-2/certific-2-EREs.html

3.º) **Transmisión de períodos de actividad e inactividad**:

https://sede.sepe.gob.es/portalSede/procedimientos-y-servicios/empresas/proteccion-por-desempleo/certific-2/certific-2-medidas-despido.html

4.º) **Transmisión de certificados de empresa**:

https://sede.sepe.gob.es/portalSede/procedimientos-y-servicios/empresas/proteccion-por-desempleo/certific-2/certific-2-certificados-empresa.html

Por otra parte, el SEPE podrá admitir la **solicitud agrupada de reanudación de las prestaciones** a los trabajadores que tengan reducida su jornada ordinaria de trabajo o suspendida su relación laboral, cuando dentro del mes tengan diversos períodos de actividad e inactividad (art. 13.4 RPD). De este modo, la solicitud inicial, formulada en el plazo de los 15 días siguientes a la situación legal de desempleo, surtirá efectos de solicitud de reanudación por los períodos de inactividad, en cuyo caso cada mes la empresa deberá comunicar a la entidad gestora un certificado de empresa acreditativo de los días trabajados y/o retribuidos en el mes, computado de fecha a fecha.

El **SEPE no está obligado a abonar las prestaciones por desempleo en términos distintos a los que resulten del certificado de empresa y de la comunicación a la autoridad laboral**. Por consiguiente, si ante el cambio de las circunstancias que justificaron la suspensión contractual o la reducción temporal de la jornada, **el empresario quiere modificar los términos de las medidas de ajuste temporal deberá ponerlo en conocimiento del SEPE** [art. 22.1.d) RPD] o, en su caso, seguir el mismo procedimiento por el que se adoptaron, siendo exigible en este caso una nueva solicitud en tiempo y forma de las prestaciones por desempleo[225]. Por otra parte, **el SEPE está facultado para revisar sus propios actos**, sin necesidad de acudir a la vía judicial, sin sujeción a plazo revisorio alguno cuando se trate de rectificar errores materiales o aritméticos, o de corregir inexactitudes u omisiones de las empresas al presentar los datos que han dado lugar al reconocimiento del derecho a las prestaciones por desempleo, y en los demás casos en el plazo de un año desde que se dictó la resolución objeto de revisión [art. 146.2.a) y b) LJS][226]. No

---

225 SSTSJ de La Rioja de 28 de febrero de 2013 (Rec. 23/2013) y 4 de marzo de 2013 (Rec. 26/2013), de Cataluña de 20 de marzo de 2013 (Rec. 744/2012) y de Galicia de 13 de abril de 2015 (Rec. 3400/2013).

226 Cfr. las SSTSJ de Andalucía de 24 de septiembre de 2015 (Rec. 3220/2014), 27 de mayo de 2021 (Rec. 312/20218) y 8 de febrero de 2024 (Rec. 2933/2022), del Principado de Asturias de 7 de diciembre de 2022 (Rec. 2179/2022) y 10 de marzo de 2023 (Rec. 4672/2022), de Cataluña de 6 de abril de 2023 (Rec. 7105/2022), de Galicia de 27 de junio de 2023 (Rec. 122/2023), de Cataluña de 13 de marzo de 2024 (Rec. 3888/2023) y 11 de noviembre de 2024 (Rec. 2552/2024) y de Madrid de 8 de julio de 2024 (Rec. 51/2024), 13 de septiembre de 2024 (Rec. 37/2024), 7 de noviembre de 2024 (Rec. 599/2024) y 22 de noviembre 2024 (Rec. 494/2024).

obstante, no puede obviarse que el reconocimiento de la prestación por desempleo en los **ERTEs FM** tiene como base un acto dictado por otra Administración Pública, por lo que si el SEPE estima que la resolución de la autoridad laboral que motiva el reconocimiento inicial de la prestación por desempleo es ilegal, por ejemplo, por contravenir lo dispuesto en la DA 17.ª del ET, debe seguir los pasos previstos en el art. 39.5 de la LPAC para con posterioridad efectuar la revisión[227]. Además, una vez transcurrido el plazo de un año desde que hubo dictado la inicial resolución por la que reconocía la prestación por desempleo, el SEPE ya no puede ejercitar su facultad de autotutela revisoria *ex* art. 146.2.b) de la LJS, sino que tendrá que formular demanda frente al beneficiario para solicitar judicialmente que se deje sin efecto dicho acto inicial de reconocimiento prestacional, debiendo observar el plazo de prescripción de cuatro años previsto en el art. 146.3 de la LJS[228].

Por último, la empresa demandante carece de legitimación activa para postular el reconocimiento a favor de los trabajadores de la prestación por desempleo, toda vez que es éste un derecho subjetivo en una relación de Seguridad social, cuyo único titular es cada uno de los trabajadores, que en su caso habrán de acreditar la situación legal de desempleo, y el resto de los requisitos exigidos para el percibo de la prestación[229]. Y, aun cuando en la reclamación de los trabajadores frente al SEPE fuera necesario o al menos conve-

---

[227] El SEPE no puede denegar las prestaciones de desempleo a un trabajador porque la empresa no pudiera acudir a dicho expediente cuando la autoridad laboral ha admitido expresa o tácitamente dicha posibilidad, sin impugnar la resolución pues ello supone ir en contra de toda seguridad jurídica. Cfr. las SSTSJ de Andalucía de 4 de marzo de 2021 (Rec. 1521/2020), de Aragón de 14 de octubre de 2021 (Rec. 582/2021), de Galicia de 19 de octubre de 2022 (Rec. 1123/2022), 13 de diciembre de 2022 (Rec. 2428/2022) y 3 de marzo de 2023 (Rec. 2808/2022), y de Castilla y León de 29 de junio de 2023 (Rec. 2200/2022).

[228] Cfr. las SSTSJ de Cataluña de 6 de abril de 2023 (Rec. 7105/2022) y de Madrid de 17 de abril de 2024 (Rec. 65/2024), 8 de julio de 2024 (Rec. 51/2024) y 7 de noviembre de 2024 (Rec. 599/2024).

[229] STSJ de Andalucía de 5 de octubre de 2017 (Rec. 2737/2016).

niente, llamar a la empresa a juicio, para constituir debidamente la relación jurídico procesal, ya que el motivo de la denegación de la prestación pudiera tener su base en los acuerdos que dieron lugar al ERTE y la comunicación de los mismos al SEPE, ello no convierte al empresario en sujeto activamente legitimado para iniciar un proceso de reconocimiento de las prestaciones, que se circunscribe a la relación jurídica existente entre el interesado y la Entidad Gestora de la prestación[230]. Y tampoco cabe apreciar un interés efectivo de la empresa, que en modo alguno es titular de derecho subjetivo alguno en relación con el percibo de las prestaciones por desempleo, no pudiendo erigirse en «defensor» de sus trabajadores, ni postular de forma genérica el reconocimiento de dichas prestaciones.

4. Duración y consumo de las prestaciones por desempleo

La **duración de la prestación por desempleo** en días naturales se determinará en función del período cotizado en los seis años anteriores a la situación legal de desempleo o al momento en que cesó la obligación de cotizar conforme a la escala general del art. 269.1 de la LGSS.

El **consumo de la prestación por desempleo** se producirá en los siguientes términos[231]:

a) En el caso de los días trabajados en reducción de jornada, las horas trabajadas se convertirán en días completos equivalentes de actividad (art. 22.3 RPD). Para ello se dividirá el número total de horas trabajadas en el mes entre el número de horas que constituyesen la jornada habitual de la persona trabajadora con carácter previo a la aplicación de la reducción de jornada.

b) Cuando el periodo de suspensión o los días de inactividad equivalente *«afecten exclusivamente a determinados días laborables del mes, a efectos del pago y consumo de las prestaciones por desempleo, dichos*

[230] Cfr. la STSJ de Canarias de 30 de octubre de 2024 (Rec. 261/2023).
[231] Cfr. la Guía de Uso del SEPE para la aplicación del coeficiente 1.25.

días laborables se multiplicarán por el coeficiente 1,25 a fin de computar la parte proporcional del descanso semanal, salvo que la suspensión afecte a cinco o seis días laborables consecutivos, en cuyo caso se abonarán y consumirán siete días de prestación por desempleo» y que *«el coeficiente se aplicará sobre el total de los días laborables del mes en los que no se haya prestado servicio a causa de la medida de suspensión, incluido el día 31»* (art. 22.4 RPD)[232]. Asimismo, se prescribe que *«en ningún caso la suma de los días a percibir por el trabajador en concepto de salarios y de prestaciones por desempleo podrá superar treinta y un días al mes»* y que cuando el periodo de suspensión o de reducción de jornada *«suponga la pérdida efectiva de ocupación todos los días laborables del mes, a efectos de pago y consumo de la prestación se abonarán treinta días, con independencia de los días naturales del mes»* (art. 22.4 RPD).

De este modo, cuando el período de suspensión contractual o de reducción de jornada se refiere exclusivamente a días laborables, a efectos de cuantificar la duración y el consumo de las prestaciones por desempleo, la parte correspondiente al descanso semanal se computa del siguiente modo:

— Como regla general, los días laborables se multiplican por el coeficiente 1,25. Dicho coeficiente se aplicará sobre el total de los días laborables del mes, sin que en ningún caso la suma de los días a percibir por el trabajador en concepto de salarios y de prestaciones por desempleo pueda

232 La Entidad Gestora de la prestación por desempleo mediante una Instrucción interna y a efectos de cuantificar la duración y el consumo de la prestación de desempleo de aquellos trabajadores que en virtud de expediente de regulación de empleo suspendían su relación laboral un determinado número de días a la semana, venía satisfaciendo la prestación correspondiente a 1.25 de desempleo por día laboral no trabajado, siendo el exceso del 0.25 el coeficiente correspondiente al descanso semanal. Este criterio, que fue rechazado mayoritariamente en vía judicial por carecer de amparo normativo, ha sido acogido en el RD 1300/2009 que adiciona un nuevo apartado, el 6.º al art. 22 del RD 625/1985, de 2 de abril, que tras los cambios incorporados por el RD 1483/2012, de 29 de octubre, ha pasado a ser el 4.º.

superar 31 días al mes. Y cuando el periodo de suspensión contractual o de reducción de jornada suponga la pérdida efectiva de ocupación todos los días laborables del mes, a efectos de pago y consumo de la prestación se abonarán 30 días, con independencia de los días naturales del mes. Sin embargo, en rigor la suma de los días protegidos y los días trabajados y/o retribuidos del mes deberían dar 30 o 28/30/31, según el grupo de cotización del trabajador.

— Si la suspensión de contratos o reducción de jornada afecta a cinco o seis días laborables consecutivos, se abonarán y consumirán siete días.

No obstante lo anterior, la Sala de lo Social del STSJ de la Comunidad Valenciana sostiene que el art. 22 del RD 625/1985 *«quiebra el principio de igualdad ante la ley que consagra con rango constitucional el art. 14 de nuestra Carta Magna, ya que establece un trato desigual respecto a la duración de la prestación de desempleo en los supuestos de suspensión de la relación laboral en virtud de expediente de regulación de empleo o de resolución judicial en el seno de un procedimiento concursal, cuando el período de suspensión se refiera exclusivamente a días laborables, según dicha suspensión afecte a días laborables consecutivos o a días laborables no consecutivos, ya que cuando afecta a cinco o seis días laborables consecutivos, la indicada norma establece que la prestación se abonará siete días, mientras que si dichos días laborables no son consecutivos, aunque sean cinco o seis días los que abarque el periodo de suspensión, a efectos del pago de la prestación se multiplican dichos días por el coeficiente 1.25 para determinar su duración, lo que supone un trato menos favorable para aquellos trabajadores cuya jornada laboral semanal sea de cinco días y vean suspendidos sus contratos de trabajo por cinco días laborables no consecutivos, pues estos percibirán como prestación de desempleo no siete días, sino 6.25 días»*[233]. Y por ello reconoce a los trabajadores

---

233 STSJ de la Comunidad Valenciana de 4 de abril de 2012 (Rec. 2948/2011). En el mismo sentido, las SSTSJ de la Comunidad Valenciana de 17 de abril de 2012 (Rec. 2983/2011), 22 de mayo de 2012 (Rec. 3405/2011), 11 de septiembre de 2012 (Rec. 794/2012) y 29 de enero

la prestación de desempleo en cuanto a su duración, conforme a los días que resultan de multiplicar los días laborables en que tuvieron sus contratos de trabajo suspendidos por el porcentaje de 1´4 que es el cociente de dividir los siete días que tiene la semana entre cinco días laborables que era la jornada de trabajo que en cómputo semanal tenían los trabajadores.

c) En las situaciones de desempleo parcial, la duración de la prestación en días naturales se determinará según la escala del art. 269.1 de la LGSS, sin perjuicio de que el período de percepción del derecho se amplíe en la misma proporción en que se reduce la jornada de trabajo ordinaria diaria, y el consumo del derecho se produzca en esa misma proporción[234]. En efecto, en virtud de lo dispuesto en el art. 269.5 de la LGSS, la consunción de prestaciones generadas *«se producirá por horas y no por días»* y, a tal fin, el porcentaje consumido *«será equivalente al de reducción de jornada decidida por el empresario, al amparo de lo establecido en el artículo 47 del texto refundido de la Ley del Estatuto de los Trabajadores o de resolución judicial adoptada en el seno de un procedimiento concursal»*[235].

---

de 2016 (Rec. 790/2015). Los AATS de 22 de enero de 2013 (Recud. 2089/2012), 13 de junio de 2013 (Recud. 2328/2012) y 9 de julio de 2013 (Recud. 28/2013) inadmiten los recursos de casación para la unificación de doctrina interpuestos contra estas resoluciones judiciales. Cfr. la STSJ de la Comunidad Valenciana de 14 de mayo de 2013 (Rec. 718/2013).

234 Cfr. las Instrucciones para la aplicación de la ley 35/2010, de 17 de septiembre, de medidas urgentes para la reforma del mercado de trabajo, en los aspectos relativos a la protección por desempleo, de 8 de octubre de 2010 (Instrucción Segunda).

235 Por todas, las SSTSJ de la Comunidad de Madrid de 8 de junio de 2012 (Rec. 1619/2012), de Cataluña de 4 de febrero de 2013 (Rec. 3129/2012) y 22 de mayo de 2013 (Rec. 7369/2012), de la Comunidad de Madrid de 9 de julio de 2013 (Rec. 5278/2012) y de 16 de julio de 2013 (Rec. 1471/2013), de la Comunidad Valenciana de 17 de septiembre de 2013 (Rec. 480/2013), y de la Comunidad de Madrid de 17 de octubre de 2013 (Rec. 6393/2012), 30 de diciembre de 2013 (Rec. 1419/2013), 6 de mayo de 2014 (Rec. 1845/2013), 20 de julio de 2015 (Rec. 121/2015) y

Así, por ejemplo, si un día la jornada se reduce en un 50%, solamente se habrá consumido la prestación equivalente a un 50% de ese día, conservándose el 50% restante para su disfrute posterior.

5. Nacimiento del derecho a la prestación por desempleo

La decisión empresarial sobre la reducción de jornada o la suspensión de contratos en los ERTEs ETOP *«surtirá efectos a partir de la fecha de su comunicación a la autoridad laboral, salvo que en ella se contemple una posterior»* (art. 47.7 ET) Y la fecha de efectos de la situación legal de desempleo indicada en el certificado de empresa *«habrá de ser en todo caso coincidente con, o posterior a la fecha en que se comunique por el empresario a la autoridad laboral la decisión empresarial adoptada sobre el despido colectivo, o la suspensión de contratos, o la reducción de jornada»* [art. 267.3.a).1.º LGSS]. Por consiguiente, queda claro que es el empresario quien tiene la capacidad para acordar las medidas de reducción de jornada o de suspensión de contratos y fijar el comienzo de sus efectos y su duración, quedando vinculado el SEPE por los límites temporales que aquel haya fijado en la comunicación «final»[236]. En cualquier caso, la fecha de efectos de la situación legal de desempleo debe coincidir o ser posterior a la fecha de la comunicación por la empresa a la autoridad laboral de la decisión empresarial final[237]. En tal caso, la prestación por desempleo comenzará a percibirse a partir del día en que la reducción de jornada o la suspensión contractual tenga lugar y se extenderá hasta la finalización de esta[238]. Y si la empresa retrasa la comunicación final a la autoridad laboral de una medida de ajuste temporal que decide con efectos anteriores a la mis-

29 de enero de 2016 (Rec. 703/2015). Cfr. STS de 6 de marzo de 1995 y STSJ de Aragón de 16 de febrero de 1994 (Rec. 1122/1993).

236 SSTSJ de Cataluña de 16 de diciembre de 2015 (Rec. 3890/2015) y del Principado de Asturias de 18 de enero de 2022 (Rec. 2510/2021).

237 STSJ de las Islas Canarias de 9 de febrero de 2021 (Rec. 1078/2020).

238 STSJ de la Comunidad de Madrid de 16 de diciembre de 2015 (Rec. 739/2015).

ma, ello no puede suponer la pérdida completa de la prestación, sino todo lo más el consiguiente retraso en la fecha de sus efectos a la fecha de la referida comunicación[239]. Por otra parte, la fecha de efectos de la suspensión contractual o reducción temporal de la jornada y de la consiguiente situación legal de desempleo no tiene por qué ser inmediata[240].

Y, en fin, las medidas de suspensión de contratos o reducción de jornada por causa de fuerza mayor surtirán *«efectos desde la fecha del hecho causante de la fuerza mayor, y hasta la fecha determinada en la misma resolución»* (arts. 47.5 y 33.3 RPDC)[241]. Por lo tanto, como en tales casos, lo habitual es que la resolución autorice el ERTE a posteriori, la misma tendrá eficacia retroactiva[242].

---

239 SSTSJ de la Comunidad de Madrid de 20 de julio de 2015 (Rec. 124/2015) y del Principado de Asturias de 18 de enero de 2022 (Rec. 2510/2021). En sentido contrario, las SSTSJ de Andalucía de 2 de julio de 2014 (Rec. 997/2014), 18 de septiembre de 2014 (Rec. 1153/2014), 4 de diciembre de 2014 (Rec. 1990/2014), 14 de enero de 2014 (Rec. 2189/2014), 5 de febrero de 2015 (Rec. 2400/2014), 6 de mayo de 2015 (Rec. 425/2015), 10 de junio de 2015 (Rec. 603/2015), 30 de septiembre de 2015 (Rec. 1086/2015) y 4 de noviembre de 2015 (Rec. 1426/2015).

240 Cfr. SSTSJ de Cataluña de 18 de diciembre de 2012 (Rec. 209/2012), 22 de febrero de 2013 (Rec. 4260/2012) y 16 de diciembre de 2015 (Rec. 3890/2015).

241 Sobre la baja de oficio del trabajador cuando la ITSS comprueba que la empresa no ha reiniciado la actividad desde la fecha de comunicación del ERTE y que en el mismo centro de trabajo se desarrolla la explotación por otra empresa —en la que aquel no se ha subrogado—, véanse las SSTSJ de Canarias de 14 de noviembre de 2024 (Rec. 168/2022 y 171/2022).

242 SSTSJ de Aragón de 1 de febrero de 1995 (AS/467) y de la Comunidad Valenciana de 21 de marzo de 2006 (Rec. 4373/2005) y 28 de junio de 2006 (Rec. 651/2006). En cambio, la STSJ de Cataluña de 26 de julio de 2022 (Rec. 420/2022) fija también en los ERTEs FM como fecha de efectos de la situación legal de desempleo la que determine el certificado de empresa, que habrá de coincidir con la fecha en que el empresario comunica a la autoridad laboral la suspensión de contratos.

6. Cuantía de la prestación por desempleo

La prestación por desempleo total temporal o de desempleo parcial se determinará según las reglas generales, si bien en este último supuesto *«en proporción a la reducción de la jornada de trabajo»* (art. 270.5 LGSS)[243]. Por otra parte, en las situaciones de desempleo parcial en las que no son iguales la reducción de la jornada y de la retribución, la doctrina judicial entiende que la prestación por desempleo parcial debe ser calculada en proporción a la reducción salarial[244]. Y así, se considera que el coeficiente de parcialidad aplicable es el correspondiente al porcentaje de reducción de la renta salarial, aunque la jornada se vea sometida a una minoración en un porcentaje superior, y ello porque con la prestación contributiva de desempleo se trata de reparar o paliar el daño económico sufrido por la pérdida, total o parcial del empleo, sin que pueda entenderse que la dicción literal del art. 270.5 de la LGSS ampare otra solución, pues si bien en dicho precepto se expresa que la prestación por desempleo parcial se determinará en proporción a la reducción de la jornada de trabajo, es evidente que el legislador se está refiriendo con ello a una equivalente reducción salarial porque así se desprende tanto de la finalidad

---

243 SSTSJ de Cataluña de 29 de septiembre de 1992 (AS/4392) y de Madrid de 14 de marzo de 2016 (Rec. 602/2015).

244 En este sentido, se expresan las SSTSJ de Aragón de 4 de noviembre de 2002 (Rec. 1044/2002), 8 de noviembre de 2002 (Rec. 1045/2002) y 2 de diciembre de 2002 (Rec. 1175/2002), de la Región de Murcia de 16 de diciembre de 2002 (Rec. 1293/2002), de la Comunidad de Madrid de 16 de enero de 2003 (Rec. 5435/2002), 17 de febrero de 2003 (Rec. 5830/2002) y 21 de abril de 2003 (Rec. 1055/2003), de Andalucía de 14 de noviembre de 2003 (Rec. 1196/2003) y 2 de julio de 2004 (Rec. 4152/2003), del País Vasco de 31 de enero de 2012 (Rec. 3176/2011) y de la Comunidad de Madrid de 22 de septiembre de 2014 (Rec. 234/2014). Cfr. las SSTSJ de Asturias de 12 de abril de 2013 (Rec. 507/2013) y 7 de junio de 2013 (Rec. 849/2013), de la Comunidad Valenciana de 9 de abril de 2014 (Rec. 2510/2013) y de Cataluña de 19 de junio de 2014 (Rec. 2519/2014) y 18 de julio de 2014 (Rec. 2392/2014).

precedentemente apuntada de la prestación misma como de la interpretación integrada del precepto con los arts. 262.3 y 263.2 de la misma norma, a los que no cabe dar otro sentido cuando hablan, respectivamente, de la protección por desempleo parcial, prevista para el caso de que el trabajador vea reducida su jornada ordinaria de trabajo en un mínimo de un 10% y un máximo de un 70%, *«siempre que el salario sea objeto de análoga reducción»* y del objeto del nivel contributivo prestacional, consistente en proporcionar prestaciones sustitutivas *«de las rentas salariales dejadas de percibir»*.

Si el porcentaje de reducción de la jornada no es fijo[245], conviene tener presente las Instrucciones para la aplicación de la ley 35/2010, de 17 de septiembre, de medidas urgentes para la reforma del mercado de trabajo, en los aspectos relativos a la protección por desempleo, de 8 de octubre de 2010. De conformidad con las mismas, cuando el porcentaje de reducción de la jornada ordinaria diaria de trabajo que se autorizase por un período de regulación de empleo no fuera fijo para todos los días afectados, sino que variase de unos días a otros, a efectos de determinar la cuantía de la prestación por desempleo a abonar, se aplicaba, a los días afectados dentro del período mensual, la media ponderada de los porcentajes de reducción de la jornada diaria autorizados durante dicho período (Instrucción Segunda). A estos efectos, únicamente se tenían en cuenta los días cuya reducción de jornada ordinaria diaria se encontrase comprendida entre los límites del 10 y el 70 por ciento, no abonándose aquellos afectados por una reducción de jornada no comprendida entre dichos límites.

7. La cotización durante la percepción de la prestación por desempleo

Durante la percepción de la prestación por desempleo total temporal o de desempleo parcial, se mantiene la cotización a la

[245] STSJ de Castilla-La Mancha de 29 de marzo de 2017 (Rec. 555/2016).

Seguridad Social, siendo tres los sujetos implicados en dicha cotización (arts. 153 bis y 273.2 LGSS):

— La empresa que deberá ingresar las cuotas que le corresponden a ella y al trabajador por razón del tiempo trabajado en el mes de referencia, y las cuotas empresariales devengadas con ocasión de los días u horas que resulten protegidos mediante la prestación por desempleo total temporal o por desempleo parcial.

— El trabajador afectado por la medida de ajuste temporal, que ha de soportar la aportación que le corresponda por razón del tiempo trabajado y por los días u horas protegidos mediante la prestación por desempleo total temporal o por desempleo parcial.

— El SEPE que ha de ingresar únicamente las cotizaciones correspondientes al trabajador por los días u horas no trabajados y protegidos mediante la prestación por desempleo total temporal o por desempleo parcial, una vez efectuado el descuento de la cuantía de la prestación.

Por lo demás, como no nos encontramos ante una extinción de la relación laboral, no resulta aplicable el art. 273.3 de la LGSS, a cuyo tenor *«cuando se haya extinguido la relación laboral, la cotización a la Seguridad Social no comprenderá las cuotas correspondientes a desempleo, accidentes de trabajo y enfermedades profesionales, Fondo de Garantía Salarial y formación profesional»*. Por consiguiente, durante las situaciones de desempleo total temporal y de desempleo parcial se sigue cotizando por todas las contingencias.

Las cuotas se determinarán con arreglo a las siguientes reglas:

a) Las bases de cotización por contingencias comunes y por contingencias profesionales, sobre las que se aplicarán los correspondientes porcentajes de empresario y trabajador, deben ajustarse a lo dispuesto en el nuevo art. 153 bis de la LGSS y en el art. 8.2 de las sucesivas Órdenes anuales de cotización, que concretan lo dispuesto por el art. 70.1 RD 2064/1995.

En cuanto a las bases de cotización por contingencias comunes y por contingencias profesionales, cabe distinguir las siguientes situaciones:

1.ª) En los supuestos de desempleo total temporal que se extiendan a todo un mes, dichas bases serán equivalentes al *«promedio de las bases de cotización en la empresa afectada correspondientes a dichas contingencias de los seis meses naturales inmediatamente anteriores al mes anterior al del inicio de cada situación de reducción de jornada o suspensión del contrato»*, si bien para el cálculo de dicho promedio, se tendrá en cuenta *«el número de días en situación de alta, en la empresa de que se trate, durante el período de los seis meses indicados»* (art. 153 bis LGSS). Así, las cotizaciones sociales no se reducen, no perjudicándose el importe de las futuras prestaciones de Seguridad Social a las que pueda acceder el trabajador. No obstante, en los supuestos en que la persona trabajadora haya causado alta en la empresa en el mes anterior al inicio de cada situación, o en el mismo mes del inicio de la situación, para el cálculo de dicho promedio se tomarán las bases de cotización en la empresa afectada correspondiente al mes inmediatamente anterior al del inicio de la situación, o al mes del inicio de situación, respectivamente (art. 153 bis LGSS).

2.ª) En los supuestos de desempleo total temporal que no se extiendan a un mes completo y en los supuestos de desempleo parcial, las bases de cotización serán el resultado de sumar dos conceptos:

— Por un lado, se computarán las retribuciones y demás conceptos devengados por los días u horas trabajadas en el mes de referencia.

— Por otro lado, se estará al *«promedio de las bases de cotización en la empresa afectada correspondientes a dichas contingencias de los seis meses naturales inmediatamente anteriores al mes anterior al del inicio de cada situación de reducción de jornada o suspensión del contrato»* en los términos anteriores para integrar las bases de cotización por razón de los días o las horas protegidas (art. 153 bis LGSS).

A tenor del art. 153 bis de la LGSS, las bases de cotización calculadas conforme a lo indicado anteriormente *«se reducirán, en los supuestos de reducción temporal de jornada, en función de la jornada de trabajo no realizada»*[246]. Por consiguiente, en las situaciones de desempleo parcial la base de cotización correspondiente al trabajo realizado por el trabajador se reducirá en la misma proporción que la jornada. Mas, como subraya la STS (CA) de 9 de octubre de 1995 (Rec. 947/1992, *Tol 1.707.659*), la cotización debe hacerse en base a los salarios reales de los trabajadores afectados por la medida de ajuste temporal, sin que exista norma alguna que autorice a la empresa a reducir las bases máximas de cotización correspondientes a cada grupo profesional.

b) Se aplicarán los tipos de cotización generales, incluidas las primas de accidente de trabajo y enfermedad profesión para la concreta actividad, según determina la DA 1.ª de la sucesivas ordenes de cotización a la Seguridad Social. Ciertamente, el art. 19.3 RD 625/1985 señala que en *«los supuestos de suspensión temporal o reducción de la jornada»* y *«a efectos de la cotización por accidente de trabajo y enfermedad profesional»* deberán aplicarse *«los porcentajes del epígrafe correspondiente a los trabajadores en período de baja, cualquiera que fuese la categoría profesional y la actividad del trabajador»*. Aunque desde que se eliminó la referencia a la situación de *«incapacidad temporal y otras…»* del Cuadro II de la DA 4.ª de la Ley 42/2006, de 28 de diciembre, de Presupuestos Generales del Estado para el año 2007 —que contiene la tarifa de primas por contingencias profesionales—, *«en los períodos de baja por incapacidad temporal y otras situaciones con suspensión de la relación laboral con obligación de*

246 De conformidad con el art. 19.2 del RPD, *«durante la percepción de la prestación por desempleo, la base por la que deberá cotizarse a la Seguridad Social en los casos de desempleo parcial […] se reducirá en proporción a la disminución de la jornada […]»*.

cotización, continuará siendo de aplicación el tipo de cotización correspondiente a la respectiva actividad económica u ocupación» (regla 1.ª, apartado Dos DA 4.ª Ley 42/2006, según reforma introducida por DF 8.ª Ley 26/2009). De ahí que, las sucesivas Ordenes anuales de cotización vienen señalando, aunque refiriéndose sólo a *«aquellas personas trabajadoras que tengan suspendida la relación laboral por causas económicas, técnicas, organizativas o de producción o derivadas de fuerza mayor o por aplicación del Mecanismo RED a que se refieren los artículos 47 y 47 bis del texto refundido de la Ley del Estatuto de los Trabajadores o en virtud de resolución judicial adoptada en el seno de un procedimiento concursal, que se encuentren en situación de desempleo total»*, que la cotización por contingencias profesionales *«se efectuará aplicando los tipos establecidos para la respectiva actividad económica, de conformidad con la tarifa de primas establecida en la disposición adicional cuarta de la Ley 42/2006, de 28 de diciembre»* (DA 1.ª Orden PJC/178/2025).

c) Durante los períodos de suspensión temporal de contrato de trabajo y de reducción temporal de jornada, respecto de la jornada de trabajo no realizada, *«no resultarán de aplicación las normas de cotización correspondientes a las situaciones de incapacidad temporal, descanso por nacimiento y cuidado de menor, y riesgo durante el embarazo y la lactancia natural»* (art. 153 bis LGSS).

8. Medidas de apoyo a la suspensión contractual y a la reducción temporal de jornada

8.1. Bonificación de las cotizaciones

Durante la situación de suspensión del contrato o reducción de jornada se mantiene la obligación de cotizar por parte de las empresas (art. 153 bis LGSS), lo que puede disuadirlas de recurrir a estas medidas en lugar de despedir a los trabajadores. Por ello, y a fin de favorecer la regulación temporal de empleo, en algunas ocasiones el legislador con carácter coyuntural ha bonificado las cotizaciones empresariales por contingencias comunes a la Seguridad Social[247]. En la actualidad, los beneficios en la cotización a la Seguridad Social aplicables a los ERTEs ETOP, FM y RED se regulan con vocación de permanencia en la nueva DA 44.ª de la LGSS, añadida por el art. 3.8 del RD-l 32/2021[248], y en el art. 49 del RPDC.

Durante la aplicación de los ERTEs, las empresas *«podrán acogerse voluntariamente»*, siempre y cuando concurran las condiciones y requisitos recogidos en la DA 44.ª de la LGSS, a las siguientes exenciones en la cotización a la Seguridad Social sobre la aportación empresarial por contingencias comunes y por conceptos de recaudación conjunta a que se refiere el art. 153.bis de la LGSS —se sobreentiende, a pesar de la parquedad de la norma, que respecto de los días u horas no trabajados que resulten protegidos mediante la prestación por desempleo total temporal o por desempleo parcial— (apdo. 1.º)[249]:

a) El 20% en los ERTEs ETOP. Estas exenciones resultarán de aplicación exclusivamente en el caso de que las empresas desarrollen las acciones formativas a las que se refiere DA 25.ª del ET.

---

247 Cfr., verbigracia, el art. 1 de la Ley 27/2009, de 31 de diciembre, de medidas urgentes para el mantenimiento del empleo y la protección de las personas desempleadas —y el Real Decreto-ley que le precedió—; el art. 9 de la Ley 35/2010, de 17 de septiembre; o el art. 15 de la Ley 3/2012, relativo a las medidas de apoyo a la suspensión de contratos y a la reducción de jornada. Por todos, ROQUETA BUJ, R., *Los expedientes de regulación temporal de empleo,* Tirant lo Blanch, Valencia, 2020, *Los expedientes de regulación temporal de empleo,* 2.ª Edición, Tirant lo Blanch, Valencia, 2021, y *Los expedientes de regulación temporal de empleo tras la reforma. ERTEs, ETOP, FM, COVID-19 y RED,* Tirant lo Blanch, Valencia, 2022.

248 La DD Única.4 del RD-l 32/2021 ha derogado la DA 4.ª del RD-l 6/2014, de 19 de diciembre, por el que se establecía la exoneración del pago de cuotas en los ERTEs FM para favorecer el mantenimiento del empleo.

249 Nótese que no se prevén exenciones respecto de la aportación empresarial por contingencias profesionales.

b) El 90% en los ERTEs FM, incluidos los ERTEs por impedimientos o limitaciones.

d) En los ERTEs a los que resulte de aplicación el Mecanismo RED de Flexibilidad y Estabilización del Empleo en su modalidad cíclica, el 60% durante el primer cuatrimestre, el 30% durante el segundo cuatrimestre y el 20%, durante el tercer cuatrimestre.

e) El 40% en los ERTEs a los que resulte de aplicación el Mecanismo RED de Flexibilidad y Estabilización del Empleo en su modalidad sectorial.

Las exenciones previstas para los ERTEs ETOP y RED resultarán de aplicación exclusivamente en el caso de que las empresas desarrollen las acciones formativas a las que se refiere la DA 25.ª del ET.

Estas exenciones se aplicarán respecto de las *«personas trabajadoras afectadas»* por las suspensiones de contratos o reducciones de jornada, en alta en los códigos de cuenta de cotización de los centros de trabajo afectados —con exclusión, por tanto, de las personas trabajadoras que se reincorporan a la actividad laboral—.

El Consejo de Ministros, atendiendo a las circunstancias que concurran en la coyuntura macroeconómica general o en la situación en la que se encuentre determinado sector o sectores de la actividad, podrá impulsar las modificaciones legales necesarias para modificar los porcentajes de las exenciones en la cotización a la Seguridad Social reguladas en la DA 44.ª del ET, así como establecer la aplicación de exenciones a la cotización debida por los trabajadores reactivados, tras los períodos de suspensión del contrato o de reducción de la jornada, en el caso de los ERTEs a los que resulte de aplicación el Mecanismo RED de Flexibilidad y Estabilización del Empleo en su modalidad cíclica.

En cuanto a las exenciones en la cotización, se aplican las siguientes reglas (DA 44.ª LGSS): aplicar

1.º) En estas exenciones no resultará de aplicación lo establecido en los apartados 1 y 3 del art. 20 de la LGSS (apdo 3.º), por lo que no será necesario que las empresas se encuentren al corriente en el cumplimiento de sus obligaciones con la Seguridad Social.

2.º) Las exenciones se financiarán con aportaciones del Estado y serán a cargo de los presupuestos de la Seguridad Social en el caso de la aportación empresarial por contingencias comunes, de los presupuestos de la Seguridad Social o de las mutuas colaboradoras con la Seguridad Social en el caso de la aportación empresarial por contingencias profesionales, del SEPE en el caso de la aportación empresarial para desempleo y formación profesional y del Fondo de Garantía Salarial en el caso de las aportaciones que financian sus prestaciones (apdo. 4.º).

3.º) Las exenciones en la cotización no tendrán efectos para las personas trabajadoras, manteniéndose la consideración de los períodos en que se apliquen como efectivamente cotizados a todos los efectos (apdo. 2.º). Por consiguiente, dichos períodos computarán como tiempos cotizados para acceder a las prestaciones de la Seguridad Social (por ejemplo, las pensiones de jubilación, incapacidad permanente, muerte y supervivencia) y se tendrán en cuenta a la hora de determinar la base reguladora de dichas prestaciones y el porcentaje aplicable sobre la base reguladora de las pensiones de jubilación. No obstante, a la vista de lo dispuesto en el art. 269.2 de la LGSS, no parece que estos períodos puedan computarse como de ocupación cotizada para obtener futuras prestaciones por desempleo.

4.º) Las exenciones en la cotización se aplicarán por la TGSS a instancia de la empresa, previa comunicación de la identificación de las personas trabajadoras y período de la suspensión o reducción de jornada, y previa presentación de la declaración responsable, respecto de cada código de cuenta de cotización, en el que figuren de alta las personas trabajadoras adscritas a los centros de trabajo afectados, y mes de devengo, sobre el mantenimiento de la vigencia de los ERTEs (apdo 5.º). Esta declaración hará referencia tanto a la existencia como al mantenimiento de la vigencia de los expedientes de regulación temporal de empleo y al cumplimiento de los requisitos establecidos para la aplicación de estas exenciones. La declaración hará referencia a haber obtenido, en su caso, la correspondiente resolución de la autoridad laboral emitida de forma expresa o por silencio administrativo. Para que la exención resulte de aplicación las declaraciones responsables se deberán presentar antes de solicitarse el cálculo de la liquidación de cuotas correspondiente al período de devengo de cuotas sobre el que tengan efectos dichas declaraciones.

Además, en los ERTEs ETOP y RED en su modalidad sectorial, las empresas deben presentar una declaración responsable sobre su compromiso de realizar las acciones formativas a las que se refiere la DA 25.ª del ET (apdo. 6.º). Para que la exención resulte de aplicación, esta declaración responsable se deberá presentar antes de solicitarse el cálculo de la liquidación de cuotas correspondiente al periodo de devengo de las primeras cuotas sobre las que tengan efectos dichas declaraciones. Si la declaración responsable se efectuase en un momento posterior a la última solicitud del cálculo de la liquidación de cuotas dentro del período de presentación en plazo reglamentario correspondiente, estas exenciones únicamente se aplicarán a las liquidaciones que se presenten con posterioridad, pero no a los períodos ya liquidados.

Las comunicaciones y declaraciones anteriores se deberán realizar, mediante la transmisión de los datos que establezca la TGSS, a través del Sistema de remisión electrónica de datos en el ámbito de la Seguridad Social (Sistema RED), regulado en la Orden ESS/484/2013, de 26 de marzo (apdo. 7.º).

5.º) La TGSS comunicará al SEPE la relación de personas trabajadoras afectadas por los ERTEs ETOP y RED en su modalidad sectorial (apdo. 8.º). Este, por su parte, verificará la realización de las acciones formativas y, si estas no se han realizado, la TGSS informará de tal circunstancia a la ITSS para que ésta inicie los expedientes sancionadores y liquidatorios de cuotas que correspondan, respecto de cada una de las personas trabajadoras por las que no se hayan realizado dichas acciones.

6.º) Las empresas que se hayan beneficiado de las exenciones en los ERTEs ETOP y RED en su modalidad sectorial, que incumplan las obligaciones de formación deberán ingresar el importe de las cotizaciones de cuyo pago resultaron exoneradas respecto de cada trabajador en el que se haya incumplido este requisito, con el recargo y los intereses de demora correspondientes, según lo establecido en las normas recaudatorias de la Seguridad Social, previa determinación por la ITSS del incumplimiento de estas obligaciones y de los importes a reintegrar (apdo. 9.º). No obstante, en el supuesto de que la empresa acredite la puesta a disposición de las personas trabajadoras de las acciones formativas no estará obligada al reintegro de las exenciones cuando la persona trabajadora no las haya realizado (apdo. 8.º).

7.º) En cualquier caso, el nuevo art. 47.7.e) del ET prescribe que *«los beneficios en materia de cotización vinculados a los expedientes de regulación temporal de empleo, de carácter voluntario para la empresa, estarán condicionados, asimismo, al mantenimiento en el empleo de las personas trabajadoras afectadas con el contenido y requisitos previstos en el apartado 10 de la disposición adicional cuadragésima cuarta del texto refundido de la Ley General de la Seguridad Social, aprobado por el Real Decreto Legislativo 8/2015, de 30 de octubre»*.

En fin, corresponde a la ITSS, en el ejercicio de sus competencias, el control del cumplimiento de los requisitos y de las obligaciones establecidas en relación con las exenciones en las cotizaciones de la Seguridad Social (DA 45.ª.1 LGSS). A tales efectos, se desarrollarán aquellas acciones de control que se determinen sobre la correcta aplicación de las exenciones en el pago de las cuotas de la Seguridad Social, pudiendo iniciarse en caso de incumplimiento de la normativa los correspondientes expedientes sancionadores y liquidatorios de cuotas. En particular, vigilará la veracidad, inexactitud u omisión de datos o declaraciones responsables proporcionadas por las empresas o por cualquier otra información que haya sido utilizada para el cálculo de las correspondientes liquidaciones de cuotas, y sobre la indebida existencia de actividad laboral durante los períodos comunicados por la empresa de suspensión de la relación laboral o reducción de la jornada de trabajo, en los que se hayan aplicado exenciones en la cotización. Asimismo, la TGSS realizará sus funciones de control en la cotización de estas contribuciones empresariales y de las reducciones en la cotización u otros beneficios que se apliquen las empresas por tales contribuciones, en el marco de sus competencias en materia de gestión y control de la cotización y de la recaudación de las cuotas y demás recursos de financiación del sistema de la Seguridad Social (DA 45.ª.2 LGSS).

La TGSS, el SEPE, el ISM y la ITSS tendrán acceso, a través de los procedimientos electrónicos que se establezcan, a todos los datos necesarios para la identificación y tipo del expediente de regulación temporal de empleo, de la empresa y de las personas trabajadoras incluidas en el expediente, el tipo de medida a aplicar, el período en el que se puede producir la reducción de jornada de trabajo o suspensión de los contratos de trabajo y el porcentaje máximo de reducción de jornada o periodo máximo de suspensión de contrato previsto respecto de cada persona trabajadora (DA 26.ª ET y art. 53 RPDC). A tales efectos, las Comunidades Autónomas podrán remitir la información que obre en su poder directamente a la TGSS, al SEPE y a la ITSS o poner dicha información a disposición del Ministerio de Trabajo y Economía Social, a través de los procedimientos que este departamento determine, para su posterior remisión a los organismos anteriores (DA 4.ª RD-l 4/2022, de 15 de marzo, por el que se adoptan medidas urgentes de apoyo al sector agrario por causa de la sequía). Las medidas anteriores serán aplicables a los ERTEs del Mecanismo RED (DA 4.ª RD-l 4/2022).

8.2. Reposición del derecho a la prestación por desempleo

La cotización, que continúa a cargo de la empresa durante la suspensión contractual o reducción temporal de la jornada, incluso para desempleo, al formar parte del contenido de la prestación, no sirve para abrir un nuevo derecho a la prestación por desempleo[250]. En efecto, de conformidad con el párrafo segundo del art. 269.2 de la LGSS, *«no se computarán las cotizaciones correspon-*

---

[250] En el mismo sentido, entre otras muchas, las SSTS de 16 de noviembre de 2023 (Rec. 5326/2022, *Tol 9.789.977*), 29 de abril de 2024 (Rec.

dientes al tiempo de abono de la prestación que efectúe la entidad gestora o, en su caso, la empresa, excepto cuando la prestación se perciba en virtud de la suspensión de la relación laboral prevista en el artículo 45.1.n) del texto refundido de la Ley del Estatuto de los Trabajadores, tal como establece el artículo 165.5 de esta ley». Ciertamente, durante el período de percepción de la prestación por desempleo derivada de la extinción del contrato de trabajo no se cotiza por la contingencia del desempleo (art. 273.3 LGSS), por lo que es lógico que dichas cotizaciones no sean computadas de cara a generar un futuro derecho. Sin embargo, en los supuestos de suspensión contractual o reducción temporal de jornada, se cotiza por todas las contingencias, incluida la de desempleo (art. 273.2 LGSS). En este contexto, carece de sentido la aplicación de la regla del art. 269.2 de la LGSS. Por ello, se ha postulado la necesidad de modificar la ley en este punto en aras a considerar computables, en consonancia con lo establecido en el art. 273.2 de la LGSS, las cotizaciones correspondientes a fases de percepción de las prestaciones por desempleo provenientes de una suspensión contractual o reducción temporal de jornada o, en su defecto, a eliminar la cuota relativa a la contingencia de desempleo de la cotización del perceptor de prestaciones por desempleo total temporal o por desempleo parcial.

Además, la percepción de la prestación por desempleo total temporal o por desempleo parcial incide negativamente sobre las futuras prestaciones de desempleo de los trabajadores, al haberse puesto fin a la doble valencia de las cotizaciones en los supuestos de suspensión contractual o reducción temporal de jornada y posterior extinción de los contratos de trabajo[251]. En efecto, las cotizaciones que hayan sido computadas para el reconocimiento de un derecho anterior (contributivo o asistencial) no podrán ser tenidas en cuenta para un futuro y eventual derecho. Y así, en caso de sus-

---

429/2023 y 602/2023, *Tol 10.016.852* y *Tol 10.016.331*) y 24 de septiembre de 2024 (Rec. 3565/2023, *Tol 10.218.767*).

251 Cfr. la STS de 20 de noviembre de 1995 (Recud. 36/1995); y las SSTSJ del País Vasco de 21 de noviembre de 1995 (Rec. 140/1995) y de Galicia de 26 de octubre de 1999 (Rec. 4442/1996).

pensión contractual o reducción temporal de jornada, los trabajadores pasarán a la situación de desempleo sin que las cotizaciones que sirvieron para la prestación por suspensión o reducción de jornada sirvan posteriormente para abrir un nuevo derecho tras la extinción de los contratos. En esta situación, los períodos de suspensión o reducción de jornada van consumiendo o neutralizando la prestación por desempleo y, si se alternan con períodos de trabajo, las cotizaciones correspondientes a los períodos de trabajo intercurrentes de duración igual o superior a doce meses crearán una nueva situación legal de desempleo y un futuro derecho de opción, en su caso, entre lo que reste de la prestación anterior (**a**) y la apertura de un derecho nuevo (**b**) (art. 269.3 LGSS).

a) Pese a que el art. 269.2 de la LGSS parece salvar de cara a futuros derechos todas las cotizaciones que no hayan sido utilizadas para el reconocimiento de un derecho anterior, los arts. 269.3 de la LGSS y 3.2 del RD 625/1985 excluyen del cómputo a efectos de derechos sucesivos las cotizaciones correspondientes a períodos de trabajo intercurrentes cuando, generando el reconocimiento de un nuevo derecho por sumar 360 días de cotización, el trabajador opte por reabrir o retornar al derecho anterior por lo que reste, al ser más favorable[252].

b) Y si el trabajador opta por abrir un derecho nuevo, las cuotas no «utilizadas» teóricamente del derecho anterior, pese a no haberlo agotado, tampoco se guardan para futuros derechos, de suerte que sólo computarán las cuotas que den lugar a un nuevo derecho y se opte por él[253].

Como quiera que la alternancia suspensiones contractuales o reducciones temporales de jornada, cuando la situación económica de las empresas es crítica, puede verse frenada por la regulación reseñada e, incluso, por la propia presión de los trabajadores, dados los intereses en juego, en algunas ocasiones el legislador ha

---

252 STSJ de Cataluña de 6 de junio de 2013 (Rec. 5818/2012).

253 SSTSJ de Navarra de 25 de marzo de 2013 (Rec. 481/2012) y de Cataluña de 5 de julio de 2013 (Rec. 7422/2012).

mantenido con carácter coyuntural la doble valencia de las cotizaciones por desempleo en los supuestos de suspensión contractual o de reducción temporal de jornada y posterior extinción de los contratos por causas económicas, técnicas, organizativas o de producción a través del denominado mecanismo de la reposición de la prestación por desempleo, aunque sólo cuando esas situaciones se produjeran entre determinadas fechas[254]. En estos casos se reconocía el derecho a la reposición de las prestaciones por desempleo de nivel contributivo por el mismo número de días que los trabajadores hubieran permanecido en situación de desempleo total temporal o de desempleo parcial en virtud de aquellas suspensiones o reducciones con un límite máximo de días. Esto es, las prestaciones por desempleo que se hubieran disfrutado durante los ERTEs no se tenían por consumidas a los efectos de una sucesiva situación de desempleo definitivo por extinción del contrato con un límite máximo de días de prestación.

En la actualidad, la reposición del derecho a la prestación por desempleo, como se verá, se contempla en el marco de los ERTEs FM, RED, COVID-19, erupción del volcán en la isla de La Palma y DANA. Por consiguiente, en la actualidad sólo los ERTEs comunes ETOP se rigen por las reglas que se exponen en el presente apartado. En cualquier caso, las empresas se pueden comprometer a «reponer» las prestaciones de desempleo que los trabajadores afectados hubieran consumido con anterioridad con ocasión de uno o varios ERTEs ETOP. En estos casos, sólo se percibirá esa especial compensación cuando se produzca un perjuicio real en el cobro de las prestaciones por desempleo a que haya de accederse después de la extinción contractual, por haberse consumido aquéllas en todo o en parte durante los ERTEs[255].

---

254 Cfr. el art. 16 de la Ley 3/2012, en línea con las Leyes 27/2009 y 35/2010, o el art. 3 del RD-l 1/2013, de 25 de enero. Por todos, ROQUETA BUJ, R., *Los expedientes de regulación temporal de empleo*, 2.ª Edición, Tirant lo Blanch, Valencia, 2021, págs. 120 y ss.

255 SSTS de 30 de junio de 2011 (Recud. 3247/2010), 2 de julio de 2011 (Recud. 3536/2010) y 5 de julio de 2011 (Recud. 3136/2010).

9. *Medidas especiales en materia de protección por desempleo para los ERTEs FM*

El art. 24.2.b) de la LSNPC preceptúa que cuando se declare una zona afectada gravemente por una emergencia de protección civil la TGSS *«podrá exonerar al empresario del abono de las cuotas de la Seguridad Social y por conceptos de recaudación conjunta mientras dure el periodo de suspensión, manteniéndose la condición de dicho período como efectivamente cotizado por el trabajador»*, y el SEPE *«podrá autorizar»* que *«reciban prestaciones por desempleo aquellos trabajadores que carezcan de los períodos de cotización necesarios para tener derecho a ellas»* y que el tiempo en que se perciban las prestaciones por desempleo que traigan su causa inmediata de la emergencia *«no se compute a los efectos de consumir los períodos máximos de percepción establecidos»*[256].

Es más, de conformidad con la DA 46.ª de la LGSS, añadida por el RD-l 2/2022, de 22 de febrero, por el que se adoptan medidas urgentes para la protección de los trabajadores autónomos, para la transición hacia los mecanismos estructurales de defensa del empleo, y para la recuperación económica y social de la isla de La Palma, y se prorrogan determinadas medidas para hacer frente a situaciones de vulnerabilidad social y económica, las personas trabajadoras afectadas por los ERTEs FM, causados o no por impedimentos o limitaciones derivadas de decisiones adoptadas por las autoridades competentes, disfrutarán de tres medidas especiales en el ámbito de las prestaciones contributivas por desempleo vinculadas a dichos expedientes, a saber[257]:

---

[256] Los cotizantes a la Seguridad Social que, teniendo derecho a las exenciones, hayan satisfecho las cuotas correspondientes a las mismas, *«podrán pedir la devolución de las cantidades ingresadas, incluidos, en su caso, los intereses de demora, los recargos y costas correspondientes, en los términos legalmente previstos»* y, si fueran deudores a la Seguridad Social por cuotas correspondientes a otros períodos, *«el crédito por la devolución será aplicado al pago de deudas pendientes con aquélla en la forma que legalmente proceda»* [art. 24.2.b).3.º LSNPC].

[257] El RD-l entró en vigor el 24 de febrero de 2022 (DF 13.ª RD-l 2/2022).

1.ª) Tendrán **derecho** al reconocimiento de la prestación contributiva por desempleo, **aunque carezcan del período de ocupación cotizada mínimo necesario para ello**.

2.ª) La **cuantía de la prestación se determinará aplicando a la base reguladora el porcentaje del 70%**, durante toda la vigencia de la medida, si bien ajustando, en su caso, dicha cifra a las cuantías máximas y mínimas previstas con carácter general en el art. 270.3 de la LGSS.

3.ª) El acceso a esta prestación **no implicará el consumo de las cotizaciones previamente efectuadas a ningún efecto**. La norma introduce una regla especial en cuya virtud en los supuestos de suspensión contractual o de reducción temporal de jornada por fuerza mayor y posterior extinción de los contratos, los trabajadores tienen derecho a que no se les descuente de la prestación que tuvieran suspendida ningún día de desempleo consumido durante el tiempo que estuvieron afectados por el ERTE y a que dicho tiempo tenga la consideración de un paréntesis no computable a efectos de determinar el período cotizado en los seis años anteriores a la nueva situación legal de desempleo o al momento en que cesó la obligación de cotizar para poder acceder a una nueva prestación por desempleo ordinaria y, en su caso, determinar su duración. Por lo demás, esta medida se aplica en todo caso, con independencia de la fecha y de la causa en cuya virtud se produzca la nueva situación legal de desempleo y aunque dicha situación tenga lugar en el marco de otra relación laboral con una empresa diferente.

10. Gestión

10.1. Entidad responsable de las prestaciones o subsidios

Corresponde al SEPE [o, en su caso, al Instituto Social de la Marina (ISM)] el reconocimiento, suspensión, extinción y reanudación de las prestaciones por desempleo, tanto en su nivel contributivo como asistencial (art. 294.1 LGSS).

10.2. Tramitación

La entidad gestora resolverá el expediente de solicitud de prestaciones, concediéndolas o denegándolas (art. 296 LGSS). La denegación de la prestación o del subsidio deberá comunicarse al interesado, indicando los motivos en los que se basa esa denegación. Si, por el contrario, se conceden, la resolución se remitirá al domicilio del solicitante, indicando, entre otros extremos: el período de duración de la prestación o subsidio reconocido; y, en su caso, la base reguladora de la prestación.

El plazo máximo para resolver el procedimiento será de quince días que se computarán a partir de la fecha en que se hubiera formulado la solicitud en tiempo y forma (art. 296.1 LGSS). Una vez transcurrido el plazo máximo fijado sin que haya recaído resolución expresa, se entenderá desestimada la petición por silencio administrativo (art. 129.3 LGSS).

Si el trabajador no estuviera de acuerdo con la resolución podrá interponer reclamación previa contra la misma, y si ésta fuera desestimada —expresamente o por silencio al transcurrir 45 días sin respuesta—, podrá presentar demanda ante el Juzgado de lo Social en el plazo de 30 días (arts. 303 LGSS y 71 LJS).

10.3. Pago de las prestaciones

El pago de la prestación o subsidio por desempleo total se efectuará por el SEPE (art. 294.1 LGSS) y el de la prestación por desempleo parcial por la empresa en régimen de pago delegado, excepto cuando el SEPE asuma el pago directo o así lo determine la autoridad laboral, cuando la situación económica de la empresa así lo aconseje [arts. 294.2 y 298.f) LGSS, 26.4 RPD y 16 O. 25 noviembre 1996]. Sin embargo, esta regla resulta difícilmente justificable, pues no tiene sentido que la empresa esté obligada a adelantar una prestación cuando la reducción de jornada no se produce por días completos y no lo esté cuando dicha reducción se desarrolle por días completos. En cualquier caso, en la práctica se ha dejado de aplicar la previsión relativa al pago delegado de la prestación por desempleo parcial.

El pago de la prestación o subsidio se realizará por mensualidades vencidas de treinta días —salvando, en su caso, la del mes de inicio o fin de la percepción—, a través de la entidad financiera elegida por el trabajador (art. 26.1 y 2 RPD).

11. La simplificación de actuaciones administrativas ante el SEPE y la TGSS

Al objeto de reducir las cargas administrativas de las empresas, reglamentariamente se establecerá por el SEPE y la TGSS, un *«procedimiento único»* a través del cual las empresas puedan comunicar, a ambas entidades, el inicio y finalización de los períodos de suspensión temporal de contratos de trabajo y reducción temporal de jornada de trabajo de los trabajadores afectados por un ERTE (DA 42.ª LGSS, añadida por el art. 3.6 del RD-l 32/2021). A través de dicho procedimiento las empresas deberán poder comunicar esta información de tal forma que la misma surta efecto para el desarrollo de la totalidad de las competencias de ambas entidades.

12. Régimen sancionador y reintegro de prestaciones indebidas

Son infracciones muy graves en materia de Seguridad Social, *«efectuar declaraciones, o facilitar, comunicar o consignar datos falsos o inexactos que den lugar a que las personas trabajadoras obtengan o disfruten indebidamente prestaciones, así como la connivencia con sus trabajadores/as o con las demás personas beneficiarias para la obtención de prestaciones indebidas o superiores a las que procedan en cada caso, o para eludir el cumplimiento de las obligaciones que a cualquiera de ellos corres-*

ponda en materia de prestaciones» [art. 23.1.c) LISOS][258]. En tales supuestos, se entenderá que la empresa *«incurre en una infracción por cada una de las personas trabajadoras que hayan solicitado, obtenido o disfruten fraudulentamente de las prestaciones de Seguridad Social»* (art. 23.2 LISOS). Además, la empresa *«responderá directamente de la devolución de las cantidades indebidamente percibidas por la persona trabajadora, siempre que no concurra dolo o culpa de esta»* (art. 43.3 LISOS) y *«solidariamente»* con la persona trabajadora cuando medie dolo o culpa de esta (art. 23.2 LISOS). Ciertamente, el art. 26.3 de la LISOS contempla la siguiente infracción muy grave de los trabajadores o asimilados: *«La connivencia con el empresario para la obtención indebida de cualesquiera prestaciones de la Seguridad Social»*[259].

---

[258] Hay hechos indiciarios más que suficientes para presumir que la contratación del hijo de la administradora de la empresa en fecha 20 de marzo de 2.020 no tenía otra finalidad que la indebida percepción por parte de éste de prestaciones de desempleo [STSJ de Castilla-La Mancha de 8 de marzo de 2024 (Rec. 2254/2022)]. En efecto, además del parentesco existente, lo cierto es que la contratación se produce una vez decretado el Estado de Alarma, cuando era presumible que se tramitase el ERTE FM, y sin que la actora haya acreditado en modo alguno que dicha contratación tuviera por objeto satisfacer una necesidad de mano de obra. La STSJ de Galicia de 5 de junio de 2024 (Rec. 1444/2024) también confirma la sanción a la empresa por presentar solicitudes con falsedades o incorrecciones, sancionable como falta muy grave desde el 28 de marzo de 2020, fecha de entrada en vigor del RD-l 9/2020, de 27 de marzo. La actuación de la empresa recurrente encaja perfectamente en el tipo infractor del art. 23.1.c) de la LISOS vigente en el momento de su comisión. Se falsearon documentos para que los trabajadores disfrutaran fraudulentamente de prestaciones por desempleo. La empresa presentó una solicitud colectiva de prestación por desempleo para sus trabajadores el 1 de abril de 2020, declarando como fecha de cese de la prestación de servicios por acogimiento a ERTE, y por tanto determinante del inicio del derecho a percibir la prestación por desempleo, el 14 de marzo de 2020. Sin embargo, consta que los trabajadores prestaron servicios hasta el día 31 de marzo de 2020, y no obstante percibieron la prestación entre el 14 y el 31 de marzo.

[259] Cfr. la STSJ del Principado de Asturias de 5 de noviembre de 2024 (Rec. 1146/2024).

III. EL DESARROLLO DE ACCIONES FORMATIVAS PARA LOS TRABAJADORES AFECTADOS

El ET introduce las siguientes reglas en aras a promover el desarrollo por las empresas de acciones formativas para los trabajadores afectados a fin de aumentar su polivalencia o incrementar su empleabilidad[260]:

1.ª) La nueva DA 25.ª del ET, añadida por el art. 1.13 del RD-l 32/2021, de 28 de diciembre, establece que durante la aplicación de los ERTEs ETOP, FM y RED, las empresas *«podrán desarrollar acciones formativas para cada una de las personas afectadas, que tendrán como objetivo la mejora de las competencias profesionales y la empleabilidad de las personas trabajadoras»*. Idea en la que insisten los arts. 16.7 y 50 del RPDC. Al referir la norma *«podrán»* no supone una obligación sino más bien una opción de las empresas para que puedan llevar a cabo esas acciones formativas durante la aplicación del ERTE. Y, por ello, la falta de desarrollo de estas no lleva anudada la declaración de nulidad del ERTE[261]. No obstante, según el art. 50.1 del RPDC, las empresas que apliquen ERTEs ETOP y que se beneficien voluntariamente de las exenciones en la cotización a la Seguridad Social que se indican en la DA 44.ª de la LGSS y en el art. 49 del RPDC *«deberán desarrollar estas acciones formativas»* y, en caso contrario, serán obligadas al reintegro de dichas exenciones.

2.ª) A través de estas acciones se priorizará el desarrollo de acciones formativas dirigidas a atender las necesidades formativas reales de las empresas y las personas trabajadoras incluyendo las vinculadas a la adquisición de competencias digitales, así como aquellas que permitan recualificar a las personas trabajadoras, aunque no tengan relación di-

---

[260] Cfr. la SAN de 16 de marzo de 2021 (Proc. 515/2020).

[261] STSJ del País Vasco de 26 de marzo de 2024 (Rec. 419/2024).

recta con la actividad desarrollada en la empresa (DA 25.ª ET y art. 50.1 RPDC).

3.ª) Las acciones formativas se desarrollarán a través de cualquiera de los tipos de formación previstos en la Ley Orgánica 3/2022, de 31 de marzo, de ordenación e integración de la Formación Profesional, en la Ley 30/2015, de 9 de septiembre, por la que se regula el Sistema de Formación Profesional para el empleo en el ámbito laboral y en la Ley Orgánica 2/2023, de 22 de marzo, del Sistema Universitario, de acuerdo con los requisitos y procedimientos establecidos en dichas normas, o a través de cualquier otro sistema de formación acreditada (DA 25.ª ET y art. 50.2 RPDC). A estos efectos se establecerán los mecanismos de colaboración oportunos entre las Administraciones públicas en el marco de sus competencias (art. 50.2 RPDC).

4.ª) Las acciones formativas deberán desarrollarse durante la aplicación de la reducción de la jornada o suspensión del contrato, en el ámbito de un expediente de regulación temporal de empleo, o en tiempo de trabajo (DA 25.ª ET y art. 50.3 RPDC), y en todo caso antes de que transcurran seis meses desde la finalización del periodo de vigencia del expediente (art. 50.3 RPDC). En cualquier caso, deberán respetarse los descansos legalmente establecidos y el derecho a la conciliación de la vida laboral, personal y familiar (DA 25.ª ET y art. 50.3 RPDC).

5.ª) Las empresas que desarrollen acciones formativas en los términos anteriores, tendrán derecho *«a un incremento de crédito para la financiación de acciones en el ámbito de la formación programada, en los términos previstos en el artículo 9.7 de la Ley 30/2015, de 9 de septiembre, por la que se regula el Sistema de Formación Profesional para el empleo en el ámbito laboral»* (arts. 47.7.d) y 50.4 RPDC). A tales efectos, el art. 4 del RD-l 32/2021 introduce un nuevo ap. 7.º en el art. 9 de la Ley 30/2015, de 9 de septiembre, por la que se regula el Sistema de Formación Profesional para el empleo en el ámbito laboral, en cuya virtud las empresas que formen a personas afectadas por ERTES ETOP, FM o RED, tendrán derecho a un incremento de crédito para la financiación de acciones en el ámbito de la formación programada de la cantidad que se indica a continuación, en función del tamaño de la empresa:

«a) De 1 a 9 personas trabajadoras: 425 euros por persona.

b) De 10 a 49 personas trabajadoras: 400 euros por persona.

c) De 50 o más personas trabajadoras: 320 euros por persona».

Este incremento de crédito será financiado a través de una aportación extraordinaria al presupuesto del SEPE y las cuantías reseñadas anteriormente *«podrán, en su caso, ser actualizadas reglamentariamente»*. Asimismo, para el seguimiento de esta formación, el SEPE será reforzado en sus unidades provinciales de gestión.

IV. EL RESCATE DE LOS TRABAJADORES AFECTADOS

Durante el periodo de aplicación del expediente, la empresa, respetando los criterios de afectación y desafectación acordados con la representación legal de los trabajadores en el acuerdo de consultas o, en su defecto, establecidos unilateralmente en la decisión final del ERTE[262], ***«podrá desafectar y afectar a las personas trabajadoras*** *en función de las alteraciones de las circunstancias señaladas como causa justificativa de las medidas»* [arts. 47.7.c) ET y 16.5 RPDC]. Se permite de este modo mantener vivo o activo el ERTE durante el período de su vigencia, afectando y desafectando sucesivamente a las personas trabajadoras en función del cambio de circunstancias y de las necesidades de la empresa. No obstante, previamente esta debe **informar** de ello **a la representación legal de las personas trabajadoras y comunicar los cambios al SEPE y a la TGSS**, conforme a los plazos establecidos reglamentariamente

262 Cfr. las SSTSJ de Canarias de 12 de septiembre de 2024 (Rec. 724/2023) y de Madrid de 27 de septiembre de 2024 (Rec. 397/2024).

a través de los procedimientos automatizados que establezcan dichas entidades [arts. 47.7.c) ET y 16.5 RPDC]. Es más, las empresas están obligadas a comunicar al SEPE *«con carácter previo a que se produzcan, las variaciones realizadas en el calendario, o en el horario inicialmente previsto para cada uno de los trabajadores afectados, en los supuestos de aplicación de medidas de suspensión de contratos o de reducción de jornada previstas en el artículo 47 del texto refundido de la Ley del Estatuto de los Trabajadores»* [art. 298.h) LGSS].

En fin, se consideran **infracciones graves** el incumplimiento de la obligación de comunicar al SEPE, con carácter previo a su efectividad, las medidas de suspensión o reducción de jornada, en la forma y con el contenido establecido reglamentariamente, *«así como la no comunicación, con antelación a que se produzcan, de las variaciones que se originen sobre el calendario inicialmente dispuesto, en relación con la concreción e individualización por trabajador de los días de suspensión o reducción de jornada, así como en este último caso, el horario de trabajo afectado por la reducción»* (art. 22.13 LISOS). Asimismo, se considera **infracción muy grave** *«dar ocupación a los trabajadores afectados por la suspensión de contratos o reducción de jornada, en el período de aplicación de las medidas de suspensión de contratos o en el horario de reducción de jornada comunicado a la autoridad laboral o a la entidad gestora de las prestaciones por desempleo, en su caso»* [art. 23.1.j) LISOS][263].

V. LA OBLIGACIÓN DE MANTENER TEMPORALMENTE EN EL EMPLEO A LOS TRABAJADORES AFECTADOS POR LOS ERTES BONIFICADOS

El art. 47.7.e) del ET establece que *«los beneficios en materia de cotización vinculados a los expedientes de regulación temporal de empleo, de carácter voluntario para la empresa, estarán condicionados, asimismo, al mantenimiento en el empleo de las personas trabajadoras afectadas con*

---

263 STSJ de Galicia de 30 de septiembre de 2024 (Rec. 1852/2024).

el contenido y requisitos previstos en el apartado 10 de la disposición adicional cuadragésima cuarta del texto refundido de la Ley General de la Seguridad Social, aprobado por el Real Decreto Legislativo 8/2015, de 30 de octubre».

Y el apartado 10 de la nueva DA 44.ª de la LGSS, en su nueva redacción dada por el art. 69 del RD-l 1/2025, de 28 de enero, dispone la siguiente regulación:

> *«Las exenciones en la cotización reguladas en la presente disposición adicional estarán condicionadas al mantenimiento en el empleo de las personas trabajadoras afectadas durante un mínimo de seis meses y un máximo de dos años siguientes a la finalización del periodo de vigencia del expediente de regulación temporal de empleo.*
>
> *Las empresas que incumplan este compromiso deberán reintegrar el importe de las cotizaciones de cuyo pago resultaron exoneradas en relación a la persona trabajadora respecto de la cual se haya incumplido este requisito, con el recargo y los intereses de demora correspondientes, según lo establecido en las normas recaudatorias de la Seguridad Social, previa comprobación del incumplimiento de este compromiso y la determinación de los importes a reintegrar por la Inspección de Trabajo y Seguridad Social.*
>
> *No se considerará incumplido este compromiso cuando el contrato de trabajo se extinga por despido disciplinario declarado como procedente, dimisión, muerte, jubilación o incapacidad permanente total, absoluta o gran invalidez de la persona trabajadora. Tampoco se considera incumplido por el fin del llamamiento de las personas con contrato fijo-discontinuo, cuando este no suponga un despido sino una interrupción del mismo.*
>
> *En particular, en el caso de contratos temporales, no se entenderá incumplido este requisito cuando el contrato se haya formalizado de acuerdo con lo previsto en el artículo 15 del Estatuto de los Trabajadores y se extinga por finalización de su causa, o cuando no pueda realizarse de forma inmediata la actividad objeto de contratación».*

Los beneficios en la cotización a la Seguridad Social aplicables a los ERTEs y al Mecanismo RED estaban condicionados al mantenimiento en el empleo de las personas trabajadoras afectadas durante los seis meses siguientes a la finalización del periodo de vigencia del expediente de regulación temporal de empleo. Con la finalidad de permitir una mejor adaptación a las circunstancias particulares de cada caso y de garantizar, en su caso, un compromiso reforzado de mantenimiento de los puestos de trabajo, el art. 69 del RD-l 1/2025 modifica el apartado 10 de la DA 44.ª de la LGSS, para establecer que esa obligación se extenderá durante un **mínimo de seis meses y un máximo de dos años siguientes al periodo de vigencia del ERTE**. No obstante, habrá que estar al desarrollo reglamentario para determinar a quién le corresponde determinar la duración del compromiso de mantenimiento del empleo en un ERTE en concreto. Las exenciones de cuotas dependen de la TGSS, pero no parece que esta sea la competente para determinar quiénes deben reintegrar o no las ayudas dependiendo de la duración del compromiso de mantenimiento del empleo tras finalizar el ERTE dentro de un período tan flexible como es el de 6 a 24 meses.

En caso de **incumplimiento de esta obligación**, la empresa deberá reintegrar las bonificaciones aplicadas en relación con los trabajadores respecto de los cuales haya incumplido el compromiso de permanencia, con el recargo y los intereses de demora correspondientes, según lo establecido en las normas recaudatorias de la Seguridad Social, previa comprobación del incumplimiento de este compromiso y la determinación de los importes a reintegrar por la ITSS, y sin perjuicio de la aplicación de lo establecido en la LISOS.

Nótese, por lo demás, que la norma no obliga a mantener el empleo en la empresa sino a **mantener en el empleo a los trabajadores cuya cotización haya sido objeto de bonificación**, lo que puede dar lugar a problemas o estrategias complicadas en la gestión de los recursos humanos si las medidas de ajuste temporal resultan insuficientes. En efecto, la norma puede llevar a que el empresario, a fin de no devolver la bonificación, despida al colectivo de trabajadores no afectados por el ERTE, a pesar de que sean los más cualificados y/o hayan aceptado otras medidas alternativas a la suspensión contractual o reducción de jornada, como traslados o modificaciones sustanciales de sus condiciones de trabajo.

Con todo, el ET proclama de modo expreso el deber general del empresario de ejercer de modo *«regular»* (y en la regularidad entra el actuar de buena fe, al que se opone la conducta abusiva) su poder directivo [arts. 5.c) y 20.2]. Dicho deber obliga al empresario a adecuar su libertad de selección, más allá de los que pudieran considerarse sus puros intereses egoístas, a los intereses objetivos de la empresa, a los que no son ajenos los trabajadores, y se opone a que el empresario pueda adoptar decisiones abusivas o fraudulentas que lesionen los derechos de estos. De este modo, las facultades directivas empresariales deben desarrollarse de forma correcta y leal, adecuándose a las específicas causas que las justifican. Por ello, el empresario, al designar a los trabajadores despedidos, no puede perseguir un resultado prohibido por la Ley ni causar un daño abusivo, si bien el ejercicio abusivo del derecho debe acreditarse por el demandante mediante prueba plena, o aportación de indicios realmente sólidos y solventes[264].

No se considerará incumplida la obligación de mantener en el empleo al trabajador cuya cotización haya sido bonificada cuando su contrato se extinga por despido disciplinario *«declarado como procedente»265*, dimisión, muerte, jubilación o incapacidad permanente total, absoluta o gran invalidez del trabajador, por el fin del llamamiento de las personas con contrato fijo-discontinuo, cuando este no suponga un despido sino una interrupción del mismo, o, en el caso en el caso de los contratos temporales, por la expiración del tiempo convenido o la realización de la obra o servicio que constituye el objeto del contrato temporal o *«cuando no pueda realizarse de forma inmediata la actividad objeto de contratación»*.

---

264 Cfr. SSTS de 3 de noviembre de 2004 (Recud. 2810/2011) y 20 de junio de 2012 (Rec. 31/2011).

265 Si el despido disciplinario no es impugnado por el trabajador, habrá que reconocer al empleador la posibilidad de demostrar la procedencia del mismo en el momento en el que se le exija el reintegro del importe de las cotizaciones de cuyo pago resultó exonerado.

VI. LA APORTACIÓN ECONÓMICA AL TESORO PÚBLICO POR LOS TRABAJADORES DE 50 O MÁS AÑOS AFECTADOS POR ERTES CUYOS CONTRATOS SE EXTINGAN EN EL AÑO SIGUIENTE POR DESPIDO COLECTIVO

El art. 51.11 del ET establece que las empresas que realicen despidos colectivos de acuerdo con lo establecido en dicho precepto, y que incluyan a trabajadores de 50 o más años, deberán efectuar una aportación económica al Tesoro Público de acuerdo con lo establecido legalmente. Esta genérica previsión tiene por finalidad hacer más gravosos los despidos colectivos en determinadas empresas si incluyen trabajadores de 50 o más años en las que concurran las siguientes circunstancias: a) Que sean realizados por empresas de más de 100 trabajadores o por empresas que formen parte de grupos de empresas que empleen a ese número de trabajadores. b) Que afecten a trabajadores de 50 o más años. c) Que, aun concurriendo las causas económicas, técnicas, organizativas o de producción que los justifiquen, las empresas o el grupo de empresas del que forme parte hubieran tenido beneficios en los dos ejercicios económicos anteriores a aquél en que el empresario inicia el procedimiento de despido colectivo.

La cuantía exacta que deberá ser ingresada en el Tesoro Público se obtiene de la aplicación sobre el importe bruto, desde la fecha del despido, de las prestaciones y subsidios por desempleo de los trabajadores de 50 o más años de edad afectados por el despido colectivo, incluidas las cotizaciones a la Seguridad Social realizadas por el SEPE, de un tipo establecido en función tres circunstancias: el porcentaje de trabajadores de 50 o más años afectados por el despido colectivo en relación con el número de trabajadores despedidos; el porcentaje de beneficios sobre los ingresos de la empresa y el número de trabajadores de éstas, de acuerdo con lo previsto en la DA 16.ª de la Ley 27/2011, de 1 de agosto, sobre actualización, adecuación y modernización del sistema de Seguridad Social. La previsión se encuentra desarrollada en el RD

1484/2012, de 29 de octubre, sobre las aportaciones económicas a realizar por las empresas con beneficios que realicen despidos colectivos que afecten a trabajadores de 50 o más años.

Pues bien, el apartado 11 de la DA 16.ª de la Ley 27/2011 incluye como **elemento integrante** de la aportación **las prestaciones por desempleo percibidas por los trabajadores de 50 o más años afectados por medidas de regulación temporales de empleo cuyos contratos de trabajo sean extinguidos en el año siguiente**. En este sentido, se establece que para el cálculo de la aportación económica al Tesoro Público, se tomará en cuenta el importe de las cantidades realizadas por el SEPE durante los periodos de aplicación de los ERTEs que afecten a los trabajadores de 50 o más años, previos a la extinción de los contratos, incluidos, en su caso, los que pudieran corresponder en concepto de reposición de la duración de la prestación por desempleo de nivel contributivo, y que cuando los trabajadores cumplan la edad de 50 años durante la vigencia del ERTE, únicamente se tomará en cuenta para el cálculo de la aportación económica el importe de las cantidades realizadas por el SEPE que correspondan al periodo posterior al cumplimiento de dicha edad (DA 16.ª Ley 27/2011 y art. 3.3 RD 1484/2012). Y, además, dichos trabajadores se incluirán para determinar el porcentaje indicado de trabajadores despedidos de 50 o más años sobre el total de trabajadores despedidos [art. 4.a) RD 1484/2012].

Capítulo Quinto

El Mecanismo RED de Flexibilidad y Estabilización del Empleo

I. INTRODUCCIÓN

Como se indica expresamente en la exposición de motivos del RD-l 32/2021, la exitosa experiencia con los ERTEs en los años anteriores, a raíz de la crisis sanitaria y económica derivada de la COVID-19, proporciona una base para *«avanzar hacia un mecanismo permanente, que garantice un marco de flexibilidad ante fluctuaciones de la demanda, alternativo a la alta temporalidad y a la elevada oscilación del empleo y que contribuya a la estabilidad laboral y económica, con un fuerte apoyo a la formación y recualificación de las personas trabajadoras, invirtiendo, así, en el capital humano del país, sobre la base de beneficios en la cotización a la Seguridad Social»*. Adicionalmente, el intenso proceso de digitalización y cambio tecnológico *«exige disponer de instrumentos que acompañen la transición y recualificación de las personas trabajadoras en los sectores más afectados, con el fin de que puedan disponer de las capacidades necesarias para ocupar los puestos de trabajo de calidad que se crearán en el futuro, en sus empresas actuales o en otras empresas o ámbitos de actividad»*.

Sobre la base de esta experiencia, se integrará en el conjunto del sistema de relaciones laborales un nuevo mecanismo de estabilización económica y de flexibilidad interna de las empresas, alternativo a la destrucción de empleo y a la alta temporalidad, que permita lograr un doble objetivo: *«(i) proteger el empleo ante las crisis económicas y las dificultades del mercado y (ii) acompañar los procesos de cambio estructural para evitar un impacto macroeconómico negativo del que resulte la pérdida del capital humano, del crecimiento potencial y del bienestar del conjunto de la sociedad»*. La finalidad del nuevo mecanismo de flexibilidad y estabilización —que también cuenta con importantes beneficios en la cotización a la Seguridad Social— *«consiste en proteger el empleo, primar el ajuste temporal de las horas de trabajo, impulsar la estabilidad de las relaciones laborales, de la inversión y del capital humano»*. Y así, el Mecanismo RED de Flexibilidad y Estabilización del Empleo es definido en el nuevo art. 47 bis del ET como *«un instrumento de flexibilidad y estabilización del empleo que, una vez activado por el Consejo de Ministros, permitirá a las empresas la solicitud de medidas de reducción de jornada y suspensión de contratos de trabajo»* (apdo. 1.º).

En virtud de las habilitaciones recogidas en las DD.FF. 2.ª del ET y 7.ª del RD-l 32/2021, el RRED implementa lo dispuesto en el art. 47 bis del ET, dotando al Mecanismo RED de un régimen jurídico completo, en lo que se refiere a sus diversos elementos: El procedimiento para que las empresas puedan aplicar las medidas de reducción de jornada o suspensión de contratos, las competencias sobre su gestión, la gobernanza del mecanismo y sus garantías —protección de las personas trabajadoras, beneficios en la cotización a la Seguridad Social, acciones formativas, compromiso de mantenimiento del empleo, límites en materia de horas extraordinarias, contrataciones y externalizaciones—[266]. En lo no previsto en este real decreto, se establece la aplicación supletoria del RPDC (DD Única RRED).

II. EL MECANISMO RED

1. Modalidades

El Mecanismo RED de Flexibilidad y Estabilización del Empleo tendrá dos modalidades (art. 47 bis.1 ET):

a) **Cíclica**: cuando se aprecie una coyuntura macroeconómica general que aconseje la adopción de instrumentos adicionales de estabilización, con una duración máxima de un año.

---

266 La DT 2.ª del RRED prevé su aplicación solo a aquellos procedimientos iniciados tras su entrada en vigor.

b) **Sectorial**: cuando en un determinado sector o sectores de actividad se aprecien *«cambios permanentes»* que generen necesidades de recualificación y de procesos de transición profesional de las personas trabajadoras, con una duración máxima inicial de un año y la posibilidad de dos prórrogas de seis meses cada una.

2. Activación

En cualquiera de sus modalidades, el Mecanismo de Flexibilidad y Estabilización del Empleo **debe ser activado por el Consejo de Ministros** a propuesta conjunta de las personas titulares de los Ministerios de Trabajo y Economía Social, de Asuntos Económicos y Transformación Digital, y de Inclusión, Seguridad Social y Migraciones, previo informe de la Comisión delegada del Gobierno para Asuntos Económicos (art. 47 bis.2 ET).

En el ámbito de la modalidad sectorial, las organizaciones sindicales y empresariales más representativas a nivel estatal podrán solicitar a los Ministerios referidos la convocatoria de la Comisión tripartita del Mecanismo RED (art. 47 bis.2 ET)[267]. Esta Comisión deberá reunirse en el plazo de quince días desde dicha solicitud y analizará la existencia de los cambios permanentes que generen necesidades de recualificación y de procesos de transición profesional de las personas trabajadoras, así como la necesidad, en su caso, de elevar una solicitud de activación del Mecanismo RED sectorial al Consejo de Ministros. En todo caso, con carácter previo a su elevación al órgano de gobierno, resultará imprescindi-

[267] Los arts. 4 y 30 del RD 608/2023 configuran la Comisión tripartita del Mecanismo RED sectorial y la Comisión Social de Seguimiento del FCPJ que han de servir de instrumento participativo de seguimiento del funcionamiento del mecanismo. Y, como se trata de órganos de participación institucional, el criterio de la mayor representatividad se erige como razonable, justificado y proporcional sin vulnerar los arts. 14 y 28 de la CE [STS (CA) de 22 de abril de 2024 (Rec. 752/2023, *Tol 10.014.610*)].

ble informar a las organizaciones sindicales y empresariales más representativas a nivel estatal (arts. 47 bis.2 ET y 2.2 RRED)[268]. La decisión y las consideraciones que se incorporen al acuerdo del Consejo de Ministros no serán por sí mismas causas para la adopción en el ámbito empresarial de las medidas previstas en esta norma en relación con el empleo o las condiciones de trabajo (art. 47 bis.2 ET).

El acuerdo del Consejo de Ministros por el que se activa el Mecanismo RED no es un acto administrativo, sino un acto de gobierno, por lo que no está sujeto al régimen de recursos administrativos ni al posterior control judicial[269]. Ello no obstante, si dicho acuerdo complementa o desarrolla el régimen legal aplicable al Mecanismo RED, será controlable judicialmente en cuanto a su ajuste a dicho régimen, pero por los tribunales del orden contencioso-administrativo, al tratarse de una disposición de carácter general (art. 1.1 LJCA).

III. LAS MEDIDAS DE AJUSTE TEMPORAL EN EL SISTEMA RED

Una vez activado el Mecanismo Red, **las empresas podrán solicitar voluntariamente a la autoridad laboral** *«la reducción de la jornada o la suspensión de los contratos de trabajo»*, mientras esté activado dicho mecanismo, *«en cualquiera de sus centros de trabajo»* (arts. 47 bis.3 ET y 3.1 RRED). Las **medidas de ajuste temporal** en el em-

---

268 El que la obligación de información previa de activación deba realizarse exclusivamente a las organizaciones sindicales más representativas a nivel nacional no vulnera los derechos de igualdad y libertad sindical [STS (CA) de 22 de abril de 2024 (Rec. 752/2023, *Tol 10.014.610*)].

269 MERCADER UGUINA, J.R. y DE LA PUEBLA, A., «Capítulo X. El mecanismo RED de flexibilidad y estabilización del empleo: un marco permanente para la conservación del empleo en situaciones de crisis», en AA.VV., *La reforma laboral de 2021: estudio técnico de su régimen jurídico*, Laborum, Murcia, 2022, pág. 418.

pleo del Sistema RED **se rigen por las normas comunes aplicables a los ERTEs ordinarios** que se contienen en el art. 47.7.a) del ET [art. 47 bis.5.a) ET]. Por consiguiente, a efectos de las clases y elementos definidores de las medidas de ajuste temporal, debe aplicarse sin mayores especialidades el régimen general de los ERTEs ordinarios. No obstante, el art. 3 del RRED delimita los elementos definidores de las medidas de ajuste temporal —en unos términos que no coinciden exactamente con los previstos con carácter general en el ET y la LGSS, por lo que deben prevalecer estas disposiciones legales, habida cuenta su mayor rango jerárquico—, reitera la prioridad de las medidas de reducción de jornada frente a las de suspensión de contratos, subraya la imposibilidad de aplicar ambas medidas en relación con una misma persona trabajadora durante la aplicación de un mismo ERTE RED e insiste que el alcance y duración de las medidas de ajuste temporal se adecuarán a la situación que se pretende superar, entendida en los términos del acuerdo de activación.

IV. LOS ERTES DEL SISTEMA RED: PROCEDIMIENTO

1. Fases y régimen jurídico aplicable

El procedimiento de los ERTEs RED es muy similar al de los ERES previos a la reforma laboral de 2012. En efecto, se trata de un **procedimiento administrativo** que se inicia a instancia de las empresas y en el que se requiere de una autorización administrativa por parte de la autoridad laboral **precedida de una fase previa de consultas-negociación entre la empresa y la representación legal de los trabajadores**. Por ello, el procedimiento administrativo se somete al régimen general de los ERTEs FM previsto en el art. 47.5 del ET y el desarrollo del período de consultas a los términos regulados en el 47.3 del mismo texto legal para los ERTEs ETOP, con las particularidades recogidas en el art. 47 bis del ET (art. 47 bis.3 ET) y que han sido desarrolladas por el RRED. En lo no previsto en este último, se aplicará la regulación del RPDC (DD Única RRED).

2. *Autoridad laboral competente*

El art. 16 del RRED determina la autoridad competente para autorizar los ERTEs del Sistema RED, replicando el esquema previsto en los arts. 25 y 31 RPDC para los ERTEs FM, por lo que las consideraciones vertidas en relación con estos son, *mutatis mutandis,* trasladables a los ERTEs RED. Como singularidad, se prevé que en el ámbito de la AGE, de acuerdo con lo previsto en el art. 10 de la LRJSP, cuando los procedimientos cuya competencia corresponda a la Delegación del Gobierno, a la Subdelegación del Gobierno o a la Delegación del Gobierno en las Ciudades de Ceuta o Melilla puedan afectar a más de doscientas personas trabajadoras o tengan especial trascendencia social, la Dirección General de Trabajo del Ministerio de Trabajo y Economía Social podrá avocar la competencia para realizar las actuaciones que le encomienda este real decreto [art. 16.2.d) RRED].

3. *Comunicación empresarial de la intención de iniciar el procedimiento*

La dirección de la empresa deberá comunicar de manera fehaciente a las personas trabajadoras o a sus representantes su intención de iniciar el procedimiento, a los efectos de la conformación de la comisión representativa de las personas trabajadoras en la comisión negociadora del ERTE (art. 5 RRED).

4. *Constitución de la comisión negociadora*

El desarrollo del periodo de consultas requerirá la constitución de una **comisión negociadora** en el centro o centros de trabajo afectados, integrada por la representación de la empresa y por una comisión representativa de las personas trabajadoras (art. 6.1 RRED). La constitución y funcionamiento de la comisión negociadora se regirá por lo establecido en el art. 41.4 del ET[270],

[270] Ver, supra, Capítulo Segundo, epígrafe II.2.

con las particularidades previstas en el art. 6 del RRED. El plazo máximo para la constitución de la comisión representativa de las personas trabajadoras será de cinco días desde la fecha de la comunicación empresarial de la intención de iniciar el procedimiento, salvo que alguno de los centros de trabajo que vaya a estar afectado por el procedimiento no cuente con representación legal de las personas trabajadoras, en cuyo caso el plazo será de diez días (art. 6.2 RRED).

Constituida la comisión representativa o transcurrido el **plazo máximo** para su constitución, la dirección de la empresa podrá comunicar formalmente a la representación de las personas trabajadoras y a la autoridad laboral la apertura del periodo de consultas (art. 6.2 RRED). La falta de constitución de dicha comisión representativa no impedirá el inicio y transcurso del periodo de consultas, y su constitución con posterioridad al inicio de este no comportará, en ningún caso, la ampliación de su duración (art. 6.2 RRED).

5. Inicio del procedimiento

5.1. Legitimación

El procedimiento **se inicia siempre a instancia del empresario** (arts. 47 bis.3 ET y 3.1 y 7.1 RRED), sin que esté prevista la iniciación de oficio por parte de la Administración ni a instancia de los trabajadores o sus representantes.

5.2. Comunicación del inicio del período de consultas y la solicitud simultánea de autorización

El procedimiento se iniciará mediante solicitud por parte de la empresa dirigida a la autoridad laboral competente y comunicación simultánea a la representación de las personas trabajadoras de la apertura del periodo de consultas (arts. 47 bis.3 ET y 7.1 RRED).

5.2.1. Comunicación formal de la apertura del periodo de consultas

La comunicación formal de la apertura del periodo de consultas deberá ir acompañada de una **memoria explicativa e incluir** [arts. 47 bis.5.a) y 47.7.b) ET y 6.3 RRED]:

a) La documentación acreditativa de que la situación, cíclica o sectorial, descrita en el correspondiente acuerdo de activación del Mecanismo RED concurre en la empresa.

b) El período dentro del cual se va a llevar a cabo la aplicación de las medidas de reducción de jornada o suspensión de contratos de trabajo.

c) La identificación de las personas trabajadoras incluidas en el procedimiento y que van a resultar afectadas por las medidas de regulación temporal de empleo, así como los criterios tenidos en cuenta para la designación de las personas afectadas. Asimismo, también deberá proporcionarse la identificación de las personas trabajadoras empleadas habitualmente en el último año. Cuando el procedimiento afecte a más de un centro de trabajo, esta información deberá estar desglosada por centros de trabajo y, en su caso, provincias y comunidades autónomas.

d) El tipo de medida que se pretenda aplicar respecto de cada una de las personas trabajadoras y el porcentaje máximo de reducción de jornada o el número máximo de días de suspensión de contrato que se pretenda aplicar.

e) Un plan de recualificación de las personas afectadas, en el supuesto de la modalidad sectorial del Mecanismo RED.

f) Copia de la comunicación empresarial de la intención de iniciar el procedimiento.

Simultáneamente a la entrega de esa comunicación, la empresa solicitará por escrito la emisión del **informe** a que se refiere el art. 64.5.a) y b) del ET.

5.2.2. Solicitud de autorización para la aplicación del ERTE RED

La solicitud para aplicar un ERTE RED será presentada por la empresa a través de la **sede electrónica** de la autoridad laboral competente y utilizando los **formularios** previstos específicamente para ello (art. 7.1 RRED)[271].

La solicitud a la autoridad laboral deberá **incorporar** (art. 7.1 RRED):

a) La copia de la comunicación empresarial de la intención de iniciar el procedimiento.

b) La copia de la comunicación de apertura del periodo de consultas y de la documentación adjunta a la misma.

c) La identificación de las personas que integrarán la comisión negociadora y la comisión representativa de las personas trabajadoras, así como el acta de constitución de la comisión negociadora que permita acreditar su correcta constitución o, en su caso, indicación de la falta de constitución de esta última en los plazos legales.

Las solicitudes de autorización para la aplicación de los ERTEs RED podrán tramitarse por la Dirección General de Trabajo y las restantes autoridades laborales que así lo acuerden a través de la **aplicación informática SERENA** prevista en la DA 2.ª del RPDC (art. 7.3 RRED).

6. Periodo de consultas

El período de consultas se desarrollará en los términos regulados en el 47.3 del ET, con las particularidades recogidas en el art. 47 bis del ET y en el RRED (art. 47 bis.3 ET). Dicho periodo tendrá una

---

271 Si la autoridad laboral que recibe la solicitud careciera de competencia, deberá dar traslado de la misma a la autoridad laboral que resultara competente, dando conocimiento de ello simultáneamente a la empresa y a la representación de las personas trabajadoras (art. 7.4 RRED).

duración máxima de quince días —o de siete días, en las empresas de menos de 50 trabajadores—, que podrá ser ampliada mediante acuerdo expreso al respecto en el seno de la comisión negociadora, trasladado a la autoridad laboral competente con carácter previo a la finalización de la duración máxima (art. 8.1 RRED).

Durante su desarrollo, las partes **deberán negociar de buena fe**, con vistas a la consecución de un acuerdo; acuerdo que requerirá la conformidad de la mayoría de los representantes legales de las personas trabajadoras o, en su caso, de la mayoría de los miembros de la comisión representativa de las personas trabajadoras siempre que, en ambos casos, representen a la mayoría de las personas trabajadoras del centro o centros de trabajo afectados (art. 8.2 RRED).

La empresa y la representación de las personas trabajadoras podrán acordar en cualquier momento la sustitución del periodo de consultas por un procedimiento de mediación o arbitraje que se aplique en el ámbito de la empresa, a través de los correspondientes sistemas de solución autónoma de conflictos laborales, que deberá desarrollarse dentro del plazo máximo señalado para dicho periodo o bien del que resulte de su ampliación (art. 8.3 RRED).

7. Instrucción del procedimiento

La admisión a trámite de una solicitud de autorización para aplicar un ERTE RED requerirá, en cualquier caso, el cumplimiento de los requisitos que al respecto se fijen en el acuerdo de activación del Consejo de Ministros y cuando la solicitud no los reúna, la autoridad laboral requerirá al empresario para que subsane las deficiencias detectadas en un plazo de diez días, con indicación de que, en caso de no hacerlo, dictará resolución teniéndole por desistido de su petición, con archivo del expediente (art. 9.1 RRED).

Una vez recibida la solicitud, la autoridad laboral dará traslado inmediato de la misma, junto con la documentación que obre en su poder, a la **ITSS** y recabará **informe preceptivo** de esta (arts. 47 bis.4 ET y 9.2 RRED). Dicho informe versará sobre los extremos de la comunicación y documentación empresarial y la concurrencia en la empresa de la situación temporal, cíclica o sectorial, descrita en el correspondiente acuerdo de activación, y verificará si los criterios utilizados para la designación de las personas trabajadoras afectadas por el ERTE no resultan discriminatorios (arts. 47 bis.4 ET y 10 RRED). Este **informe deberá ser evacuado en el improrrogable plazo de siete días desde la solicitud de aplicación del Mecanismo RED por parte de la empresa a la autoridad laboral** y quedará incorporado al expediente (arts. 47 bis.4 ET y 10.5 RRED). Asimismo, la autoridad laboral podrá solicitar cuantos informes juzgue necesarios, que deberán ser emitidos en el plazo máximo de siete días desde la finalización del periodo de consultas (art. 9.3 RRED).

La autoridad laboral velará por la efectividad del periodo de consultas pudiendo remitir, en su caso, de *motu proprio* o instancia de la representación de las personas trabajadoras, advertencias y recomendaciones a las partes (art. 9.4 RRED). La autoridad laboral dará traslado de los escritos que contengan dichas advertencias o recomendaciones a ambas partes, aun cuando se dirijan a una de ellas en particular, y a la ITSS para su conocimiento. Asimismo, la autoridad laboral podrá realizar durante el periodo de consultas, a petición de cualquiera de las partes o por propia iniciativa, actuaciones de asistencia o de mediación a la comisión negociadora (art. 9.5 RRED). Las actuaciones de advertencia y recomendación y de mediación y asistencia podrán ser realizadas por la autoridad laboral con la asistencia y apoyo de la ITSS (art. 9.5 RRED).

8. Finalización del procedimiento

Finalizada la fase de instrucción del expediente administrativo, la autoridad laboral emitirá la oportuna **resolución** decidiendo sobre la solicitud formulada por la empresa, en el **plazo de siete días naturales a partir de la comunicación de la conclusión del**

periodo de consultas o, de no existir acuerdo durante el periodo de consultas, a partir de la comunicación de la decisión final empresarial, y, si transcurrido dicho plazo no hubiera recaído pronunciamiento expreso, se entenderá autorizada la medida en los términos fijados en el acuerdo entre las partes o, en su defecto, en la decisión final comunicada por la empresa, *«siempre dentro de los límites legal y reglamentariamente establecidos»* y *«sin perjuicio de la revisión que pudiera proceder por el incumplimiento del contenido mínimo y condiciones esenciales previstos»* (arts. 47 bis.4 ET y 12.1 y 15.1 RRED). De este modo, los efectos del **silencio administrativo positivo** operan sobre la constatación de la existencia de fuerza mayor, pero no sobre las medidas de ajuste temporal ni sobre las exenciones en la cotización a la Seguridad Social y las prestaciones por desempleo, ya que éstas vienen determinadas por los límites previstos en las Leyes y en el RRED. Es decir, la autoridad laboral no puede dictar eficazmente, con posterioridad al transcurso del citado plazo, una resolución expresa denegatoria de la concurrencia de fuerza mayor, pero tanto ella como la TGSS y el SEPE pueden precisar y concretar el contenido y alcance de las medidas de ajuste temporal y de apoyo a las mismas a las cantidades que habrían reconocido si se hubiera dictado resolución expresa estimando la solicitud empresarial sin tener que acudir a los procedimientos de revisión de sus resoluciones. Además, la resolución estimatoria presunta podrá ser objeto de revisión por la propia autoridad laboral por el incumplimiento del contenido mínimo y condiciones esenciales para la aplicación del Mecanismo RED de conformidad con lo establecido en los arts. 106 a 111 de la LPAC.

El **contenido de la resolución** de la autoridad laboral diferirá en función del resultado del período de consultas (art. 47 bis.4 ET):

a) Cuando el período de consultas concluya **con acuerdo**, la autoridad laboral autorizará la aplicación del mecanismo, pudiendo la empresa proceder a las reducciones de jornada o suspensiones de contrato en las condiciones acordadas.

b) Cuando el período de consultas concluya **sin acuerdo**, la autoridad laboral dictará resolución estimando o desestimando la solicitud empresarial. La autoridad laboral estimará la solicitud en caso de entender que de la documentación aportada se deduce que la situación cíclica o sectorial temporal concurre en la empresa en los términos previstos en el art. 47 bis del ET.

Pero vayamos por partes.

8.1. Finalización del periodo de consultas con acuerdo

En el plazo de **quince días naturales desde la finalización del periodo de consultas**, la **empresa remitirá a la autoridad laboral el acuerdo íntegro y las actas de la comisión negociadora** que permitan acreditar la celebración de las reuniones mantenidas durante el periodo de consultas y su contenido, debidamente firmados por todas las personas integrantes de dicha comisión (art. 11.1 RRED).

El **acuerdo remitido a la autoridad laboral** deberá incorporar, como mínimo, los siguientes **contenidos** (art. 11.2 RRED):

a) Personas, grupos profesionales, puestos y, en su caso, niveles salariales afectados, determinando en cada caso si la medida es de reducción de jornada o de suspensión de contrato, así como el porcentaje máximo de reducción de jornada diaria, semanal, mensual o anual acordado para cada una de las personas, grupos profesionales, puestos o niveles salariales afectados, o el número máximo de días de suspensión de contratos que se pretenda aplicar en cada caso.

b) Fecha de efectos del Mecanismo RED, que podrá ser anterior a la de la comunicación final a la autoridad laboral, pero en ningún caso previa a la fecha de activación de aquél.

c) Período dentro del cual se va a llevar a cabo la aplicación de las medidas de reducción de jornada o suspensión del contrato, dentro del límite establecido por el acuerdo de activación.

d) En el supuesto de la modalidad sectorial del Mecanismo RED, el plan de recualificación, que podrá incorporar entre sus contenidos las acciones formativas a las que se refiere la DA 25.ª del ET.

El acuerdo entre las partes, por razón de la autonomía de la voluntad de las partes, vincula a la autoridad laboral, que se limitará a examinar si se ha observado el procedimiento y a constatar que no ha habido fraude, dolo, coacción o abuso de derecho en su conclusión, y que el acuerdo no tiene por objeto la obtención indebida de las prestaciones del Mecanismo RED por parte de los trabajadores [arts. 47 bis.4 ET y 12.1 RRED]. De este modo, si **la autoridad laboral** constata que el acuerdo de consultas ha sido suscrito por quienes estaban legitimados para ello y, paralelamente, no aprecia la existencia de fraude, dolo, coacción o abuso de derecho en su conclusión, ni fraude al Sistema RED, **deberá homologarlo**. En cambio, si la autoridad laboral aprecia, de oficio o a solicitud de parte interesada, la existencia de **fraude, dolo, coacción o abuso de derecho en la conclusión del acuerdo**, lo remitirá, con suspensión del plazo para dictar resolución, a la autoridad judicial, a efectos de su posible declaración de nulidad (art. 12.2 RRED). Del mismo modo actuará cuando, de oficio, en virtud del informe de la ITSS, o a petición del SEPE o el ISM, estimase que el acuerdo pudiera tener por objeto el **acceso indebido a las prestaciones del Mecanismo RED**, por inexistencia de la causa motivadora de dichas prestaciones (art. 12.2 RRED). A tales efectos, la autoridad laboral pondrá en marcha en el orden social de la jurisdicción el **procedimiento de oficio** previsto en los arts. 148 y siguientes de la LJS.

8.2. Finalización del periodo de consultas sin acuerdo

En el plazo de quince días naturales desde la finalización del periodo de consultas, si este concluye sin acuerdo, la empresa comunicará a la autoridad laboral y a los representantes legales de las personas trabajadoras **su decisión final sobre la aplicación del ERTE RED**, adjuntando las actas, firmadas por todas las personas integrantes de la comisión negociadora, que permitan acreditar la celebración de las reuniones mantenidas durante el periodo de consultas y su contenido (art. 14.1 RRED).

La **comunicación final** remitida a la autoridad laboral deberá incorporar, como mínimo, los siguientes **contenidos** (arts. 11.2 y 14.2 RRED):

a) Personas, grupos profesionales, puestos y, en su caso, niveles salariales afectados, determinando en cada caso si la medida es de reducción de jornada o de suspensión de contrato, así como el porcentaje máximo de reducción de jornada diaria, semanal, mensual o anual acordado para cada una de las personas, grupos profesionales, puestos o niveles salariales afectados, o el número máximo de días de suspensión de contratos que se pretenda aplicar en cada caso.

b) Fecha de efectos del Mecanismo RED, que podrá ser anterior a la de la comunicación final a la autoridad laboral, pero en ningún caso previa a la fecha de activación de aquél.

c) Período dentro del cual se va a llevar a cabo la aplicación de las medidas de reducción de jornada o suspensión del contrato, dentro del límite establecido por el acuerdo de activación.

d) En el supuesto de la modalidad sectorial del Mecanismo RED, el plan de recualificación.

La autoridad laboral dictará resolución estimando o desestimando la solicitud empresarial (art. 47 bis.4 ET). La autoridad laboral **estimará la solicitud** en caso de entender que de la documentación aportada se deduce que la situación cíclica o sectorial temporal concurre en la empresa en los términos previstos en el art. 47 bis del ET (arts. 47 bis.4 ET y 15.2 RRED), y **la desestimará** cuando la comunicación final no se ajuste al contenido mínimo y condiciones esenciales previstos en el art. 14 del RRED y cuando de la documentación obrante en el expediente se desprenda que la situación cíclica o sectorial temporal no concurre en la empresa (art. 15.2 RRED). En todo caso, la resolución de la autoridad laboral será motivada y congruente con la solicitud empresarial (art. 15.2 RRED).

9. Prórroga de los ERTEs del Sistema RED

Las previsiones recogidas en el art. 47.4 del ET serán aplicables a los ERTEs en las dos modalidades del Mecanismo RED [art. 47 bis.5.a) ET]. Por consiguiente, a diferencia de los ERTEs FM, **son posibles las prórrogas de los ERTEs del Sistema RED** en los términos previstos en el referido precepto. De esta forma, en cualquier momento durante la vigencia de un ERTE de este tipo, la empresa podrá comunicar a la representación de las personas trabajadoras con la que hubiera desarrollado el periodo de consultas *«una propuesta de prórroga»* del mismo, que en ningún caso podrá superar el límite establecido en el acuerdo de activación (arts. 47.4 ET y 13.1 RRED). La necesidad de esta prórroga deberá ser tratada en un periodo de consultas a desarrollar con arreglo a las reglas generales del art. 47.3 del ET, pero de duración máxima de cinco días, que podrá ser ampliada mediante acuerdo expreso al respecto en el seno de la comisión negociadora, trasladado a la autoridad laboral competente con carácter previo a su efectividad, y el acuerdo o la decisión empresarial será comunicada a la autoridad laboral en un plazo de siete días naturales, surtiendo efectos desde el día siguiente a la finalización del periodo inicial de reducción de jornada o suspensión de la relación laboral, sin necesidad de que aquella dicte resolución (arts. 47.4 ET y 13.2 y 3 RRED).

V. LOS EFECTOS DE LOS ERTES DEL SISTEMA RED

Las medidas de ajuste temporal en el empleo en los ERTEs del Sistema RED se rigen por las **normas comunes aplicables a los**

ERTEs ordinarios que se contienen en el art. 47.7 del ET [art. 47 bis.5.a) ET] y en la DA 25.ª del ET. Por consiguiente, en cuanto a la posibilidad de desafectar y afectar a las personas trabajadoras en función de las alteraciones de las circunstancias señaladas como causa justificativa de las medidas, la prohibición de realizar horas extraordinarias y de externalizar la actividad empresarial o de concertar nuevas contrataciones laborales, la obligación de mantener temporalmente en el empleo a los trabajadores afectados por los ERTEs cuya cotización haya sido objeto de bonificación, los efectos laborales de las medidas de ajuste temporal y la formación de las personas afectadas, se aplicará sin mayores especialidades el régimen general de los ERTEs ordinarios. Por ello, los arts. 22 y 21 del RRED se limitan a reproducir íntegramente la regulación de los arts. 47.7.d) del ET y 52 del RPDC a propósito de los *«límites en materia de horas extraordinarias, contrataciones y externalizaciones»*, y del art. 47.7.e) del ET, del apartado 10 de la DA 44.ª de la LGSS y del art. 51 del RPDC sobre el *«compromiso de mantenimiento del empleo»*, respectivamente. No obstante, el art. 22 del RRED deberá ajustarse al cambio incorporado por el art. 69 del RD-l 1/2025 en el apartado 10 de la DA 44.ª de la LGSS en cuanto a la duración del compromiso de mantenimiento del empleo. Por su parte, el 20 del RRED replica también el esquema de la DA 25.ª del ET y del art. 50 del RPDC sobre las *«**acciones formativas** vinculadas a los beneficios extraordinarios para las empresas»*. Eso sí, el compromiso de la empresa de realizar dichas acciones resulta un requisito para aplicar las exenciones previstas en la DA 44.ª de la LGSS (art. 20.1 RRED) y las personas trabajadoras cubiertas por un Mecanismo RED tendrán la consideración de colectivo prioritario para el acceso a las iniciativas de formación del sistema de formación profesional para el empleo en el ámbito laboral [arts. 47 bis.5.b) ET y 18.1 RRED]. Además, se refuerzan las facultades de control de la ITSS y el SEPE en la aplicación del Sistema RED [art. 47 bis.5.c) ET]. En este sentido, el art. 20.5 del RRED establece que la TGSS comunicará al SEPE la relación de personas trabajadoras por las que las empresas se han aplicado las exenciones, en el ámbito del Mecanismo RED, en cualquiera de sus modalidades. El SEPE verificará la realización de las acciones formativas y cuando se deduzca que estas no se han realizado, la TGSS informará de tal circunstancia a la ITSS, a efectos de la extensión de las actas de infracción y liquidación que correspondan. No obstante lo anterior, en el supuesto de que la empresa acredite haber puesto a disposición de las personas trabajadoras las acciones formativas, no estará obligada al reintegro de las exenciones cuando la persona trabajadora no las haya realizado.

VI. MEDIDAS DE APOYO A LA SUSPENSIÓN CONTRACTUAL Y A LA REDUCCIÓN TEMPORAL DE JORNADA

1. Beneficios en la cotización a la Seguridad Social

Durante la aplicación de los ERTEs del Sistema RED, las empresas podrán acogerse voluntariamente a las **exenciones en la cotización a la Seguridad Social** sobre la aportación empresarial por contingencias comunes y por los conceptos de recaudación conjunta a que se refiere el art. 153.bis de la LGSS, **previstas en la DA 44.ª de la LGSS**[272].

2. Beneficios en la protección social de los trabajadores afectados

Se prevé a favor de los trabajadores afectados por las medidas de ajuste temporal en el marco de los ERTEs del Sistema RED la protección social *ex* DA 41.ª LGSS —en términos muy similares a la protección por desempleo que se dispensa a los trabajadores afectados por los ERTEs COVID-19[273], pero con reglas muy estrictas de incompatibilidad con otras prestaciones sociales, así como con la realización de otro trabajo como autónomo o como asalariado a tiempo completo—, siempre que el inicio de la relación

---

272 Véase supra Capítulo 4.º, II. 8.1.

273 Véase supra Capítulo 5.º, VIII.

laboral en la empresa autorizada a aplicar el Mecanismo RED de Flexibilidad y Estabilización del Empleo sea anterior a la fecha del acuerdo del Consejo de Ministros que declare la activación del mismo.

El régimen aplicable a la **prestación económica del mecanismo RED** viene a ser el siguiente (DA 41.ª LGSS):

1.º) Podrán acceder a la prestación del Mecanismo RED las personas trabajadoras por cuenta ajena, cuando se suspenda temporalmente su contrato de trabajo o se reduzca temporalmente su jornada ordinaria de trabajo, siempre que su salario sea objeto de análoga reducción, **sin que sea necesario acreditar un periodo mínimo de cotización previo a la Seguridad Social**. Asimismo, podrán acceder a dicha prestación las personas que tengan la condición de socias trabajadoras de cooperativas de trabajo asociado y de sociedades laborales incluidas en el Régimen General de la Seguridad Social o en algunos de los regímenes especiales que protejan la contingencia de desempleo. En todos los casos se requerirá que el inicio de la relación laboral o societaria en la empresa autorizada a aplicar el Mecanismo RED sea anterior a la fecha del Acuerdo del Consejo de Ministros que declare la activación de este. Además, el acceso a la prestación requerirá la inscripción de la persona trabajadora ante el servicio público de empleo competente.

2.º) Las personas trabajadoras afectadas por un ERTE RED se beneficiarán, **previa solicitud colectiva**, de las prestaciones económicas del mecanismo RED. Ciertamente, la empresa formulará la solicitud, en representación de las personas trabajadoras, en el modelo establecido al efecto en la página web o sede electrónica del SEPE. En dicha solicitud constarán los datos de todas las personas trabajadoras que pudieran resultar afectadas por el ERTE RED, que sean necesarios para el reconocimiento del derecho. En todo caso se hará constar la naturaleza de la medida aprobada por la autoridad laboral y, en caso de reducción de jornada, el porcentaje máximo de reducción autorizado.

3.º) El **plazo** para la presentación de la solicitud será de un **mes**, a computar desde la fecha de la notificación de la resolución de la autoridad laboral, en la que se autorice la aplicación del ERTE RED o desde la del certificado del silencio administrativo. En caso de **presentación de la solicitud fuera de plazo**, el derecho nacerá el día de la solicitud. En este supuesto, la empresa deberá abonar a la persona trabajadora el importe que hubiese percibido en concepto de prestación del mecanismo RED desde el primer día en que se hubiese aplicado la medida de reducción de jornada o suspensión del contrato. De este modo, las prestaciones se reconocerán con efectos del primer día en que se hayan aplicado las medidas de suspensión o reducción de jornada, o con efectos desde que la empresa presente la solicitud en nombre de los trabajadores, de formularse ésta fuera del plazo de un mes a contar desde la notificación de la resolución de la autoridad laboral o desde el certificado de su silencio.

4.º) La **duración de la prestación** se extenderá, como máximo, hasta la finalización del período de aplicación del Mecanismo RED en la empresa.

5.º) El acceso a esta prestación *«no implicará el consumo de las cotizaciones previamente efectuadas a ningún efecto»* y el tiempo de percepción de la misma *«no se considerará como consumido de la duración en futuros accesos a la protección por desempleo»*, lo cual es lógico, ya que a pesar de las evidentes similitudes entre las mismas se trata de prestaciones diferentes que, además, cuentan con fuentes de financiación diversas. De este modo, el disfrute de esta prestación **no implicará el consumo de las cotizaciones previamente efectuadas a ningún efecto, incluidos el acceso y la duración de futuras prestaciones ordinarias de desempleo**. Ahora bien, el tiempo de percepción de la prestación *«no tendrá la consideración de periodo de ocupación cotizado, a los efectos de lo previsto en el artículo 269.1»* y, no obstante ello, el período de seis años a que se refiere dicho precepto *«se retrotraerá por el tiempo equivalente al que el trabajador hubiera percibido la citada prestación»*. Es decir, el tiempo de percepción de la prestación del mecanismo RED *«no tendrá la consideración de periodo de ocupación* *cotizado»* a los efectos de lo previsto en el art. 269.1 de la LGSS, si bien dicho tiempo constituirá **un paréntesis no computable** a efectos de determinar el período cotizado en los seis años anteriores a la situación legal de desempleo o al momento en que cesó la obligación de cotizar para poder acceder a una nueva prestación ordinaria por desempleo y, en su caso, determinar su duración. En el caso de reducción de jornada, se entenderá *«como tiempo de percepción de prestación el que resulte de convertir a día a jornada completa el número de horas no trabajadas en el periodo temporal de referencia»*.

6.º) La **cuantía de la prestación** se determinará aplicando a la «base reguladora» el «porcentaje» correspondiente.

a) La **base reguladora** de la prestación será el promedio de las bases de cotización en la empresa en la que se aplique el mecanismo por contingencias de accidentes de trabajo y enfermedades profesionales, excluidas las retribuciones por horas extraordinarias, correspondientes a los 180 días inmediatamente anteriores a la fecha de inicio de aplicación de la medida a la persona trabajadora. En caso de no acreditar 180 días de ocupación cotizada en dicha empresa, la base reguladora se calculará en función de las bases correspondientes al periodo inferior acreditado en la misma.

b) La cuantía de la prestación se determinará aplicando a la base reguladora el **porcentaje del 70%**, durante toda la vigencia de la medida.

No obstante, la **cuantía máxima mensual** a percibir será la equivalente al 225% del IPREM mensual vigente en el momento del nacimiento del derecho incrementado en una sexta parte. En caso de que la relación laboral sea a tiempo parcial, la cuantía máxima se determinará teniendo en cuenta el IPREM calculado en función del promedio de las horas trabajadas durante los 180 días inmediatamente anteriores a la fecha de inicio de aplicación de la medida a la persona trabajadora.

7.º) Durante la aplicación de las medidas de suspensión o reducción, la empresa ingresará la **aportación de la cotización que le corresponda**, sin perjuicio de las oportunas exenciones, debiendo la entidad gestora ingresar únicamente la aportación de la persona trabajadora, previo descuento de su importe de la cuantía de su prestación.

8.º) La prestación se suspenderá cuando la relación laboral se suspenda por una causa distinta de la aplicación del Mecanismo RED, y se extinguirá si se causa baja en la empresa por cualquier motivo y por imposición de una sanción en los términos previstos en la LISOS.

9.º) La prestación será incompatible con la realización de trabajo por cuenta propia o por cuenta ajena a tiempo completo, pero será compatible con la realización de otro trabajo por cuenta ajena a tiempo parcial, en cuyo caso de su cuantía no se deducirá la parte proporcional al tiempo trabajado. También será incompatible con la percepción de prestaciones o subsidios por desempleo, con la prestación por cese de actividad y con la renta activa de inserción regulada por el RD 1369/2006, de 24 de noviembre. Asimismo, será incompatible con la obtención de otras prestaciones económicas de la Seguridad Social, salvo que estas hubieran sido compatibles con el trabajo en el que se aplica el Mecanismo RED. Y, en fin, las personas trabajadoras no podrán percibir, de forma simultánea, prestaciones derivadas de dos o más Mecanismos RED.

10.º) Corresponde al SEPE declarar el reconocimiento, suspensión, extinción y reanudación de estas prestaciones, sin perjuicio de las atribuciones reconocidas a los órganos competentes de la Administración laboral en materia de sanciones. Igualmente, le corresponde declarar y exigir la devolución de las prestaciones indebidamente percibidas por las personas trabajadoras y el reintegro de las prestaciones de cuyo pago sea directamente responsable el empresario. Cuando se trate de trabajadores por cuenta ajena incluidos dentro Régimen Especial de la Seguridad Social de los Trabajadores del Mar, estas competencias corresponderán al ISM.

Cuando la persona trabajadora acceda indebidamente a la prestación, las cantidades indebidamente abonadas serán reclamadas por la entidad gestora con arreglo al procedimiento regulado en los arts. 33 y 34 del RPD (art. 18.3 RRED). No obstante lo anterior, dada su distinta naturaleza, no se aplicará a esta prestación la compensación con cuantías que se perciban en concepto de prestaciones y subsidios por desempleo regulados en el Título III de la LGSS, o de subsidio extraordinario de desempleo regulado en la DA 27.ª de la LGSS, o de renta activa de inserción regulada en el RD 1369/2006, ni con las percepciones indebidas derivadas de estas prestaciones y subsidios (art. 18.3 RRED). Transcurrido el respectivo plazo fijado para el reintegro de las prestaciones indebidamente percibidas o de responsabilidad empresarial sin haberse efectuado el mismo, corresponderá a la TGSS proceder a su recaudación en vía ejecutiva de conformidad con las normas reguladoras de la gestión recaudatoria de la Seguridad Social, devengándose el recargo y el interés de demora en los términos y condiciones establecidos en esta ley (DA 41.ª.12 LGSS).

11.º) Frente a las resoluciones del SEPE, la persona trabajadora podrá formular reclamación previa, en el plazo de los treinta días hábiles siguientes a la notificación de la resolución, en los términos previstos en el art. 71 de la LJS.

12.º) Las prestaciones del Mecanismo RED se financiarán con cargo al Fondo RED de Flexibilidad y Estabilización del Empleo (FCPJ). Este fondo, que también servirá para nutrir las exenciones de las cuotas empresariales, inicialmente se constituyó por la DA 5.ª del RD-l 4/2022 y se financió según la DT 4.ª de la misma norma. Pero ahora se regirá por lo extensamente previsto en los arts. 24 a 30 del RRED.

VII. FINANCIACIÓN DEL SISTEMA RED

El FCPJ se constituirá como un fondo sin personalidad jurídica, adscrito al Ministerio de Trabajo y Economía Social, y tendrá como finalidad atender a las necesidades futuras de financiación derivadas de la modalidad cíclica y sectorial del Mecanismo RED en materia de prestaciones y exenciones a las empresas del pago de las cotizaciones a la Seguridad Social, incluidos los costes asociados a la formación, en la forma y condiciones previstas en su normativa de desarrollo [art. 47 bis.6 ET]. El Capítulo IV del RRED establece el régimen jurídico y de funcionamiento del FCPJ. Serán recursos de este Fondo los excedentes de ingresos que financian las prestaciones por desempleo en su nivel contributivo y asistencial, las aportaciones que se consignen en los PGE, las aportaciones procedentes de los instrumentos de financiación de la Unión Europea orientados al cumplimiento del objeto y fines del Fondo, así como los rendimientos de cualquier naturaleza que genere el Fondo [arts. 47 bis.6 ET y 26 RRED].

VIII. ACTIVACIÓN DEL MECANISMO RED PARA LOS SECTORES DE LAS AGENCIAS DE VIAJE Y LA FABRICACIÓN DE VEHÍCULOS DE MOTOR

El Consejo de Ministros ha activado el Mecanismo RED en su modalidad sectorial en dos ocasiones, a saber: para los sectores de las agencias de viaje (Orden PCM/250/2022, de 31 de marzo) y de la fabricación de vehículos de motor (Orden PJC/1472/2024, de 26 de diciembre).

En el sector de la fabricación de vehículos, se están produciendo cambios permanentes que requieren la recualificación y transición profesional de los trabajadores. Por ello, se ha decidido activar el Mecanismo RED en su modalidad sectorial a fin de proporcionar flexibilidad a las empresas del sector para que puedan adaptarse a la nueva situación y fomentar la formación de los trabajadores, fortaleciendo así la competitividad del sector a largo plazo.

Podrán solicitar la aplicación de este mecanismo:

a) Las empresas cuya actividad se clasifique a fecha de 30 de noviembre de 2024 en el código de la Clasificación Nacional de Actividades Económicas —CNAE-2009— que figura en el anexo I de la Orden PJC/1472/2024, respecto de las personas trabajadoras que figuren de alta en los códigos de cuenta de cotización asignados a tales empresas, cuando se haya producido una pérdida sostenida de afiliación a la Seguridad Social de las personas trabajadoras de la empresa superior al 25 % y la misma haya mantenido, de media, un porcentaje superior al 30 % de su plantilla en ERTE respecto del total de sus personas trabajadoras afiliadas a la Seguridad Social en el periodo comprendido entre desde el 1 de abril de 2022 al y el momento de entrada en vigor de este acuerdo.

b) Las empresas cuya actividad se clasifique en los códigos de la Clasificación Nacional de Actividades Económicas —CNAE-2009— que figuren en el anexo II de la Orden PJC/1472/2024 a la fecha ya indicada y que sean integrantes de la cadena de valor de las empresas de la letra a) en los términos indicados en dicho anexo, respecto de las personas trabajadoras que figuren de alta en los códigos de cuenta de cotización asignados a tales empresas.

El mecanismo permanecerá activado entre el 1 de enero de 2025 y el 31 de diciembre de 2025, perdiendo su vigencia y efectos el 31 de diciembre de 2025, con independencia de la fecha de la solicitud de la empresa.

Las empresas que apliquen este Mecanismo RED se comprometerán a no llevar a cabo despidos ni individuales ni colectivos, ni, salvo cuando concurran causas de fuerza mayor, reducciones de jornada ni suspensiones de contrato por causas económicas, técnicas, organizativas o de producción, de las personas trabajadoras afectadas por las medidas derivadas de este Mecanismo RED durante los dos años siguientes a la finalización de la vigencia de estas medidas. En el caso de contratos fijos-discontinuos, las causas mencionadas en el apartado anterior tampoco justificarán el fin del periodo de actividad ni la falta del llamamiento. En el caso de las cooperativas, las asambleas generales de estas se comprometerán a no hacer uso de la habilitación recogida en el art. 85.1 de la Ley 27/1999, de 16 de julio, de Cooperativas, para reducir, con carácter definitivo, el número de puestos de trabajo de la cooperativa o modificar la proporción de las cualificaciones profesionales del colectivo que integra la misma por causas económicas, técnicas, organizativas o de producción.

Las empresas solicitantes deberán acompañar un plan de recualificación de sus personas trabajadoras. Dicho plan debe recoger acciones formativas dirigidas a atender las necesidades reales de las empresas ante el cambio del sistema productivo y ajustarse a lo establecido en la DA 25.ª del ET y en el RRED. Para asegurar estos fines, el plan de recualificación deberá ser remitido a las Secretarías de Estado de Trabajo, Seguridad Social y Pensiones, y de Economía y Apoyo a la Empresa para su validación. Las personas titulares de dichos ministerios podrán, a propuesta conjunta y en un plazo máximo de quince días naturales desde la recepción del plan, acordar su elevación con propuestas de cambio concretas para que sea informado por la Comisión Delegada del Gobierno para Asuntos Económicos. Si transcurrido dicho plazo no se hubiera acordado la elevación del plan de recualificación a la Comisión Delegada del Gobierno para Asuntos Económicos este se entenderá validado por los departamentos ministeriales.

En fin, transcurrido un año desde la primera activación del Mecanismo RED de Flexibilidad y Estabilización del Empleo en su modalidad sectorial, el Gobierno y las organizaciones sindicales y empresariales más representativas, estudiadas las circunstancias en que se encuentren el empleo y el tejido productivo de los sectores afectados por el Mecanismo RED, analizarán la necesidad de adoptar medidas en el ámbito laboral o de la Seguridad Social tendentes a favorecer la transición profesional de las personas trabajadoras que se vean afectadas por el Mecanismo RED en el futuro (DA 1.ª RD-l 32/2021).

Capítulo Sexto

Las medidas excepcionales por la COVID-19, la erupción volcánica en La Palma y la DANA

I. INTRODUCCIÓN

Ante la situación de emergencia de salud pública y pandemia internacional, el Gobierno decretó el primer estado de alarma desde el 14/3/2020 hasta las 00:00 horas del 21/6/2020 (RR.DD. 463/2020, 476/2020, 487/2020, 492/2020, 514/2020, 537/2020 y 555/2020) y el segundo desde el 25/10/2020 hasta las 00:00 horas del día 9/5/2021 (RR.DD. 926/2020 y 956/2020). A fin de contener la progresión de la enfermedad se han impuesto limitaciones temporales a la libre circulación y la reducción de la oferta laboral debido a las medidas de cuarentena y contención. En este contexto, el RD-l 8/2020, de 17 de marzo, de medidas urgentes extraordinarias para hacer frente al impacto económico y social del COVID-19, adopta una serie de medidas en materia de ERTEs que persiguen evitar que una situación coyuntural como la descrita tenga un impacto negativo de carácter estructural sobre el empleo.

Las medidas adoptadas tienen, entre otros, los siguientes objetivos: 1.º) La delimitación de la fuerza mayor relacionada con la COVID-19. 2.º) La flexibilización y agilización de los ERTEs vinculados con la COVID-19. 3.º) La rebaja de las cargas empresariales y la mejora de la cobertura prestacional por desempleo de los trabajadores afectados por los ERTEs por causas relacionadas con la COVID-19. 4.º) Minorar el impacto negativo sobre el empleo y la actividad económica, dando prioridad al mantenimiento del empleo sobre la extinción de los contratos.

Las medidas anteriores han sido son corregidas o integradas por las siguientes disposiciones normativas:

- El RD-l 9/2020, de 27 de marzo, por el que se adoptan medidas complementarias, en el ámbito laboral, para paliar los efectos derivados del COVID-19 —luego convertido en la Ley 3/2021, de 12 de abril—.
- El RD-l 18/2020, de 12 de mayo, de medidas sociales en defensa del empleo.
- El RD-l 24/2020, de 26 de junio, de medidas sociales de reactivación del empleo y protección del trabajo autónomo y de competitividad del sector industrial.
- El RD-l 30/2020, de 29 de septiembre, de medidas sociales en defensa del empleo.
- El RD-l 2/2021, de 26 de enero, de refuerzo y consolidación de medidas sociales en defensa del empleo.
- El RD-l 11/2021, de 27 de mayo, sobre medidas urgentes para la defensa del empleo, la reactivación económica y la protección de los trabajadores autónomos.
- El RD-l 18/2021, de 28 de septiembre, de medidas urgentes para la protección del empleo, la recuperación económica y la mejora del mercado de trabajo[274].
- El RD-l 2/2022, de 22 de febrero, por el que se adoptan medidas urgentes para la protección de los trabajadores autónomos, para la transición hacia los mecanismos estructurales de defensa del empleo, y para la recuperación económica y social de la isla de La Palma, y se prorrogan determinadas medidas para hacer frente a situaciones de vulnerabilidad social y económica.

---

274 La DA 5.ª del RD-l 18/2021 establece para las empresas y personas trabajadoras de las Islas Canarias afectadas por la erupción volcánica registrada en la zona de Cumbre Vieja un régimen similar al previsto para paliar las consecuencias negativas de la COVID-19 en el ámbito laboral.

— Los arts. 1 y 2 de la Ley 3/2020, de 18 de septiembre, de medidas procesales y organizativas para hacer frente al COVID-19 en el ámbito de la Administración de Justicia.

Finalmente, habida cuenta de la experiencia acumulada en la lucha contra las consecuencias negativas de la COVID-19 en el ámbito laboral, durante la cual los ERTEs se han consolidado como un mecanismo idóneo para paliar aquellas, en los casos extraordinarios de la erupción volcánica iniciada el día 19 de septiembre de 2021 en la zona de Cumbre Vieja de La Palma y de la Depresión Aislada en Niveles Altos (DANA) en diferentes zonas de la Península y Baleares entre el 28 de octubre y el 4 de noviembre de 2024, se ha previsto un régimen similar a aquel, al que se extiendan las medidas en materia de cotización y de protección por desempleo.

II. LOS ERTES COVID-19: MODALIDADES

A la vista de las disposiciones reseñadas en el apartado anterior, dentro de los ERTEs por causas relacionadas con la COVID-19 hay que distinguir entre los que son por fuerza mayor y los que responden a causas económicas, técnicas, organizativas y de producción.

A su vez, dentro de los ERTEs por fuerza mayor hay que distinguir las siguientes modalidades[275]:

1.º) Los ERTEs por COVID-19.

2.º) Los ERTEs por rebrote.

3.º) Los ERTEs por impedimentos o limitaciones de actividad.

Este tipo de ERTEs tiene carácter subsidiario o supletorio respecto de otras medidas alternativas, particularmente el trabajo a

---

275 Cfr. MÉNDEZ GUTIÉRREZ DEL VALLE, R. y SÁNCHEZ MORAL, S., «Mercado de trabajo y pandemia en España: una geografía de los ERTEs», *Boletín de la Asociación Española de Geografía*, núm. 96, 2023.

distancia o la adaptación o reducción de la jornada (arts. 5 y 6 RD-l 8/2020).

III. LOS ERTES FM COVID-19

1. Los ERTEs COVID-19

1.1. La delimitación de la fuerza mayor vinculada al COVID-19

El art. 22.1 del RD-l 8/2020, en la redacción dada por la DF 8.ª.2 del RD-l 15/2020, de 21 de abril, define el concepto de fuerza mayor relacionada con la COVID-19 en los siguientes términos:

> *«Las suspensiones de contrato y reducciones de jornada que tengan su causa directa en pérdidas de actividad como consecuencia del COVID-19, incluida la declaración el estado de alarma, que impliquen suspensión o cancelación de actividades, cierre temporal de locales de afluencia pública, restricciones en el transporte público y, en general, de la movilidad de las personas y/o las mercancías, falta de suministros que impidan gravemente continuar con el desarrollo ordinario de la actividad, o bien en situaciones urgentes y extraordinarias debidas al contagio de la plantilla o la adopción de medidas de aislamiento preventivo decretados por la autoridad sanitaria, que queden debidamente acreditados, tendrán la consideración de provenientes de una situación de fuerza mayor, con las consecuencias que se derivan del artículo 47 del texto refundido de la Ley del Estatuto de los Trabajadores, aprobado por el Real Decreto Legislativo 2/2015, de 23 de octubre.*
>
> *En relación con las actividades que deban mantenerse de acuerdo con la declaración del estado de alarma, otras normas de rango legal o las disposiciones dictadas por las autoridades delegadas en virtud de lo previsto en el artículo 4 del Real Decreto 463/2020, de 14 de marzo, se entenderá que concurre la fuerza mayor descrita en el párrafo anterior respecto de las suspensiones de contratos y reducciones de jornada aplicables a la parte de actividad no afectada por las citadas condiciones de mantenimiento de la actividad».*

En consecuencia, tendrán la consideración de provenientes de fuerza mayor, los ERTEs que tengan su causa directa en pérdidas de actividad como consecuencia de la COVID-19, incluida la declaración del primer estado de alarma y las disposiciones y medidas adoptadas por las autoridades competentes del Gobierno, las Comunidades Autónomas y de las Entidades Locales con ocasión del COVID-19[276], debidamente acreditadas que impliquen:

- suspensión o cancelación de actividades,
- cierre temporal de locales de afluencia pública,
- restricciones en el transporte público,
- restricciones de movilidad de las personas y/o de las mercancías, falta de suministros que impidan gravemente continuar con el desarrollo ordinario de la actividad, y
- situaciones urgentes y extraordinarias debidas al contagio de la plantilla o adopción de medidas de aislamiento preventivo decretados por la autoridad sanitaria.

En relación con los ERTEs COVID-19, la Dirección General del Ministerio de Trabajo y Economía Social, fijó unos criterios dirigidos a todas las autoridades laborales, en un documento de fecha 19 de marzo de 2020, referencia DGE-SGON-81 1 bis CRA, y en una nota posterior que lo complementa, de 28 de marzo, referencia DGE-SGON-841-CRA[277].

En este sentido, se señala que conforme al art. 22.1 del RD-l 8/2020 se consideran provenientes de fuerza mayor temporal, las suspensiones y reducciones de jornada que tengan su causa directa en pérdidas de actividad ocasionadas por la COVID-19, y de manera concreta las debidas a las siguientes situaciones:

a) La declaración del estado de alarma por el RD 463/2020. En estos casos será necesario acreditar por la empresa que la imposibilidad de seguir prestando servicios —total o parcialmente— está causada por las distintas medidas de contención incluidas en

---

276 Cfr. la DF 1.ª del RD 463/2020 y el art. 2 del RD 926/2020.

277 Sobre el valor de los criterios técnicos de la Dirección General de Trabajo, véase la SAN de 5 de mayo de 2021 (Proc. 415/2020).

esta disposición reglamentaria. A estos efectos todas las actividades incluidas en el art. 10 y en el anexo del RD 463/2020 se consideran afectadas, en la medida prevista en el párrafo anterior, por fuerza mayor temporal. Y, a la hora de encuadrar o no la actividad económica de las empresas en dichos preceptos, habrá que estar a la actividad que conste en su Código CNAE[278].

b) Las decisiones vinculadas con la COVID-19 adoptadas por las autoridades competentes de las Administraciones Públicas. En este caso es necesario que en la documentación aportada por la empresa se incluya la decisión gubernativa concreta, efectos, publicación y alcance de su contenido, para poder establecer el vínculo causal entre aquella y la medida que se solicita.

c) La suspensión o cancelación de actividades, cierre temporal de locales de afluencia pública, restricciones en el transporte público y, en general, de la movilidad de las personas y/o mercancías, o falta de suministros que impidan gravemente continuar con el desarrollo de la actividad consecuencia directa de la COVID-19. De este modo, en las actividades no suspendidas por la declaración del estado de alarma ni por decisiones de las autoridades competentes, cabe apreciar la existencia de fuerza mayor siempre que se acredite por la empresa la relación de causalidad directa e inmediata entre la pérdida de su actividad y las circunstancias objetivas, involuntarias, perentorias y obstativas antes descritas resultantes de la COVID-19 (esto es, las decisiones administrativas sobre la suspensión o cancelación de actividades por el estado de alarma, el cierre temporal de locales de afluencia pública o la contención de aforos[279], las restricciones en el trans-

---

278 Cfr. la SJS núm. 1 de Ávila de 13 de mayo de 2020 (Proc. 166/2020) y la SJS núm. 1 de Ávila de 27 de mayo de 2020 (Proc. 191/2020).

279 Aunque la apertura de establecimientos excluye la apertura al público en general, dicha circunstancia no activa por sí misma la concurrencia de fuerza mayor, toda vez que, no se ha acreditado, de ninguna manera, qué incidencia tiene en la actividad de la empresa, dedicada a la distribución y comercialización de recambios para vehículos a talleres mecánicos y tiendas de repuestos, la adquisición de materiales y recam-

porte público y en la movilidad de las personas o mercancías, la falta de suministros, el contagio de la plantilla o la necesidad de adoptar medidas de aislamiento preventivo decretados por la autoridad sanitaria)[280].

Con tal punto de partida, cabe apreciar la existencia de *«fuerza mayor»*, entre otros, en los siguientes supuestos[281]:

---

bios por el público en general, teniéndose presente que la reparación de vehículos es una actividad compleja, cuyo desempeño habitual se encarga a los profesionales, siendo razonable concluir que el volumen mayoritario del negocio de la empresa se orienta a los talleres de reparación y mantenimiento de vehículos, así como a los profesionales que los atienden, que no son propiamente público en general, que es la única restricción querida por la norma examinada [STS de 17 de febrero de 2022 (Rec. 244/2021, *Tol 8.882.368*)].

280 SSTS de 16 de marzo de 2022 (Recs. 254/2021 y 309/2021, *Tol 8.896.540* y *Tol 8.905.738*); y STSJ de la Región de Murcia de 18 de junio de 2024 (Rec. 910/2022).

281 En sentido contrario, se expresan los tribunales en relación con la actividad de importación, montaje y comercialización de cables eléctricos y electrónicos accesorios informáticos y conectividad para redes de una marca en el mercado español [SJS núm. 2 de Zamora de 16 de junio de 2020 (Proc. 186/2020)]. Igualmente, la actividad de construcción se considera una actividad esencial y, por lo tanto, excluida de la paralización de actividades [SJS núm. 1 de Ávila de 27 de mayo de 2020 (Proc. 191/2020)]. Y lo mismo se señala a propósito del servicio de limpieza en los edificios e instalaciones municipales [SJS núm. 1 de Oviedo de 27 de agosto de 2020 (Proc. 436/2020)], el transporte de mercancías por carretera [SJS núm. 1 de Segovia de 23 de octubre de 2020 (Proc. 617/2020)], la venta, alquiler y servicio técnico de maquinaria industrial para procesos productivos [STS de 17 de febrero de 2022 (Rec. 289/2021, *Tol 8.818.619*)], la distribución y comercialización de recambios para vehículos a talleres mecánicos y tiendas de repuestos [STS de 17 de febrero de 2022 (Rec. 244/2021, *Tol 8.882.368*)], la importación y comercialización al por mayor de artículos de playa y souvenirs [STS de 16 de noviembre de 2022 (Rec. 138/2022, *Tol 9.296.532*)], el comercio mayorista o minorista de alimentación [STS de 14 de diciembre de 2022 (Rec. 131/2022, *Tol 9.340.259*); y SAN de 17 de mayo de 2021 (Proc. 423/2020). Cfr. la STS de 19 de diciembre de 2023 (Rec.

— La cancelación o suspensión de actividades por la empresa principal (con cierre de sus instalaciones), lo que conlleva

272/2021, *Tol 9.842.024*)], el comercio al por menor de combustibles para la automoción [SJS núm. 2 de Zamora de 26 de octubre de 2020 (Proc. 386/2020)], el comercio minorista de equipos informáticos y la reparación de estos [SAN de 26 de febrero de 221 (Proc. 285/2020)], el comercio minorista de óptica [SSTS de 9 de marzo de 2022 (Rec. 259/2021, *Tol 8.888.092*) y 19 de mayo de 2022 (Rec. 291/2021, *Tol 8.995.768*); y SAN de 24 de mayo de 2021 (Proc. 373/2020)], el comercio de productos farmacéuticos y la actividad comercial de farmacia [STS de 19 de mayo de 2022 (Rec. 8/2022, *Tol 8.992.082*); y SAN de 30 de septiembre de 2021 (Proc. 147/2021)], la formación no reglada [STSJ de la Comunidad de Madrid de 16 de julio de 2021 (Rec. 365/2021)], la actividad de cerrajería [SJS núm. 1 de Ávila de 31 julio de 2020 (Proc. 220/2020)], la gestión de parkings [STS de 16 de marzo de 2022 (Rec. 309/2021, *Tol 8.905.738*), la estampación de piezas destinadas a la fabricación de automóviles de las principales marcas [STS de 16 de marzo de 2022 (Rec. 254/2021, *Tol 8.896.540*)] o los servicios de telemarketing y contact center desde las plataformas específicamente habilitadas para ello [STS de 22 de junio de 2022 (Rec. 15/2022, *Tol 9.123.906*)]. Asimismo, se rechaza la petición del Colegio de Procuradores de Oviedo, argumentando que la suspensión de plazos no afectó a todos los procedimientos, se declararon esenciales las actividades que prestan servicios relacionados con la protección y atención de víctimas de violencia de género, y también las de aquellos profesionales a los que el Colegio presta servicios, y dentro de las funciones del Colegio de Procuradores de Oviedo, hay funciones que no se han visto alteradas ni suspendidas por la declaración del estado de alarma, y el hecho de que la carga de trabajo del Colegio haya disminuido en los últimos años por los cambios introducidos por LexNet, nada tiene que ver con el supuesto de fuerza mayor recogido en la norma [SJS núm. 4 de Oviedo de 31 de julio de 2020 (Proc. 251/2020). Cfr. las SSTS de 26 de enero de 2022 (Rec. 1053/2021, *Tol 8.797.834*) y 22 de junio de 2022 (Rec. 1888/2021, *Tol 9.111.310*)]. En fin, es evidente el fraude de ley que se perpetra por la empresa que se ampara en el art. 22 del RD-l 8/2.020 para eludir la aplicación del art. 124.11 de la LJS [SAN de 22 de octubre de 2020 (Proc. 332/2020)] o el cumplimiento de las garantías pactadas en un ERTE y en sus sucesivas prórrogas [SAN de 30 de noviembre de 2020 (Proc. 178/2020)].

automáticamente la inactividad total de la empresa que prestaba sus servicios en las instalaciones de la principal, en calidad de contratista del servicio de limpieza[282]. Mas, en el caso de contratas y subcontratas en el sector privado, la fuerza mayor debe ser alegada por la empresa contratista de forma vinculada e inseparable a la actividad de las empresas clientes involucradas, no resultando suficiente una formulación genérica e imprecisa respecto a todas las empresas clientes en su conjunto para las que prestan servicios, por cuanto habría que valorar individualmente cada una de las suspensiones de contratos y reducciones de jornada que tengan su causa directa en pérdidas de actividad como consecuencia del COVID-19, para ver si se incardinan o no, en la relación de supuestos subsumibles en el art. 22.1 del RD-l 8/2020[283].

— La suspensión o paralización de la actividad de los letrados, como consecuencia de la casi interrupción de la actividad jurisdiccional, a salvo de los servicios esenciales por la declaración del estado de alarma[284].

— La suspensión de actividades por la declaración del estado de alarma en los hoteles, restaurantes y cafeterías a los que

---

282 STSJ del País Vasco de 20 de julio de 2021 (Rec. 1103/2021); y SSJS núm. 6 de Oviedo de 27 de abril de 2020 (Proc. 190/2020) y 8 de junio de 2020 (Proc. 230/2020). En el mismo sentido, se expresa el TSJ de Galicia en un supuesto en el que se acredita la pérdida de la totalidad de la clientela de la empresa por causa directa del COVID-19, incluido el estado de alarma [STSJ de Galicia de 7 de junio de 2021 (Rec. 1942/2021)].

283 STS de 20 de enero de 2022 (Rec. 231/2021, *Tol 8.797.332*); y SAN de 19 de abril de 2021 (Proc. 486/2020).

284 SJS núm. 3 de Burgos de 8 de mayo de 2020 (Proc. 233/2020), SJS núm. 2 de Burgos de 8 de mayo de 2020 (Proc. 232/2020) y SJS núm. 1 de Palencia de 30 de junio de 2020 (Proc. 214/2020). Cfr. las SSTS de 25 de enero de 2022 (Rec. 928/2021, *Tol 8.794.120*) y 26 de enero de 2022 (Rec. 678/2021, *Tol 8.804.383*).

distribuía los productos alimenticios la empresa solicitante de la fuerza mayor[285].

— El descenso de la producción en una empresa dedicada a la fabricación de galletas y productos de panadería y pastelería de larga duración cuyos clientes se han visto clausurados por la COVID-19[286].

— La drástica reducción de la actividad de mantenimiento y conservación de carreteras, mobiliario urbano y estaciones de servicio a que se dedicaba la empresa durante el estado de alarma, ya que la orden de paralización del desarrollo de los contratos que esta ejecutaba provenía de los clientes, en su mayoría entes públicos, que, a su vez, se vieron obligados a ello por la propia situación excepcional sufrida por la pandemia[287].

— La reducción de actividad de las empresas que se dedican a los trabajos de carpintería metálica, instalaciones eléctricas u obras en edificios habitados, por la imposibilidad de prestar servicios en viviendas durante el primer estado de alarma[288].

— La actividad de contabilidad y asesoramiento de empresas[289], que se desarrolla en los centros de trabajo de los clientes, cuando la suspensión o cancelación de activi-

---

285 STSJ de la Comunidad de Madrid de 24 de noviembre de 2020 (Recud. 482/2020).

286 STSJ de Castilla y León de 19 de octubre de 2020 (Rec. 1207/2020).

287 SJS núm. 1 de Ávila de 27 de mayo de 2020 (Proc. 191/2020).

288 SSJS núm. 1 de Zamora de 14 de mayo de 2020 (Proc. 176/2020) y 15 de junio de 2020 (Proc. 184/2020) y SJS núm. 2 de Salamanca de 24 de agosto de 2020 (Proc. 423/2020).

289 Las actividades centradas en la consultoría y el asesoramiento de empresas o en el servicio de prevención ajeno no quedaron suspendida por la COVID-19, por lo que, en principio, no concurre la fuerza mayor en los términos arriba descritos [SAAN de 5 de mayo de 2021 (Proc. 415/2020) y 19 de mayo de 2021 (Proc. 421/2020)].

dades de estos, el cierre temporal de sus instalaciones y la restricción de la movilidad de los propios empleados como consecuencia de las limitaciones que conlleva la declaración del primer estado de alarma tiene una incidencia directa e inevitable en la propia actividad de la reclamante[290].

— La pérdida de trabajo en una clínica odontológica que trae su causa en la declaración del primer estado de alarma a causa de la crisis sanitaria generada por la COVID-19, que dio lugar a la imposibilidad de seguir prestando servicios por la restricción de la movilidad de los pacientes, la falta de suministro del material necesario para el desempeño de la actividad y de los medios de protección adecuados para poder prestar la asistencia sanitaria en unas mínimas condiciones de seguridad[291].

— El mantenimiento del servicio de trasporte terrestre a través del servicio de grúas, al ser una actividad directamente relacionada con la prohibición de movilidad geográfica decretada por el estado de alarma y sus prórrogas[292].

— El servicio de mudanzas, como consecuencia directa de las restricciones en relación con los transportes y la movilidad, acordadas con la declaración del estado de alarma[293].

— El deporte profesional a resultas del cierre de los establecimientos en los que se desarrollan actividades deportivas y la suspensión de las competiciones deportivas tras la declaración del estado de alarma[294].

---

290 STS de 31 de marzo de 2022 (Rec. 59/2021, *Tol 8.900.583*); y STSJ de Castilla y León de 24 de septiembre de 2020 (Rec. 1132/2020).

291 SJS núm. 1 de Salamanca de 26 de mayo de 2020 (Proc. 251/2020).

292 SJS núm. 1 de Murcia de 1 de junio de 2020 (Proc. 271/2020).

293 STSJ de la Comunidad de Madrid de 4 de mayo de 2021 (Rec. 746/2020).

294 STSJ de Andalucía de 24 de junio de 2021 (Rec. 472/2021).

— O la imposibilidad que concurrió a mediados de marzo de 2020 en una empresa dedicada al desarrollo de trabajos selvícolas de prevención de incendios de aplicar las medidas necesarias para garantizar el traslado seguro de los trabajadores a su puesto de trabajo y, una vez allí, de proveerlos de los equipos de protección individual obligatorios[295].

Fuera de los supuestos anteriores, hay que entender que estamos ante suspensiones o reducciones por causas productivas y organizativas (o económicas) por más que por la situación provocada por la pandemia pudieran existir dificultades objetivas para mantener la actividad productiva por la falta de suministros o la disminución en la demanda de productos o servicios que la empresa ofrece en el mercado, o establecer nuevas pautas organizativas (por ejemplo, ante la imposibilidad de reorganizar a la totalidad del personal mediante el teletrabajo), debiéndose seguir los trámites abreviados del art. 23 del RD-l 8/2020[296].

d) Las debidas a situaciones urgentes y extraordinarias provocadas por el contagio de la plantilla o la adopción de medidas de aislamiento preventivo que queden debidamente acreditadas. Cuando se trate de decisiones sanitarias —contagio y aislamiento— será necesario aportar la acreditación de estas y el número de personas concretas afectadas.

En definitiva, el concepto de fuerza mayor se configura como vinculado de forma directa e irremediable a la situación de crisis sanitaria provocada por la COVID-19, pudiendo ser parcial y afectar a parte de la plantilla o de la actividad empresarial, cuando se trata de empresas cuya actividad se considera esencial, o en las que no se ha impuesto un cierre total como medida de con-

---

295 SJS núm. 1 de Ponferrada de 29 de junio de 2020 (Proc. 167/2020).

296 Cfr. las SSTS de 15 de diciembre de 2021 (Rec. 179/2021) y 14 de diciembre de 2022 (Rec. 131/2022, *Tol 9.340.259*); y las SSAN de 26 de febrero de 2021 (Proc. 285/2020), 5 de mayo de 2021 (Proc. 415/2020) y 17 de junio de 2021 (Proc. 148/2021).

tención[297]. Y así, según el segundo párrafo del art. 22.1 del RD-l 8/2020, añadido por la DF 8.ª.2 del RD-l 15/2020, de 21 de abril, en relación con las actividades que deban mantenerse de acuerdo con la declaración del estado de alarma, otras normas de rango legal o las disposiciones dictadas por las autoridades delegadas en virtud del art. 4 del RD 463/2020, *«se entenderá que concurre la fuerza mayor descrita en el párrafo anterior respecto de las suspensiones de contratos y reducciones de jornada aplicables a la parte de actividad no afectada por las citadas condiciones de mantenimiento de la actividad»*. Más en estos casos es necesario acreditar que existe una relación o vinculación directa e inmediata entre la pérdida de actividad alegada y el COVID-19[298]. Si la actividad empresarial no se paralizó ni fue objeto de restricción alguna con causa directa en la COVID-19, la pérdida de facturación o la suspensión de la actividad

---

297 Este es el caso, por ejemplo, de una empresa que al ser un establecimiento comercial que realiza venta al por mayor (para comercios minoristas) y venta a clientes particulares respecto de estos, que podría entenderse como comercio menor, sí que entraría dentro de la medida de contención por la declaración del estado de alarma [SJS núm. 2 de Salamanca de 29 de mayo de 2020 (Proc. 264/2020]. Véanse también la SJS núm. 1 de Salamanca de 5 de mayo de 2020 (Proc. 235/2020), la SJS núm. 1 de Ávila de 27 de mayo de 2020 (Proc. 191/2020) y la SJS núm. 1 de Murcia de 1 de junio de 2020 (Proc. 271/2020). No cabe acudir a los ERTES FM Covid-19 cuando la finalidad última es la de eludir el abono de unos salarios de tramitación devengados con posterioridad al día 15 de marzo de 2020 y a cuyo abono estaba obligada la empresa por haberse producido la efectiva reincorporación de los trabajadores que fueron despedidos y cuyo despido fue declarado improcedente. No pueden desplazarse las consecuencias de la actuación irregular de una empresa sobre la Administración, pretendiendo la empresa una consecuencia en fraude de ley al ampararse en una fuerza mayor para evitar el pago de los salarios de tramitación [SAN de 3 de febrero de 2023 (Rec. 343/2022)].

298 SSTS de 17 de febrero de 2022 (Recs. 244/2021 y 289/2021, *Tol 8.882.368* y *Tol* 8.818.619) y 3 de julio de 2024 (Rec. 51/2024, *Tol 10.117.536*); SAN de 22 de marzo de 2021 (Proc. 476/2020); y STSJ de Castilla y León de 24 de septiembre de 2020 (Rec. 1132/2020).

de la clientela no configura una causa de fuerza mayor del art. 22 del RD-l 8/2020, sino que podría subsumirse, en su caso, en las causas económicas, técnicas, organizativas o de producción del art. 23 del RD-l 8/2020[299].

Por lo demás, el art. 34 del RD-l 8/2020 contiene una regulación específica en materia de contratos de obras o de servicios públicos en cuya virtud cuando los mismos devengan imposibles como consecuencia de la COVID-19 pueden suspenderse a instancia de las empresas adjudicatarias con el derecho de estas a recibir de la Administración contratante la oportuna indemnización por los daños y perjuicio sufridos, que entre otros conceptos incluye los gastos salariales abonados a los trabajadores durante el periodo de suspensión. Sin embargo, de este precepto no se desprende la exclusión de la suspensión de contratos por parte de las empresas adjudicatarias de contratos de obras o de servicios públicos[300]. En cualquier caso, el hecho de que una asociación

---

299 SSTS de 16 de marzo de 2022 (Rec. 309/2021, *Tol 8.905.738*), 16 de noviembre de 2022 (Rec. 138/2022, *Tol 9.296.532*) y 3 de julio de 2024 (Rec. 51/2024, *Tol 10.117.536*).

300 SSTS de 25 de enero de 2021 (Rec. 125/2020), 18 de noviembre de 2021 (Rec. 178/2021), 16 de diciembre de 2021 (Rec. 209/2021) y 24 de junio de 2022 (Rec. 253/2021, *Tol 9.124.160*); SSAN de 15 de junio de 2020 (Proc. 113/2020), 29 de julio de 2020 (Proc. 147/2020) y 10 de septiembre de 2020 (Proc. 125/2020); y SSTSJ de Castilla y León de 16 de julio de 2020 (Rec. 199/2020) y 15 de octubre de 2020 (Rec. 1230/2020). En fin, según la SJS núm. 1 de Salamanca de 13 de mayo de 2020 (Proc. 240/2020), no existe razón alguna para que la empresa de transporte que gestiona la prestación del servicio público urbano de transporte regular de viajeros de uso general por carretera, en virtud de un contrato de concesión administrativa suscrito con el Ayuntamiento de Salamanca, no pueda plantear el ERTE FM. En el mismo sentido, la SJS núm. 1 de Segovia de 21 de mayo de 2020 (Proc. 236/2020) y la SJS núm. 1 de León de 3 de julio de 2020 (Proc. 249/2020). Ahora bien, el art. 34 del RD-l 8/2020 solo prevé medidas para resarcir al contratista por los daños y perjuicios causados cuando queda en suspenso el contrato de servicios que le vincula a un ente del sector público, pero no establece ningún derecho en favor de los trabajadores afectados por el

privada haya suscrito un convenio de colaboración con una Administración Pública no hace que estemos ante el tipo de contrato público al que alude el indicado art. 34, puesto que el art. 47.1 de la Ley 40/2015, de 1 de octubre, de Régimen Jurídico del Sector Público, ya indica que tales convenios no pueden tener por objeto prestaciones propias de los contratos del sector público, y, además, según los arts. 1, 2 y 3 de la Ley 9/2017, de 8 de noviembre, de Contratos del Sector Público, no incluye en su ámbito de aplicación a este tipo de asociaciones[301].

Por último, hay que tener en cuenta que RD-l 10/2020, de 29 de marzo, reguló un permiso retribuido recuperable para las personas trabajadoras por cuenta ajena que no prestaban servicios esenciales[302], con el fin de reducir la movilidad de la población en el contexto de la lucha contra la COVID-19 entre el 30 de marzo y el 9 de abril de 2020, ambos inclusive[303]. Por lo tanto, las personas trabajadoras por cuenta ajena que prestaban servicios en empresas o entidades del sector público o privado y cuya actividad no hubiera sido paralizada como consecuencia de la declaración de estado de alarma establecida por el RD 463/2020, de 14 de marzo, no pudieron acogerse a un ERTE durante el indicado período[304].

ERTE a la diferencia entre las prestaciones por desempleo que hayan percibido y el salario que hubieran percibido de no haberse aplicado el mismo [SAN de 26 de marzo de 2021 (Rec. 537/2020)].

301 STSJ del País Vasco de 15 de septiembre de 2020 (Rec. 822/2020).

302 Cfr. el Anexo del RD-l 10/2020.

303 Cfr. la STSJ de la Comunidad de Madrid de 12 de abril de 2021 (Rec. 25/2021).

304 Cfr. la SAN de 6 de mayo de 2021 (Proc. 404/2020). Sin embargo, la STSJ del País Vasco de 9 de febrero de 2021 (Rec. 69/2021) considera que, a pesar de tenerse aprobado un ERTE, este se pactó de forma no ininterrumpida (máximo 60 jornadas laborales, en seis meses aproximadamente), sometido a una extrema flexibilidad, pactándose únicamente el inicial período de afectación, el cual empezaba el 6 de abril, con lo que, la aplicación de dicho permiso a los días reseñados no resulta ni ilógica ni arbitraria, puesto que en dichos días los trabajadores habrían prestado servicios de no aplicarse el permiso, incum-

En cambio, quedaron exceptuados del ámbito de aplicación del permiso retribuido recuperable *«las personas trabajadoras contratadas por (i) aquellas empresas que hayan solicitado o estén aplicando un expediente de regulación temporal de empleo de suspensión y (ii) aquellas a las que les sea autorizado un expediente de regulación temporal de empleo de suspensión durante la vigencia del permiso previsto este real decreto-ley»* [art. 1.2.c) RD-ley 10/2020][305].

Siendo el permiso retribuido y recuperable, las horas consumidas en dicho permiso debieron ser efectivamente recuperadas[306] y, para ello, el art. 3 del RD-l 10/2020 estableció un sistema en el que primaba el acuerdo entre empresa y representantes para establecer la forma y el tiempo en los que debían prestarse las horas que se consumieron con el permiso; y, al efecto, determinaba la constitución de una comisión negociadora y de un período

---

pliéndose la finalidad de evitar la movilidad de los trabajadores para evitar contagios.

305 Ahora bien, ambas partes, de común acuerdo, en el seno de un ERTE acordado, deciden, antes de que el mismo entré en vigor que la fecha inicial de sus efectos sea el 12 de abril, una vez haya transcurrido el período previsto para el permiso retribuido recuperable establecido legalmente. Son ambas partes quienes deciden que el aludido permiso recuperable se aplique en la empresa; y, efectivamente así se hace. Con posterioridad, llegada la hora de su recuperación, los representantes sindicales pretenden que tal permiso pierda su carácter de recuperable, pero mantenga la naturaleza de retribuido, mediante la reclamación de la aplicación del art. 1.2.c) del RD-l 10/2020 que había permitido su inaplicación cuando se estuviera aplicando un ERTE o se hubiera solicitado o se estuviera aplicando durante la vigencia del permiso previsto en este real decreto-ley. Supuestos que no ocurrieron en el caso de autos, en el que no estaba vigente ningún ERTE; no estaba en vigor ninguna medida colectiva de suspensión de contratos y la previsión de efectos de la suspensión acordada por los representantes de los trabajadores y el empresario expresamente estableció su fecha de efectos para después de finalizado el permiso [STS de 7 de junio de 2023 (Rec. 145/2021, *Tol 9.615.955*)].

306 Cfr. la STSJ de la Comunidad de Madrid de 15 de septiembre de 2021 (Rec. 487/2021).

de consultas. Ahora bien, habiéndose dado cumplimiento a las exigencias que, al efecto, dispuso la norma, esta nunca llegó a establecer que el acuerdo fuese ineludible o imprescindible para que se pudiese recuperar el tiempo de trabajo que no se realizó durante el permiso. Es coherente y razonable concluir que, si después de constituida la comisión negociadora y del desarrollo de un adecuado período de consultas, no se llegó a un acuerdo, la empresa podía establecer, dentro de los límites previstos en la normativa vigente, las condiciones de dicha recuperación[307].

Por lo demás, la previsión relativa al plazo de siete días, contenida en el art. 3.2 *in fine* del RD-l 10/2020, a cuyo tenor *«de no alcanzarse acuerdo durante este periodo de consultas, la empresa notificará a las personas trabajadoras y a la comisión representativa, en el plazo de siete días desde la finalización de aquel, la decisión sobre la recuperación de las horas de trabajo no prestadas durante la aplicación del presente permiso»*, no funcionaba como una disposición de carácter imperativo que implicase, en todo caso, que el transcurso del aludido plazo de siete días determinase, directamente y sin ninguna excepción la pérdida del derecho del empresario a exigir la recuperación del tiempo de permiso y, correlativamente, supusiera la eliminación de la obligación del trabajador de recuperar ese tiempo[308]. Si la norma hubiera querido que esos efectos se produjeran por el simple transcurso del plazo, lo hubiera previsto expresamente. El sentido de los plazos, tanto el de las consultas como el de la notificación de la decisión empresarial posterior, si a ello hubiere lugar, no era otro que el de establecer un mecanismo rápido para determinar con prontitud las fechas y condiciones de la recuperación del permiso, evitando todo tipo de inseguridad jurídica que afectaría por igual a empresarios y trabajadores. Por ello, las partes podían ampliar el período de consultas y la decisión empresarial podía demorarse más allá del plazo previsto en la ley, si con ello no se afectaban los derechos de los representantes o de

---

307 STS de 18 de abril de 2023 (Rec. 91/2021, *Tol 9.514.215*).

308 STS de 7 de junio de 2023 (Rec. 145/2021, *Tol 9.615.955*).

los trabajadores colocando a estos últimos en una posición perjudicial para el normal ejercicio de sus derechos y de una adecuada conciliación de la vida laboral y familiar. Desde esta perspectiva la infracción no se habría producido si la denuncia de los recurrentes estaba huérfana de argumentos o indicios sobre el posible perjuicio para los trabajadores derivado directamente de la demora en la notificación de la recuperación del permiso.

1.2. Especialidades en la tramitación de los ERTEs FM

En los ERTEs por fuerza mayor relacionada con la COVID-19, se aplicarán las siguientes especialidades, respecto del procedimiento recogido en la normativa reguladora de estos expedientes (art. 22.2 RD-l 8/2020)[309]:

a) El procedimiento se iniciará mediante solicitud de la empresa, que se acompañará de un informe relativo a la vinculación de la pérdida de actividad como consecuencia de la COVID-19, así como, en su caso, de la correspondiente

---

309 La STS de 15 de diciembre de 2021 (Rec. 179/2021) considera que el art. 22.2 del RD-l 8/2020 puede interpretarse en el sentido de que cabe prescindir del trámite de audiencia en la medida en que nos encontramos ante un supuesto de fuerza mayor que, a diferencia de los supuestos ordinarios de fuerza mayor, está definido por el legislador. Además, subraya que ni los arts. 31 a 33 del RPDC y ni el art. 22.2 del RD-l 8/2020 prevén la apertura de período de prueba alguno.
De conformidad con la DT 1.ª del RD-l 8/2020, no se aplicarán las especialidades previstas en el artículo 22 apartados 2 y 3 y artículo 23 de este real decreto-ley *«a los expedientes de regulación de empleo para la suspensión de los contratos de trabajo o para la reducción de jornada iniciados o comunicados antes de la entrada en vigor de este y basados en las causas previstas en el mismo»*.
Por lo demás, véanse las especialidades procedimentales previstas para las empresas concursadas en la DA 10.ª del RD-l 8/2020, añadida por la DF 1.ª.16 del RD-l 11/2020, y en la DT 4.ª del RD-l 11/2020, y para las sociedades cooperativas en el art. 4 de la Ley 3/2021.

documentación acreditativa [art. 22.2.a) RD-l 8/2020][310]. La empresa deberá comunicar su solicitud a las personas trabajadoras y trasladar el informe anterior y la documentación acreditativa, en caso de existir, a la representación de estas [art. 22.2.a) RD-l 8/2020][311]. Al no contemplar el art. 22.2 del RD-l 8/2020 ninguna referencia al momento en el que debe efectuarse la comunicación a la representación de los trabajadores ni al contenido de esta, debe acudirse a la normativa general[312].

b) La existencia de fuerza mayor, como causa motivadora de la suspensión de los contratos o de la reducción de

---

310 La STS de 22 de septiembre de 2021 (Rec. 75/2021) entiende que, especialmente, en los casos de ERTEs FM COVID-19, tramitados al amparo del art. 22 del RD-l 8/2020, la mención que este último precepto hace al informe relativo a la vinculación de la pérdida de actividad y, en su caso, a la documentación acreditativa debe incluir, necesariamente, la relación de trabajadores afectados. Y si ello es así, y la lista se entrega a la mencionada autoridad administrativa, resulta evidente que esa misma documentación debe ser entregada a los representantes legales de los trabajadores.

311 STSJ de Andalucía de 24 de junio de 2021 (Rec. 518/2021). Cfr. las SSTSJ de Andalucía de 25 de marzo de 2021 (Rec. 173/2021), 13 de mayo de 2021 (Rec. 238/2021) y 24 de junio de 2021 (Rec. 472/2021), a propósito de un supuesto en el que no consta la existencia de representación legal de los futbolistas profesionales afectados por el ERTE a los que hubiera debido darse traslado de la comunicación y documentación justificativa de la suspensión de los contratos, ni que la Asociación de Futbolistas Españoles, tuviera representante en el club deportivo demandado. En fin, el art. 22 del RD-l 8/2020 no establece ningún período de negociación; en dicho expediente no existe consulta, ni negociación, con los representantes de los trabajadores, ya que el mismo va dirigido a que se acredite o no la existencia de fuerza mayor, lo que no constituye un supuesto de negociación, sino de simple justificación o constatación, y como se desprende del art. 22 del citado real decreto-ley no era necesario ni el consentimiento, ni el acuerdo, con los representantes de los trabajadores [STSJ de Cataluña de 10 de mayo de 2021 (Rec. 647/2021)].

312 SAN de 22 de octubre de 2020 (Proc. 332/2020).

jornada prevista en este artículo, deberá ser constatada por la autoridad laboral, cualquiera que sea el número de personas trabajadoras afectadas [arts. 51.7 ET/2015 y 22.2.b) RD-l 8/2020]. Pero es la empresa la única que debe acreditar a través del informe y de la documentación que estime oportuna que sus propias circunstancias están comprendidas entre las que el art. 22.1 del RD-l 8/2020 determina como supuestos de fuerza mayor por derivarse directamente del COVID-19[313]. Lo que no cabe es que la Administración supla esa falta de actividad probatoria, la falta de acreditación de las circunstancias que configuran la fuerza mayor que prevé el precepto. En algunas ocasiones, la acreditación será sencilla en la medida en que la propia declaración del estado de alarma conllevó expresamente la restricción de determinadas actividades; en otras, en cambio, resultará necesario que la empresa solicitante evidencie que las restricciones en el transporte, en la movilidad de personas o mercancías o la falta de suministros impedían de forma grave la continuación de la actividad empresarial.

c) La resolución de la autoridad laboral se dictará en el plazo de cinco días desde la solicitud[314], previo informe, en su caso, de la ITSS y deberá limitarse a constatar la existencia, cuando proceda, de la fuerza mayor alegada por la empre-

---

313 SSTS de 15 de diciembre de 2021 (Rec. 179/2021) y 8 de noviembre de 2023 (Rec. 193/2021, *Tol 9.780.073*). No ha quedado constatada la existencia de fuerza mayor en el expediente presentado por la empresa, al no concretar suficientemente el número de trabajadores afectados ni el nivel de actividad afectada [STS de 7 de marzo de 2024 (Rec. 236/2021, *Tol 9.950.533*)].

314 Dicho plazo no quedó suspendido, como es evidente, por la DA 3.ª del RD 463/2020 que declaró el estado de alarma porque así lo establece la DA 9.ª del propio RD-l 8/2020 [SSTSJ de la Comunidad de Madrid de 19 de febrero de 2021 (Rec. 824/2020) y 16 de abril de 2021 (Rec. 37/2021)].

sa [art. 22.2.c) RD-l 8/2020][315]. Si la autoridad laboral no dictase la resolución expresa en ese plazo y la notificase dentro de los diez días previstos en el art. 40.2 de la LPAC, ha de entenderse aprobada la solicitud de la empresa por la vía del silencio administrativo positivo (art. 24.1 LPAC)[316]. Más el silencio positivo no puede suponer una duración máxima diferente que la aplicable a las resoluciones expresas, que se circunscriben a la vigencia del estado de alarma, conforme a lo previsto en el RD 463/2020, de 14 de marzo, así como de sus posibles prórrogas (DA 1.ª Ley 3/2021).

d) La solicitud del informe de la ITSS será potestativa para la autoridad laboral y el informe se evacuará en el plazo improrrogable de cinco días [art. 22.2.c) RD-l 8/2020]. Por lo demás, ninguna previsión normativa obliga a la Autoridad Laboral a motivar o justificar por qué solicita, o no, el informe potestativo de la ITSS [317]. Y, en fin, siendo este informe de carácter «potestativo», y no preceptivo —como exige el art. 22.1.d) de la LPAC—, si la autoridad laboral lo requiere, el plazo para resolver el procedimiento y notificar la resolución no queda suspendido[318].

---

315 El plazo para interponer el recurso de alzada frente a la resolución denegatoria de ERTE FM COVID es el general previsto en el art. 122.1 de la LPAC. Dicho plazo no quedó suspendido como consecuencia de la regla general del RD 463/2020 declarando el estado de alarma, ni de la DA 9.ª del RD-l 8/2020, pero sí por así establecerlo la DA 8.ª del RD-l 11/2020 [SSTS de 17 de diciembre de 2021 (Rec. 182/2021), 20 de enero de 2022 (Rec. 252/2021, *Tol 8.781.630*), 27 de enero de 2022 (Recs. 233/2021 y 245/2021, *Tol 8.804.491* y *Tol 8.796.973*) y 18 de abril de 2023 (Rec. 162/2021, *Tol 9.547.255*)].

316 Cfr. la STS de 17 de enero de 2024 (Rec. 2249/2021, *Tol 9.864.264*).

317 STSJ de la Comunidad de Madrid de 30 de septiembre de 2021 (Rec. 590/2021).

318 SSTSJ de la Comunidad de Madrid de 16 de abril de 2021 (Rec. 37/2021) y 19 de abril de 2021 (Rec. 58/2021); y SJS núm. 5 de Oviedo de 25 de mayo de 2020 (Proc. 210/2020). El plazo de que dispone la au-

e) La mera resolución administrativa no suspende los contratos de trabajo ni reduce la jornada de trabajo, sino que meramente faculta al empleador para llevar a cabo tales medidas, haciendo uso de la autorización concedida, pudiendo también decidir no hacer tal uso y no llevar a cabo la suspensión contractual o reducción de jornada para la que se le ha autorizado [arts. 51.7 ET/2015, 33.3 y 5 RPDC y 22.2.c) RD-l 8/2020].

Para la tramitación de los ERTEs que afecten a los socios trabajadores de cooperativas de trabajo asociado y sociedades laborales incluidos en el Régimen General de la Seguridad Social o en algunos de los regímenes especiales que protejan la contingencia de desempleo, será de aplicación el procedimiento especifico previsto en el RD 42/1996, de 19 de enero, por el que se amplía la protección por desempleo a los socios trabajadores de cooperativas de trabajo asociado en situación de cese temporal o reducción temporal de jornada, salvo en lo relativo al plazo para la emisión de resolución por parte de la Autoridad Laboral y al informe de la ITSS, que se regirán por lo previsto en los apartados c) y d) del apartado anterior (art. 22.3 RD-l 8/2020)[319].

---

toridad laboral para constatar la fuerza mayor en un ERTE asociado al Covid-19 no queda automáticamente suspendido durante el tiempo en que se solicita y emite el informe de la ITSS, aunque el procedimiento se haya iniciado tras la declaración del estado de alarma pero antes de publicarse las normas específicas sobre tales suspensiones [STS de 23 de junio de 2022 (Rec. 1014/2021, *Tol 9.102.202*)].

319 De conformidad con el art. 4 de la Ley 3/2021, cuando por falta de medios adecuados o suficientes la Asamblea General de las sociedades cooperativas no pueda ser convocada para su celebración a través de medios virtuales, el Consejo Rector *«asumirá la competencia para aprobar la suspensión total o parcial de la prestación de trabajo de sus socias y socios y emitirá la correspondiente certificación para su tramitación, en los términos previstos en los artículos 22 y 23 del Real Decreto-ley 8/2020, de 17 de marzo, de medidas urgentes extraordinarias para hacer frente al impacto económico y social del COVID-19»*.

1.3. Vicisitudes

Desde el 27 de junio de 2020, únicamente resultan aplicables los ERTEs FM tramitados en los términos previstos en el art. 22 del RD-l 8/2020 que hayan sido solicitados antes de dicha fecha y, como máximo, hasta el 30 de septiembre de 2021 (arts. 1.1 RD-l 24/2020, 1 RD-l 30/2020, 1.1 RD-l 2/2021 y 1.1 RD-l 11/2021).

Por lo demás, tras la entrada del RD-l 18/2020, de 12 de mayo, de medidas sociales en defensa del empleo, en cuanto a las vicisitudes de dichos ERTEs, hay que distinguir según sea la situación de fuerza mayor total o parcial, o de recuperación plena de la actividad, en el que se encuentre la correspondiente empresa.

1.3.1. Empresas en situación de fuerza mayor total

Las empresas y entidades que contaran con un ERTE por fuerza mayor y estuvieran afectadas por las restricciones o *«pérdidas de actividad»* referidas en el art. 22 del RD-l 8/2020 que impidan el reinicio de su actividad, *«continuarán en situación de fuerza mayor total derivada del COVID-19»* mientras duren las mismas y en ningún caso más allá del 30 de septiembre de 2021 (arts. 1.1 RD-l 18/2020, 1.1 RD-l 24/2020, 1 RD-l 30/2020, 1.1 RD-l 2/2021 y 1.1 RD-l 11/2021). Por tanto, la prórroga de estos ERTEs, aunque sea automática, requiere que subsistan las causas de fuerza mayor y que estas impidan el reinicio de la actividad e incluso la duración de la prórroga está condicionada a dicho impedimento[320]. De otro modo, la empresa debe renunciar al ERTE o reincorporar a las personas trabajadoras afectadas que sean necesarias para el desarrollo de su actividad, en los términos previstos en los siguientes apartados.

---

[320] Cfr. la STSJ de la Comunidad de Madrid de 27 de enero de 2021 (Rec. 720/2020).

1.3.2. Empresas en situación de recuperación plena de su actividad

Las empresas y entidades que se encuentren en situación de poder recuperar plenamente su actividad *«deberán comunicar a la autoridad laboral la renuncia total, en su caso, al expediente de regulación temporal de empleo autorizado, en el plazo de 15 días desde la fecha de efectos de aquella»* (arts. 1.3 RD-l 18/2020 y 1.2 RD-l 24/2020). Sin perjuicio de lo anterior, la renuncia por parte de estas empresas y entidades a los ERTEs o, en su caso, la suspensión o regularización del pago de las prestaciones que deriven de su modificación, *«se efectuará previa comunicación de estas al Servicio Público de Empleo Estatal o, en su caso, al Instituto Social de la Marina, de las variaciones en los datos contenidos en la solicitud colectiva inicial de acceso a la protección por desempleo»* (arts. 1.3 RD-l 18/2020 y 1.2 RD-l 24/2020). En todo caso, estas empresas y entidades deberán comunicar al SEPE aquellas variaciones que se refieran a la finalización de la aplicación de la medida respecto a la totalidad de las personas afectadas (arts. 1.3 RD-l 18/2020 y 1.2 RD-l 24/2020).

1.3.3. Empresas en situación de fuerza mayor parcial

Las empresas y entidades que cuenten con un ERTE FM *«se encontrarán en situación de fuerza mayor parcial derivada del COVID-19»* desde el momento en el que las causas reflejadas en el art. 22 del RD-l 8/2020 permitan la recuperación parcial de su actividad, hasta el 30 de septiembre de 2021 (arts. 1.2 RD-l 18/2020, 1 RD-l 30/2020, 1.1 RD-l 2/2021 y 1.1 RD-l 11/2021)[321].

---

321 De modo que, al no haber solicitado ni tener aprobado la demandante un ERTE autorizado en base al art. 22 del RD-l 8/2020, una vez desaparecida la causa de pérdida de actividad por cierre temporal, rigiendo solo limitaciones de aforo o apertura parcial, no podía ser declarada la existencia fuerza mayor parcial derivada del COVID-19, ya que la norma dispone esa posibilidad para las empresas que hubieran estado en ERTE previo —de cierre temporal— por fuerza mayor, en virtud de su parcial recuperación o apertura [STSJ de Aragón de 22 de junio de 2021 (Rec. 371/2021)].

Estas empresas y entidades deberán reincorporar a las personas trabajadoras afectadas por el ERTE, *«en la medida necesaria para el desarrollo de su actividad, primando los ajustes en términos de reducción de jornada»* (arts. 1.2 RD-l 18/2020 y 1.1 RD-l 24/2020). Aunque la norma impulse los ajustes en términos de reducción de jornada, no significa que las empresas queden autorizadas a imponer la conversión de los contratos a tiempo completo en otros a tiempo parcial —que ha de ser voluntaria para los trabajadores [art. 12.4.e) ET]—[322]. Además, las empresas deberán comunicar a la autoridad laboral y al SEPE las variaciones en la aplicación de los ERTEs (art. 1.3 RD-l 18/2020).

2. Los ERTEs en caso de rebrotes

El apartado segundo de la DA 1.ª del RD-l 24/2020, de 26 de junio, creó la posibilidad de realizar un nuevo ERTE FM en caso de rebrotes, con exoneraciones específicas de cuotas para el caso de obligación de cierre de centros de trabajo durante el periodo temporal entre el 1 de julio de 2020 al 30 de septiembre de 2020.

Estos ERTEs se mantendrán vigentes en los términos recogidos en las correspondientes resoluciones estimatorias, expresas o presuntas (DT Única RD-l 30/2020, art. 1.2 RD-l 2/2021 y art. 1.2 RD-l 11/2021).

3. Los ERTEs por impedimentos o limitaciones de actividad

Con efectos de 1 de octubre de 2020 desaparece el ERTE por rebrote. Las empresas y entidades de cualquier sector o actividad que vean impedido el desarrollo de su actividad en alguno de sus centros de trabajo, como consecuencia de nuevas restricciones o medidas de contención sanitaria adoptadas, a partir del 1 de octubre de 2020, por autoridades españolas o extranjeras, po-

---

322 STSJ de Galicia de 8 de febrero de 2021 (Rec. 4508/2020).

drán solicitar un ERTE FM en base a lo previsto en el art. 47.3 del ET/2015, acogiéndose a una de las siguientes modalidades (art. 2.1 y 2 RD-l 30/2020):

1.ª) Los ERTEs por impedimento de actividad a los que, según el art. 2.1 RD-l del 30/2020, se pueden acoger las empresas y entidades de cualquier sector o actividad que vean impedido el desarrollo de su actividad en alguno de sus centros de trabajo, como consecuencia de nuevas restricciones o medidas de contención sanitaria adoptadas, a partir del 1 de octubre de 2020, por autoridades españolas o extranjeras.

2.ª) Los ERTEs por limitación de actividad a los que, según el art. 2.2 RD-l del 30/2020, se pueden acoger las empresas y entidades de cualquier sector o actividad que vean limitado el desarrollo normalizado de su actividad a consecuencia de decisiones o medidas adoptadas por las autoridades españolas (art. 2.2 RD-l 30/2020).

De esta manera, se vuelve al concepto clásico de fuerza mayor como las suspensiones de la actividad empresarial derivadas de manera directa de las nuevas restricciones o medidas de contención sanitaria adoptadas por las autoridades competentes (limitaciones de aforos y de horarios, restricciones a la movilidad y cierres perimetrales, etc.) o de las situaciones de contagio o aislamiento preventivo decretados por la autoridad sanitaria[323]. Fuera de estos supuestos anteriores, hay que entender que estamos ante suspensiones o reducciones por causas productivas (o económicas) por más que puedan existir dificultades objetivas para mantener la actividad productiva, establecer nuevas pautas organizativas, bajadas de clientela o suministros.

En la tramitación de estos ERTEs se siguen las reglas generales, si bien la solicitud del informe de la ITSS será potestativa para la autoridad laboral (art. 2 bis RD-l 30/2020).

---

323 STSJ de la Comunidad de Madrid de 30 de septiembre de 2021 (Rec. 590/2021).

En cuanto a las vicisitudes de los ERTEs autorizados a la entrada en vigor de los RD-l 2/2021 y 11/2021, cabe señalar lo siguiente:

1.º) Los ERTEs por impedimento de actividad se mantendrán vigentes en los términos recogidos en las correspondientes resoluciones estimatorias, expresas o presuntas (arts. 1.3 RD-l 2/2021 y 1.3 RD-l 11/2021).

2.º) Los ERTEs por limitación de actividad se prorrogarán automáticamente hasta el 30 de septiembre de 2021 (arts. 1.4 RD-l 2/2021 y 1.4 RD-l 11/2021).

Las empresas y entidades afectadas por nuevas restricciones y medidas de contención sanitaria podrán solicitar un ERTE por impedimento o limitación de actividad en los términos previstos en el art. 2 del RD-l 30/2020 a partir del 1 de febrero de 2021 y hasta el 30 de septiembre de 2021 (arts. 2.1 RD-l 2/2021 y 2.1 RD-l 11/2021).

4. *El tránsito de un ERTE por impedimento a otro por limitación de actividad o viceversa*

A partir del 1 de febrero de 2021, una vez constatada la concurrencia de alguna de las situaciones constitutivas de fuerza mayor por parte de la autoridad laboral, mediante la correspondiente resolución estimatoria, expresa o presunta, el paso de la situación de impedimento a la de limitación o viceversa, como consecuencia de las modulaciones en las restricciones sanitarias adoptadas por las autoridades competentes, no requerirá la tramitación de un nuevo ERTE sin perjuicio de las obligaciones de comunicación y de aplicación de los porcentajes de exoneración que correspondan en cada caso en función de la naturaleza impeditiva o limitativa de la situación de fuerza mayor en la que se encuentre la empresa (arts. 2.2 RD-l 2/2021 y 2.2 RD-l 2/2021)[324]. Ciertamen-

---

[324] De conformidad con los arts. 2.4 de los RD-l 2/2021 y 11/2021, «*las previsiones de los apartados 2 y 3 resultarán aplicables, asimismo, cuando la*

te, la empresa cuya situación se vea modificada deberá comunicar el cambio de situación producido, la fecha de efectos, así como los centros y personas trabajadoras afectadas, a la autoridad laboral que hubiese aprobado el expediente y a la representación legal de las personas trabajadoras (arts. 2.3 RD-l 2/2021 y 2.3 RD-l 11/2021). Asimismo, deberá presentar declaración responsable ante la TGSS, en los términos establecidos en el art. 2.3 del RD-l 30/2020, siendo dicha declaración responsable suficiente para la aplicación de los porcentajes de exención correspondientes, en función de la naturaleza impeditiva o limitativa de la situación de fuerza mayor en la que se encuentre la empresa en cada momento (arts. 2.3 RD-l 2/2021 y 2.3 RD-l 11/2021). Y, en fin, la autoridad laboral trasladará dicha comunicación a la ITSS, a efectos del desarrollo de aquellas acciones de control que se determinen sobre la correcta aplicación de las exenciones en el pago de las cuotas de la Seguridad Social (arts. 2.3 RD-l 2/2021 y 2.3 RD-l 11/2021).

IV. LOS ERTES ETOP COVID-19

1. Especialidades en la tramitación de los ERTEs COVID-19

En los supuestos que se decida por la empresa la suspensión de contrato o reducción de la jornada por causas económicas, técnicas, organizativas y de producción relacionadas con la COVID-19[325], se aplicarán las siguientes especialidades, respecto del

resolución estimatoria de la autoridad laboral, expresa o por silencio, hubiese tenido lugar en aplicación de lo previsto en el artículo 2 del Real Decreto-ley 2/2021, de 26 de enero, en el artículo 2 del Real Decreto-ley 30/2020, de 29 de septiembre, o en virtud de lo dispuesto en la disposición adicional primera, apartado 2, del Real Decreto-ley 24/2020, de 26 de junio, cuando se produzca el paso de la situación de impedimento a otra de limitación en el desarrollo normalizado de su actividad, como consecuencia de decisiones o medidas adoptadas por las autoridades españolas competentes, o viceversa».

325 Cfr. la SAN de 18 de marzo de 2021 (Proc. 171/2020).

procedimiento recogido en la normativa reguladora de estos expedientes a la altura de 2020 (art. 23.1 RD-l 8/2020)[326]:

a) En el supuesto de que no exista representación legal de las personas trabajadoras, la comisión representativa de estas para la negociación del periodo de consultas estará integrada por los sindicatos más representativos y representativos del sector al que pertenezca la empresa y con legitimación para formar parte de la comisión negociadora del convenio colectivo de aplicación. La comisión estará conformada por una persona por cada uno de los sindicatos que cumplan dichos requisitos, tomándose las decisiones por las mayorías representativas correspondientes. En caso de no formarse esta representación, la comisión estará integrada por tres trabajadores de la propia empresa, elegidos conforme a lo recogido en el art. 41.4 del ET.

Por consiguiente, si en la empresa no existe representación legal de los trabajadores, la comisión estará formada por los sindicatos con legitimación para formar parte de la comisión negociadora del convenio sectorial aplicable en la empresa —aunque este no esté en vigor en el momento de constituirse la comisión negociadora del ERTE—, esto es, los sindicatos más representativos a nivel estatal y, en su caso, de Comunidad Autónoma y los sindicatos simplemente representativos en el ámbito de aplicación de dicho convenio[327].

---

326 De conformidad con la DT 1.ª del RD-l 8/2020, no se aplicarán las especialidades previstas en los arts. 22.2 y 3 y 23 de este real decreto-ley *«a los expedientes de regulación de empleo para la suspensión de los contratos de trabajo o para la reducción de jornada iniciados o comunicados antes de la entrada en vigor de este y basados en las causas previstas en el mismo»*.
Por lo demás, véanse las especialidades procedimentales previstas para las empresas concursadas en la DA 10.ª del RD-l 8/2020, añadida por la DF 1.ª.16 del RD-l 11/2020, y en la DT 4.ª del RD-l 11/2020, y para las sociedades cooperativas en el art. 4 de la Ley 3/2021.

327 Según la STS de 15 de julio de 2021 (Rec. 8/2021), la comisión negociadora se ajustó a derecho sin que se vulnerara la buena fe negociadora por no convocar a ELA y LAB dado que, si bien tenían derecho a su participación por ser sindicatos más representativos en el ámbito auto-

La comisión estará compuesta por una persona por cada uno de los sindicatos que cumplan dichos requisitos[328], tomándose las decisiones por las mayorías representativas correspondientes. De este modo, se está pensando en una representación *ad hoc* para negociar todos los ERTEs por causas económicas, técnicas, organizativas y de producción relacionadas con la COVID-19 emprendidos por las empresas comprendidas en el ámbito del convenio sectorial en las que no existan órganos de representación de los trabajadores. Pero, de no conformarse esta representación *ad hoc*, la comisión estará integrada por tres trabajadores de la propia empresa, elegidos conforme a lo recogido en el art. 41.4 del ET.

En cualquiera de los supuestos anteriores, la comisión representativa deberá estar constituida en el improrrogable plazo de 5 días (en lugar de los 7 o 15 días previstos con carácter general, en función de que la empresa o alguno de los centros de trabajo afectados cuente o no con representantes legales de los trabajadores).

b) El periodo de consultas entre la empresa y la representación de las personas trabajadoras o la comisión representativa no deberá exceder del plazo máximo de siete días (en lugar de los 15 días establecidos con carácter general). Por lo demás, al reducirse la duración máxima del período de consultas, se sobreentiende que tampoco

---

nómico, su falta de llamamiento no fue impugnada por ellos ni cuestionada, en su momento, por los otros sindicatos participantes, teniendo escasa implantación en el ámbito sectorial. Por ello, se declara la validez del acuerdo adoptado sólo con CC.OO., al ser el sindicato que cuenta con la mayoría de los representantes de los trabajadores en el sector del comercio textil, al que pertenece la empresa de ámbito estatal siendo, además, el sindicato mayoritario en la empresa. Sin embargo, según la SAN de 5 de octubre de 2020 (Rec. 112/2020), la llamada a los sindicatos más representativos a nivel de Comunidad Autónoma, a la conformación de la comisión negociadora de un ERTE que afecte a centros de trabajo que excedan del ámbito de la misma, no cabe inferirse de lo dispuesto en el art. 23 del RD-l 8/2020.

328 Cfr. SAN de 26 de febrero de 2021 (Rec. 288/2020) y STSJ de Canarias de 26 de julio de 2022 (Rec. 2/2022).

serán aplicables las reglas previstas en el art. 47.1 del ET y en los apartados 2 a 5 del art. 20 del RPDC (calendario de reuniones, primera reunión a celebrar en un plazo no inferior a un día desde la fecha de la entrega de la comunicación del inicio del procedimiento a la autoridad laboral, y obligación de celebrar, al menos, dos reuniones, separadas por un intervalo no superior a siete días ni inferior a tres).

c) La solicitud del informe de la ITSS no será preceptiva, sino potestativa para la autoridad laboral y el informe se evacuará en el plazo improrrogable de siete días, y no de quince.

En definitiva, las especialidades en la tramitación de los ERTEs ETOP COVID-19 con respecto a la regulación general vigente en el año 2020 se constriñen a los siguientes puntos: conformación de la comisión negociadora, estableciéndose un plazo máximo de cinco días y una especial composición de esta en aquellas empresas en que no exista representación legal de los trabajadores; duración del periodo de consultas que queda reducido a un máximo de siete días y carácter potestativo del informe de la ITSS. En todo lo demás, verbigracia, la conformación de la comisión negociadora en las empresas en las que exista representación legal de los trabajadores, la obligación de información y documentación, el contenido de las consultas, la exigencia de negociar de buena fe, la forma, contenido y tiempo a los que debe ajustarse la comunicación empresarial a la representación de los trabajadores, tras concluirse el período de consultas sin acuerdo, la terminación del procedimiento por caducidad por omisión de la comunicación o notificación a los representantes de los trabajadores de la decisión empresarial final o la presunción de la concurrencia de las causas justificativas del ERTE cuando el período de consultas termina con acuerdo, resulta plenamente aplicable el régimen legal y reglamentario general vigente a la sazón, respecto del cual no se establece ninguna especialidad[329].

---

329 Cfr. STS de 17 de mayo de 2023 (Rec. 266/2022, *Tol 9.588.543*); SSAN de 5 de febrero de 2021 (Proc. 179/2020), 21 de abril de 2021 (Proc. 500/2020), 30 de junio de 2021 (Proc. 135/2021) y 20 de septiembre

Para la tramitación de los ERTEs que afecten a los socios trabajadores de cooperativas de trabajo asociado y sociedades laborales incluidos en el Régimen General de la Seguridad Social o en algunos de los regímenes especiales que protejan la contingencia de desempleo, será de aplicación el procedimiento especifico previsto en el RD 42/1996, de 19 de enero, salvo en lo relativo al desarrollo del período de consultas y al informe de la ITSS, que se regirán por lo previsto en los apartados b) y c) del apartado anterior (art. 23.2 RD-l 8/2020)[330]. De esta forma, para la declaración de la situación legal de desempleo de los socios trabajadores de cooperativas de trabajo asociado, será necesario que las causas económicas, tecnológicas o de fuerza mayor en que se fundamente dicha declaración sean debidamente constatadas por la autoridad laboral, si bien el informe de la ITSS tendrá carácter potestativo, con arreglo al procedimiento establecido en la DF 1.ª del RD 42/1996 (art. 2 RD 42/1996).

2. *Vicisitudes*

Los ERTEs ETOP vigentes a la fecha de entrada en vigor de los RD-l 18/2020, 24/2020, 30/2020, 2/2021 y 11/2021 *«seguirán siendo aplicables en los términos previstos en la comunicación final de la empresa y hasta el término referido en la misma»* (arts. 2.4 RD-l 18/2020, 2.4 RD-l 24/2020, 3.4 RD-l 30/2020, 3.1 RD-l 2/2021 y 3.1 RD-l 11/2021).

---

de 2021 (Proc. 162/2020); y SSTSJ de la Comunidad Valenciana de 7 de septiembre de 2021 (Rec. 1432/2021), 8 de marzo de 2022 (Rec. 2718/2021) y 29 de mayo de 2024 (Rec. 697/2023)].

330 De conformidad con el art. 4 de la Ley 3/2021, cuando por falta de medios adecuados o suficientes la Asamblea General de las sociedades cooperativas no pueda ser convocada para su celebración a través de medios virtuales, el Consejo Rector *«asumirá la competencia para aprobar la suspensión total o parcial de la prestación de trabajo de sus socias y socios y emitirá la correspondiente certificación para su tramitación, en los términos previstos en los artículos 22 y 23 del Real Decreto-ley 8/2020, de 17 de marzo, de medidas urgentes extraordinarias para hacer frente al impacto económico y social del COVID-19»*.

No obstante, cabrá la prórroga de un expediente que finalice durante la vigencia del RD-l 30/2020, siempre que se alcance acuerdo para ello en el periodo de consultas (art. 3.4 RD-l 30/2020, 3.1 RD-l 2/2021 y 3.1 RD-l 11/2021)[331]. Esta prórroga deberá ser tramitada ante la autoridad laboral receptora de la comunicación final del expediente inicial, de acuerdo con el procedimiento previsto en el RD 1483/2012, de 29 de octubre, con las especialidades a las que hace referencia el art. 23 del RD-l 8/2020.

A los ERTEs ETOP iniciados tras el 13 de mayo de 2020 y hasta el 30 de septiembre de 2021, les resultará de aplicación el art. 23 del RD-l 8/2020, con las siguientes especialidades (arts. 2 RD-l 18/2020, 2 RD-l 24/2020, 3 RD-l 30/2020, 3.1 RD-l 2/2021 y 3.1 RD-l 11/2021)[332]:

---

331 Cfr. la STSJ del Principado de Asturias de 18 de enero de 2022 (Rec. 2510/2021). Si el ERTE se inició con anterioridad al 18 de marzo de 2020, fecha de entrada en vigor del RD-l 8/2020, no procede la prórroga del expediente solicitada por la empresa al no serle de aplicación la normativa arriba indicada [SAN de 5 de noviembre de 2021 (Proc. 193/2021)].

332 La STSJ de Castilla-La Mancha de 20 de octubre de 2023 (Rec. 1452/2022) subraya lo siguiente: «*Poniendo en relación lo expuesto con la normativa anteriormente reflejada, se advierte que pese a que la empresa donde prestaba servicios el demandante presento dos expedientes de regulación temporal de empleo, ambos por distintas causas, no puede considerarse que el presentado tras la entrada en vigor del Real Decreto-ley 30/20 fuera una prórroga del anterior, pues la expresión prorroga según la RAE significa continuar, dilatar, y en este caso no hubo una continuación de la primera situación, es decir del ERTE por causa de fuerza mayor pues el mismo finalizo el 10 de julio de 2020, volviendo la empresa a su actividad normalizada, tal y como pone de relieve el hecho de que al demandante le fue ampliada la jornada laboral, pasando de parcial a tiempo completo, y transcurrido un tiempo tuvo lugar la presentación de otro expediente de regulación temporal en concreto por causas económica, técnicas, organizativa o de producción, por lo que de conformidad con lo dispuesto en el artículo 8.4 del citado texto legal la cuantía de la prestación se obtendrá atendiendo a la base reguladora de la relación laboral afectada por el expediente; base reguladora que al serles de aplicación lo dispuesto en el artículo 25.1.a) del Real Decreto-Ley 8/2020 de 17 de marzo será la resultante de «computar el promedio de las bases de los últimos 180 días cotizados*

1.ª) La tramitación de estos ERTEs podrá iniciarse mientras esté vigente un ERTE FM.

2.ª) Cuando el ERTE ETOP se inicie tras la finalización de un ERTE FM, la fecha de efectos de aquél se retrotraerá a la fecha de finalización de este.

V. LOS ERTES COVID-19 (DESDE EL 1 DE OCTUBRE DE 2021 AL 28 DE FEBRERO DE 2022)

1. La prórroga de los ERTEs COVID-19 vigentes a fecha de 30 de septiembre de 2021

El art. 1 del RD-l 18/2021 establece la prórroga de los ERTEs COVID-19 vigentes a fecha de 30 de septiembre de 2021 hasta el

---

trabajados al amparo de la relación laboral afectada por las circunstancias que han originado directamente la suspensión del contrato o la reducción de la jornada de trabajo», lo que conlleva que dado que la jornada laboral del trabajador sufrió una variación entre los dos ERTES ello ha derivado en una alteración de las bases reguladoras correspondientes a los últimos 180 días cotizados, de manera que tal y como en el mismo se refleja la cuantía de la base reguladora ascenderá a 30,41 euros tal y como solicita la parte recurrente, comportando lo expuesto la estimación del recurso presentado». En este mismo sentido, la STSJ de la Comunidad Valenciana de 9 de enero de 2024 (Rec. 431/2023) señala que la expresión «prórroga» según la RAE significa continuar, dilatar, y en este caso no hubo una continuación de la primera situación, es decir del ERTE FM de 14-3-2020, pues el mismo finalizó en una determinada fecha ya que la empresa volvió a su actividad, tal y como pone de relieve el hecho de la reincorporación de la demandante el día 4-6-2020, y la ampliación de su jornada laboral, pasando de parcial a tiempo completo. Transcurrido un tiempo desde que finalizó el ERTE de 14-3-2020 tuvo lugar la presentación de otro expediente de regulación temporal de empleo, y entonces la situación de la demandante en cuanto a su jornada era distinta. De este modo, la base reguladora de la prestación de desempleo de fecha 21/1/2021 debe ser calculada computando la base reguladora de la prestación del segundo ERTE en el promedio de la base por la que se haya cotizado durante los últimos ciento ochenta días anteriores a 21/1/2021.

28 de febrero de 2022, siempre y cuando se solicite a la autoridad laboral que autorizó o tramitó el expediente correspondiente, entre el 1 y el 15 de octubre de 2021, y se presente la documentación complementaria. De no presentarse la solicitud acompañada de dicha documentación dentro del plazo establecido, el ERTE se dará por finalizado y no será aplicable a partir del 1 de noviembre de 2021[333]. La consecuencia de ello es que los trabajadores que estaban incluidos en el ERTE dejarán de estar en situación de desempleo y, por ende, ya no tendrán derecho a la prestación por desempleo[334].

---

333 La específica regulación de los ERTE ETOP con causa en la COVID se aparta, mediante norma de rango legal y de efectos más específicos, de las previsiones genéricas en materia de los ERTE ETOP establecidas en el RD 1483/2012, siendo por tanto dicha norma legal la que introduce esta exigencia de solicitar la prórroga cuando los efectos de la medida se extiendan más allá del 1-11-2021. El requisito legal de comunicar a la autoridad laboral la prórroga de los ERTE con efectos más allá del 1-11-2021, incluso de aquellos acordados previamente a esa fecha e incluso a la de la promulgación del RD-l 18/2021 [SAN de 29 de noviembre de 2022 (Rec. 247/2022)], encontraba plena justificación como medida de control que permitiera a la autoridad laboral verificar la real existencia de contratos suspendidos o reducidos en su jornada, impidiendo con ello un uso fraudulento de la medida, que podía producirse si se percibían prestaciones y se obtenían beneficios en la cotización a la Seguridad Social sobre relaciones laborales plenamente vivas.

334 STS de 24 de octubre de 2023 (Rec. 87/2023, *Tol 9.780.355*); y SSTSJ de Galicia de 19 de julio de 2024 (Rec. 5109/2023) y de Cataluña de 7 de noviembre de 2024 (Rec. 1218/2024). La sala observa que la reclamación tanto en vía administrativa como judicial es defectuosa porque si lo que se impugna es la resolución que deniega la prestación por desempleo que corresponde a la trabajadora, falta la reclamación previa, y si lo que se discute es la necesidad de que la empresa efectuara solicitud de la prórroga del ERTE, la trabajadora como tal no tiene legitimación activa para impugnar una comunicación del SEPE dirigida a la empresa que ni siquiera ha sido demandada, por mucho que pudiera tener efectos para la prestación que debiera seguir percibiendo [STSJ de la Comunidad Valenciana de 11 de junio de 2024 (Rec. 2612/2023)].

El procedimiento establecido al efecto es el siguiente (art. 1 RD-l 18/2021):

1.º) La solicitud de prórroga deberá ir acompañada de una relación de las horas o días de trabajo suspendidos o reducidos durante los meses de julio, agosto y septiembre de 2021 de cada una de las personas trabajadoras, debidamente identificadas en relación con cada uno de los centros de trabajo. En los ERTEs ETOP, se adjuntará, además, informe de la representación de las personas trabajadoras.

2.º) La autoridad laboral, sin perjuicio de dictar la correspondiente resolución, remitirá el expediente a la ITSS, a los efectos que eventualmente procedan.

3.º) En el plazo de diez días hábiles desde la presentación de la solicitud por parte de la empresa, la autoridad laboral deberá dictar resolución, que será estimatoria y prorrogará el ERTE hasta el 28 de febrero de 2022 *«siempre que efectivamente se haya presentado la documentación exigida»*. En caso de ausencia de resolución expresa, se entenderá estimada la solicitud de prórroga.

2. *Los nuevos ERTEs COVID-19*

Las empresas afectadas por nuevas restricciones y medidas de contención sanitaria vinculadas a la COVID-19, que sean adoptadas por las autoridades competentes entre el 1 de noviembre de 2021 y el 28 de febrero de 2022, podrán solicitar un ERTE por impedimento o limitaciones a la actividad normalizada en los términos recogidos en el art. 2 del RD-l 30/2020 y transitar de la situación de impedimento a la de limitación o viceversa, como consecuencia de las modulaciones en las restricciones sanitarias adoptadas por las autoridades competentes, sin que sea precisa la tramitación de un nuevo ERTE (art. 2 RD-l 18/2021). La tramitación y efectos de estos ERTEs seguirán rigiéndose por lo dispuesto en dicho precepto hasta el día 28 de febrero de 2022 (DA 3.ª RD-l 32/2021).

Asimismo, las empresas que, a fecha 31 de octubre de 2021, estén aplicando un ERTE FM COVID-19 podrán tramitar un ERTE ETOP de conformidad con lo previsto en el art. 23 del RD-l 8/2020 durante la vigencia de aquel (art. 5.1 2 RD-l 18/2021). En este supuesto, la fecha de efectos de este se retrotraerá a la fecha de finalización de aquel. Ciertamente, el art. 5.1 del RD-l 18/2021, como ya hizo el anterior RD-l 18/2020, tenía como objetivo prever un adecuado tránsito desde la desaparición de la FM hasta la normalidad. El legislador gubernativo era consciente de que, desaparecida la fuerza mayor como tal, la reanudación de la actividad normal en muchas empresas no sería posible de manera inmediata ya que las consecuencias de la FM podrían haber provocado un daño económico o una alteración de las capacidades organizativas o un desajuste en los términos de las demandas de bienes y servicios que podrían impedir que la empresa en cuestión pudiera continuar su actividad con la totalidad de sus trabajadores. Por ello, para evitar la destrucción de empleo y facilitar la salida de la crisis, la norma previó una serie de medidas para poder concatenar el ERTE FM con un ERTE ETOP que permitiese llegar a la normalidad sin pérdida de empleo y con garantías para la empresa. Así, se dispuso que las empresas que, a fecha de 31 de octubre de 2021, estuvieran aplicando un ERTE FM COVID-19 podrían tramitar un ERTE ETOP de conformidad con lo previsto en el art. 23 del RD-l 8/2020, durante la vigencia de aquel. A ello se añadían dos previsiones más: la primera que la tramitación de estos expedientes podía iniciarse mientras estuviera vigente un ERTE FM, de suerte que podían concatenarse ambos. La segunda, también con la misma finalidad, que cuando el ERTE ETOP se iniciase tras la finalización de un ERTE FM, la fecha de efectos de aquél se retrotraía a la fecha de finalización de este[335].

---

335 STS de 15 de febrero de 2023 (Rec. 221/2022, *Tol 9.437.104*).

VI. LA ÚLTIMA Y DEFINITIVA PRÓRROGA AUTOMÁTICA DE LOS ERTES COVID-19 VIGENTES A FECHA DE 24 DE FEBRERO DE 2022 HASTA EL 31 DE MARZO DE 2022

La DA 1.ª del RD-l 2/2022 dispuso la última y definitiva prórroga automática de los ERTEs COVID-19 vigentes a fecha de 24 de febrero de 2022 hasta el 31 de marzo de 2022[336]. A dichos expedientes y a las personas trabajadoras afectadas por los mismos

---

[336] El 24 de marzo de 2022 AIR EUROPA presenta una nueva solicitud basada en FM para reducir la jornada de 2.621 trabajadores y suspender 258 contratos de trabajo para el periodo de 1 de abril de 2022 a 30 de junio de 2022. Es por ello por lo que en sede judicial se argumenta que la pretensión de la entidad ya no encontraba cobijo en las resoluciones precedentes, dado que la prórroga de estos mecanismos de empleo finalizó el 31 de marzo de 2022 y la petición se fundamenta en el art. 47.6 ET en la redacción vigente [STS de 19 de julio de 2023 (Rec. 55/2023, *Tol 9.662.558*)]. Por lo demás, esta resolución judicial subraya lo siguiente: *«Del examen de dichos parámetros no puede colegirse ni el impedimento del desempeño de la actividad normalizada de la empresa ni las limitaciones que esta sostiene. Las exigencias adoptadas por las autoridades públicas competentes acerca de la cumplimentación de formularios o presentación de certificados o pruebas covid no paralizaron la actividad empresarial, ni conllevan en sí mismas una disminución imputable a un supuesto de fuerza mayor temporal.*
El elenco de medidas relatadas viene dirigido a los usuarios —pasajeros de la aerolínea—, a quienes esas directrices no les impedían viajar (a diferencia de lo acontecido en el periodo de confinamiento), sino que se circunscribían a cumplimentar en cada caso unos requisitos para poder hacerlo.
El que parte del público destinatario de tales exigencias pudiera ser más o menos remiso a viajar no proporciona un rango de seguridad incontestable acerca de la limitación de la actividad que señala el precepto.
Así lo ha entendido la sala de instancia, que a efectos dialécticos encauza las eventuales decisiones de no viajar por parte de los eventuales pasajeros, que pudieren implicar una minoración de la actividad empresarial, por la vía de la regulación temporal de empleo por causas ETOP, tal y como de forma cautelar planteó la propia demandante en fecha14.02.2022. En ese sentido el Fiscal indicaba que no puede confundirse la mayor o menor reticencia para viajar derivada de la imposición de un requisito —amplísimamente cumplido por los ciudadanos— con una causa que fatalmente determina una radical disminución de la actividad productiva».

les seguirían resultando de aplicación las medidas previstas en el RD-l 18/2021 hasta el 31 de marzo de 2022, sin perjuicio de lo establecido en la DA 2.ª de este real decreto-ley.

En efecto, de conformidad con la DA 2.ª del RD-l 2/2022, a los ERTEs prorrogados les serán de aplicación durante el mes de marzo de 2022, las exenciones en la cotización a la Seguridad Social reguladas en el art. 4 del RD-l 18/2021, en los mismos términos y condiciones establecidos en dicho precepto, con las particularidades siguientes:

a) En los supuestos regulados en los apartados 1.a) 1.º y 3, el porcentaje de exención será del 20%.

b) En los supuestos regulados en los apartados 1.a) 2.º y 3, el porcentaje de exención será del 60%.

c) En los supuestos regulados en los apartados 1.b) 1.º y 3, el porcentaje de exención será del 30%.

d) En los supuestos regulados en los apartados 1.b) 2.º y 3, el porcentaje de exención será del 60%.

e) En los supuestos regulados en el apartado 2 el porcentaje de exención será del 90%.

A partir del 1 de abril de 2022, si las empresas precisan seguir aplicando medidas de suspensión o reducción de jornada tendrán que tramitar un ERTE ETOP al amparo del régimen general previsto en el art. 47 del ET.

VII. EFECTOS PROVOCADOS POR LOS ERTES COVID-19

En línea con las previsiones del art. 24.2.b) de la LSNPC, el RD-l 8/2020 y la Ley 3/2021 prevén las siguientes medidas a favor de los empresarios y trabajadores afectados por los ERTEs COVID-19[337]:

---

[337] De conformidad con la DT 1.ª del RD-l 8/2020, las medidas extraordinarias en materia de cotizaciones y protección por desempleo regula-

1.ª) La exoneración de la obligación empresarial de cotizar a la Seguridad Social en los ERTEs. 2.ª) La mejora de la cobertura prestacional por desempleo respecto de los trabajadores afectados. 3.ª) Límites relacionados con la transparencia fiscal y el reparto de dividendos. 4.ª) La salvaguarda del empleo de los trabajadores afectados.

VIII. MEDIDAS EXTRAORDINARIAS EN MATERIA DE COTIZACIÓN VINCULADAS A LOS ERTES COVID-19

En los ERTEs COVID-19 se reducen las cotizaciones empresariales correspondientes a contingencias comunes, accidentes de trabajo y enfermedades profesionales, desempleo, Fondo de Garantía Salarial y formación profesional devengadas con ocasión de los días u horas que resulten protegidos mediante la prestación por desempleo total temporal o desempleo parcial. El importe de la exoneración difiere según el número de trabajadores en situación de alta en la Seguridad Social que tenga la empresa, favoreciéndose a las de menos de 50 trabajadores, y el período temporal de que se trate. A partir del 1 de octubre de 2020, las exenciones en las cotizaciones de la Seguridad Social en los ERTEs FM y ETOP se reservan en favor de las empresas pertenecientes a sectores con una elevada tasa de cobertura por ERTEs y una reducida tasa de recuperación de actividad, así como aquellas otras que forman parte de la cadena de valor de las anteriores o que presentan una dependencia económica acusada de las mismas por su volumen de operaciones o el tipo de actividad desarrollada[338]. Y, en fin, el art. 3 del RD-l 18/2021 incorpora una relevante novedad, consistente en la atribución de diferentes beneficios a las empresas que

das en los artículos 24, 25, 26 y 27 *«serán de aplicación a los afectados por los procedimientos de suspensión de contratos y reducción de jornada comunicados, autorizados o iniciados con anterioridad a la entrada en vigor de este real decreto-ley, siempre que deriven directamente del COVID-19».*

338 Cfr. la DA 1.ª del RD-l 30/2020.

realicen acciones formativas en favor de las personas incluidas en los ERTEs COVID-19, con la finalidad de mejorar las competencias profesionales y la empleabilidad de dichas personas.

El régimen jurídico aplicable a las exenciones en las cotizaciones de la Seguridad Social se contiene en las siguientes disposiciones normativas:

1.º) ERTEs FM:

— Desde el 1 de marzo de 2020 hasta el 30 de abril de 2020: art. 24 del RD-l 8/2020, según la redacción dada por la DF 1.ª.1 RD-l 18/2020, de 12 de mayo.

— Desde 1 de mayo de 2020 hasta el 30 de septiembre de 2020:

a) Empresas en situación de fuerza mayor total: arts. 4.1 del RD-l 18/2020 y 4.1.b) y 4.1.b) del RD-l 24/2020.

b) Empresas en situación de fuerza mayor parcial: arts. 4.2 del RD-l 18/2020 y 4.1 del RD-l 24/2020.

2.º) ERTEs ETOP (desde el 1 de julio de 2020 hasta el 30 de septiembre de 2020): 4.2 del RD-l 24/2020.

3.º) ERTEs FM y ETOP:

— Desde el 1 de octubre de 2020 hasta el 31 de enero de 2021: DA 1.ª y Anexo del RD-l 30/2020.

— Desde el 1 de febrero de 2021 hasta el 31 de mayo de 2021: DA 1.ª y Anexo del RD-l 2/2021.

— Desde el 1 de junio de 2021 hasta el 30 de septiembre de 2021: DA 1.ª y Anexo del RD-l 11/2021.

4.º) ERTEs FM en caso de rebrotes:

— Desde el 1 de julio de 2020 hasta el 30 de septiembre de 2020: DA 1.ª del RD-l 24/2020.

— Desde el 1 de octubre de 2020 hasta el 31 de mayo de 2021: DT Única del RD-l 30/2020 y art. 1.2 del RD-l 2/2021.

— Desde el 1 de junio de 2021 hasta el 30 de septiembre de 2021: DT Única del RD-l 30/2020 y art. 1.2 del RD-l 11/2021.

5.º) ERTEs FM por impedimentos o limitaciones de actividad:

— ERTEs por impedimentos de actividad (desde el 1 de octubre de 2020 hasta el 30 de septiembre de 2021): arts. 2.1 del RD-l 30/2020, 1.3 y 2.1 del RD-l 2/2021 y 1.3 y 2.1 del RD-l 11/2021.

— ERTEs por limitaciones de actividad:

a) Desde el 1 de octubre de 2020 hasta el 31 de enero de 2021: art. 2.2 del RD-l 30/2020.

b) Desde el 1 de febrero de 2021 hasta el 31 de mayo de 2021: arts. 1.4 y 2.1 del RD-l 2/2021.

c) Desde el 1 de junio de 2021 hasta el 30 de septiembre de 2021: arts. 1.4 y 2.1 del RD-l 11/2021.

6.º) ERTEs COVID-19 (desde el 1 de octubre de 2021 hasta el 28 de febrero de 2022): art. 4, DT Única y DA 4.ª del RD-l 18/2021.

7.º) ERTEs COVID-19 (desde el 24 de febrero de 2022 hasta el 31 de marzo de 2022): DD.AA. 1.ª y 2.ª RD-l 2/2022.

En cuanto a las exenciones en la cotización, se aplican las siguientes reglas comunes[339]:

1.º) Las exenciones en la cotización se aplicarán por la TGSS a instancia de la empresa, previa comunicación de la identificación de las personas trabajadoras y período de la suspensión o reducción de jornada, y previa presentación de declaración responsable, respecto de cada código de cuenta de cotización y mes de devengo, sobre el mantenimiento de la vigencia de los

---

[339] Cfr. art. 4 del RD-l 8/2020, art. 4 del RD-l 18/2020, art. 4 del RD-l 24/2020, DA 1.ª del RD-l 30/2020 y arts. 1.5 del RD-l 2/2021, 1.5 del RD-l 11/2021 y 4.4 del RD-l 18/2021.

ERTEs[340]. Para que la exención resulte de aplicación las declaraciones responsables se deberán presentar antes de solicitarse el cálculo de la liquidación de cuotas correspondiente al período de devengo de cuotas sobre el que tengan efectos dichas declaraciones.

La renuncia expresa al ERTE presentada ante la autoridad laboral determina la finalización de estas exenciones desde la fecha de efectos de dicha renuncia. Las empresas deberán comunicar a la TGSS esta renuncia expresa al expediente de regulación de empleo.

La presentación de las declaraciones responsables y, en su caso, la comunicación de la renuncia al ERTE, se deberán realizar a través del Sistema de remisión electrónica de datos en el ámbito de la Seguridad Social (Sistema RED), regulado en la Orden ESS/484/2013, de 26 de marzo.

2.º) A los efectos del control de estas exoneraciones de cuotas, será suficiente la verificación de que el SEPE, o en su caso, el ISM, proceda al reconocimiento de la correspondiente prestación por desempleo por el período de suspensión o reducción de jornada de que se trate. No obstante, en el caso de los trabajadores a los que no se haya reconocido la prestación por desempleo será suficiente la verificación del mantenimiento del trabajador en la situación asimilada a la de alta a la que se refiere la DA 2.ª del RD-l 24/2020. El SEPE y, en su caso, el ISM, proporcionarán a la TGSS

340 A partir de la entrada en vigor del RD-l 30/2020, la declaración responsable hará referencia tanto a la existencia como al mantenimiento de la vigencia de los ERTEs y al cumplimiento de los requisitos establecidos para la aplicación de estas exenciones. En concreto y, en cualquier caso, la declaración hará referencia a haber obtenido la correspondiente resolución de la autoridad laboral emitida de forma expresa o por silencio administrativo (art. 2.3 y DA 1.ª.5 RD-l 30/2020). Para que la exención resulte de aplicación las declaraciones responsables se deberán presentar antes de solicitarse el cálculo de la liquidación de cuotas correspondiente al periodo de devengo de cuotas sobre el que tengan efectos dichas declaraciones.

la información de las prestaciones de desempleo reconocidas a los trabajadores incluidos en los expedientes de regulación de empleo basados en las causas de los arts. 22 y 23 del RD-l 8/2020, desde el mes de marzo hasta la finalización de las exenciones reguladas en el presente artículo. A tal efecto, la TGSS podrá establecer los sistemas de comunicación necesarios con el SEPE para el contraste con sus bases de datos de los períodos de disfrute de las prestaciones por desempleo.

3.º) Las exenciones en la cotización no tendrán efectos para las personas trabajadoras, manteniéndose la consideración de los períodos en que se apliquen como efectivamente cotizados a todos los efectos, sin que resulte de aplicación lo establecido en el art. 20.1 y 3 de la LGSS[341]. Por consiguiente, los mismos computarán como tiempos cotizados para acceder a las prestaciones de la Seguridad Social (por ejemplo, las pensiones de jubilación, incapacidad permanente, muerte y supervivencia) y se tendrán en cuenta a la hora de determinar la base reguladora de dichas prestaciones y el porcentaje aplicable sobre la base reguladora de las pensiones de jubilación. No obstante, a la vista de lo dispuesto en el art. 269.2 de la LGSS, no parece que dichos períodos puedan computarse como de ocupación cotizada a efectos de ampliar la duración de la prestación por desempleo derivada del ERTE COVID-19 ni de obtener futuras prestaciones por desempleo[342]. La norma especial no introduce una nueva regla de la que pudiera derivarse que esa clase desempleo genere más beneficios que los previstos con carácter general en dicho precepto, al punto de que

341 Cfr. art. 24 del RD-l 8/2020, art. 4 del RD-l 18/2020, art. 4 del RD-l 24/2020, art. 2 del RD-l 30/2020, art. 1.5 del RD-l 2/2021, DA 4.ª del RD-l 11/2021 y DA 11.ª del RD-l 18/2021.

342 En el mismo sentido, entre otras muchas, las SSTS de 16 de noviembre de 2023 (Rec. 5326/2022, *Tol 9.789.977*), 29 de abril de 2024 (Recs. 429/2023 y 602/2023, *Tol 10.016.852* y *Tol 10.016.331*), 24 de septiembre de 2024 (Rec. 3565/2023, *Tol 10.218.767*), 14 de enero de 2025 (Recs. 3717/2023 y 4115/2023, *Tol 10.352.522* y *Tol 10.362.306*) y 26 de febrero de 2025 (Rec. 126/2024, *Tol 10.437.880*).

deba entenderse como cotizado por desempleo y permita suplementar la duración de la prestación anterior o lucrar una nueva prestación.

4.º) Las exenciones serán a cargo de los presupuestos de la Seguridad Social en el caso de la aportación empresarial por contingencias comunes, de las mutuas colaboradoras en el caso de la aportación empresarial por contingencias profesionales, del SEPE en el caso de la aportación empresarial para desempleo y formación profesional y del Fondo de Garantía Salarial en el caso de las aportaciones que financian sus prestaciones.

5.º) Las medidas extraordinarias en el ámbito laboral previstas en el presente real decreto-ley deberán respetar los límites al reparto de dividendos (arts. 5.2 RD-l 18/2020 y 5.2 RD-l 24/2020) y estarán sujetas al compromiso de la empresa de mantener el empleo durante el plazo de seis meses desde la fecha de reanudación de la actividad (DA 6.ª RD-l 8/2020).

En fin, corresponde a la ITSS, en el ejercicio de sus competencias, el control del cumplimiento de los requisitos y de las obligaciones establecidas en relación con las exenciones en las cotizaciones de la Seguridad Social (DA 2.ª RD-l 18/2021). A tales efectos, se desarrollarán aquellas acciones de control que se determinen sobre la correcta aplicación de las exenciones en el pago de las cuotas de la Seguridad Social, pudiendo iniciarse en caso de incumplimiento de la normativa los correspondientes expedientes sancionadores y liquidatorios de cuotas. En particular, corresponderá a la ITSS el control sobre la veracidad, inexactitud u omisión de datos o declaraciones responsables proporcionadas por las empresas o por cualquier otra información que haya sido utilizada para el cálculo de las correspondientes liquidaciones de cuotas, y sobre la indebida existencia de actividad laboral durante los períodos comunicados por la empresa de suspensión de la relación laboral o reducción de la jornada de trabajo, en los que se hayan aplicado exenciones en la cotización.

IX. MEDIDAS EXTRAORDINARIAS EN MATERIA DE PROTECCIÓN POR DESEMPLEO DE LOS TRABAJADORES AFECTADOS POR LOS ERTES COVID-19

1. El derecho a la prestación contributiva por desempleo

Los trabajadores afectados por los ERTEs COVID-19, tendrán derecho a las prestaciones por desempleo en los siguientes términos:

1.º) Tendrán derecho a la prestación contributiva por desempleo específica por quedar afectados por el ERTE por causas económicas, técnicas, organizativas y de producción o por fuerza mayor relacionadas con la COVID-19. La normativa especial no establece singularidad alguna sobre lo que hay que entender por *«situación legal por desempleo»* a estos efectos, por lo que habrá que estar a la normativa general a la que se remite el legislador tanto en el art. 25.1.a) como en el art. 22.1 del RD-l 8/2020, esto es, a los apdos. 2.º y 3.º del art. 262 y a los apartados 1.b) 1.º y 1.c) del art. 267 de la LGSS[343].

2.º) La prestación por desempleo será reconocida a las personas trabajadoras afectadas en todos los supuestos, esto es, *«tanto si en el momento de la adopción de la decisión empresarial tuvieran suspendido un derecho anterior a prestación o subsidio por desempleo como si careciesen del período mínimo de ocupación cotizada para causar derecho a prestación contributiva, o no hubiesen percibido prestación por desempleo precedente»* (art. 25.3 RD-l 8/2020). Pero esta afirmación sólo tiene validez respecto de los trabajadores que no estén excluidos de la protección por desempleo, como es el caso, por ejemplo, de los administradores de empresas que revistan la forma de sociedad

343 Por consiguiente, la reducción de la jornada de trabajo en un porcentaje superior al 70% determina la exclusión del ámbito de protección del art. 262.3 de la LGSS [SSTSJ de Asturias de 21 de junio de 2021 (Rec. 906/2021), 14 de septiembre de 2021 (Rec. 1169/2021) y 19 de octubre de 2021 (Rec. 1689/2021). Cfr. STSJ de Galicia de 23 de septiembre de 2021 (Rec. 1640/2021)].

capitalista cuando asumen funciones de dirección o gerencia y no poseen el control de la sociedad [art. 136.2.c) LGSS].

3.º) Tendrán derecho a la prestación contributiva por desempleo reseñada todos los trabajadores afectados por los ERTEs de referencia, aunque carezcan del período de ocupación cotizada mínimo necesario para ello [art. 25.1.a) RD-l 8/2020]. Eso sí, los mismos deberán estar afiliados a la Seguridad Social y en situación de alta o asimilada al alta al sobrevenir la situación legal de desempleo (art. 266 LGSS). No obstante, si el empresario incumplió la obligación de solicitar la afiliación/alta, los trabajadores se considerarán en alta de pleno derecho, sin perjuicio de la responsabilidad del empresario infractor (arts. 167 y 281 LGSS).

4.º) En cuanto a la fecha de efectos de las prestaciones contributivas por desempleo con motivo de la COVID-19, se reproduce el esquema general. Y, así, en los ERTEs ETOP, la fecha de efectos de la situación legal de desempleo *«habrá de ser, en todo caso, coincidente o posterior a la fecha en que la empresa comunique a la autoridad laboral la decisión adoptada»*[344], y en los ERTEs FM será *«la fecha del hecho causante de la misma»* (DA 3.ª Ley 3/2021)[345]. La causa y fecha de efectos de la situación legal de desempleo *«deberán figurar, en todo caso, en el certificado de empresa, que se considerará documento válido para su acreditación»* (DA 3.ª Ley 3/2021).

5.º) La duración de la prestación se extenderá hasta la finalización del período de suspensión del contrato de trabajo o de reducción temporal de la jornada de trabajo de las que trae causa [art. 25.3.b) RD-l 8/2020][346].

---

344 STSJ del Principado de Asturias de 18 de enero de 2022 (Rec. 2510/2021).

345 En cambio, la STSJ de Cataluña de 26 de julio de 2022 (Rec. 420/2022) fija también en los ERTEs FM como fecha de efectos de la situación legal de desempleo la que determine el certificado de empresa, que habrá de coincidir con la fecha en que el empresario comunica a la autoridad laboral la suspensión de contratos.

346 La trabajadora que pasa a ERTE FM COVID-19 con reconocimiento de la prestación de desempleo es contratada en dicha situación por otra

6.º) La prestación contributiva por desempleo con motivo de la COVID-19, se determinará con la siguiente especialidad [art. 25.3.a) RD-l 8/2020]: La base reguladora de la prestación será la resultante de computar el promedio de las bases de los últimos 180 días cotizados o, en su defecto, del período de tiempo inferior, inmediatamente anterior a la situación legal de desempleo, trabajados al amparo de la relación laboral afectada por las circunstancias extraordinarias que han originado directamente la suspensión del contrato o la reducción de la jornada de trabajo.

En lo demás, habrá que estar a las reglas generales y, por lo tanto, a la hora de determinar la cuantía de la prestación por desempleo, se seguirán los siguientes pasos (arts. 270 LGSS —en su versión anterior a la entrada en vigor de la DF 25.ª.8 de la Ley 31/2022, de 23 de diciembre—, 4 RPD y 25.3 RD-l 8/2020):

— Primero se determinará la cuantía inicial de la prestación, conforme a este esquema[347]:

Del 1 al 180 día = 70% Base Reguladora. Del 181 día en adelante = 50% Base Reguladora
BR= Sumatorio BCcp-horas extra, correspondientes a 180 últimos días cotizados en la relación laboral afectada por el ERTE COVID-19: 180 * Cuando el período de vigencia de la relación laboral afectada por el ERTE sea inferior a 180 días, la BR se obtendrá de manera análoga a la referida, pero computando las bases de cotización de dicho período.

— Después se comprobará que la cantidad así obtenida está comprendida entre las cuantías máxima y mínima, aplicándose en otro caso estas últimas.

empresa, lo que conlleva el cese en el sistema de la Seguridad Social en la primera empresa y el alta en la segunda empresa en la que es baja voluntaria, no puede reanudar la prestación por desempleo derivada del ERTE FM [art. 267.2.a) LGSS] [STSJ de la Comunidad de Madrid de 19 de octubre de 2022 (Rec. 562/2022)].

347 Cfr. el art. 8.4 del RD-l 30/2020.

Las cuantías máxima y mínima consisten en un determinado porcentaje sobre el IPREM mensual vigente en el momento del nacimiento del derecho, incrementado en una sexta parte (art. 270.3 LGSS). Porcentaje que dependerá de la existencia o no de hijos a cargo. Entendiéndose que existen «hijos a cargo», cuando los hijos (o los nietos huérfanos a cargo del abuelo[348]), sean menores de 26 años o presenten una discapacidad igual o superior al 33%, siempre que no obtengan rentas iguales o superiores al SMI y convivan con el beneficiario, aunque no será necesaria esta convivencia cuando se declare la obligación de prestar alimentos o mantener económicamente al hijo (art. 4.3 RPD).

Cuantía máxima:

175% IPREM (mensual + 1/6) si no existen hijos a cargo
200% IPREM (mensual + 1/6) con 1 hijo a cargo
225% IPREM (mensual + 1/6) con más de 1 hijo a cargo

Cuantía mínima:

80% IPREM (mensual + 1/6) sin hijos a cargo
107% IPREM (mensual + 1/6) con hijos a cargo

No obstante, el art. 270.3 de la LGSS establece que *«en caso de desempleo por pérdida de empleo a tiempo parcial o a tiempo completo, las cuantías máximas y mínimas de la prestación, contempladas en los párrafos anteriores, se determinaran teniendo en cuenta el indicador público de rentas de efectos múltiples calculado en función del promedio de las horas trabajadas durante el período de los últimos 180 días, a que se refiere el apartado 1, ponderándose tal promedio en relación con los días en cada empleo a tiempo parcial o completo durante dicho período»*. Se procede, por consiguiente, a una aplicación proporcional de los

[348] STS de 13 de junio de 1998 (Recud. 4718/1997).

topes mínimo y máximo según el porcentaje de parcialidad en la prestación laboral. Es decir, no se toman los topes generales, sino los propios del contrato de trabajo a tiempo parcial que se pierde y que se obtienen por referencia al promedio de las *«horas trabajadas»* en el período de los últimos 180 días cotizados/trabajados —esto es, en el período que determina el importe de la base reguladora y no en el período de 6 años tomado en cuenta para determinar la duración de la prestación[349]—. Esta regla atiende, como se ve, a la jornada realmente trabajada, y no a la pactada, que podría ser diferente, en cuanto que las horas complementarias, previstas como posibles, hayan alcanzado efectiva realización. La retribución obtenida por la realización de las horas complementarias forma parte de la base de cotización por desempleo y de la base reguladora de la prestación [art. 12.5.i) ET], lo que se proyecta de forma inevitable sobre las cuantías mínima y máxima de las mismas.

7.º) El procedimiento de reconocimiento del derecho a la prestación por desempleo se ajustará a lo dispuesto en la normativa legal y reglamentaria para los supuestos de suspensión temporal del contrato o de reducción temporal de la jornada derivados de causas económicas, técnicas, organizativas, de producción o de fuerza mayor (art. 25.4 RD-l 8/2020). En todo caso, dicho procedimiento de reconocimiento de la prestación contributiva por desempleo se iniciará mediante una *«solicitud colectiva»* presentada por la empresa ante el SEPE, actuando en representación de las personas afectadas por el ERTE (art. 3.1 Ley 3/2021). Esta solicitud se cumplimentará en el modelo proporcionado por el SEPE y se incluirá en la comunicación regulada en el apartado siguiente.

Además de la solicitud colectiva, la empresa debe aportar la siguiente información, de forma individualizada por cada uno de los centros de trabajo afectados (art. 3.2 Ley 3/2021):

---

349 Cfr. SSTS de 20 de mayo de 2015 (Rec. 2382/2014) y 8 de marzo de 2016 (Recud. 1360/2015).

a) Nombre o razón social de la empresa, domicilio, número de identificación fiscal y código de cuenta de cotización a la Seguridad Social al que figuren adscritos los trabajadores cuyas suspensiones o reducciones de jornada se soliciten.

b) Nombre y apellidos, número de identificación fiscal, teléfono y dirección de correo electrónico del representante legal de la empresa.

c) Número de expediente asignado por la autoridad laboral.

d) Especificación de las medidas a adoptar, así como de la fecha de inicio en que cada una de las personas trabajadoras va a quedar afectada por las mismas.

e) En el supuesto de reducción de la jornada, determinación del porcentaje de disminución temporal, computada sobre la base diaria, semanal, mensual o anual.

f) A los efectos de acreditar la representación de las personas trabajadoras, una declaración responsable en la que habrá de constar que se ha obtenido la autorización de aquellas para su presentación.

g) La información complementaria que, en su caso, se determine por resolución de la Dirección General del Servicio Público de Empleo Estatal.

La empresa deberá comunicar cualesquiera variaciones en los datos inicialmente contenidos en la comunicación, y en todo caso cuando se refieran a la finalización de la aplicación de la medida.

La comunicación anterior deberá remitirse por la empresa en el plazo de 5 días desde la solicitud del ERTE por fuerza mayor o desde la fecha en que la empresa notifique a la autoridad laboral competente su decisión en el caso de los ERTEs por causas económicas, técnicas, organizativas y de producción conectadas con la COVID-19 (art. 3.3 Ley 3/2021). En el supuesto de que la solicitud se hubiera producido con anterioridad a la entrada en vigor del RD-l 9/2020 —que tuvo lugar el 28 de marzo de 2020 (DF 3.ª

RD-l 9/2020)—, el plazo de 5 días empezará a computarse desde esta fecha (art. 3.3 RD-l 9/2020).

La comunicación se remitirá a través de medios electrónicos y en la forma que se determine por el SEPE (art. 3.3 Ley 3/2021).

La no transmisión de la comunicación regulada en los apartados anteriores se considerará conducta constitutiva de la infracción grave prevista en el art. 22.13 de la LISOS (art. 3.4 Ley 3/2021). Además, la empresa incurrirá en un incumplimiento contractual grave y culpable que habilitará al trabajador afectado a interesar la resolución de su contrato de trabajo *ex* art. 50.1.c) del ET, pues por causa imputable a la empresa no podrá acceder a las prestaciones por desempleo a las que tendría derecho por quedar afectado por el ERTE[350].

Lo establecido en el art. 3 de la Ley 3/2021 se entenderá sin perjuicio de la remisión por parte de la autoridad laboral a la entidad gestora de las prestaciones de sus resoluciones y de las comunicaciones finales de las empresas en relación, respectivamente, a los expedientes tramitados conforme a la causa prevista en los arts. 22 y 23 del RD-l 8/2020 (art. 3.1 Ley 3/2021).

8.º) El tiempo en que se perciba la prestación por desempleo de nivel contributivo que traiga su causa inmediata en los ERTEs por causas económicas, técnicas, organizativas y de producción o por fuerza mayor vinculadas con la COVID-19 no computará *«a los efectos de consumir los períodos máximos de percepción establecidos»* [art. 25.1.b) RD-l 8/2020]. En esta situación, los períodos de suspensión o reducción de jornada disfrutados por los trabajadores afectados por dichos ERTEs **no consumen las prestaciones o subsidios por desempleo que puedan generar en virtud del ERTE COVID-19**. Por tanto, en los supuestos de suspensión contractual o de reducción temporal de jornada y posterior extinción de los contratos, los trabajadores tienen derecho a que no se les descuente de la prestación que tuvieran suspendida ningún día de

350 STSJ de Andalucía de 4 de noviembre de 2021 (Rec. 1359/2021).

desempleo consumido durante el tiempo que estuvieron afectados por el ERTE COVID-19[351].Y, en fin, este beneficio se reconoce en todo caso, independientemente de la fecha y de la causa en virtud de la cual se produzca la futura situación legal de desempleo y aunque dicha situación tenga lugar en el marco de una nueva relación contractual con otra empresa distinta.

9.º) Durante la pandemia se han introducidos sucesivas previsiones para extender la protección por desempleo a determinados colectivos. En particular, se han adoptado las siguientes medidas:

1.ª) Podrán acogerse a las medidas reseñadas, además de las personas trabajadoras incluidas en el art. 264 de la LGSS, aquellas que tengan la condición de socias trabajadoras de sociedades laborales y de cooperativas de trabajo asociado que tengan previsto cotizar por la contingencia de desempleo siempre. En todo caso se requerirá que el inicio de

---

351 Además, las SSTSJ de las Islas Baleares de 10 de julio de 2024 (Rec. 155/2024), 7 de octubre de 2024 (Rec. 264/2024) y 19 de diciembre de 2024 (Rec. 447/2024), y de la Comunidad de Madrid de 12 de septiembre de 2024 (Rec. 343/2024), 23 de septiembre de 2024 (Rec. 342/2024), 23 de octubre de 2024 (Rec. 371/2024) y 20 de noviembre de 2024 (Rec. 703/2024), consideran que el periodo durante el que el actor percibió la prestación por desempleo, al haber quedado afectado por un ERTE COVID-19, debe considerarse un periodo neutro, durante el que no han de computarse las cotizaciones efectuadas, ni entenderse como periodo consumido, a los efectos de causar una nueva prestación, tras la extinción del contrato por despido improcedente. Sin embargo, las SSTS de 23 de febrero de 2024 (Rec. 4839/2022, *Tol 9.925.039*) y de 11 de septiembre de 2024 (Rec. 3737/2023, *Tol 10.199.321*) subrayan que la invocación de la teoría del paréntesis carece de fuerza para cambiar el signo de la doctrina jurisprudencial: Ni estamos ante una pensión de jubilación, ni existe vacío normativo alguno sobre la obligación de cotizar, sino una regulación específica y propia de la situación de desempleo. Y así, se niega que el periodo de percepción de prestaciones de desempleo como consecuencia de la suspensión del contrato de trabajo por un ERTE-COVID deba computarse como cotizado a efectos de percibir una nueva prestación de desempleo.

la relación laboral o societaria hubiera sido anterior al 18 de marzo de 2020 y, para el reconocimiento del derecho a la prestación contributiva por desempleo, aunque se carezca del período de ocupación cotizada mínimo necesario para ello, *«a la fecha de efectos del expediente de regulación temporal de empleo»* (art. 25.2 RD-l 8/2020, en la redacción dada por la DF 1.ª RD-l 2/2021). En este caso, la acreditación de las situaciones legales de desempleo exigirá que las causas que han originado la suspensión o reducción temporal de la jornada hayan sido debidamente constatadas por la autoridad laboral competente de acuerdo con el procedimiento regulado en el RD 42/1996 (art. 25.5 RD-l 8/2020).

2.ª) Y, en fin, se establecen con detalle peculiaridades para los trabajadores fijos discontinuos (art. 25.6 RD-Ley 8/2020, matizadas por la DF 8.ª.3 RD-Ley 15/2020)[352], así como una prestación extraordinaria para personas con contrato fijo discontinuo o que realicen trabajos fijos y periódicos

[352] Deben incluirse los trabajadores fijos discontinuos que fueron llamados a trabajar en el periodo de actividad del año 2020, siendo suspendida su actividad antes y después de la fecha de efectos del ERTE pasando a la situación de desempleo, así como los que no hubieran podido reincorporarse a la misma por falta de llamamiento anterior a la fecha del ERTE, teniendo en cuenta que la solicitud y fecha de efectos fue anterior a la modificación del art. 25.6 del RD-l 8/2020, pues lo contrario genera una diferencia de trato injustificada [STS de 27 de octubre de 2021 (Rec. 60/2021)]. La situación de los trabajadores fijos discontinuos en AIR EUROPA, SA, que recibieron el llamamiento para el periodo de actividad de la campaña de verano del año 2020, en enero, es la regulada por el art. 25.6 a), párrafo segundo, del RD-l 8/2020, en la redacción dada por el RD-l 15/2020, y, por tanto, no tienen derecho a su efectiva incorporación en la fecha prevista para el inicio de la actividad, al haberse dejado sin efecto ese llamamiento por causas sobrevenidas y existiendo un ERTE FM COVID-19, declarado el 30 de marzo de 2020, que afectaba a toda la plantilla [STS de 19 de julio de 2023 (Rec. 103/2021, *Tol 9.662.606*)].

que se repitan en fechas ciertas (art. 9 RD-Ley 30/2020). Estas previsiones se mantendrán, como se verá, hasta el 28 de febrero de 2022 (arts. 8.1 RD-Ley 30/2020, 4.2 RD-l 11/2021 y 7 RD-l 18/2021)[353].

10.º) A partir del 1 de octubre de 2020, las prestaciones por desempleo reconocidas en el ámbito de los ERTEs por causas relacionadas con la COVID-19 serán compatibles *«con la realización de un trabajo a tiempo parcial no afectado por medidas de suspensión»*, por lo que *«no se deducirá de la cuantía de la prestación la parte proporcional al tiempo trabajado»* (art. 11 RD-l 30/2020)[354]. Y los beneficiarios de la prestación por desempleo regulada en el art. 25.1 del RD-l 8/2020, cuya cuantía se haya visto reducida en proporción al tiempo trabajado, en aplicación del art. 282.1 de la LGSS, por mantener en el momento del reconocimiento inicial una o varias relaciones laborales a tiempo parcial no afectadas por ERTEs, *«tendrán derecho a percibir una compensación económica cuyo importe será equivalente a lo dejado de percibir por la deducción efectuada»* (art. 12.1 RD-l 30/2020)[355]. Dicha compensación se abonará en un solo pago previa solicitud del interesado formalizada en el modelo establecido al efecto y a través de la sede electrónica del SEPE, en el plazo que media desde el 30 de septiembre de 2020 hasta el día 30 de junio de 2021 (art. 12.2 RD-l 30/2020). La presentación de la solicitud fuera de este plazo implicará su denegación. El plazo máximo para que el SEPE resuelva las solicitudes presentadas se extenderá hasta el día

---

353 Cfr. la DA 3.ª del RD-l 11/2021. Sobre esta temática, véanse la STS de 21 de octubre de 2021 (Rec. 158/2021): las SSAN de 15 de julio de 2021 (Proc. 4/2021); y las SSTSJ de la Comunidad de Madrid de 13 de abril de 2021 (Rec. 172/2021), de Andalucía de 27 de octubre de 2021 (Rec. 1484/2021) y 22 de noviembre de 2021 (Rec. 3599/2021) y de Castilla y León de 21 de diciembre de 2021 (Rec. 733/2021).

354 En cuanto a la compatibilidad o incompatibilidad de la prestación por desempleo y de la prestación extraordinaria por cese de actividad cuando el beneficiario ha estado previamente en situación de pluriactividad, véase la STS de 30 de octubre de 2024 (Rec. 1025/2022, *Tol 10.273.169*).

355 Cfr. la STSJ de Asturias de 21 de diciembre de 2021 (Rec. 2441/2021).

31 de julio de 2021 y, una vez transcurrido dicho plazo sin que haya recaído resolución expresa, la persona solicitante podrá entender desestimada su solicitud (art. 12.3 RD-l 30/2020).

11.º) En los supuestos en los que el SEPE apreciase indicios de fraude para la obtención de las prestaciones por desempleo, lo comunicará a la ITSS a los efectos oportunos (DA 4.ª RD-l Ley 3/2021). Esta, en colaboración con la Agencia Estatal de Administración Tributaria y las Fuerzas y Cuerpos de Seguridad del Estado, incluirá, entre sus planes de actuación, la comprobación de la existencia de las causas alegadas en las solicitudes y comunicaciones de expedientes temporales de regulación de empleo basados en las causas de los arts. 22 y 23 del Real Decreto-ley 8/2020, de 17 de marzo.

2. *Vicisitudes de los ERTEs y vigencia de las medidas extraordinarias en materia de protección por desempleo*

2.1. La prórroga de las medidas extraordinarias en materia de protección por desempleo desde el 1 de octubre de 2020 hasta el 31 de enero de 2021

2.1.1. ERTEs FM o ETOP

A) Trabajadores afectados por los ERTEs FM o ETOP a 30 de septiembre de 2020

Las medidas de protección por desempleo previstas en los apartados 1.a), 2 y al 5 del art. 25 del RD-l 8/2020, resultarán aplicables hasta el 31 de enero de 2021 a las personas afectadas por los ERTEs regulados en los arts. 22 y 23 de dicha disposición normativa (art. 8.1 RD-l 30/2020). La cuantía de la prestación por desempleo se determinará aplicando, a la base reguladora de la relación laboral afectada por el expediente, el porcentaje del 70% hasta el 31 de enero de 2021, sin perjuicio de la aplicación de las cuantías máximas y mínimas previstas en el art. 270.3 de la LGSS (art. 8.4 RD-l 30/2020). De esta manera, los trabajadores que lleven desde el mes de marzo, y de manera ininterrumpida, en un

ERTE no verán reducida al 50% su prestación por desempleo, como resultaría de aplicarse la regla general prevista en el art. 270.2 de la LGSS —en su versión anterior a la entrada en vigor de la DF 25.ª.8 de la Ley 31/2022, de 23 de diciembre—.

La medida contemplada en el art. 25.1.b) del RD-l 8/2020, se mantendrá vigente hasta el 30 de septiembre de 2020 (art. 8.7 RD-l 30/2020). Lo anterior implica que **las prestaciones que los trabajadores afectados por ERTEs COVID-19 devenguen a partir del 1 de octubre de 2020 sí que van a consumir días de derecho a las prestaciones por desempleo**. Los días percibidos que se hayan devengado desde dicha fecha se descontarán como días consumidos cuando se reanude la prestación por desempleo del nivel contributivo, **siempre que la fecha de reapertura del derecho a la prestación inicial sea anterior al día 1 de octubre de 2026**, lo que resulta lógico ya que las cotizaciones por desempleo caducan cada seis años [arts. 266.b) y 269.1 LGSS]. No obstante, según el último párrafo del art. 8.7 del RD-30/2020, **no se computarán en ningún momento como consumidas las prestaciones por desempleo disfrutadas durante los ERTEs COVID-19, si sus beneficiarios acceden a un nuevo derecho antes del 1 de enero de 2022 como consecuencia de alguna de las siguientes causas**: finalización de un contrato de duración determinada o de un despido, individual o colectivo, por causas económicas, técnicas, organizativas o de producción, o un despido por cualquier causa declarado improcedente[356].

---

356 La medida no se aplica porque mediante acto de conciliación se acordó la declaración de improcedencia del despido de la parte actora [STSJ de Cataluña de 16 de julio de 2024, (Rec. 5789/2023)]. Si la improcedencia del despido fuera reconocida por la empresa en conciliación, o fuera declarada mediante resolución judicial firme, el trabajador al que se le hayan consumido de la duración de su nueva prestación los días devengados entre el 1 de octubre de 2020 y el 31 de enero de 2021 deberá presentar reclamación previa ante el SEPE a fin de que por éste se proceda a su reposición. Para que dicha reclamación previa sea estimada, en caso de que el interesado aporte una resolución judicial, es necesario que ésta sea firme [Instrucciones provisionales del SEPE para la

Por su parte, las medidas extraordinarias en materia de protección por desempleo de los trabajadores fijos-discontinuos y fijos-periódicos reguladas en el art. 25.6 del RD-l 8/202, resultarán aplicables hasta el 31 de diciembre de 2020 (art. 8.1 RD-l 30/2020).

Por último, las empresas deberán formular una nueva solicitud colectiva de prestaciones por desempleo, antes del día 20 de octubre de 2020 (art. 8.2 RD-l 30/2020). Las empresas que desafecten a alguna o a todas las personas trabajadoras, deberán comunicar a la Entidad Gestora la baja en la prestación de quienes dejen de estar afectadas por las medidas de suspensión o reducción con carácter previo a su efectividad[357]. Las empresas que decidan renunciar con carácter total y definitivo al expediente de regulación temporal de empleo deberán igualmente efectuar la comunicación referida.

B) Trabajadores afectados por los ERTEs ETOP comunicados a la autoridad laboral a partir del 1 de octubre de 2020

En el caso de los ERTEs por las causas previstas en el art. 23 del RD-l 8/2020, en los que la decisión empresarial se comunique a la autoridad laboral tras la entrada en vigor de los RD-l 24/2020 y 30/2020, que tuvo lugar el 27 de junio y 30 de septiembre de 2020, respectivamente, la empresa deberá formular solicitud colectiva de prestaciones por desempleo, en representación de las personas trabajadoras, en el modelo establecido al efecto en la página web o sede electrónica del SEPE (arts. 3.3 RD-l 24/2020 y 8.3 RD-l 30/2020). El plazo para la presentación de esta solicitud será el establecido en el art. 268 de la LGSS, esto es, de quince días (arts. 3.3 RD-l 24/2020 y 8.3 RD-l 30/2020). La causa y fecha de efectos de la situación legal de desempleo deberán figurar, en

---

aplicación, en materia de protección por desempleo, del RD-l 30/2020, de 29 de septiembre, de medidas sociales en defensa del empleo].

357 De este modo, la desafectación comporta la baja en la prestación y la nueva afectación origina una nueva situación legal de desempleo y es a este momento al que han de ser referidos los requisitos para el acceso a la prestación [STSJ de Canarias de 22 de junio de 2023 (Rec. 814/2022)].

todo caso, en el certificado de empresa, que se considerará documento válido para su acreditación (art. 3.3 RD-l 24/2020).

A las personas trabajadoras afectadas por estos nuevos expedientes les serán de aplicación las medidas previstas en el art. 25.1 del RD-l 8/2020, sin perjuicio de lo establecido en el apartado 7 del art. 8 del RD-l 30/2020 (art. 8.3 RD-l 30/2020).

La duración de la prestación reconocida se extenderá como máximo hasta el 31 de enero de 2021 (art. 8.3 RD-l 30/2020).

C) Reglas comunes

En los casos previstos en los dos apartados anteriores, a efectos de la regularización de las prestaciones por desempleo, cuando durante un mes natural se alternen periodos de actividad y de inactividad, así como en los supuestos de reducción de la jornada habitual, y en los casos en los que se combinen ambos, días de inactividad y días en reducción de jornada, la empresa deberá comunicar a mes vencido, a través de la comunicación de periodos de actividad de la **aplicación certific@2**, la información sobre los días trabajados en el mes natural anterior (arts. 3.4 RD-l 24/2020 y 8.5 RD-l 30/2020).

En el caso de los días trabajados en reducción de jornada, las horas trabajadas se convertirán en días completos equivalentes de actividad. Para ello se dividirá el número total de horas trabajadas en el mes entre el número de horas que constituyesen la jornada habitual de la persona trabajadora con carácter previo a la aplicación de la reducción de jornada (arts. 3.4 RD-l 24/2020 y 8.5 RD-l 30/2020). Y a partir de dicho cálculo entra en juego el art. 22.4 del RD 625/1985 que establece que sobre esos días hay que aplicar el porcentaje correspondiente al descanso semanal[358].

La comunicación prevista en el apartado anterior se entiende sin perjuicio de la obligación de la empresa de comunicar a la

---

358 STSJ de Andalucía de 12 de septiembre de 2024 (Rec. 1256/2023).

entidad gestora, con carácter previo a su efectividad, las bajas y las variaciones de las medidas de suspensión y reducción de jornada, en los términos legalmente establecidos. La ITSS tendrá dichos datos a su disposición (arts. 3.4 RD-l 24/2020 y 5.6 RD-l 30/2020).

2.1.2. ERTEs FM en caso de rebrotes y por impedimento o limitaciones de actividad

Las medidas de protección por desempleo previstas en los apartados 1.a), 2 y al 5 del art. 25 del RD-l 8/2020, resultarán aplicables hasta el 31 de enero de 2021 a las personas afectadas por los ERTEs por fuerza mayor en caso de rebrotes y de nuevas restricciones o medidas de contención sanitaria regulados en la DA 1.ª del RD-l 24/2020 y en el art. 2 del RD-l 30/2020, respectivamente (art. 8.1 RD-l 30/2020). La medida prevista en el art. 25.1.b) del RD-l 8/2020 se mantendrá vigente hasta el 30 de septiembre de 2020, si bien *«con el objetivo proteger a las personas afectadas en sus empleos por la crisis, especialmente a las más vulnerables, no se computarán en ningún momento como consumidas las prestaciones por desempleo disfrutadas, durante los expedientes referidos en el apartado 1 de este artículo, por aquellas que accedan a un nuevo derecho, antes del 1 de enero de 2022, como consecuencia de la finalización de un contrato de duración determinada o de un despido, individual o colectivo, por causas económicas, técnicas, organizativas o de producción, o un despido por cualquier causa declarado improcedente»* (art. 8.7 RD-l 30/2020)[359]. Por último, las medidas extraordinarias en materia de protección por desempleo de los trabajadores fijos-discontinuos y fijos-periódicos reguladas en el art. 25.6 del RD-l 8/2020, resultarán aplicables hasta el 31 de diciembre de 2020 (art. 8.1 RD-l 30/2020).

---

[359] No nos encontramos ante el supuesto previsto en el segundo párrafo del art. 8.7 del RD-l 30/2020, pues el trabajador, si bien ha accedido a un nuevo derecho antes del 1 de enero de 2023, no lo ha hecho como consecuencia de la finalización de su contrato de trabajo, sino de la suspensión del mismo por la aplicación de un nuevo ERTE ETOP [STSJ de Castilla y León de 11 de diciembre de 2024 (Rec. 1552/2023)].

2.1.3. Reglas comunes

El art. 10 del RD-l 30/2020 establece una regla nueva en torno a las *«personas trabajadoras incluidas en expedientes de regulación temporal de empleo que no sean beneficiarias de prestaciones de desempleo»*. Pues bien, de conformidad con la misma, las personas trabajadoras incluidas en los ERTEs por impedimento o limitaciones de actividad y de las empresas pertenecientes a sectores con una elevada tasa de cobertura por ERTEs y una reducida tasa de recuperación de actividad que no resulten beneficiarias de prestaciones de desempleo durante los periodos de suspensión de contratos o reducción de jornada y respecto de las que la empresa no está obligada al ingreso de la aportación empresarial a la que se refiere el art. 273.2 de la LGSS, *«se considerarán en situación asimilada al alta durante dichos periodos, a los efectos de considerar estos como efectivamente cotizados»*. A tales efectos, la base de cotización para tener en cuenta durante los periodos de suspensión o reducción de jornada *«será el promedio de las bases de cotización de los seis meses inmediatamente anteriores al inicio de dichas situaciones»*. Por lo demás, esta previsión *«será aplicable, únicamente, durante los periodos de aplicación de las exenciones en la cotización contemplados en este real decreto-ley»*.

2.2. La prórroga de las medidas extraordinarias en materia de protección por desempleo desde el 1 de febrero de 2021 hasta el 28 de febrero de 2022

Los arts. 4 de los RD-l 2/2021 y 11/2021 y 6 del RD-l 18/2021 prorrogan hasta el 31 de mayo de 2021, el 30 de septiembre de 2021 y el 28 de febrero de 2022, respectivamente, las medidas extraordinarias en materia de protección por desempleo previstas en el art. 8 del RD-l 30/2020 y lo hacen en relación con las personas trabajadoras afectadas por todos los ERTEs por causas vinculadas con la COVID-19. Concretamente, mantienen su vigencia hasta dichas fechas las siguientes medidas de protección por desempleo previstas en el art. 8 del RD-l 30/2020, con la conservación del tipo del 70% aplicable a la base reguladora para el cálculo de la prestación, evitándose que a partir de los 180 días consumidos este porcentaje descienda al 50%, la conservación del contador a cero en los términos previstos en el apartado 7 de dicho precepto, así como las medidas extraordinarias en materia de protección por desempleo de los trabajadores fijos discontinuos previstas en los arts. 25.6 del RD-l 8/2020 y 9 del RD-l 30/2020[360]; las medidas contempladas en el art. 10 de dicha norma sobre cobertura de periodos de cotización de aquellas personas trabajadoras incluidas en ERTEs que no sean beneficiarias de prestaciones de desempleo y la compatibilidad de las prestaciones por desempleo con el trabajo a tiempo parcial en los términos del art. 11 del RD-l 30/2020 —que serán de aplicación a las personas afectadas por los ERTEs a que se refieren dichos preceptos y los que se contemplan en los RD-l 2/2021, 11/2021 y 18/2021—.

No obstante, debe tenerse en cuenta la nueva redacción dada al art. 8.7 del RD-30/2020 por la DF 1.ª del RD-18/2021, en cuya virtud las personas que accedan a una **prestación por desempleo por cesar en el trabajo a partir del 29 de septiembre de 2021 por alguna causa no excluida del consumo de días de derecho, únicamente consumirán los periodos de prestación percibidos a partir del 1 de enero de 2021, en lugar de los percibidos desde el día 1 de octubre de 2020**[361]. Además, **se amplía un año —hasta el 31 de diciembre de 2022— el período dentro del cual el acceso a un nuevo derecho no implica el consumo de días de derecho si el mismo obedece a determinadas causas y se amplían las causas que excluyen el consumo**, incluyendo expresamente el fin o la interrupción de la actividad de los trabajadores fijos-discontinuos o

---

360 Cfr. el art. 7 del RD-l 18/2021. En fin, las medidas extraordinarias en materia de protección por desempleo reguladas en el art. 25.6 del RD-l 8/2020, *«resultarán aplicables transitoriamente entre el 1 de enero de 2021 y la entrada en vigor de la presente norma»* (DT 1.ª RD-l 2/2021).

361 SSTSJ de las Islas Baleares de 4 de diciembre de 2024 (Rec. 413/2024) y de Castilla y León de 11 de diciembre de 2024 (Rec. 1552/2023). Cfr. las Instrucciones provisionales del SEPE para la aplicación, en materia de protección por desempleo, del RD-l 18/2021.

fijos-periódicos[362]. Por otra parte, **se retrasa en un año —hasta el 1 de enero de 2027— la fecha a partir de la cual el acceso a un nuevo derecho no va a implicar el consumo de días por las prestaciones percibidas por haber estado afectado por ERTEs COVID-19, con independencia de la causa de dicho acceso**. En definitiva, si se reabre el derecho a la prestación contributiva por desempleo generada con ocasión de un ERTE COVID-19 entre el 1 de enero de 2023 y el 31 de diciembre de 2026, por cualquier causa, se consumirán los días de prestación disfrutados durante dicho ERTE a partir del día 1 de enero de 2021.

Y, en fin, las empresas que ya hubieran presentado solicitud colectiva de acceso a la prestación por desempleo en virtud de lo dispuesto en el art. 8.2 del RD-l 30/2020, *«no estarán obligadas a la presentación de nueva solicitud respecto de las personas trabajadoras incluidas en la anterior»* [arts. 4.1.b) RD-l 2/2021 y 4.1.b) RD-l 11/2021].

En cambio, las empresas a las que les sea autorizada la prórroga de un ERTE en virtud del RD-l 18/2021 deberán formular una nueva solicitud colectiva de prestaciones por desempleo en el plazo de quince días hábiles siguientes al 1 de noviembre de 2021, o a la fecha de la notificación de la resolución expresa de la autoridad laboral aprobando la prórroga, o del certificado acreditativo del silencio administrativo, en caso de que sea posterior al 1 de noviembre (art. 6.4 RD-l 18/2021)[363]. En el caso de nuevos ERTEs tramitados conforme a lo previsto en el RD-l 18/2021, la solicitud colectiva deberá presentarse en el plazo de quince días hábiles siguientes a la notificación de la resolución expresa estimatoria de la autoridad

---

362 STSJ de Castilla y León de 11 de noviembre de 2024 (Rec. 2107/2023).

363 STSJ de Cataluña de 7 de noviembre de 2024 (Rec. 1218/2024). En cambio, según STSJ de la Comunidad de Madrid de 14 de septiembre de 2023 (Rec. 87/2023), la ausencia de solicitud colectiva debió ser advertida por el Ente Gestor pues se trataba de un expediente ya incoado y en régimen de prueba, y de todas formas, los defectos de este no son título bastante para privar a un trabajador tercero en tal expediente de una prestación básica como la litigiosa.

laboral o del certificado acreditativo del silencio administrativo. En caso de solicitud extemporánea la prestación por desempleo se reconocerá desde el día en que se presentó la solicitud, sin perjuicio de que la entidad gestora comunique esta circunstancia a la ITSS a los efectos oportunos (art. 6.4 RD-l 18/2021)[364] y, en su caso, del deber de la empresa de abonar al trabajador el importe de los salarios impagados hasta dicha fecha[365].

Además, el acceso a las medidas extraordinarias en materia de protección por desempleo exigirá la presentación, por parte de las empresas, de un listado en modelo oficial de las personas trabajadoras que estuvieran incluidas en el ERTE a fecha de 30 de septiembre de 2021 o en el momento del comienzo de su aplicación, según se trate de un ERTE COVID-19 prorrogado o de un nuevo ERTE por impedimentos o limitaciones de actividad (DA 4.ª RD-l 18/2021).

La entidad gestora reconocerá las prestaciones con efectos del primer día a partir del que pudieran resultar de aplicación las medidas de suspensión o reducción de jornada, y abonará las mismas una vez reciba la solicitud colectiva (art. 6.5 RD-l 18/2021).

La empresa deberá comunicar a mes vencido, a través de la comunicación de periodos de actividad de la aplicación certific@2, la información sobre los periodos de actividad e inactividad de las personas trabajadoras afectadas por el procedimiento de regulación temporal de empleo en el mes natural inmediato anterior (art. 6.5 RD-l 18/2021).

---

364 Cfr. SSTSJ de la Comunidad de Madrid de 27 de febrero de 2023 (Rec. 814/2022), 14 de septiembre de 2023 (Rec. 87/2023), 15 de septiembre de 2023 (Rec. 82/2023), 27 de octubre de 2023 (Rec. 263/2023), 13 de junio de 2024 (Rec. 230/2024), 20 de junio de 2024 (Rec. 137/2024) y 21 de octubre de 2024 (Rec. 787/2024), de Aragón de 2 de mayo de 2023 (Rec. 177/2023) y de la Comunidad Valenciana de 17 de octubre de 2023 (Rec. 3622/2022), entre otras.

365 STSJ de la Comunidad de Madrid de 20 de junio de 2024 (Rec. 137/2024).

Esta comunicación deberá remitirse, en todo caso, en las siguientes situaciones:

a) Cuando la persona trabajadora haya permanecido en situación de inactividad durante todo el mes natural.

b) Cuando la persona trabajadora haya combinado periodos de actividad y de inactividad.

c) Cuando la persona trabajadora haya prestado servicios en reducción de jornada, durante todo el mes o una parte de este.

d) Cuando, en el mes natural, se hayan combinado días de inactividad y días trabajados en reducción de jornada.

En el caso de los días trabajados en reducción de jornada, las horas trabajadas se convertirán en días completos equivalentes de actividad. Para ello se dividirá el número total de horas trabajadas en el mes entre el número de horas que constituyesen la jornada habitual de la persona trabajadora con carácter previo a la aplicación de la reducción de jornada.

En cualquier caso, las empresas están obligadas a comunicar a la entidad gestora, con carácter previo a que se produzcan, las bajas y las variaciones de las medidas de suspensión y reducción de jornada [art. 298.h) LGSS].

X. LÍMITES RELACIONADOS CON LA TRANSPARENCIA FISCAL Y EL REPARTO DE DIVIDENDOS EN LOS ERTES COVID-19

Las empresas y entidades que tengan su domicilio fiscal en países o territorios calificados como paraísos fiscales conforme a la normativa vigente *«no podrán acogerse»* a los ERTEs por fuerza mayor o por causas económicas, técnicas, organizativas o de producción provenientes de la COVID-19 (arts. 5.1 RD-l 18/2020 y 5.1 RD-l 24/2020).

Las sociedades mercantiles u otras personas jurídicas que se acojan a dichos ERTEs y *«utilicen los recursos públicos destinados a los mismos no podrán proceder al reparto de dividendos correspondientes al ejercicio fiscal en que se apliquen estos expedientes de regulación temporal de empleo, excepto si abonan previamente el importe correspondiente a la exoneración aplicada a las cuotas de la seguridad social»* (arts. 5.2 RD-l 18/2020 y 5.2 RD-l 24/2020)[366]. Esta limitación a repartir dividendos, sin embargo, *«no será de aplicación para aquellas entidades que, a fecha de 29 de febrero de 2020, tuvieran menos de cincuenta personas trabajadoras, o asimiladas a las mismas, en situación de alta en la Seguridad Social»* (arts. 5.2 RD-l 18/2020 y 5.2 RD-l 24/2020).

Los límites para la tramitación de ERTEs respecto de las empresas y entidades que tengan su domicilio fiscal en países o territorios calificados como paraísos fiscales, así como los establecidos en relación al reparto de dividendos para empresas y sociedades acogidas a las medidas extraordinarias en materia de cotización, recogidos en los arts. 5 de los RD-l 18/2020 y 24/2020 seguirán vigentes hasta el 28 de febrero de 2022 en los términos previstos en dichos preceptos y resultarán aplicables a todos los ERTEs, autorizados con anterioridad o en virtud de los RD-l 2/2021, 11/2021 y 18/2021 (arts. 4 RD-l 30/2020, 3.2 y 3 RD-l 2/2021, 3.2 y 3 RD-l 11/2021 y 5.2. y 3 RD-l 18/2021).

A los efectos de verificar el cumplimiento de estos límites, la TGSS proporcionará a las Administraciones Tributarias la relación de empresas que se han aplicado exenciones en la cotización en virtud de los RD-l 8/2020, 18/2020, 24/2020, 30/2020, 2/2021, 18/2021, 35/2020, 2/2021, 11/2021 y 18/2021, y estas, a su vez, proporcionarán a la TGSS la identificación de las empresas

[366] No se tendrá en cuenta el ejercicio en el que la sociedad no distribuya dividendos en aplicación de lo establecido en el párrafo anterior, a los efectos del ejercicio del derecho de separación de los socios previsto en el apdo. 1.º del art. 348 bis del texto refundido de la Ley de Sociedades de Capital, aprobado por Real Decreto Legislativo 1/2010, de 2 de julio (arts. 5.2 RD-l 18/2020 y 5.2 RD-l 24/2020).

que los hayan incumplido, respecto de las exenciones aplicadas en cada uno de los años en los hayan aplicado las mismas (arts. 5.2. y 3 RD-l 18/2021).

XI. LA SALVAGUARDA DEL EMPLEO EN LOS ERTES COVID-19

1. La prohibición de despedir por fuerza mayor o por causas económicas, técnicas, organizativas y de producción relacionadas con la COVID-19

El art. 2 de la Ley 3/2021 determina que *«la fuerza mayor y las causas económicas, técnicas, organizativas y de producción en las que se amparan las medidas de suspensión de contratos y reducción de jornada previstas en los artículos 22 y 23 del Real Decreto-ley 8/2020, de 17 de marzo, no se podrán entender como justificativas de la extinción del contrato de trabajo ni del despido»*. Este precepto entró en vigor el 28 de marzo de 2020 (DF 3.ª RD-l 9/2020)[367] y permanecerá vigente hasta el 28 de febrero de 2022 (art. 5.6 RD-l 18/2021)[368]. Además, resulta de aplicación a todas las empresas, estén o no en situación de regulación temporal de empleo, y aunque en este último supuesto no se hayan acogido a la exoneración de cuotas de la Seguridad Social[369]. Cualquier empresa queda dentro del ámbito de aplicación de la norma excepcional y no puede despedir o extinguir los contratos por causa de fuerza mayor o de carácter económico, técnico, organizativo o productivo, derivadas de la crisis por

---

[367] STSJ de Galicia de 8 de julio de 2021 (Rec. 2306/2021). Cfr. la STSJ de la Comunidad de Madrid de 25 de marzo de 2021 (Rec. 677/2020).

[368] Cfr. la DF 3.ª del RD-l 9/2020, los arts. 6 del RD-l 30/2020 y 3.6 del RD-l 2/2021, la DF 2.ª de la Ley 3/2021 y los arts. 3.6 del RD-l 11/2021 y 5.6 del RD-l 18/2021.

[369] SSTSJ de la Comunidad de Madrid de 25 de marzo de 2021 (Rec. 677/2020), Galicia de 5 de julio de 2021 (Rec. 2494/2021) y del País Vasco de 6 de julio de 2021 (Proc. 24/2021).

la COVID-19[370]. De esta manera, dichas causas, que podrían justificar un ERTE COVID-19, no se podrán entender como justificativas de la extinción de los contratos de trabajo ni de los despidos. Y los ceses, fundados en dichas causas, serán despidos sin justificación, es decir, despidos sin causa y, por tanto, improcedentes y no nulos[371]. En efecto, nuestra jurisprudencia viene reiterando que el despido sólo es nulo en los supuestos determinados por el legislador y que, por tanto, el despido fraudulento solo es nulo si lo ha previsto el legislador, lo que no ocurre en el supuesto derivado del reiterado art. 2 del RD-l 9/2020, habida cuenta su tenor literal. La letra de la norma no contiene una verdadera interdicción del despido, sino una temporal restricción de su procedencia; durante la pandemia ha quedado suspendida la vigencia de los preceptos sobre las referidas causas de despido objetivo, colectivo o por fuerza mayor. Por lo tanto, si el empleador activa una extinción por causa imposible lo que surge es un despido acausal y los despidos sin causa justificada, con arreglo a la ley y a nuestra doctrina jurisprudencial, son reconducibles a la calificación de improcedentes, sin que ello suponga la vulneración del derecho a la tutela judicial

---

370 Evidentemente, si estamos ante una la extinción contractual de un contrato temporal por finalización del plazo previsto en el mismo, no concurre despido sino válida extinción del citado contrato de trabajo [STSJ de las Islas Canarias de 27 de mayo de 2021 (Rec. 179/2021)]. Además, en los contratos en los que se ha estipulado válidamente un período de prueba, el empresario puede hacer valer el desistimiento y extinguir la relación laboral, estemos o no en estado de alarma, puesto que la normativa laboral dictada en tales especiales circunstancias en modo alguno suprime el citado concepto [STSJ de la Comunidad Valenciana de 23 de septiembre de 2021 (Rec. 1347/2021). Cfr. la STSJ de la Comunidad de Madrid de 10 de septiembre de 2021 (Rec. 518/2021) en un supuesto en el que la regulación convencional fija una duración excesivamente dilatada de dicho período].

371 Por todas, las SSTS de 19 de octubre de 2022 (Rec. 2206/2021, *Tol 9.274.797*), 13 de diciembre de 2022 (Rec. 3594/2021) y 24 de enero de 2023 (Rec. 4091/2021, *Tol 9.437.239*).

efectiva ya que la legislación española cumple con la reparación alternativa del art. 10 del Convenio 158 de la OIT.

Por el contrario, el art. 2 de la Ley 3/2021 no es aplicable cuando el origen de las causas económicas o productivas que justifican el despido se hubiera iniciado antes de la pandemia y trajeran causa de una crisis estructural propia o sectorial, pero no de la crisis sanitaria, que se proyecta hacia el futuro[372], o el despido se basa en motivos productivos, técnicos y de organización ajenos a la pandemia —como, por ejemplo, la pérdida de la contrata por parte de la empresa, al haber sido adjudicada a otra entidad[373], o el descenso de categoría de un club o entidad deportiva por los resultados deportivos[374]—. Ahora bien, en los despidos por causas económicas, técnicas, organizativas o de producción, realizados durante la pandemia que estén relacionados con la COVID-19, incumbe a la empresa acreditar, con arreglo a las reglas de la carga de la prueba del art. 217 de la LEC y, en particular, la facilidad y disponibilidad probatoria, que las circunstancias que motivaron el despido son estructurales y no meramente coyunturales y que las medidas de flexibilidad interna de los arts. 22 y 23 del RD-l 8/2020 son insuficientes para paliar su situación crítica. Si así lo hace, cumpliendo con el resto de los requisitos legales, la calificación del despido no podrá ser otra que la de ajustado a derecho[375].

---

372 SSTS de 15 de diciembre de 2021 (Rec. 196/2021), 18 de febrero de 2022 (Rec. 229/2021, *Tol 8.897.605*), 18 de julio de 2023 (Rec. 2055/2022, *Tol 9.662.898*), 19 de julio de 2023 (Rec. 2092/2022, *Tol 9.660.943*), 11 de octubre de 2023 (Rec. 972/2022, *Tol 9.750.452*) y 12 de noviembre de 2024 (Rec. 2887/2023, *Tol 10.285.318*).

373 Por todas, las SSTS de 18 de febrero de 2022 (Rec. 229/2021, *Tol 8.897.605*) y 20 de abril de 2022 (Rec. 206/2021 y 241/2021, *Tol 8.964.957* y *Tol 8.916.252*).

374 STSJ de Castilla y León de 14 de octubre de 2021 (Rec. 521/2021).

375 Por todas, las SSTS de 22 de febrero de 2022 (Rec. 232/2021, *Tol 8.832.764*), 20 de abril de 2022 (Rec. 241/2021, *Tol 8.916.252*) y 19 de julio de 2023 (Rec. 2092/2022, *Tol 9.660.943*).

Cuando no resulte aplicable esta regla o deje de estar en vigor deberá tenerse en cuenta la doctrina jurisprudencial sobre la suspensión de los contratos y el despido posterior, que exige que concurra al menos una de estas dos condiciones, bien la concurrencia de una causa distinta y sobrevenida de la invocada y tenida en cuenta para la suspensión, bien tratándose de la misma causa, un cambio sustancial y relevante con referencia a las circunstancias que motivaron se autorizara dicha suspensión[376]. De este modo, son posibles los despidos objetivos o colectivos estando en vigor o tras un ERTE COVID-19, de concurrir una causa de carácter estructural y/o de distinta procedencia de la que justificó en su día el ERTE[377]. Ahora bien, de lo anterior se desprende la necesidad de estar al caso concreto, para examinar las específicas circunstancias que concurren en cada supuesto, y determinar en base a ello si es posible admitir que, estando vigente o tras un ERTE, la empresa pueda realizar un despido objetivo o colectivo en función de que se hubiere o no producido una relevante alteración de las mismas[378]. Lo que por lo tanto exige que ese alegato resulte expresamente invocado en la demanda, para dar oportunidad a las demandadas de acudir al acto de juicio con las pruebas y alegaciones oportunas con las que acreditar la existencia de una variación sustancial de las circunstancias concurrentes en el momento en el que se aplicó el ERTE.

---

376 Cfr. las SSTS de 12 de marzo de 2014 (Recud. 673/2013), 16 de abril de 2014 (Recud. 57/2013), 17 de julio de 2014 (Rec. 32/2014) y 16 de diciembre de 2021 (Rec. 210/2021).

377 Cfr. la SAN de 15 de septiembre de 2021 (Proc. 77/2021); y las SSTSJ de Asturias de 26 de octubre de 2020 (Rec. 27/2020), del País Vasco de 5 de julio de 2021 (Proc. 25/2021) y 6 de julio de 2021 (Proc. 24/2021), y de Castilla y León de 4 de octubre de 2021 (Rec. 1683/2021).

378 STS de 16 de febrero de 2022 (Rec. 267/2021, *Tol 8.833.141*).

2. *La formación de las personas afectadas por los ERTEs*

Los trabajadores afectados por los ERTEs por causas conectadas con la COVID-19 *«tendrán la consideración de colectivo prioritario para el acceso a las iniciativas de formación del sistema de formación profesional para el empleo en el ámbito laboral»* (DA 3.ª.1 RD-l 30/2020).

Con este objetivo, en el plazo de tres meses desde la entrada en vigor de esta norma, se adoptarán las siguientes medidas (DA 3.ª.2 RD-l 30/2020):

a) Adaptación, para su flexibilización, de la normativa reguladora, particularmente la Orden TMS/368/2019, de 28 de marzo, por la que se desarrolla el RD 694/2017, de 3 de julio, por el que se desarrolla la Ley 30/2015, de 9 de septiembre, por la que se regula el Sistema de Formación Profesional para el Empleo en el ámbito laboral, en relación con la oferta formativa de las administraciones competentes y su financiación, y se establecen las bases reguladoras para la concesión de subvenciones públicas destinadas a su financiación.

b) Integración de estas personas como colectivo prioritario en las bases reguladoras de las diferentes iniciativas de formación profesional para el empleo.

c) Programación de planes específicos de formación adaptados a la realidad productiva de estas personas, con especial relevancia en aquellas iniciativas relacionadas con la adquisición de competencias para la transformación digital, así como en los planes de formación sectoriales e intersectoriales

3. *La interrupción del cómputo de la duración máxima de los contratos temporales*

Salvo pacto en contrario, la suspensión de los contratos de duración determinada no conlleva la suspensión del cómputo del plazo de duración (art. 7. RD 2720/1998); es decir, no se prorroga su duración más allá de los límites legales. Sin embargo, la suspensión de los contratos temporales durante la vigencia de los ERTEs por las causas previstas en los arts. 22 y 23 del RD-l 8/2020 sí comporta la suspensión del cómputo del plazo de duración de dichos contratos, que se reanudará al término de la suspensión contractual. En efecto, según el art. 5 de la Ley 3/2021, *«la suspensión de los contratos temporales, incluidos los formativos, de relevo e interinidad, por las causas previstas en los artículos 22 y 23 del Real Decreto-ley 8/2020, de 17 de marzo, supondrá la interrupción del cómputo, tanto de la duración de estos contratos, como de los periodos de referencia equivalentes al periodo suspendido, en cada una de estas modalidades contractuales, respecto de las personas trabajadoras afectadas por estas»379.*

No obstante, la regla que implanta el art. 9 del RD-9/2020 debe ser objeto de matización. En efecto, como señala la Dirección General de Trabajo, en su respuesta de 11 de abril de 2020 a la consulta referente a los contratos de obra o servicio (DGT-SGON-850CRA)[380]:

---

379 Como subraya la SJS núm. 1 de Oviedo de 20 de octubre de 2020 (Proc. 370/2020), en el caso de autos, la empresa desistió de incluir al trabajador temporal en el ERTE, abonándole su retribución, y efectuando las cotizaciones hasta el mes de mayo de 2.020 de todos los trabajadores, por lo que el contrato no llegó a estar suspendido, por lo que no se prorroga el plazo de duración inicial. Aunque la empresa desistió del ERTE por fuerza mayor autorizado, no puede evitar el efecto previsto en el art. 5 del RD-l 9/2020 [STSJ de Asturias de 30 de marzo de 2021 (Rec. 384/2021)].

380 La SJS núm. 4 de Palma de Mallorca de 22 de septiembre de 2020 (Proc. 513/2020) señala lo siguiente: *«Interpretándolo de forma analógica debemos señalar que tal y como hemos analizado anteriormente, el contrato de fomento suscrito entre las partes tenía un régimen legal al que no le afectaba la excepcionalidad del estado de alarma causada por el COVID-19, siendo además que la actora conocía con anterioridad a su instauración la finalización de su contrato que ya en su día estableció el periodo temporal de su vigencia y que coincide con aquel en el que la empresa finalizó el contrato, que fue comunicado a la trabajadora por escrito, indicándole la liquidación correspondiente y la indemnización por tal finalización, cantidades que le fueron abonadas, no siendo preciso que la empresa alegara causa alguna para ello».*

«Lo anterior hay que interpretarlo en sus términos estrictos, de manera que lo que se interrumpe es el ingrediente temporal del contrato suspendido y no cabe la extinción de los mismos durante dicho periodo por transcurso del plazo previsto, cuyo cómputo se restablece una vez concluya el periodo descrito.

En relación con otras causas válidas de extinción distintas de la expiración del plazo pactado o previsto, recogidas en el artículo 49.1.c) del Estatuto de los Trabajadores o en el Real Decreto 2720/1998, de 18 de diciembre, como la ejecución o realización de la obra o el servicio o la reincorporación del trabajador sustituido o extinción de la causa de reserva de un puesto de trabajo en el supuesto contratos de interinidad, habrá que estar al régimen legal previsto para las mismas. A este respecto es preciso recordar que los contratos temporales en nuestro ordenamiento jurídico laboral requieren de una causa objetiva específica, que es la que justifica la temporalidad de los mismos. La interrupción del cómputo de la duración de los contratos temporales, incluidos los contratos formativos y el contrato de relevo, fundada en la excepcionalidad del estado de alarma causada por el COVID-19 no altera ni desnaturaliza dicha conclusión.

En todo caso, en el contrato de obra o servicio determinado la causa de extinción será la terminación de la obra o servicio, y no la suspensión de la misma, y en el caso de contratos de interinidad la duración del contrato de interinidad será la del tiempo que dure la ausencia del trabajador sustituido con derecho a la reserva del puesto de trabajo, siendo objeto de interrupción y posterior reanudación de su cómputo, en el caso de que se trate de interinidad por cobertura de vacantes.»

Por consiguiente, los contratos de obra o servicio determinado y de interinidad por sustitución afectados por los ERTEs por causas relacionadas con la COVID-19 se prolongarán, a modo de paréntesis, por el mismo tiempo que se vieron suspendidos por dichas causas (art. 5 Ley 3/2021)[381], pero con el límite de lo que

[381] STSJ de la Comunidad de Madrid de 3 de junio de 2021 (Rec. 240/2021).

dure la obra o servicio determinado y la sustitución con derecho a la reserva de puesto de trabajo, respectivamente[382].

Este precepto, por lo demás, permanecerá vigente hasta el 28 de febrero de 2022, según establece el art. 5.6 del RD-l 18/2021[383].

4. *La obligación de mantener temporalmente en el empleo a los trabajadores afectados por los ERTEs*

Las empresas y entidades que apliquen un ERTE basado en el art. 22 del RD-l 8/2020 y se beneficien de las medidas extraordinarias en materia de cotización *«estarán sujetas al compromiso de la empresa de mantener el empleo durante el plazo de seis meses desde la fecha de reanudación de la actividad, entendiendo por tal la reincorporación al trabajo efectivo de personas afectadas por el expediente, aun cuando esta sea parcial o solo afecte a parte de la plantilla»* (DA 6.ª.1 RD-l 8/2020, en la redacción dada por la DF 1.ª.3 RD-l 18/2020, de 12 de mayo)[384].

---

382 STSJ de las Islas Canarias de 27 de mayo de 2021 (Rec. 179/2021). En este mismo sentido, se expresa la STSJ de la Comunidad Valenciana de 13 de septiembre de 2021 (Rec. 1204/2021) en relación con el contrato temporal de relevo al señalar lo siguiente: *«De lo expuesto debe concluirse que la fecha de finalización del contrato temporal de relevo del actor era el 20-4-2020, fecha en que se jubiló definitivamente el trabajador relevado, sin que a ello pueda oponerse la suspensión por el ERTE, dado que además el actor había sido desafectado del mismo en tal fecha. Por lo que el cese por fin de contrato, en julio de 2020, deviene un despido improcedente, conforme al art. 53 el ET»*. Cfr. la STSJ del País Vasco de 2 de marzo de 2021 (Rec. 230/2021).

383 Cfr. el art. 6 del RD-l 30/2020, el art. 3.6 del RD-l 2/2021, la DF 2.ª de la Ley 3/2021 y el art. 3.6 del RD-l 11/2021.

384 En virtud del art. 6.1 del RD-l 24/2020, *«el compromiso de mantenimiento del empleo regulado en la disposición adicional sexta del Real Decreto-ley 8/2020, de 17 de marzo, se extenderá, en los términos previstos en la misma, a las empresas y entidades que apliquen un expediente de regulación temporal de empleo basado en la causa del artículo 23 de dicha norma y se beneficien de las medidas extraordinarias en el ámbito laboral previstas en el artículo 4 del presente real decreto-ley»*.

Este compromiso de mantenimiento del empleo ha experimentado las siguientes vicisitudes:

1.ª) Se extiende a partir del 26 de junio de 2020 *«a las empresas y entidades que apliquen un expediente de regulación temporal de empleo basado en la causa del artículo 23 de dicha norma y se beneficien de las medidas extraordinarias en el ámbito laboral previstas en el artículo 4 del presente real decreto-ley»* (art. 6.1 RD-l 24/2020)[385]. Para las empresas que se beneficien por primera vez de las medidas extraordinarias previstas en materia de cotizaciones a partir de la entrada en vigor del RD-l 24/2020, el plazo de 6 meses del compromiso *«empezará a computarse desde la entrada en vigor del presente real decreto-ley»* (art. 6.1 RD-l 24/2020).

2.ª) El art. 5 del RD-l 30/2020 determina que los compromisos de mantenimiento del empleo regulados en la DA 6.ª del RD-l 8/2020 y en el art. 6 del RD-l 24/2020 *«se mantendrán vigentes en los términos previstos en dichos preceptos y por los plazos recogidos en estos»* y que las empresas que, conforme a lo previsto en esta norma, reciban exoneraciones en las cuotas a la Seguridad Social, *«quedarán comprometidas, en base a la aplicación de dichas medidas excepcionales, a un nuevo periodo de seis meses de salvaguarda del empleo, cuyo contenido, requisitos y cómputo se efectuará en los términos establecidos en la disposición adicional sexta del Real Decreto-ley 8/2020, de 17 de*

---

385 No obstante, la STSJ de la Comunidad de Madrid de 10 de septiembre de 2021 (Rec. 491/2021) considera lo siguiente: *«Sin embargo, ello no es así, toda vez que la disposición adicional sexta del real decreto-ley 8/2020 se refiere a las medidas previstas en el art. 22 de la misma norma (medidas por fuerza mayor), y en el caso del actor el ERTE en que se mantuvo entre 20 de abril y 30 de junio de 2020 no fue por razones de fuerza mayor, sino por causas económicas, técnicas, organizativas o de producción, por lo que, al no haberse tratado de un ERTE por fuerza mayor ex art. 22 del real decreto-ley 24/2020 —sino por causas EPOC ex el art. 23 de la misma norma—, no resulta aplicable la prohibición de realizar despidos («compromiso de la empresa de mantener el empleo durante el plazo de seis meses»)».*

marzo», si bien si estuviesen afectadas por un compromiso de mantenimiento del empleo previamente adquirido en virtud de la DA 6.ª del RD-l 8/2020 o el art. 6 del RD-l 24/2020, *«el inicio del periodo previsto en este apartado se producirá cuando aquel haya terminado»*.

3.ª) El art. 3.4 de los RD-l 2/2021 y 11/2021 y el art. 5.4 del RD-l 18/2021 prescriben que *«la salvaguarda del empleo será de aplicación de acuerdo con lo previsto en el artículo 5 del Real Decreto-ley 30/2020, de 29 de septiembre, en relación con los periodos anteriores y con el que se deriva de los beneficios recogidos en la presente norma y de conformidad con los plazos correspondientes»*. Finalmente, la DA 1.ª del RD-l 2/2022 dispone la prórroga automática de los ERTEs COVID-19 vigentes a fecha de 24 de febrero de 2022 hasta el 31 de marzo de 2022, al tiempo que determina que a los mismos les seguirían resultando de aplicación las medidas previstas en el RD-l 18/2021.

Este compromiso se entenderá incumplido si se produce el despido o extinción de los contratos de cualquiera de las personas afectadas por dichos expedientes, salvo que dicha extinción se produzca por despido disciplinario declarado como procedente[386], dimisión, muerte, jubilación o incapacidad permanente total, absoluta o gran invalidez de la persona trabajadora, por el fin del llamamiento de las personas con contrato fijo-discontinuo, cuando este no suponga un despido sino una interrupción del mismo, o, en el caso en el caso de contratos temporales, por la expiración del tiempo convenido o la realización de la obra o servicio que constituye el objeto del contrato temporal o *«cuando no pueda realizarse de forma inmediata la actividad objeto de contratación»* (DA 6.ª.2 RD-l 8/2020, en la redacción dada por la DF 1.ª.3 RD-l 18/2020). Previsión esta última ciertamente confusa. Me inclino, no obstante, por una interpretación estricta de la misma a la luz de la DA 6.ª.2 RD-l 8/2020. Se trataría, por ejemplo, de la terminación anticipada de

---

386 STSJ de Castilla y León de 1 de marzo de 2021 (Rec. 93/2021).

la contrata por decisión unilateral de la empresa comitente; esta no constituye válida causa de terminación del vínculo laboral y nos sitúa ante un despido improcedente. Pero sería injusto penalizar, además, a la empresa contratista con la pérdida de las cotizaciones cuando el incumplimiento no le es imputable.

No obstante lo anterior, este compromiso del mantenimiento del empleo *«se valorará en atención a las características específicas de los distintos sectores y la normativa laboral aplicable, teniendo en cuenta, en particular, las especificidades de aquellas empresas que presentan una alta variabilidad o estacionalidad del empleo»* (DA 6.ª.3 RD-l 8/2020, en la redacción dada por la DF 1.ª.3 RD-l 18/2020). Y, además, no resultará de aplicación en aquellas empresas en las que concurra un riesgo de concurso de acreedores en los términos del art. 5.2 de RD-Leg. 1/2020, de 5 de mayo, por el que se aprueba el texto refundido de la Ley Concursal (DA 6.ª.4 RD-l 8/2020, en la redacción dada por la DF 1.ª.3 RD-l 18/2020).

Las empresas que incumplan este compromiso *«deberán reintegrar la totalidad del importe de las cotizaciones de cuyo pago resultaron exoneradas, con el recargo y los intereses de demora correspondientes, según lo establecido en las normas recaudatorias en materia de Seguridad Social, previas actuaciones al efecto de la Inspección de Trabajo y Seguridad Social que acredite el incumplimiento y determine las cantidades a reintegrar»* (DA 6.ª.5 RD-l 8/2020, en la redacción dada por la DF 1.ª.3 RD-l 18/2020).

A la vista de la interpretación literal, sistemática y finalista de las reglas anteriores, caben formular las siguientes observaciones en relación con la obligación de mantener el empleo:

1.ª) Se impone a las empresas y entidades que apliquen un ERTE basado en los arts. 22 y 23 del RD-l 8/2020 o un ERTE FM en caso de rebrotes o de nuevas restricciones o medidas de contención sanitaria y, además, se beneficien de las medidas extraordinarias en materia de cotización[387]. Por consiguiente, las empre-

[387] Cfr. la SJS núm. 1 de Barcelona de 15 de diciembre de 2020 (Proc. 581/2020).

sas que voluntariamente hayan decidido no beneficiarse de las medidas extraordinarias en materia de exenciones de cotizaciones de Seguridad Social podrán soslayar las cláusulas de salvaguarda del empleo que se han sucedido en el tiempo[388].

2.ª) Las empresas anteriores están obligadas a mantener en el empleo a los trabajadores afectados por el expediente durante el plazo de seis meses desde la fecha de reincorporación al trabajo efectivo de cada uno de ellos. Las empresas que, estando afectadas por un compromiso de mantenimiento del empleo adquirido en virtud de la DA 6.ª del RD-l 8/2020 o el art. 6 del RD-l 24/2020, reciban exoneraciones en las cuotas a la Seguridad Social conforme al RD-l 30/2020 quedarán comprometidas a un nuevo periodo de seis meses de salvaguarda del empleo, cuyo cómputo se iniciará cuando aquel haya terminado. Y, si a continuación reciben exoneraciones en las cuotas a la Seguridad Social conforme a lo previsto en los RD-l 2/2021, 11/2021, 18/2021 y 2/2022, quedarán sujetas, en base a la aplicación de dichas medidas excepcionales, a un nuevo periodo de seis meses de salvaguarda del empleo, cuyo cómputo se iniciará una vez finalizados los anteriores en su integridad. De este modo, estarán obligadas a mantener en el empleo a los trabajadores afectados por el ERTE durante el plazo de treinta meses desde la fecha de su reincorporación.

3.ª) Este compromiso se entenderá incumplido *«si se produce el despido o extinción de los contratos de cualquiera de las personas afectadas por dichos expedientes»*, salvo que dicha extinción se produzca por despido disciplinario declarado como procedente, dimisión, muerte, jubilación o incapacidad permanente total, absoluta o gran invalidez de la persona trabajadora, por el fin del llamamiento de las personas con contrato fijo-discontinuo, cuando este no suponga un despido sino una interrupción del mismo, o por la expiración del tiempo convenido o la realización de la obra o servicio que constituye el objeto del contrato temporal —y no se incumpla el art. 5 de la Ley 3/2021— o cuando no

---

388 Cfr. la STSJ del País Vasco de 5 de julio de 2021 (Proc. 25/2021).

pueda realizarse de forma inmediata la actividad objeto de contratación temporal (DA 6.ª.2 RD-l 8/2020, en la redacción dada por la DF 1.ª.3 RD-l 18/2020). Por lo tanto, se entenderá incumplido cuando dichos contratos se extingan por mutuo acuerdo; cumplimiento de la condición resolutoria pactada en el contrato de trabajo; jubilación, muerte o incapacidad del empresario o disolución de la persona jurídica; despido objetivo o colectivo; despido por fuerza mayor; rescisión del contrato de trabajo por voluntad del trabajador en los supuestos de los arts. 40, 41 y 50 del ET (no equiparables a dimisión); y despido declarado o reconocido como improcedente.

4.ª) Las empresas que incumplan este compromiso *«deberán reintegrar la totalidad del importe de las cotizaciones de cuyo pago resultaron exoneradas, con el recargo y los intereses de demora correspondientes, según lo establecido en las normas recaudatorias en materia de Seguridad Social, previas actuaciones al efecto de la Inspección de Trabajo y Seguridad Social que acredite el incumplimiento y determine las cantidades a reintegrar»* (DA 6.ª.5 RD-l 8/2020, en la redacción dada por la DF 1.ª.3 RD-l 18/2020). Evidentemente, a la hora de aplicar dicha regla habrá que tener en cuenta que existen seis periodos de salvaguarda del empleo diferentes y así, por ejemplo, si sólo se incumple el sexto, únicamente se tendrá que devolver el importe de las exenciones disfrutadas conforme a lo previsto en el RD-l 2/2022.

No obstante lo anterior, este compromiso del mantenimiento del empleo *«se valorará en atención a las características específicas de los distintos sectores y la normativa laboral aplicable, teniendo en cuenta, en particular, las especificidades de aquellas empresas que presentan una alta variabilidad o estacionalidad del empleo»* (DA 6.ª.3 RD-l 8/2020, en la redacción dada por la DF 1.ª.3 RD-l 18/2020)[389]. Y, además, no resultará de aplicación en aquellas empresas en las que concu-

---

[389] Cfr. la DA 14.ª del RD-l 11/2020, de 31 de marzo, por el que se adoptan medidas urgentes complementarias en el ámbito social y económico para hacer frente al COVID-19.

rra un riesgo de concurso de acreedores en los términos del art. 5.2 de la LC, esto es, cuando haya acaecido alguno de los hechos que pueden servir de fundamento a una solicitud de concurso necesario conforme al art. 2.4 de la LC (DA 6.ª.4 RD-l 8/2020, en la redacción dada por la DF 1.ª.3 RD-l 18/2020)[390].

5.ª) La limitación para despedir *ex* art. 2 de la Ley 3/2021 y el compromiso del mantenimiento del empleo *ex* DA 6.ª del RD-L 8/2020 constituyen garantías totalmente diferenciadas e independientes que los operadores jurídicos no deben confundir si no quieren perder los pleitos[391]. Las consecuencias del incumplimiento en uno y otro caso son también distintas: en la primera procede declarar la improcedencia del despido del trabajador, con el siguiente pronunciamiento; mientras que en la segunda las empresas incumplidoras deberán reintegrar la totalidad del importe de las cotizaciones de cuyo pago resultaron exoneradas, con el recargo y los intereses de demora correspondientes, sin que se extienda a la declaración de la improcedencia de la extinción contractual adoptada contrariando el compromiso en cuestión[392].

XII. RÉGIMEN SANCIONADOR Y REINTEGRO DE PRESTACIONES INDEBIDAS EN LOS ERTES COVID-19

Las solicitudes presentadas por la empresa que contuvieran falsedades o incorrecciones en los datos facilitados darán lugar a las

---

390 Cfr. las SSTSJ de Castilla y León de 1, 4 y 25 de octubre de 2021 (Recs. 1830/2021, 1825/2021 y 1827/2021).

391 Cfr. las SSTSJ de Navarra de 24 de junio de 2021 (Rec. 198/2021) y de Castilla y León de 4 de octubre de 2021 (Rec. 1683/2021).

392 SSTSJ de la Comunidad de Madrid de 10 de septiembre de 2021 (Rec. 518/2021), de Castilla y León de 1 de octubre de 2021 (Rec. 1830/2021), 4 de octubre de 2021 (Rec. 1825/2021), 14 de octubre de 2021 (Rec. 521/2021) y 25 de octubre de 2021 (Rec. 1827/2021) y de la Comunidad de Madrid de 18 de octubre de 2021 (Rec. 607/2021).

sanciones correspondientes en los términos previstos en la LISOS (DA 2.ª.1 Ley 3/2021). Será sancionable igualmente, conforme a lo previsto en dicha norma, la conducta de la empresa *«consistente en solicitar medidas en relación al empleo que no resultaran necesarias o no tuvieran conexión suficiente con la causa que las origina, cuando dicha circunstancia se deduzca de las falsedades o incorrecciones en los datos facilitados por aquellas y siempre que den lugar a la generación o percepción de prestaciones indebidas o a la aplicación de deducciones indebidas en las cuotas a la Seguridad Social»* (DA 2.ª.1 Ley 3/2021).

El reconocimiento indebido de prestaciones a la persona trabajadora por causa no imputable a la misma, como consecuencia de alguno de los incumplimientos previstos en el apartado anterior, *«dará lugar a la devolución de las prestaciones indebidamente generadas»* (DA 2.ª.2 Ley 3/2021)[393]. En tales supuestos, la empresa

---

393 La STSJ de la Comunidad de Madrid de 14 de julio de 2022 (Rec. 554/2022) en un supuesto en el que el acta de infracción de 29 de octubre de 2020 constata que el día 26 de junio de 2020 el actor se encontraba detrás de la barra del establecimiento prestando servicios como camarero y el 3 de julio de 2020 la empresa le comunica por primera vez al SEPE la baja del trabajador en el ERTE al que estaba afecto, por su reincorporación a media jornada desde el 26 de junio de 2020, señala que, correspondiendo a la empresa, conforme a lo dispuesto en el art. 1.3 del RD-l 18/2020, la obligación de comunicar al SEPE aquellas variaciones que se refieran a la finalización de la aplicación del ERTE respecto a la totalidad o a una parte de las personas afectadas, el incumplimiento de la misma no puede repercutir negativamente sobre el trabajador, por lo que no procede la extinción de prestación de desempleo ni el reintegro de las cantidades percibidas. En cambio, la STSJ de la Comunidad de Madrid de 5 de octubre de 2022 (Rec. 542/2022) subraya que el trabajador, incluido en un ERTE FM desde el 23 de marzo de 2020 y perceptor de prestaciones de desempleo desde dicha fecha por suspensión total del contrato de trabajo, ha compatibilizado las prestaciones por desempleo total con el trabajo por cuenta ajena, al menos desde el 1 de junio de 2020, al no haberse realizado con carácter previo por la empresa ni por el trabajador las comunicaciones con las entidades gestoras de la seguridad social a efectos de variaciones de datos de los trabajadores incluidos en medidas de suspensión de contratos o reducción de jornada, por lo

«deberá ingresar a la entidad gestora las cantidades percibidas por la persona trabajadora, de acuerdo con lo establecido en el texto refundido de la Ley sobre Infracciones y Sanciones en el Orden Social». La obligación de devolver las prestaciones previstas en el párrafo anterior será exigible hasta la prescripción de las infracciones referidas en el texto refundido de la Ley sobre Infracciones y Sanciones en el Orden Social que resulten aplicables. La persona trabajadora *«conservará el derecho al salario correspondiente al período de regulación de empleo inicialmente autorizado, descontadas las cantidades que hubiera percibido en concepto de prestación por desempleo»* (DA 2.ª.2 Ley 3/2021).

Por lo demás, la DA 4.ª de la Ley 3/2021 determina que cuando la entidad gestora aprecie indicios de fraude para la obtención de las prestaciones por desempleo, *«lo comunicará a la Inspección de Trabajo y Seguridad Social a los efectos oportunos»* y que ésta, en colaboración con la Agencia Estatal de Administración Tributaria y las Fuerzas y Cuerpos de Seguridad del Estado, incluirá, entre sus planes de actuación, *«la comprobación de la existencia de las causas alegadas en las solicitudes y comunicaciones de expedientes temporales de regulación de empleo basados en las causas de los artículos 22 y 23 del Real Decreto-ley 8/2020, de 17 de marzo»*.

Y, en fin, según los arts. 1.3 y 2.5 del RD-l 24/2020 y 7 del RD-l 30/2020, durante la aplicación de los ERTEs *«no podrán realizarse horas extraordinarias, establecerse nuevas externalizaciones de la actividad ni concertarse nuevas contrataciones, sean directas o indirectas»*. Estas acciones *«podrán constituir infracciones de la empresa afectada, en virtud de expediente incoado al efecto, en su caso, por la Inspección de Trabajo y Seguridad Social»*. No obstante, dicha prohibición *«podrá*

---

que se le impone la sanción consistente en la extinción de la prestación o subsidio de desempleo desde el 1 de junio de 2020 y reintegro de las cantidades, en su caso, indebidamente percibidas. En este mismo sentido se expresan la STSJ de la Comunidad Valenciana de 28 de junio de 2023 (Rec. 2843/2022), subrayando que el trabajador tiene la obligación de comunicar la colocación por cuenta ajena y ello con independencia de que la empresa deba asimismo comunicarla, y la STSJ del Principado de Asturias de 28 de mayo de 2024 (Rec. 595/2024).

ser exceptuada en el supuesto en que las personas reguladas y que prestan servicios en el centro de trabajo afectado por las nuevas contrataciones, directas o indirectas, o externalizaciones, no puedan, por formación, capacitación u otras razones objetivas y justificadas, desarrollar las funciones encomendadas a aquellas, previa información al respecto por parte de la empresa a la representación legal de las personas trabajadoras». Por consiguiente, la citada norma no resulta aplicable, por ejemplo, cuando las horas extraordinarias obedecen a guardias, retenes y jornadas planificadas o la empresa presenta una externalización estructural anterior a la crisis económica desencadenada por la pandemia, que no ha sido objeto de modificación o incremento, tras la aplicación de los ERTEs[394]. No obstante, se exige la previa información al respecto por parte de la empresa a la representación legal de las personas trabajadoras.

Los límites y excepciones en relación con la realización de horas extraordinarias, nuevas contrataciones y externalizaciones a los que se refiere el art. 7 del RD-l 30/2020 *«se mantendrán vigentes hasta el 28 de febrero de 2022 y resultarán igualmente de aplicación a todos los expedientes autorizados en virtud de este real decreto-ley»* (arts. 3.5 RD-l 2/2021, 3.5 RD-l 11/2021 y 5.5 RD-l 18/2021).

XIII. LOS ERTES POR LA ERUPCIÓN DEL VOLCÁN EN LA ISLA DE LA PALMA

A la situación derivada de la pandemia se vino a sumar la originada por la erupción volcánica iniciada el día 19 de septiembre de 2021 en la zona de Cumbre Vieja de La Palma, que ha obligado a evacuar amplias zonas de dicha isla ante el avance de la colada de lava. La actividad económica desarrollada en estas zonas se ha visto, ante esta situación extraordinaria, detenida por completo, lo cual arroja una situación similar a la ocasionada por

394 Cfr. la SAN de 5 de febrero de 2021 (Proc. 179/2020); y la STSJ de la Comunidad Valenciana de 4 de mayo de 2021 (Rec. 180/2021).

la COVID-19 en lo que respecta a las consecuencias para las empresas y las personas trabajadoras. Pues bien, dada la experiencia acumulada en la lucha contra las consecuencias negativas de la COVID-19 en el ámbito laboral, durante la cual los expedientes de regulación temporal de empleo se han consolidado como un mecanismo idóneo para paliar aquellas, en el caso extraordinario de la isla de La Palma, el RD-l 18/2021 prevé un régimen similar a aquel, al que se extiendan las medidas en materia de cotización y de protección por desempleo.

Y así, en la tramitación de los ERTEs por fuerza mayor originada por la erupción volcánica, se aplicarán las siguientes reglas especiales (DA 5.ª.1 y 2 RD-l 18/2021): 1.ª) La autoridad laboral deberá dictar resolución en el plazo de cinco días; 2.ª) La solicitud del informe de la ITSS será facultativa. 3.ª) En el caso de ausencia de resolución expresa, se entenderá estimada la solicitud. 4.ª) Los ERTEs surtirán efectos desde la fecha del hecho causante de la fuerza mayor y se mantendrán vigentes hasta el 28 de febrero de 2022, resultándoles, en su caso, igualmente de aplicación el mecanismo de transición regulado en el art. 2.2 y 3 del RD-l 18/2021.

Siguiendo el esquema previsto para los ERTEs COVID-19, la DA 5.ª del RD-l 18/2021 prevé la posibilidad de que las empresas y personas trabajadoras afectadas por los ERTEs por fuerza mayor originada por la erupción volcánica se beneficien de medidas extraordinarias en materia de cotización (**a**) y protección por desempleo (**b**).

a) Las empresas afectadas por la erupción volcánica registrada en la zona de Cumbre Vieja, que tengan códigos de cuenta de cotización correspondientes a las provincias de la Comunidad Autónoma de Canarias, que hayan visto o vean impedido o limitado el desarrollo de su actividad normalizada y se les autorice un ERTE, como consecuencia de dicho motivo, podrán beneficiarse, respecto de las personas trabajadoras que tengan sus actividades suspendidas o reducidas, por los periodos y porcentajes de jornada afectados por la suspensión, de los porcentajes de exoneración, para los meses de septiembre de 2021 a febrero de 2022, que se indican a continuación y que son incompatibles con las previstas para los ERTEs COVID-19:

a) Los expedientes de regulación temporal de empleo por impedimentos en la actividad podrán beneficiarse de una exoneración del 100% de la aportación empresarial devengada durante el periodo de cierre, y hasta el 28 de febrero de 2022.

b) Los expedientes de regulación temporal de empleo por limitaciones en la actividad podrán beneficiarse de una exoneración del 90% de la aportación empresarial devengada durante el periodo afectado, y hasta el 28 de febrero de 2022.

Las exenciones se aplicarán al abono de la aportación empresarial prevista en el art. 273.2 de la LGSS, así como del relativo a las cuotas por conceptos de recaudación conjunta. El procedimiento y requisitos para la aplicación de las exoneraciones serán los establecidos en el art. 2 del RD-l 30/2020.

b) Las personas trabajadoras afectadas por estos ERTEs se beneficiarán, así mismo, de las medidas extraordinarias en materia de protección por desempleo previstas en el art. 6 del RD-l 18/2021 para los afectados por los ERTEs COVID. No obstante, el tiempo en que se perciba la prestación por desempleo de nivel contributivo que traiga su causa inmediata en la erupción volcánica iniciada en la zona de Cumbre Vieja el día 19 de septiembre de 2021 «***no computará a los efectos de consumir los períodos máximos de percepción establecidos***», por lo que se excluye la aplicación del régimen dispuesto en el art. 8.7 del RD-l 30/2020 respecto de la medida prevista en el art. 25.1.b) del RD-l 8/2020.

Estas medidas extraordinarias se incluyeron en la DA 5.ª del RD-l 18/2021, cuya vigencia finalizó el 28 de febrero de 2022. La DA 4.ª del RD-l 2/2022, los arts. 177 y 178 del RD-l 5/2023, de 28 de junio, los arts. 77 y 82 del RD-l 8/2023, de 27 de diciembre, el art. 38 del RD-l 4/2024, de 26 de junio, y el art. 77 del RD-l 1/2025 prorrogaron hasta el 30 de junio de 2022, el 31 de diciembre de

2023, el 30 de junio de 2024, el 31 de diciembre de 2024 y el 30 de junio de 2025, respectivamente, los ERTEs FM por la erupción volcánica registrada en la zona de Cumbre Vieja, pero a partir del 1 de marzo de 2022 a estos ERTEs les será de aplicación el régimen jurídico general establecido en el art. 47.5 del ET y en la DA 44.ª de la LGSS[395].

XIV. LOS ERTES POR LA DANA

De conformidad con lo dispuesto en el art. 23 de la LSNPC, el Consejo de Ministros, en su reunión del día 5 de noviembre de 2024, ha acordado declarar zona afectada gravemente por una emergencia de protección civil las comunidades autónomas de la Comunidad Valenciana, Castilla-La Mancha, Andalucía, Islas Baleares y Aragón, como consecuencia de la Depresión Aislada en Niveles Altos (DANA) que ha afectado a amplias zonas de la Península y Baleares entre los días 28 de octubre y 4 de noviembre de 2024 (Orden PJC/1222/2024, de 6 de noviembre). La DANA de octubre de 2024 ha tenido consecuencias devastadoras en estas zonas, especialmente en la Comunidad Valenciana. Ante esta situación, el Gobierno ha puesto en marcha un paquete de medidas en materia de ERTEs, que se recogen en los reales decretos-leyes 6/2024, de 5 de noviembre, y 7/2024, de 11 de noviembre, por los que se adoptan medidas urgentes para hacer frente a los daños causados por la DANA en diferentes municipios entre el 28 de octubre y el 4 de noviembre de 2024.

---

395 Téngase en cuenta la prórroga de las exenciones en la cotización aplicables en las unidades poblacionales de Puerto Naos y la Bombilla, reguladas en el art. 77 del RD-l 8/2023, en los ERTEs que contempla, prorrogados hasta el 31 de diciembre de 2024, respecto a la cotización indicada cuyo devengo se produzca en los meses de julio a diciembre de 2024, en la forma establecida por el art. 37 del RD-l 4/2024, de 26 de junio de 2024. Véase también el art. 80 del RD-l 1/2023 sobre las exenciones en la cotización aplicables en las unidades poblacionales de Puerto Naos y la Bombilla, reguladas en el art. 37 del RD-l 4/2024, de 26 de junio.

Estas medidas se articulan en torno a los ERTEs FM y ETOP originadas por la DANA.

1. Los ERTEs FM DANA

1.1. La delimitación de la fuerza mayor vinculada a la DANA

El art. 44.1 del RD-l 7/2024 **define el concepto de fuerza mayor relacionada con la DANA** en los siguientes términos: «*Las suspensiones de contrato y reducciones de jornada que tengan como causa directa los daños producidos por la DANA, así como las pérdidas de actividad indirectamente originadas por la misma, entre las que se encuentran las derivadas de las órdenes, prohibiciones, instrucciones, recomendaciones o requerimientos realizados por las autoridades de protección civil, que impliquen suspensión o cancelación de actividades, cierre temporal de locales de afluencia pública, restricciones en el transporte público y, en general, de la movilidad de las personas, incluidas las que afecten al desplazamiento de las personas trabajadoras al centro de trabajo, o las mercancías o falta de suministros que impidan gravemente continuar con el desarrollo ordinario de la actividad tendrán la consideración de provenientes de una situación de fuerza mayor a los efectos de los artículos 47.5 y 7 del Estatuto de los Trabajadores*». De este modo, las situaciones que deben calificarse como de fuerza mayor se proyectan tanto sobre las que tengan su causa directa en los daños producidos por la DANA, como en las pérdidas de actividad indirectamente originadas por la misma. Y así, pueden recurrir a estos ERTES las empresas y personas trabajadoras afectadas por la DANA, tanto de un modo directo como indirecto.

1.2. El carácter subsidiario o supletorio de los ERTEs respecto de otras medidas laborales alternativas

En las empresas afectadas por la DANA, el **trabajo a distancia** será «*la forma de organización del trabajo o de realización de la actividad laboral preferente frente a otras medidas organizativas o de ajuste*» (art. 43.1 RD-l 7/2024). Cuando las personas trabajadoras **no puedan acceder al centro de trabajo o realizar la prestación laboral**, como consecuencia del estado de las vías de circulación, del transporte público o del centro de trabajo, o como consecuencia de las órdenes, prohibiciones, instrucciones, recomendaciones o requerimientos realizados por las autoridades de protección civil, *«tendrán derecho a realizar su jornada en modalidad de* ***trabajo a distancia*** *cuando el estado de las redes de comunicación lo permita, a no ser que ello resulte incompatible con la naturaleza de la prestación laboral»* (art. 43.2 RD-l 7/2024) —derecho que es extensible a las personas socias trabajadoras o de trabajo de las cooperativas, aunque sus estatutos no lo hubieran previsto—. Cuando el trabajo a distancia estuviera previsto en un acuerdo en vigor, las personas trabajadoras y las personas socias trabajadoras o de trabajo *«podrán requerir en todo caso la ampliación de ese régimen a toda la duración de su jornada de trabajo»* (art. 43.3 RD-l 7/2024). Y si no resulta posible el trabajo a distancia como consecuencia de la naturaleza de la prestación, por la carencia de equipamiento suministrado por la empresa a la persona trabajadora o la ausencia de cobertura o acceso a la red, las personas trabajadoras tendrán derecho al **permiso retribuido a cargo de la empresa previsto en el art. 42.1.a) del RD-l 7/2024** (art. 43.4 RD-l 7/2024) —cuya duración no está limitada—, **a no ser que la empresa recurra a la aplicación de un ERTE FM**.

1.3. Especialidades en la tramitación de los ERTEs

En los ERTEs por fuerza mayor relacionada con la DANA, se aplicarán las siguientes especialidades, respecto del procedimiento recogido en la normativa reguladora de estos expedientes:

a) La solicitud del **informe de la ITSS** será *«potestativa»* para la autoridad laboral (art. 44.1 RD-l 7/2024). No obstante, ese organismo *«procederá, en el caso de que no se solicite el informe, a la comprobación posterior del cumplimiento de los requisitos legalmente establecidos y la concurrencia de causa fuerza mayor, <u>en particular en los supuestos de pérdidas de acti-</u>*

vidad indirectamente originadas por la DANA» (el subrayado es mío).

b) La resolución surtirá **efectos desde la fecha del hecho causante de la fuerza mayor**, y hasta la fecha determinada en la misma resolución (art. 44.1 RD-l 7/2024).

c) Para la tramitación de los ERTEs que afecten a las personas socias trabajadoras o de trabajo incluidas en el Régimen General de la Seguridad Social o en algunos de los regímenes especiales que protejan la contingencia de desempleo, será de aplicación el procedimiento específico previsto en los RR.DD. 42/1996, de 19 de enero, y 1043/1985, de 19 de junio, salvo en lo relativo al plazo para la emisión del informe de la ITSS, que se regirá por lo previsto en el apartado 1, párrafo segundo, del art. 44.1. RD-l 7/2024 (art. 44.3 RD-l 7/2024). En estos supuestos también será de aplicación lo dispuesto en la DA 46.ª de la LGSS. La acreditación de las situaciones legales de desempleo exigirá que las causas que han originado la suspensión o reducción temporal de la jornada hayan sido debidamente constatadas por la autoridad laboral competente, de acuerdo con el procedimiento regulado en el RD 42/1996.

d) Cuando la prestación laboral propia del **servicio del hogar familiar** no pueda realizarse total o parcialmente, con carácter temporal y con motivo de la situación derivada de la DANA, procederá la suspensión total o parcial del contrato de trabajo o la reducción de la jornada (art. 45 RD-l 7/2024). Las personas trabajadoras tendrán derecho a acceder a la prestación contributiva por desempleo con las especialidades previstas en la DA 46.ª de la LGSS y en el art. 55 del RD-l 7/2024 (arts. 45 y 48.1 RD-l 7/2024). La acreditación del hecho causante deberá efectuarse por medio de una declaración responsable firmada por la persona empleadora respecto de las cuales se haya producido la disminución total o parcial de servicio, y en caso de que resulte imposible emitir la declaración responsable por parte de la persona empleadora, será válida a estos efectos la de la persona trabajadora (art. 45 RD-l 7/2024). La prestación contributiva por desempleo será solicitada por la propia persona trabajadora del servicio del hogar familiar y a la misma se le aplicarán las medidas previstas en el art. 48 del RD-l 7/2024.

1.4. Medidas extraordinarias en materia de cotización vinculadas a los ERTEs

Las empresas titulares de códigos de cuenta de cotización con domicilio de actividad en las localidades que figuran en el listado de municipios afectados por la DANA (Anexo RD-l 6/2024), que hayan visto o vean impedido o limitado el desarrollo de su actividad normalizada, y se les autorice un **ERTE FM**, como consecuencia de los siniestros causados por la DANA, podrán beneficiarse, respecto de las personas trabajadoras afectadas, por los periodos o porcentajes de jornada afectados por la suspensión o reducción, de una **exención del 100%** de la aportación empresarial a que se refiere el art. 153 bis de la LGSS, por contingencias comunes, profesionales y conceptos de recaudación conjunta, con respecto a las cuotas devengadas en el período afectado por la suspensión o reducción, correspondientes a los días comprendidos **entre el 28 y el 31 de octubre**, y a **los meses de noviembre de 2024 a febrero de 2025** (art. 18.1 y 2 RD-l 6/2024). A las cuotas devengadas en los **meses posteriores** les resultarán de aplicación los **porcentajes de exención establecidos con carácter general en la DA 44.ª de la LGSS** (art. 18.2 RD-l 6/2024). El procedimiento y requisitos para la aplicación de la exención de cuotas serán los establecidos en esta disposición adicional (art. 18.3 RD-l 6/2024). En fin, el art. 55 del RD-l 7/2024 extiende las exenciones de cotizaciones anteriores a todos los ERTEs FM producidos por la DANA.

2. *Medidas extraordinarias en materia de protección por desempleo de los trabajadores afectados por los ERTEs DANA*

Cuando los **ERTEs se adopten por causas económicas, técnicas, organizativas y de producción relacionadas con la DANA**, las personas trabajadoras se beneficiarán del **régimen especial de la protección por desempleo previsto en la DA 46.ª de la LGSS para los casos de fuerza mayor** (art. 44.2 RD-l 7/2024). Así, no se requerirá periodo de carencia para el reconocimiento de la prestación por desempleo, la cuantía se obtendrá de aplicar a la base reguladora un porcentaje del 70% y su disfrute no implicará el consumo de las cotizaciones previamente efectuadas a ningún efecto.

Por otro lado, el RD-l 7/2024 contempla diversas medidas especiales sobre protección por desempleo, dirigidas a agilizar el reconocimiento de las prestaciones contributivas por desempleo y a proporcionar la máxima protección durante el tiempo en el que las personas trabajadoras se encuentren afectadas por los ERTEs por fuerza mayor relacionada con la DANA.

Y así, la protección por desempleo de las personas trabajadoras afectadas por los **ERTEs FM DANA** se rige por las siguientes **reglas especiales**, debiéndose estar en todo lo demás al régimen general aplicable en los ERTEs FM:

1.ª) Las prestaciones por desempleo serán solicitadas mediante **solicitud colectiva por la empresa** o por la cooperativa, o por la propia persona trabajadora del servicio del hogar familiar (art. 48.1 RD-l 7/2024). El plazo para la presentación de esta solicitud será de un mes a computar desde la fecha de la notificación a la empresa de la resolución de la autoridad laboral constatando la existencia de la fuerza mayor, desde que se entienda estimada dicha solicitud por silencio administrativo, o, en los supuestos previstos en el art. 44.2 del RD-l 7/2024, desde la fecha de la comunicación de la empresa a la autoridad laboral de su decisión de adoptar la medida correspondiente (art. 2 Resolución SEPE 12-11-2024). La Resolución del SEPE de 12 de noviembre de 2024 regula la tramitación electrónica del procedimiento de reconocimiento de las prestaciones por desempleo reguladas en el RD-l 7/2024 (BOE 13-11-2024).

2.ª) La **base reguladora** de la prestación será la resultante de computar el promedio de las bases de los últimos 180 días cotizados o, en su defecto, del período de tiempo inferior inmediatamente anterior a la situación legal de desempleo, trabajados al amparo de la relación suspendida o afectada por la reducción de jornada como consecuencia de los daños producidos por la DANA (art. 48.4 RD-l 7/2024).

3.ª) La cuantía de la prestación se determinará aplicando a la base reguladora el **porcentaje del 70%**, durante toda la vigencia de la medida (art. 48.5 RD-l 7/2024). No obstante, serán de aplicación las cuantías máximas y mínimas previstas en el art. 270.3 de la LGSS, en función del promedio de las horas trabajadas en el trabajo que se haya visto afectado por los daños producidos por la DANA.

4.ª) La **prestación finalizará** en la fecha fin indicada en la solicitud colectiva, independientemente de que el SEPE reconozca un máximo de 720 días de derecho, y, una vez finalizada la medida de suspensión o reducción de jornada, esta prestación extraordinaria se extinguirá[396].

5.ª) No resultará de aplicación lo establecido en el último párrafo del art. 269.2 de la LGSS a las prestaciones que se perciban durante el periodo en que los trabajadores se encuentren afectados por los ERTES FM proveniente de la DANA. De este modo, **el periodo durante el que**

---

396 Así lo subraya, a mi modo de ver, con acierto la Guía de tramitación de las prestaciones extraordinarias por ERTE a consecuencia de la DANA del SEPE.

se cobre la prestación por desempleo no sólo no consumirá futuras prestaciones, sino que, además, *«como beneficio excepcional, se computará para un futuro reconocimiento de una prestación por desempleo»*, tal y como explica la Exposición de Motivos del RD-l 7/2024, lo que en este caso, sin embargo, no deja de resultar paradójico a la vista de las exenciones en la cotización a la Seguridad Social y por conceptos de recaudación conjunta previstas en los arts. 18 y 55 de los reales decretos-leyes 6/2024 y 7/2024.

Las propuestas de *lege ferenda* a formular en torno a la reposición del derecho a la prestación por desempleo en los ERTEs son, fundamentalmente, las siguientes:

a) Habría que poner fin a la gran dispersión y diversidad de regímenes jurídicos que existe en la actualidad en función de las diferentes modalidades de ERTEs y de las circunstancias particulares de cada caso, ya que ello complica extraordinariamente la aplicación de la legislación. Y para prueba, un botón: la gran litigiosidad que se ha producido con ocasión de la reposición de las prestaciones por desempleo disfrutadas por los trabajadores afectados por los ERTEs COVID-19.

b) Dejando al margen los ERTEs del Sistema Red, la doble valencia de las cotizaciones en los supuestos de suspensión o reducción de jornada y posterior extinción de los contratos de trabajo habría que condicionarla al cumplimiento de los siguientes requisitos: 1.º) Que los contratos de trabajo se extingan por causas económicas, técnicas, organizativas o de producción y previamente los trabajadores hayan consumido desempleo en virtud de una o varias suspensiones contractuales o reducciones de jornada. 2.º) Que la suspensión contractual o reducción de jornada y el posterior despido se produzcan dentro de determinados límites temporales a fin de garantizar que la extinción contractual se ha producido porque las medidas de ajuste temporal han resultado infructuosas. 3.º) Que la suspensión contractual o reducción de jornada y el posterior despido se produzcan en el marco de la misma relación laboral y en la misma empresa.

c) Habría que modificar la ley en aras a considerar computables, en consonancia con lo establecido en el art. 273.2 de la LGSS, las cotizaciones «reales» correspondientes a fases de percepción de las prestaciones por desempleo provenientes de una suspensión contractual o reducción temporal de jornada o, en su defecto, a eliminar la cuota relativa a la contingencia de desempleo de la cotización del perceptor de prestaciones por desempleo total temporal o por desempleo parcial.

6.ª) Las prestaciones por desempleo serán compatibles con el trabajo por cuenta ajena a tiempo parcial que se mantenga en la fecha de nacimiento del derecho o que se adquiera con posterioridad, en este último caso, previa deducción en su importe de la parte proporcional al tiempo trabajado (art. 44.6 RD-l 7/2024).

7.ª) Si la persona trabajadora o persona socia trabajadora o de trabajo estuviera compatibilizando el trabajo que se ve afectado por la medida de suspensión del contrato o reducción de la jornada como consecuencia de los daños provocados por la DANA, con la protección por desempleo de nivel contributivo o asistencial, podrá continuar percibiendo el derecho previamente reconocido o solicitar la prestación regulada en la DA 46.ª de la LGSS (art. 48.2 RD-l 7/2024). Si eligiera continuar percibiendo el derecho anterior, no podrá acceder con posterioridad a la prestación contributiva regulada en la citada disposición, si bien dejará de aplicarse a la cuantía de la primera la deducción que venía practicándose en función de las horas trabajadas en el trabajo afectado por la DANA, o, en su caso, se ajustará en función de la reducción de su jornada de trabajo. Si eligiera percibir la nueva prestación, el derecho anterior se suspenderá y podrá solicitar su reanudación tras finalizar la duración del nuevo.

8.ª) Si la persona trabajadora o persona socia trabajadora o de trabajo afectada se encontrara, en la fecha de la suspensión del contrato o reducción de jornada, en situación de incapacidad temporal o de nacimiento, adopción, guarda con fines de adopción o acogimiento seguirá percibiendo la prestación por incapacidad temporal o la prestación por nacimiento y cuidado del menor hasta que se extingan dichas situaciones, pasando entonces a la situación legal de desempleo a efectos de solicitar la prestación contributiva (art. 48.3 RD-l 7/2024).

Por último, debe notarse que durante el plazo de seis meses desde la entrada en vigor del RD-l 7/2024, los partícipes de planes de pensiones podrán, excepcionalmente, hacer efectivos sus derechos consolidados en el caso de estar afectados por un ERTE FM de una empresa con domicilio de actividad en alguno de los municipios incluidos en el ámbito geográfico de aplicación de este real decreto-ley que hayan sufrido daños consecuencia directa de la DANA [art. 51.1.c) RD-l 7/2024].

3. La salvaguarda del empleo en los ERTEs DANA

Como subraya la Exposición de Motivos del RD-l 7/2024, esta norma *«vela también por el mantenimiento del empleo, para lo que se prohíbe el despido de personas trabajadoras de las empresas que hagan uso de las ayudas directas o de los expedientes de regulación de empleo previstos con ocasión de la DANA»*; prohibición que *«se sustancia en que, de producirse el despido, se calificará como nulo y la empresa deberá devolver las ayudas recibidas»*[397]. En este sentido, el art. 46.1 de la

---

[397] En esta misma línea, el art. 71 del RD-l 1/2025 determina que en aquellas empresas beneficiarias de las ayudas directas previstas en el presente real decreto-ley, *«el aumento de los costes energéticos no podrá constituir causa objetiva de despido hasta el 31 de diciembre de 2025»* y que «el incum-

norma establece que *«las empresas beneficiarias de las ayudas directas previstas con ocasión de la DANA, así como aquellas que se acojan a las medidas contempladas en el artículo 44 del presente real decreto-ley, no podrán despedir por causa de fuerza mayor y por causas económicas, técnicas, organizativas y de producción derivadas del mencionado fenómeno atmosférico»* y que *«el incumplimiento de esta obligación conllevará el reintegro de la ayuda recibida y la calificación del despido como nulo»*. En el caso de los contratos fijos-discontinuos, las causas anteriores *«tampoco justificarán el fin del periodo de actividad ni la falta del llamamiento»* (art. 46.2 RD-l 7/2024). En el caso de las cooperativas, las asambleas generales de estas no podrán hacer uso de la habilitación recogida en el art. 85.1 de la Ley 27/1999, de 16 de julio, de Cooperativas, para *«reducir, con carácter definitivo, el número de puestos de trabajo de la cooperativa o modificar la proporción de las cualificaciones profesionales del colectivo que integra la misma por causas económicas, técnicas, organizativas o de producción o en el supuesto de fuerza mayor»* (art. 46.3 RD-l 7/2024).

Este precepto **entró en vigor el 13 de noviembre de 2024** (DF 14.ª RD-l 7/2024) y resulta de aplicación a todas las **empresas que se beneficien de las *«ayudas directas previstas con ocasión de la DANA»*** —expresión deliberadamente amplia que engloba cualesquiera de las ayudas directas previstas para los empresarios afectados por la DANA en los reales decretos-leyes 6/2024, 7/2024 y 8/2024—, estén o no en situación de regulación temporal de empleo —ya sea por causa de fuerza mayor o por causas económicas, técnicas, organizativas o de producción, pues aunque se alude al art. 44 del RD-l 7/2024 titulado *«suspensiones totales o parciales de la actividad laboral y reducciones de jornada por causas de fuerza mayor»*, lo cierto es que este precepto también contempla medidas para los trabajadores afectados por los ERTEs ETOP DANA, y así

plimiento de esta obligación conllevará el reintegro de la ayuda recibida». Asimismo, las empresas que se acojan a las medidas de reducción de jornada o suspensión de contratos reguladas en el art. 47 del ET por causas relacionadas con la invasión de Ucrania y que se beneficien de apoyo público *«no podrán utilizar estas causas para realizar despidos»*.

lo viene a corroborar la interpretación auténtica de la norma—, y aunque no se hayan acogido a la exoneración de cuotas de la Seguridad Social. De darse estas condiciones, cualquier empresa queda dentro del ámbito de aplicación de la norma excepcional y no puede despedir o extinguir los contratos por causa de fuerza mayor o de carácter económico, técnico, organizativo o productivo derivada de la DANA. De esta manera, dichas causas, que podrían justificar un ERTE DANA, no se podrán entender como justificativas de la extinción de los contratos de trabajo ni de los despidos. Y los ceses, fundados en dichas causas, serán **despidos nulos**. En todo lo demás, las consideraciones vertidas en esta obra a propósito de la prohibición de despedir por fuerza mayor o por causas económicas, técnicas, organizativas y de producción relacionadas con la COVID-19 son, *mutatis mutandis*, trasladables a los ERTEs DANA.

Asimismo, se garantiza que la **suspensión de los contratos temporales a causa de la DANA** no afecte a la duración máxima de dichos contratos ni a sus periodos de referencia, lo que clarifica, para empresa y personas trabajadoras, el impacto de la DANA en las duraciones de estas relaciones laborales. En este sentido, el art. 47 del RD-l 7/2024, a imagen y semejanza del art. 5 de la Ley 3/2021 para los ERTEs COVID-19, prescribe que *«la suspensión de los contratos temporales, incluidos los formativos, de relevo y de interinidad, por las causas a las que se refiere el artículo 44, supondrá la interrupción del cómputo, tanto de la duración de estos contratos, como de los periodos de referencia equivalentes al periodo suspendido, en cada una de estas modalidades contractuales, respecto de las personas trabajadoras afectadas por estas»*.

Capítulo Séptimo

La impugnación judicial de los ERTEs

I. LA IMPUGNACIÓN DE LOS ERTES ETOP

1. *La impugnación de oficio*

El art. 47.3 del ET establece que *«cuando el periodo de consultas finalice con acuerdo se presumirá que concurren las causas justificativas a que alude el apartado 1 y solo podrá ser impugnado ante la jurisdicción social por la existencia de fraude, dolo, coacción o abuso de derecho en su conclusión»* y que *«la decisión empresarial podrá ser impugnada por la autoridad laboral a petición de la entidad gestora de la prestación por desempleo cuando aquella pudiera tener por objeto la obtención indebida de las prestaciones por parte de las personas trabajadoras, por inexistencia de la causa motivadora de la situación legal de desempleo»*. De esta forma, se establece una presunción «iuris tantum» de validez del acuerdo de consultas, que puede ser destruida mediante prueba en contrario[398], y se apodera a la autoridad laboral competente para impugnar el acuerdo por la existencia de fraude, dolo, coacción o abuso de derecho en su conclusión y la decisión empresarial que tenga por objeto la obtención indebida de las prestaciones por desempleo por parte de los trabajadores afectados por la inexistencia de la causa motivadora de la situación legal de desempleo[399].

Y así, el art. 148.b) de la norma *rituaria* laboral establece que el proceso de oficio podrá iniciarse como consecuencia *«de los acuer-*

---

[398] STS de 14 de diciembre de 2023 (Rec. 184/2023, *Tol 9.841.041*).

[399] SSTS de 16 de diciembre de 2014 (Rec. 42/2014) y 25 de mayo de 2015 (Rec. 72/2014). Cfr. la STSJ de Canarias de 31 de julio de 2014 (Rec. 5/2014).

dos de la autoridad laboral competente, cuando ésta apreciara fraude, dolo, coacción o abuso de derecho en la conclusión de los acuerdos de suspensión, reducción de la jornada o extinción a que se refieren el artículo 47 y el apartado 6 del artículo 51 del Texto Refundido de la Ley del Estatuto de los Trabajadores, y los remitiera a la autoridad judicial a efectos de su posible declaración de nulidad» y que *«del mismo modo actuará la autoridad laboral cuando la entidad gestora de la prestación por desempleo hubiese informado que la decisión extintiva de la empresa pudiera tener por objeto la obtención indebida de las prestaciones por parte de los trabajadores afectados, por inexistencia de la causa motivadora de la situación legal de desempleo»*.

A la luz de los arts. 47.3 y 148.b) y siguientes de la LJS, el régimen aplicable a la impugnación de oficio de las medidas de ajuste temporal es el siguiente:

1.º) El art. 148 de la LJS establece que la autoridad laboral puede actuar por dos **vías** distintas frente a un acuerdo o medida de suspensión contractual o de reducción temporal de jornada adoptada por la empresa al amparo del art. 47 del ET[400].

a) La primera de estas vías de intervención es aquella en la que la autoridad laboral actúa de oficio porque aprecia la existencia de **fraude, dolo, coacción o abuso de derecho en la consecución del acuerdo** entre representantes de los trabajadores y empresa. Las causas que habilitan a la Administración pública para impugnar los acuerdos de consultas son exclusivamente, el fraude, dolo, coacción o abuso de derecho en su conclusión. Por consiguiente, la competencia jurisdiccional social en este proceso se extiende solamente a enjuiciar si el acuerdo impugnado adolece de los indicados vicios, y el contenido de la sentencia únicamente puede versar sobre la declaración de nulidad del acuerdo suscrito entre el empresario y los representantes de los trabajadores[401]. Tal deli-

---

400 Cfr. la STS de 19 de septiembre de 2017 (Recud. 5/2017).

401 SSTS de 15 de julio de 1994 (Rec. 2321/1991) y 17 de marzo de 2016 (Rec. 178/2015).

mitación del objeto de proceso obliga a rechazar —en el enjuiciamiento de la acción— cualquier otra consideración fáctica o jurídica ajena a los referidos vicios de la voluntad [por ejemplo, una pretendida inexistencia de las causas invocadas[402], la existencia de un grupo de empresas a efectos laborales máxime si las causas alegadas son técnicas, organizativas o productivas ya que su ámbito natural de apreciación es —a diferencia de las económicas— el espacio o sector concreto de la actividad empresarial en que ha surgido la dificultad que impide su buen funcionamiento o las posibles deficiencias en la aportación documental], siquiera hayan de admitirse referencias a determinados extremos que puedan guardar íntima relación con las referidas causas y/o sean expresivas de ellas (ausencia de información; deficiencia de aportación documental; falta de buena fe...), pero en manera alguna como determinantes autónomas de la nulidad o improcedencia del acuerdo[403].

En cuanto a las expresiones *«fraude»*, *«dolo»*, *«coacción»* y *«abuso de derecho»*, debe estarse a lo dispuesto en los arts. 6.4, 1.269, 1.267 y 7.2 del Código Civil[404]. Y, en fin, no es necesario que exista prueba plena de los mencionados vicios, sino que la concurrencia de estos puede establecerse por la vía de la prueba de presunciones. A mayor abundamiento, los hechos reseñados en informes emitidos por la ITSS como consecuencia de comprobaciones efectuadas por la misma tendrán presunción de certeza[405]. Ahora bien, la existencia de los mencionados vicios sólo podrá declararse si existen indicios suficientes de ello, que necesariamente habrán de extraerse de hechos que aparezcan como probados[406]. En defini-

---

402 Con todo, la íntima e inseparable relación de las causas con el fraude invocado determina en definitiva su control [STS de 14 de diciembre de 2023 (Rec. 184/2023, *Tol 9.841.041*)].

403 SSTS de 17 de marzo de 2016 (Rec. 178/2015) y 12 de abril de 2023 (Rec. 207/2022, *Tol 9.514.460*).

404 Cfr. STS de 15 de julio de 1994 (Rec. 2321/1991).

405 STS de 14 de diciembre de 2023 (Rec. 184/2023, *Tol 9.841.041*).

406 SSTS de 16 de febrero de 2022 (Recud. 222/2021, *Tol 8.818.996*) y 14 de diciembre de 2023 (Rec. 184/2023, *Tol 9.841.041*).

tiva, la autoridad laboral debe demostrar la efectiva concurrencia de los vicios que hubiere invocado para solicitar la nulidad de la medida plasmada en el pacto alcanzado entre la empresa y la representación legal de los trabajadores[407].

Con tal punto de partida, cabe apreciar la existencia de *«fraude»*, *«dolo»*, *«coacción»* y/o *«abuso de derecho»*, determinantes de la nulidad de los acuerdos de consultas, entre otros, en los siguientes supuestos[408]:

— Cuando la empresa predispone de manera deliberada la voluntad de los trabajadores con maquinaciones engañosas y medidas de presión, como condicionar el pago de los salarios adeudados a la firma previa del acuerdo[409].

— Cuando la comisión negociadora no se constituyó conforme a derecho por injerencias de la empresa, al no comunicar a una sección sindical con legitimación negocial —cuya constitución y ámbito de representación le constaba previamente— su intención de iniciar el procedimiento de consultas, ni se negoció con buena fe por la parte empresarial al no aportar el preceptivo informe técnico ni justificar en la memoria ni en el acuerdo alcanzado los criterios objetivos de afectación de los trabajadores[410].

---

407 STS de 19 de septiembre de 2017 (Recud. 5/2017).

408 Por el contrario, se considera irrelevante a estos efectos que el acuerdo sea anterior a la iniciación del procedimiento de regulación de empleo [STSJ de Cantabria de 16 de julio de 2010 (Rec. 565/2010)], que el período de consultas se inicie y cierre el mismo día, ya que el plazo máximo está previsto sólo para el caso de que no se llegue a un acuerdo [SSTSJ de la Comunidad de Madrid de 18 de marzo de 2009 (Rec. 617/2007) y 20 de marzo de 2009 (Rec. 652/2007)], o que se ofrezca una indemnización superior a la legal sólo para el caso de que se llegue a un acuerdo [STSJ de Cantabria (CA) de 24 de enero de 1997 (Rec. 363/1996)].

409 STSJ de Cataluña de 21 de noviembre de 1995 (AS/4476).

410 STS de 18 de julio de 2024 (Rec. 235/2022, *Tol 10.179.360*).

— Cuando la empresa, al tiempo de ser rubricada la última de las actas, en lugar de enviar un mail general a los miembros de la comisión negociadora, cambia de estrategia y remite un rosario de correos electrónicos de manera personal a cada uno de los integrantes de misma, recabando de manera individual su voto a favor, o en contra, con el fin de eludir las mayorías representativas de la comisión negociadora[411].

— Cuando los representantes de los trabajadores han sido amenazados para firmar el acuerdo, o su voluntad ha sido doblegada mediante precio, recompensas o cualquier otro tipo de ventaja económica o laboral[412].

— Cuando los representantes que pactaron el acuerdo han recibido un trato diferenciado y más beneficioso que el resto de los trabajadores afectados por el ERTE[413].

— Cuando los representantes han sido engañados por parte de la empresa con documentación falsa[414] o no han tenido acceso a la información correcta para valorar la medida o decisión empresarial[415].

---

411 En este sentido, se expresan la STS de 6 de abril de 2022 (Rec. 150/2020, *Tol 8.916.549*) y la SAN de 3 de julio de 2020 (Proc. 110/2020), que, además, aprecian la lesión del derecho de libertad sindical en cuanto que de manera ilegítima la compañía se entrometió en la adopción de los acuerdos del sindicato y en su posicionamiento como bloque frente a una decisión empresarial de flexibilidad interna.

412 Cfr. STSJ de Cataluña de 8 de octubre de 2002 (Rec. 290/2002).

413 Cfr. STS (CA) de 14 de febrero de 2007 (Rec. 5809/2004).

414 Cfr. STSJ de Cataluña de 8 de octubre de 2002 (Rec. 290/2002).

415 SSTSJ de Cataluña de 4 de mayo de 2010 (Rec. 2201/2009) y de la Región de Murcia de 16 de julio de 2024 (Recs. 4/2024 y 5/2024). Cfr. STS (CA) de 24 de septiembre de 2001 (Rec. 35/1996); y SSTSJ de Castilla y León (CA) de 8 de octubre de 2007 (Rec. 2468/1997) y de la Comunidad de Madrid (CA) de 3 de diciembre de 2010 (Rec. 2539/2008) y 17 de diciembre de 2010 (Rec. 341/2009).

— Cuando en la empresa existe una doble contabilidad y la diferencia entre las pérdidas que arroja la contabilidad oficial y las que puedan desprenderse de la contabilidad real son suficientes para enervar la realidad de aquéllas[416].

— Cuando la empresa forma parte de un grupo empresarial y no se ofrece a la representación legal de los trabajadores la información fehaciente sobre la situación económica de la totalidad de las empresas del grupo[417].

— Cuando en el acuerdo de consultas se pacta de manera genérica e indeterminada, la posibilidad de que la empresa pueda recurrir a la contratación de nuevos trabajadores temporales para realizar labores ordinarias de la empresa, o se incluye una cláusula que impone la inclusión automática en el ERTE de los trabajadores que ingresen en la empresa por subrogación en las condiciones previstas en el art. 44 del ET[418].

— Cuando la nueva petición de un ERTE es la misma que sustentó la pretensión denegada de prórroga de las medidas del primer expediente efectuado por la empresa sin que se inicien y desarrollen todos los tramites conducentes a la realización de un ERTE y, además, la empresa incumple el acuerdo alcanzado en el primer expediente de regulación de empleo en el sentido de no promover nuevas medidas de suspensión o reducción[419].

---

416 STSJ de Cantabria (CA) de 29 de mayo de 1999 (Rec. 1547/1997).

417 STS (CA) de 1 de julio de 2008 (Rec. 4766/2005); y STSJ de Cataluña de 12 de diciembre de 2002 (Rec. 2168/2002). Cfr. SSTS (CA) de 4 de diciembre de 2002 (Rec. 964/1998), 20 de octubre de 2004 (Rec. 5391/2001) y 17 de marzo de 2016 (Rec. 178/2015); y STSJ de la Comunidad de Madrid de 21 de mayo de 2010 (Rec. 1246/2010).

418 SSTS de 14 de febrero de 2019 (Rec. 194/2017) y 14 de diciembre de 2023 (Rec. 184/2023, *Tol 9.841.041*).

419 STS de 21 de septiembre de 2022 (Rec. 44/2022, *Tol 9.253.067*) y SAN de 5 de noviembre de 2021 (Proc. 193/2021).

— Cuando se trata de un acuerdo «bonificado» alcanzado con los representantes de los trabajadores tras un ERTE FM COVID-19, dirigido al mantenimiento artificial del empleo durante seis meses más, a fin de evitar el reintegro de las cotizaciones exoneradas a la empresa durante el ERTE FM, tras haber reanudado parcialmente la actividad empresarial[420].

— Cuando tras un despido colectivo declarado nulo por sentencia firme se tramita un ERTE sin proceder a la readmisión y con la clara finalidad de eludir el abono de los salarios de tramitación a los que la mercantil estaba legalmente obligada, de conformidad con lo dispuesto en el art. 124.11 de la LJS en relación con los arts. 123.2 y 113 de la LJS y 55.6 del ET[421].

— Cuando no concurrían las causas económicas o técnicas alegadas con carácter temporal, porque no eran coyunturales, sino estructurales, ya que la empresa arrastraba pérdidas y no había posibilidad de reiniciar la actividad, por cuanto que la misma permanecía cerrada desde antes de iniciarse el periodo de suspensión acordado[422].

Por el contrario, se considera irrelevante a estos efectos que el acuerdo sea anterior a la iniciación del procedimiento de regulación de empleo[423], que el período de consultas se inicie y cierre el mismo día, ya que el plazo máximo está previsto sólo para el caso de que no se llegue a un acuerdo[424], o que se ofrezcan unas condiciones económicas superiores a las legales sólo para el caso de que se llegue a un acuerdo[425].

---

420 STS de 14 de diciembre de 2023 (Rec. 184/2023, *Tol 9.841.041*).

421 SSTS de 22 de septiembre de 2021 (Rec. 75/2021) y 16 de febrero de 2022 (Rec. 222/2021, *Tol 8.818.996*).

422 STSJ de la Región de Murcia de 3 de octubre de 2023 (Rec. 5/2022).

423 STSJ de Cantabria de 16 de julio de 2010 (Rec. 565/2010).

424 SSTSJ de la Comunidad de Madrid de 18 de marzo de 2009 (Rec. 617/2007) y 20 de marzo de 2009 (Rec. 652/2007).

425 Cfr. STSJ de Cantabria (CA) de 24 de enero de 1997 (Rec. 363/1996).

b) La segunda modalidad del procedimiento de oficio se da cuando la autoridad laboral actúa a instancias de la entidad gestora de la prestación por desempleo, que activa las sospechas sobre la posibilidad de que la decisión de la empresa pudiera tener por objeto la **obtención indebida de las prestaciones**, por inexistencia de la causa motivadora de la situación legal de desempleo. En este caso ya no se trata de demostrar la presencia de alguno de aquellos vicios en la consecución del acuerdo con los trabajadores, o en la actuación unilateral del empresario, sino de acreditar que no concurren las causas invocadas por la empresa para instrumentalizar la suspensión contractual o reducción temporal de jornada que genera las consiguientes prestaciones de desempleo a favor de los trabajadores afectados y a cargo del SEPE. La autoridad laboral podrá impugnar la decisión empresarial cuando la entidad gestora de la prestación por desempleo informe que aquélla puede tener por objeto la obtención indebida de las prestaciones por parte de los trabajadores [art. 148.1.b) LJS], por inexistencia de la causa motivadora de la situación legal de desempleo. Por ejemplo, cuando incluya a trabajadores que de hecho trabajan a jornada completa en el régimen de desempleo parcial; se reduzca al 50% la jornada del mismo trabajador afectado en un primer expediente, por segunda vez durante un periodo de seis meses, mientras la empresa ha incrementado su plantilla entre uno y otro expediente para incorporar en nómina al hijo del empresario; o se haga coincidir la suspensión de los contratos con las vacaciones de los afectados a no ser que el recurso a la medida conservadora se justifique en causas económicas[426]. En estos supuestos concurre una importante particularidad cual es la circunstancia de que la autoridad laboral no puede interponer la demanda de oficio si no ha sido previamente requerida a tal efecto por el SEPE[427]. La autoridad laboral demandante está obligada a probar que es injustificada la suspensión contractual o la reducción de jornada

---

[426] STS de 19 de septiembre de 2017 (Recud. 5/2017); y STSJ de las Islas Canarias de 22 de abril de 2014 (Rec. 28/2013).

[427] STS de 19 de septiembre de 2017 (Recud. 5/2017).

aplicada por la empresa —con o sin acuerdo—, y que no puede considerarse amparada esa medida en lo dispuesto en el art. 47 del ET[428].

2.º) Si la autoridad laboral estima que el acuerdo de consultas o la decisión empresarial de despido colectivo, suspensión contractual o reducción de jornada adolecen de los vicios indicados podrá recurrirlos ante la autoridad judicial para que declare su nulidad [arts. 47.3 ET y 148.b) LJS]. Y, aunque la Ley no establece un plazo para presentar la comunicación iniciadora del procedimiento de oficio, parece evidente que la autoridad laboral está sujeta al **plazo de caducidad de 20 días**, fijándose el día inicial del cómputo del plazo desde que se emite el informe por la ITSS o, en su defecto, haya finalizado el plazo para su emisión —pero con la relevante particularidad de que ese plazo de 15 días que tiene la Inspección comenzará a correr, como dice el art. 11.2 del RPDC *«desde la notificación a la autoridad laboral de la finalización del periodo de consultas»*—[429], o desde que la autoridad laboral recibe la petición del SEPE para que presente la demanda de oficio[430], en función de que la autoridad laboral actúe de oficio o a petición de la entidad gestora de las prestaciones por desempleo. Por lo demás, siguiendo la máxima de que el *dies a quo* solo puede fijarse en el momento en que quien ejercita la acción pudo ejercitarla habrá de exigirse también que quien, como en el caso del SEPE, es el único facultado para excitar ese ejercicio de la acción haga uso de tal facultad dentro de idéntico plazo, contado a partir del momen-

---

428 STS de 19 de septiembre de 2017 (Recud. 5/2017); y SAN de 18 de marzo de 2024 (Rec. 5/2024).

429 Por todas, las SSTS de 26 de septiembre de 2017 (Recud. 80/2017), 22 de noviembre de 2017 (Rec. 19/2017), 3 de abril de 2018 (Recud. 103/2017), 10 de abril de 2018 (Recud. 104/2017), 29 de enero de 2019 (Rec. 26/2018) y 21 de enero de 2021 (Rec. 118/2020).

430 SSTS de 21 de junio de 2017 (Rec. 153/2016), 22 de junio de 2017 (Recud. 3/2017), 23 de junio de 2017 (Rec. 271/2016), 19 de septiembre de 2017 (Recud. 5/2017), 27 de junio de 2018 (Rec. 142/2017) y 4 de julio de 2018 (Recud. 143/2017).

to en que pudo hacerlo. Ello significa que el SEPE dispone de 20 días desde que pudo poner en marcha su potestad de informe, por poseer los elementos necesarios para el conocimiento de la situación de la que extrae su sospecha[431]. En fin, es a partir de esos momentos desde los que ha de computarse el plazo de 20 días para la caducidad, pero utilizando los plazos procesales previstos en el art. 182.1 de la Ley Orgánica 6/1985, de 1 de julio, del Poder Judicial (LOPJ), con exclusión por tanto de los sábados y domingos, los días de fiesta nacional y los festivos a efectos laborales en la respectiva Comunidad Autónoma o localidad, pudiendo presentarse la demanda hasta las quince horas del día hábil siguiente al del vencimiento del plazo de caducidad (art. 45.1 LJS)[432]. En fin, al tratarse de caducidad —contrariamente a la prescripción— las excepcionales causas de exclusión de cómputo no determinan la interrupción del plazo durante las mismas y su posterior reinicio —partiendo nuevamente de cero—, sino la simple suspensión del plazo y su posterior reanudación en los términos en que ya se hallase consumido[433].

3.º) La **competencia** en la instancia corresponde a las Salas de lo Social de los Tribunales Superiores de Justicia o de la Audiencia Nacional, en función del ámbito de aplicación del acuerdo de consultas objeto de impugnación (arts. 7 y 8 LJS).

4.º) El procedimiento de oficio no precisa de actos previos, estando **exento de la conciliación o mediación previas** (art. 64.1 LJS).

5.º) Como **demanda de oficio** sirve el acuerdo de la autoridad laboral competente que deberá consignar *«las personas contra las que se dirige y la concreta condena que se pida frente a ellas según el contenido de la pretensión, los hechos que resulten imprescindibles para resolver las cuestiones planteadas»* (art. 149.1 LJS). Asimismo, habrán

---

431 SSTS de 23 de junio de 2017 (Rec. 271/2016), 19 de septiembre de 2017 (Recud. 5/2017), 27 de junio de 2018 (Rec. 142/2017) y 4 de julio de 2018 (Recud. 143/2017).

432 STS de 29 de enero de 2019 (Rec. 26/2018).

433 STS de 22 de noviembre de 2017 (Rec. 19/2017).

de figurar *«el acuerdo de suspensión, reducción de jornada o extinción impugnado y la causa invocada, junto con la identificación de las partes que intervinieron en el mismo, precisando la concreta pretensión declarativa o de condena que se pide del órgano jurisdiccional,* {...} *así como de los datos identificativos de los trabajadores afectados y sus domicilios»* (art. 149.1 LJS). La súplica habrá de adecuarse a la modalidad específica del procedimiento de oficio iniciado y al contenido de la pretensión ejercitada, esto es, la nulidad del acuerdo de consultas o de la decisión empresarial de suspensión contractual, reducción de jornada o despido colectivo. El secretario judicial *«examinará la demanda, al efecto de comprobar si reúne todos los requisitos exigidos, advirtiendo a la autoridad laboral, en su caso, los defectos u omisiones de que adolezca a fin de que sean subsanados en el término de diez días»* (art. 150.1 LJS). Realizada la subsanación, admitirá la demanda; de lo contrario, dará cuenta al tribunal para que por el mismo se resuelva sobre la admisión de esta (art. 150.1 LJS).

6.º) Dada la especial forma de inicio del proceso, no cabe una **acumulación de acciones**, ya que la Administración no está legitimada para plantear otras cuestiones distintas de las expresamente contempladas en el art. 148 de la Ley procesal. Ahora bien, si hay demandas individuales de los trabajadores en las que concurra identidad de personas y de causa de pedir con la demanda de oficio, procederá la **acumulación de autos**, aunque las demandas se tramiten en distintos juzgados o tribunales (art. 31 LJS). Las demandas individuales se acumularán a los procesos de oficio, produciéndose una fórmula peculiar de «vis atractiva» a favor de éstos últimos, que tienden a absorber en su seno las pretensiones ejercitadas individualmente por los trabajadores, lo que plantea, a su vez, la cuestión de si serán de aplicación, en tal caso, las reglas restrictivas de las facultades dispositivas previstas en el art. 150.2 de la LJS.

Y, pese a que la norma legal no aclara las relaciones entre la impugnación de oficio y la impugnación colectiva de la decisión empresarial de suspensión contractual o reducción temporal de jornada, cabe aplicar analógicamente lo dispuesto en el art. 124.7

de la LJS a propósito de los despidos colectivos por causas económicas, organizativas, técnicas o de producción. De conformidad con dicho precepto, si una vez iniciado el proceso por los representantes de los trabajadores se plantease demanda de oficio, *«se suspenderá ésta hasta la resolución de aquél»* y *«en este supuesto, la autoridad laboral estará legitimada para ser parte en el proceso incoado por los representantes de los trabajadores...»*.

7.º) En el nuevo art. 148.b) de la LJS ya no se dice que la interposición de la demanda suspenda *«el plazo para dictar resolución administrativa»*. Por ello, y teniendo en cuenta que el punto de referencia para determinar la fecha de efectos de la decisión empresarial adoptada sobre el despido colectivo, la suspensión contractual o la reducción de jornada ya no es la fecha en que se comunica por la autoridad laboral a la entidad gestora de la prestaciones por desempleo dicha decisión, sino la fecha en que ésta se comunica por el empresario a la autoridad laboral [art. 267.3.a) LGSS], cabe entender que la interposición de **la demanda de oficio no produce efectos suspensivos** y que, en consecuencia, la autoridad laboral debe comunicar en todo caso la decisión empresarial a la entidad gestora de la prestación por desempleo.

8.º) Si bien el dolo, la coacción y el abuso de derecho suelen proyectarse contra los derechos de los trabajadores y es de esperar que éstos mantengan una actitud activa en el correspondiente procedimiento judicial iniciado por el cauce del procedimiento de oficio, en cambio el fraude de ley puede materializarse a través de la connivencia de las dos partes implicadas en la relación laboral, y por lo tanto la actividad procesal en general y probatoria en particular no contaría con el impulso de parte implicada alguna, lo que conduciría a la falta de acreditación de los hechos denunciados, ya que el órgano judicial no puede tomar la iniciativa investigadora, supliendo a las partes litigantes. Es la autoridad laboral la que denuncia un posible fraude de ley frente a la dirección de la empresa y los representantes legales de los trabajadores, y resulta necesaria la presencia de aquella autoridad como parte a fin de que acredite los hechos en que basa la denuncia. Pero incluso en los supuestos de dolo, coacción o abuso de derecho, cabe apreciar el indudable interés de la autoridad laboral en intervenir en el procedimiento defendiendo la legalidad. Es por ello por lo que la **autoridad laboral** es **parte en el proceso**, de suerte que puede aportar pruebas por propia iniciativa, intervenir y sostener la acción cuando los trabajadores no comparecen a pesar de estar debidamente citados y recurrir la sentencia o impugnar el recurso interpuesto contra la misma[434].

9.º) Al igual que sucede con el proceso de impugnación de los convenios colectivos, estarán **pasivamente legitimadas** las partes firmantes del acuerdo de consultas y en el acto del juicio deberán alegar, en primer término, la postura procesal, de conformidad u oposición, que adopten respecto de la pretensión procesal interpuesta. De este modo, los firmantes del acuerdo tendrán la consideración de parte y, salvadas las limitaciones relativas al desistimiento y conciliación, ostentarán todos los derechos inherentes a dicha condición (proposición de prueba, interposición de recursos, etc.). De impugnase la decisión empresarial, la legitimación pasiva corresponderá al empresario.

10.º) De conformidad con el art. 149.2 de la LJS, siempre que la demanda afecte a más de diez trabajadores, el secretario judicial *«les requerirá para que designen representantes en la forma prevista en el artículo 19»*. Además, el art. 150.2.a) de la norma procesal establece que *«el procedimiento se seguirá de oficio, aun sin asistencia de los trabajadores perjudicados, a los que se emplazará al efecto y una vez comparecidos tendrán la consideración de parte, si bien no podrán desistir ni solicitar la suspensión del proceso»*, lo que significa, sin lugar a duda, que los trabajadores deben ser llamados a la *litis*. En efecto, cuando el proceso se inicia de oficio como consecuencia de los acuerdos de la autoridad laboral competente, al apreciarse dolo, coacción o abuso de derecho en la conclusión de los acuerdos

---

[434] STSJ del País Vasco de 18 de septiembre de 2001 (Rec. 1511/2001). En sentido contrario, el ATSJ de La Rioja de 22 de octubre de 1992 (Rec. 192/1992).

de reducción de jornada o de suspensión o extinción o fraude al sistema de protección por desempleo en la decisión extintiva o suspensiva de la empresa, resulta que los trabajadores son los afectados, los reales titulares de la pretensión procesal, en el sentido de que pueden verse perjudicados por la medida de reducción de jornada o de suspensión o extinción. Supuestos en los cuales, también puede apreciarse la existencia de un interés público, razón por la cual la ley autoriza la actuación de la autoridad laboral. Pero incluso en estos supuestos los **trabajadores** han de tener un protagonismo especial, esto es, **deben ser tratados como parte**, aunque con notable recorte de sus facultades dispositivas, al disponerse que el proceso siga sin su asistencia y que no puedan ni desistir ni solicitar la suspensión del proceso[435]. En cambio, la cualidad de parte les confiere legitimación plena para interponer los recursos pertinentes frente a la sentencia recaída en la instancia, con absoluta independencia del posible aquietamiento que la autoridad laboral puede adoptar frente al criterio que el Tribunal Superior de Justicia adopte respecto de la demanda de oficio (*ex* art. 13.3 LEC), pero siempre en el marco de las limitadas causas de impugnación del acuerdo empresa/representación legal de los trabajadores que fijan los arts. 47.3 del ET y 148.b) de la LJS[436].

11.º) De conformidad con lo dispuesto en el art. 150.2.d) de la LJS, *«las afirmaciones de hechos que se contengan en la resolución o comunicación base del proceso harán fe salvo prueba en contrario, incumbiendo toda la carga de la prueba a la parte demandada»*. De esta manera, se establece una presunción de certeza «iuris tantum» a favor de las afirmaciones de hecho que se contengan en la resolución o comunicación iniciadora del procedimiento, más sólo de las que tengan tal carácter[437]. Además, una cosa es la carga de la prueba que sobre los hechos que contenga la resolución que provoque el

---

[435] SSTSJ del País Vasco de 10 de julio de 2011 (Rec. 1292/2001) y de las Islas Baleares de 21 de septiembre de 2001 (Rec. 359/2001).

[436] SSTS de 17 de marzo de 2016 (Rec. 178/2015) y 14 de noviembre de 2024 (Rec. 151/2024, *Tol 10.273.204*).

[437] STSJ de Castilla y León de 20 de noviembre de 2000 (Rec. 2114/2000).

proceso de oficio incumba a la empresa demandada, y otra muy distinta que quien alega fraude de ley y abuso de derecho en la actuación de otro y estima que ello le perjudica deba justificar y probar los presupuestos que permitan apreciarlo, dado que nunca se presumen[438].

12.º) Es conforme a Derecho el pronunciamiento contenido en la sentencia que declare la nulidad de la suspensión temporal de contratos, referente al derecho de los trabajadores afectados a ser repuestos en sus anteriores condiciones de trabajo y al abono de los daños y perjuicios que la decisión empresarial les hubiera podido ocasionar durante el tiempo en que ha producido efectos, si en la misma constan con claridad los trabajadores afectados y se delimita el período de tiempo a que se contraerán los salarios dejados de percibir que coinciden con el período suspensivo anulado[439].

13.º) Las sentencias que se dicten en estos procesos, de prosperar la pretensión procesal, *«habrán de ejecutarse siempre de oficio»* [art. 150.2.e) LJS], esto es, sin necesidad de que se solicite por los trabajadores perjudicados.

2. La impugnación individual

Los trabajadores podrán impugnar la decisión empresarial ante la jurisdicción social a título individual a través de la modalidad procesal de movilidad geográfica, modificaciones sustanciales de condiciones de trabajo, suspensión del contrato y reducción de jornada por causas económicas, técnicas, organizativas o de

---

438 STS (CA) de 14 de febrero de 2007 (Rec. 5809/2004); y SSTSJ de Castilla y León de 20 de noviembre de 2000 (Rec. 2114/2000) y 18 de junio de 2003 (Rec. 578/2003). Cfr. STCT de 24 de febrero de 1987 (RTCT/3955); SSTSJ de Aragón de 10 de febrero de 1993 (AS/588) y de Cataluña de 12 de diciembre de 2003 (Rec. 2168/2002) y 5 de mayo de 2005 (Rec. 2390/2004).

439 STS de 26 de julio de 2022 (Rec. 67/2022, *Tol 9.156.397*).

producción o derivadas de fuerza mayor, aunque no se haya seguido el procedimiento del art. 47 del ET o se invoque lesión de derechos fundamentales y libertades públicas (arts. 47.3 ET y 138 y 184 LJS) y colectivamente a través del procedimiento de conflicto colectivo, siempre y cuando en este último supuesto la decisión empresarial afecte a un número de trabajadores igual o superior a los umbrales previstos en el apdo. 1.º del art. 51 del ET (arts. 47.3 ET y 153.1 LJS)[440].

La demanda individual *«deberá presentarse en el plazo de caducidad de los veinte días hábiles siguientes a la notificación por escrito de la decisión a los trabajadores o a sus representantes, conforme a lo dispuesto en el apartado 4 del artículo 59 del Estatuto de los Trabajadores, plazo que no comenzará a computarse hasta que tenga lugar dicha notificación, sin perjuicio de la prescripción en todo caso de las acciones derivadas por el transcurso del plazo previsto en el apartado 2 del artículo 59 del Estatuto de los Trabajadores»* (art. 138.1 LJS). De esta forma, la acción está sujeta al **plazo de caducidad** de 20 días hábiles a contar a partir de la notificación por escrito de la decisión a los trabajadores[441], pero tal plazo de caducidad sólo se aplica si se trata de suspensiones contractuales o reducciones temporales de jornada formalmente adoptadas como tales, esto es, cumpliendo los requisitos formales

---

440 Es el trabajador, individualmente considerado, quien es titular de la acción para impugnar la decisión de suspensión de su contrato de trabajo, mientras que la representación de los trabajadores solo está legitimada para impugnar, por su propia decisión, la medida de suspensión (en su dimensión colectiva) cuando el número de trabajadores afectados sea igual o superior a los umbrales previstos en el apdo. 1.º del art. 51 del ET, pues es en ese caso cuando se podrá reclamar en conflicto colectivo, de manera que en umbrales inferiores a los indicados, aunque haya un grupo de trabajadores afectados, no cabe, por ejemplo, impugnar la implementación fraudulenta del ERTE [STSJ de La Rioja de 29 de julio de 2024 (Rec. 109/2024)].

441 Cfr. STSJ de la Comunidad de Madrid de 24 de septiembre de 2021 (Rec. 605/2021). Los días del mes de agosto y los días que median entre el 24 de diciembre y el 6 de enero del año siguiente, ambos inclusive, serán hábiles en esta modalidad procesal (art. 43.4 LJS).

del art. 47.3 del ET. En caso contrario, se aplicará el plazo general de prescripción de un año. Además, no puede entenderse caducada la acción cuando la empresa se limita a comunicar dicha notificación en el tablón de anuncios o a remitir una simple nota en un correo electrónico dirigido a toda la plantilla en su conjunto, sin constar la existencia de una notificación fehaciente ni a los trabajadores ni a sus representantes[442].

Estos procedimientos están **excluidos del trámite de la conciliación previa** (art. 64.1 LJS).

Cuando el objeto del debate *«verse sobre preferencias atribuidas a determinados* ***trabajadores, éstos también deberán ser demandados»*** (art. 138.2 LJS). Redacción de la norma defectuosa, ya que literalmente parece indicar que hay que demandar a los trabajadores con preferencias, cuando en realidad a quien hay que llamar al litigio es al que saldría en lugar del que demanda por razón de su preferencia. Igualmente deberán ser demandados los representantes de los trabajadores cuando, tratándose de traslados, modificaciones, suspensiones o reducciones de carácter colectivo, la medida cuente con la conformidad de aquéllos (art. 138.2 LJS).

El trabajador puede, a través de su demanda individual, cuestionar la concurrencia y/o suficiencia de las causas justificativas del ERTE, el cumplimiento de las normas procedimentales en la tramitación de este, la licitud de las preferencias fijadas convencionalmente y/o de los criterios de selección de los trabajadores afectados en los ERTEs parciales, etc. No obstante, habida cuenta la presunción «iuris tantum» de validez del acuerdo de consultas que establece el art. 47.3 del ET, los trabajadores que ven suspendido su contrato o reducida su jornada de trabajo a resultas de un ERTE acordado, sólo pueden impugnar la decisión adoptada por la empresa en base a la inexistencia de las causas justificativas de la medida empresarial, negando la validez del referido acuer-

---

442 STS de 21 de mayo de 2013 (Rec. 53/2012); y STSJ de Navarra de 28 de noviembre de 2022 (Rec. 384/2022).

do por los motivos indicados en dicho precepto (fraude, dolo, coacción o abuso de derecho en su conclusión)[443], no pudiendo cuestionar la concurrencia o suficiencia de las causas al margen de esa vía[444]. Además, dichos vicios no se presumen y su acreditación corresponde a quienes los alegan, sin que la existencia de indicios pueda ser suficiente para entenderlos probados[445]. Asimismo, a través de este proceso podrán ventilarse las cuestiones relativas al incumplimiento de las prioridades de permanencia a favor de determinados trabajadores o de los criterios de selección de los trabajadores afectados o a su aplicación discriminatoria, abusiva o fraudulenta, o a las mejoras voluntarias que les correspondan percibir.

El órgano jurisdiccional podrá recabar informe urgente de la ITSS, remitiéndole copia de la demanda y documentos que la acompañen (art. 138.3 LJS). El informe versará sobre los hechos invocados como justificativos de la decisión empresarial en relación con la modificación acordada y demás circunstancias concurrentes.

El procedimiento será **urgente** y se le dará tramitación **preferente** (art. 138.5 LJS). El acto de la vista habrá de señalarse dentro de los cinco días siguientes al de la admisión de la demanda, de no haberse recabado el informe de la ITSS (art. 138.5 LJS).

La **sentencia** deberá ser dictada en el plazo de cinco días y será inmediatamente ejecutiva (art. 138.6 LJS).

La sentencia puede declarar la medida justificada, injustificada o nula (art. 138.7 LJS). La sentencia declarará *«justificada o injustificada la decisión empresarial, según hayan quedado acreditadas o no, res-*

---

443 Se aprecia la existencia de dolo, por ejemplo, cuando el acuerdo de consultas se forma sobre la base de unos resultados contables que no son los reales [STSJ de Extremadura de 4 de febrero de 2014 (Rec. 515/2013)].

444 STSJ de Asturias de 22 de junio de 2021 (Rec. 1115/2021); y SJS núm. 4 de Santander de 28 de noviembre de 2013 (Proc. 492/2013).

445 STSJ de Asturias de 22 de junio de 2021 (Rec. 1115/2021).

pecto de los trabajadores afectados, las razones invocadas por la empresa» (art. 138.7 LJS). Y declarará nula la decisión empresarial cuando haya sido *«adoptada en fraude de Ley, eludiendo las normas relativas al periodo de consultas establecido en los artículos 40.2, 41.4 y 47 del Estatuto de los Trabajadores, así como cuando tenga como móvil alguna de las causas de discriminación previstas en la Constitución y en la Ley, o se produzca con violación de derechos fundamentales y libertades públicas del trabajador, incluidos, en su caso, los demás supuestos que comportan la declaración de nulidad del despido en el apartado 2 del artículo 108»* (art. 138.7 LJS).

En definitiva, la sentencia puede declarar la medida empresarial **justificada**, **injustificada** o **nula**:

— La primera calificación conviene cuando la suspensión contractual o reducción temporal de la jornada es regular desde la perspectiva causal, tanto genérica como específica, y formal, en cuyo caso la decisión empresarial se consolida (art. 138.7 LJS).

— Procede declarar injustificada la decisión empresarial en caso de que no queden acreditadas *«respecto de los trabajadores afectados, las razones invocadas por la empresa»* (el subrayado es mío) (art. 138.7 LJS). Por consiguiente, en los ERTEs parciales la expresión *«razones»* no debe entenderse referida únicamente a las causas económicas, técnicas, organizativas o de producción, invocadas por el empresario para proceder a la medida de ajuste temporal, sino también a las razones por las que el demandante ha sido uno de los trabajadores afectados. En efecto, por «razón» se entiende, según la RAE, el «motivo o causa» de obrar. Y en los ERTEs parciales, la causa es doble. Por un lado, la concurrencia de las causas económicas, técnicas, organizativas o de producción determinantes del acuerdo de consultas o, en su defecto, de la decisión final del empresario. Por otro lado, la confluencia en los trabajadores afectados de los criterios de designación predeterminados por el acuerdo de consultas o la decisión final del empresario.

En estos casos, la sentencia *«reconocerá el derecho del trabajador a ser repuesto en sus anteriores condiciones de trabajo, así como al abono de los daños y perjuicios que la decisión empresarial hubiera podido ocasionar durante el tiempo en que ha producido efectos»* (art. 138.7 LJS). Es decir, la sentencia reconocerá el derecho del trabajador a ser repuesto en sus anteriores condiciones de trabajo (esto es, con contrato en activo y con jornada completa o igual a la anteriormente disfrutada) y al abono de los salarios dejados de percibir hasta la reanudación del contrato o reinstauración de la jornada de trabajo o, en su caso, al abono de las diferencias que procedan respecto del importe recibido en concepto de prestaciones por desempleo durante el periodo de suspensión, sin perjuicio del reintegro que proceda realizar por el empresario del importe de dichas prestaciones a la entidad gestora del pago de las mismas, así como del ingreso de las diferencias de cotización a la Seguridad Social (art. 47.3 ET)[446].

Cuando el empresario no procediere a reintegrar al trabajador en sus anteriores condiciones de trabajo o lo hiciere de modo irregular, éste *«podrá solicitar la ejecución del fallo ante el Juzgado de lo Social y la extinción del contrato por causa de lo previsto en la letra c) del apartado 1 del artículo 50 del Estatuto de los Trabajadores, conforme a lo establecido en los artículos 279, 280 y 281»* (art. 138.8 LJS). Es decir, podrá solicitar la ejecución del fallo y, si el empresario persiste en incumplir la sentencia, la extinción de su contrato de trabajo con la indemnización del despido improcedente, conforme al incidente de no readmisión previsto en los arts. 279, 280 y 281 de la LJS[447].

— En fin, se declarará nula la decisión adoptada en fraude de ley, eludiendo las normas relativas al periodo de consultas establecido en el art. 47 del ET, así como cuando

446 STS de 8 de noviembre de 2016 (Rec. 266/2015).

447 CAVAS MARTÍNEZ, F. y BLASCO JOVER, C., *Modificación sustancial...*, cit., pág. 98.

tenga como móvil alguna de las causas de discriminación previstas en la Constitución y en la Ley, o se produzca con violación de los derechos fundamentales y libertades públicas del trabajador, incluidos, en su caso, los derechos de conciliación de la vida personal y familiar y de protección contra la violencia de género o de violencia sexual (arts. 108.2 y 138.7 LJS y 55.5 ET)[448]. En estos casos, el trabaja-

[448] Cfr. la STS de 8 de noviembre de 2016 (Rec. 266/2015). Al formar parte la empresa que inicia el procedimiento de un grupo de empresas mercantil, es necesario que, en el período de consultas, aporte las cuentas consolidadas del grupo, o las de cada una de las empresas del grupo si no hubiese obligación de tal consolidación y no solo las de la que lleva a cabo el ERTE, so pena de nulidad de la medida de ajuste temporal de acuerdo con el art. 138.7 de la LJS [SSTS de 24 de junio de 2014 (Rec. 235/2013) y 19 de julio de 2017 (Rec. 14/2017)]. El despido sería nulo si estuviera basado exclusivamente en causas económicas, toda vez que la empresa no ha aportado la documentación perteneciente al resto de sociedades con las que forma un grupo, sin embargo, la acreditación de causas productivas, deja incólume el carácter ajustado a Derecho del despido enjuiciado [STS de 25 de septiembre de 2018 (Rec. 43/2018)]. La STS de 18 de julio de 2024 (Rec. 235/2022, *Tol 10.179.360*) confirma la nulidad del ERTE promovido por la empresa al no justificar los criterios objetivos de afectación de sus trabajadores. En fin, no consta que CC.OO. conociera la iniciación del período de consultas y no se constituyó conforme a derecho la comisión negociadora, lo que acarrea la nulidad de todo el período de consultas [STSJ de Canarias de 26 de julio de 2022 (Rec. 2/2022)].
Por lo demás, el precepto en cuestión, excepto a la inobservancia de las normas relativas al periodo de consultas, no anuda ninguna consecuencia jurídica a los restantes incumplimientos de requisitos de forma legalmente exigidos para la adopción de las medidas de dimensión colectiva. Por ello, ni la falta de desarrollo de acciones formativas para los trabajadores afectados ni la omisión de la comunicación a la autoridad laboral y a los representantes de los trabajadores sobre la afectación concreta de cada trabajador comportan la declaración de nulidad del ERTE [STSJ del País Vasco de 26 de marzo de 2024 (Rec. 419/2024)]. Y, si en la comunicación remitida a los representantes de los trabajadores tras la finalización del periodo de consultas sin acuerdo, adjuntando el contenido del acta, se omite la concreta programación de los días en que los

dor puede optar entre la resolución del contrato en los términos que se acaban de exponer y obtener el efectivo cumplimiento de la sentencia de reposición en las anteriores condiciones mediante el recurso de ejecución del despido nulo (art. 138.9 LJS).

Contra la sentencia no procederá ulterior recurso, salvo en las suspensiones y reducciones de jornada que afecten a un número de trabajadores igual o superior a los umbrales previstos en el art. 51.1 del ET [arts. 138.6 y 191.2.e) LJS][449].

Por último, debe señalarse que la incompatibilidad de las prestaciones por desempleo con el trabajo por cuenta ajena que fija el art. 282 de la LGSS no afecta únicamente al trabajo en sí mismo, sino también a los salarios derivados del mismo. Por consiguiente, si una vez abonadas las prestaciones por desempleo a partir de la suspensión contractual o reducción temporal de la jornada, dicha medida se declara injustificada o nula —lo que comporta el derecho del trabajador a los salarios dejados de percibir con cargo a la empresa—, debe evitarse una doble percepción. Y ante la anterior indeterminación normativa sobre este particular, cabría aplicar por analogía lo previsto en las letras a), b) y c) del art. 268.5 de la LGSS a propósito de los salarios de tramitación.

De conformidad con lo dispuesto en las referidas reglas, habría que distinguir dos situaciones distintas, a saber:

---

trabajadores se verán afectados por la suspensión del contrato, la medida debe ser declarada injustificada [SJS núm. 1 de Palencia de 14 de agosto de 2020 (Proc. 257/2020)]. El supuesto incumplimiento de un trámite previo a la suspensión previsto en el convenio colectivo tampoco justifica la nulidad de la medida, sino que, en todo caso, podría servir para cuestionar la proporcionalidad de la medida si es que el empleador podría haber optado por otras medidas menos lesivas para los derechos de los trabajadores [SAN de 26 de enero de 2022 (Rec. 252/2021)].

449 SSTSJ de Castilla y León de 30 de abril de 2021 (Rec. 1682/2020) y de Asturias de 14 de septiembre de 2021 (Rec. 1625/2021).

a) Cuando la decisión empresarial sea declarada injustificada o nula y el trabajador viniera percibiendo prestaciones por desempleo, dejará de percibirlas y éstas se considerarán indebidas [letra b)]. El SEPE cesará en el abono de las prestaciones por desempleo y reclamará a la TGSS las cotizaciones efectuadas durante la percepción de dichas prestaciones. Por su parte, el empresario ha de ingresar en el SEPE las cantidades que en concepto de prestaciones por desempleo hubiera percibido el trabajador, deduciéndolas de los salarios dejados de percibir, con el límite de la suma de tales salarios.

b) Cuando el empresario no procediere a reintegrar al trabajador en sus anteriores condiciones de trabajo o lo hiciera de modo irregular, y exista un incidente de no readmisión que dé lugar a la extinción de la relación laboral, de aplicarse las reglas a) y c) del art. 268.5 de la LGSS, el trabajador habrá percibido prestaciones por desempleo indebidas, siendo él el responsable de la devolución, pese a que éstas se hayan devengado por causa que no le es imputable, pues realmente el hecho causante de la prestación por desempleo nace a partir de la declaración extintiva de la relación laboral.

Sin embargo, el art. 47.3 del ET determina que cuando la decisión empresarial se estime injustificada «*la sentencia declarará la inmediata reanudación del contrato de trabajo y condenará a la empresa al pago de los salarios dejados de percibir por la persona trabajadora hasta la fecha de la reanudación del contrato o, en su caso, al abono de las diferencias que procedan respecto del importe recibido en concepto de prestaciones por desempleo durante el periodo de suspensión, sin perjuicio del reintegro que proceda realizar por el empresario del importe de dichas prestaciones a la entidad gestora del pago de las mismas, así como del ingreso de las diferencias de cotización a la Seguridad Social*». Por lo tanto, el SEPE debe recuperar lo abonado y la norma legal impone a la empresa el deber de ingresar la prestación descontándola de los salarios, de suerte que, únicamente en el caso de que las prestaciones superen el importe de tales salarios, se impondrá al trabajador la obligación de devolver las diferencias[450].

Por último, debe significarse que la norma legal debería determinar los efectos procesales que una eventual sentencia estimatoria de una demanda individual pueda tener sobre la decisión empresarial en su conjunto.

3. La impugnación colectiva

La demanda colectiva procede cuando la decisión empresarial afecte a un **número de trabajadores igual o superior a los umbrales previstos en el art. 51.1 del ET** (arts. 47.3 ET y 153.1 LJS)[451]. Aunque todas las decisiones empresariales de suspensión contractual o reducción temporal de jornada se sujetan al procedimiento de modificación colectiva, la demanda de conflicto colectivo sólo podrá interponerse cuando aquéllas afecten a un número determinado de trabajadores que supere los umbrales de los que depende lo colectivo en las normas laborales. De todas formas, no parece que la norma esté en condiciones de impedir a los representantes legales de los trabajadores acudir al proceso de conflicto colectivo con el fin de impugnar las decisiones empresariales de suspensión contractual o reducción temporal de jornada adoptadas sin seguir el procedimiento establecido en el art. 47.3 del ET, aunque los trabajadores afectados no superen el umbral numérico o porcentual que prevé el art. 51.1 del ET[452].

---

450 STSJ de la Comunidad Valenciana de 25 de marzo de 2021 (Rec. 2776/2020).

451 Por otra parte, como subraya la STS de 7 de octubre de 2015 (Rec. 247/2014), el proceso judicial de conflicto colectivo no resulta adecuado a fin de determinar cómo ha de calcularse la cantidad reintegrable a cada trabajador como consecuencia de haberse anulado un ERTE de reducción de jornada, al resultar imprescindible atender a las características de la jornada de cada uno de los trabajadores afectados.

452 Por otra parte, en virtud del denominado «principio de correspondencia», cuando se insta la impugnación de un ERTE en representación de

El **plazo de caducidad** de veinte días hábiles para la impugnación colectiva de la suspensión de contratos o reducción temporal de la jornada se inicia en la fecha del acuerdo alcanzado en el período de consultas en cuya conclusión estuvo presente la parte actora[453] y, en su defecto, en la fecha en que la empresa notifica formalmente su decisión a los representantes de los trabajadores[454].

Se **exceptúan del requisito del intento de conciliación prejudicial** los procesos que versen sobre suspensión del contrato y reducción de jornada por causas económicas, técnicas, organizativas o de producción o derivadas de fuerza mayor (art. 64.1 LJS)[455].

Cuando el periodo de consultas finalice con acuerdo *«se presumirá que concurren las causas justificativas a que alude el apartado 1 y solo podrá ser impugnado ante la jurisdicción social por la existencia de fraude, dolo, coacción o abuso de derecho en su conclusión»* (art. 47.3 del ET). Se establece, de este modo, una presunción «iuris tantum» de validez del acuerdo, que alcanza a las causas cuya realidad y suficiencia han sido constatadas por los interlocutores sociales, que sólo puede ser destruida, en sede judicial, aportando elementos de prueba que pongan de manifiesto la concurrencia de alguno de los vicios anteriormente señalados. Por consiguiente, solo acreditando la concurrencia en la conclusión del acuerdo de las anomalías que el legislador menciona puede el demandante conseguir que el órgano judicial (sea de instancia, sea de segundo grado) reconsidere la concurrencia de la causa[456].

---

los trabajadores, la representación que se exige en el proceso es la que corresponde a los trabajadores afectados por el mismo [SSTS de 14 de octubre de 2015 (Rec. 336/2014) y 27 de abril de 2017 (Rec. 95/2016)].

453 STS de 16 de septiembre de 2015 (Rec. 139/2014).

454 STS de 15 de septiembre de 2014 (Rec. 290/2013). Los días del mes de agosto y los días que median entre el 24 de diciembre y el 6 de enero del año siguiente, ambos inclusive, serán hábiles en esta modalidad procesal (art. 43.4 LJS).

455 Cfr. la STS de 3 de diciembre de 2019 (Rec. 141/2018).

456 SSTS de 15 de septiembre de 2014 (Rec. 290/2013), 1 de octubre de 2014 (Rec. 214/2013), 18 de noviembre de 2015 (Rec. 19/2015), 17 de

Si una vez iniciado el **proceso individual** se plantease demanda de conflicto colectivo contra la decisión empresarial, aquel proceso se **suspenderá hasta la resolución de la demanda de conflicto colectivo**, que una vez firme tendrá eficacia de cosa juzgada sobre el proceso individual en los términos del art. 160.3 de la LJS (arts. 47.3 ET y 138.4 LJS). Y así, la sentencia colectiva, de ser estimatoria de una pretensión de condena susceptible de ejecución individual, deberá contener, en su caso, la concreción de los datos, características y requisitos precisos para una posterior individualización de los afectados por el objeto del conflicto y beneficiados por la condena y especificar la repercusión directa sobre los mismos del pronunciamiento dictado, y, en su caso, la declaración de que la condena ha de surtir efectos procesales no limitados a quienes hayan sido partes en el proceso correspondiente. No obstante, el acuerdo entre el empresario y los representantes legales de los trabajadores que pudiera recaer una vez iniciado el proceso no interrumpirá la continuación del procedimiento (art. 138.4 LJS).

Pese a que el legislador no aclara las relaciones entre la impugnación de oficio y la impugnación colectiva de la decisión empresarial de suspensión contractual o reducción temporal de jornada, cabe aplicar analógicamente lo dispuesto en el art. 124.7 de la LJS a propósito de los despidos colectivos por causas económicas, organizativas, técnicas o de producción. De conformidad con dicho precepto, si una vez iniciado el proceso por los representantes de los trabajadores se plantease demanda de oficio, *«se suspenderá ésta hasta la resolución de aquél»*, *«en este supuesto, la autoridad laboral estará legitimada para ser parte en el proceso incoado por los representantes de los trabajadores...»* y *«la sentencia, una vez firme, tendrá eficacia de cosa juzgada sobre el proceso de oficio pendiente de resolución»*.

---

mayo de 2017 (Rec. 221/2016), 23 de junio de 2022 (Rec. 216/2021, *Tol 9.114.127*) y 11 de septiembre de 2024 (Rec. 232/2022, *Tol 10.206.570*); y SSAN de 18 de marzo de 2021 (Proc. 154/2020), 18 de marzo de 2021 (Proc. 171/2020) y 21 de abril de 2021 (Proc. 500/2020).

Por otra parte, la Sala de casación, al analizar medidas empresariales (modificaciones sustanciales, descuelgues, suspensiones o reducciones de jornada) vinculadas a despidos colectivos, ha interpretado que existiendo interconexión entre las diversas medidas, las mismas deben ser analizadas conjuntamente en un único procedimiento, aunque sea a través del formalmente estructurado en exclusiva para el despido colectivo en el art. 124 de la LJS, acudiendo incluso, con tal fin, a la conversión procedimental *ex* art. 102.2 de la LJS de ser factible[457].

Por último, la singularidad que ofrece el art. 247.2 de la LJS sobre las suspensiones de contratos y reducciones de jornada que superen los umbrales del art. 51 del ET, respecto de la ejecución de las sentencias de conflicto colectivo, aconsejan determinar que, como regla general, para poder recurrir las sentencias que declaren nulas este tipo de suspensiones o reducciones de jornada, condenando a la empresa al abono de los salarios dejados de percibir, es necesario consignar el importe de la condena en los términos previstos en el art. 230 de la LJS, salvo que no puedan evidenciarse con claridad los elementos básicos para determinar el alcance económico de la condena[458].

II. LA IMPUGNACIÓN DE LOS ERTES FM

Para que se produzca la suspensión contractual o la reducción temporal de la jornada por fuerza mayor se precisa la resolución de la autoridad laboral que constate la existencia de fuerza mayor y la decisión empresarial expresa y posterior a la resolución administrativa, que acuerde la reducción temporal de la jornada de trabajo o la suspensión de la relación laboral por la causa constatada por la autoridad laboral. Siendo esto así, hay que distinguir entre

---

457 SSTS de 16 de noviembre de 2015 (Rec. 256/2013) y 17 de mayo de 2017 (Rec. 221/2016).

458 Cfr. las SSTS de 9 de septiembre de 2020 (Rec. 13/2018) y 4 de mayo de 2021 (Rec. 81/2019).

la resolución administrativa que constata la causa de fuerza mayor y la decisión empresarial posterior, con **dos regímenes de impugnación diferentes**, a saber: la primera a través del procedimiento de impugnación de actos administrativos en materia laboral y de Seguridad Social *ex* arts. 151 y 152 de la LJS, y la segunda, bien de manera colectiva por el procedimiento de conflicto colectivo de los arts. 153 y siguientes de la LJS, bien de manera individual por el cauce del art. 138 de la norma adjetiva laboral[459].

1. La impugnación de la resolución de la autoridad laboral

Aunque la pretensión verse sobre la impugnación de actos de la Administración Pública sujetos a Derecho administrativo, la competencia para su conocimiento corresponde al orden social de la jurisdicción [arts. 2.n) LJS y 33.7 RPDC], y se tramitará a través de la modalidad procesal de **impugnación de actos administrativos en materia laboral** prevista en la Sección 2.ª del Capítulo VII del Título II de la LJS, ya que la impugnación de los actos administrativos en *«materia laboral»* debe tramitarse a través de esta modalidad procesal, siempre que su conocimiento no esté atribuido a otro orden jurisdiccional y no tenga una regulación especial o particular (art. 151.1 LJS).

En cuanto a las fuentes reguladoras de esta modalidad procesal, el art. 151.1 de la LJS dispone que la misma *«se regirá por los principios y reglas del proceso ordinario laboral, con las especialidades contenidas en esta Sección»* y que *«en lo no expresamente previsto serán de aplicación las normas reguladoras de la jurisdicción contencioso-administrativa, en cuanto sean compatibles con los principios del proceso social»*. Idea en la que insiste la DF 4.ª del mismo cuerpo legal, al señalar que en los supuestos de impugnación de los actos administrativos cuya competencia corresponda al orden social, *«regirá como suple-*

---

459 SSAN de 15 de junio de 2020 (Proc. 113/2020), 16 de junio de 2020 (Proc. 107/2020) y 29 de julio de 2020 (Rec. 147/2020); y SSJS núm. 1 de Salamanca de 26 de mayo de 2020 (Procs. 252/2020 y 251/2020).

toria {...} la Ley de la Jurisdicción Contencioso-Administrativa, con la necesaria adaptación a las particularidades del proceso social y en cuanto sean compatibles con sus principios».

Estarán **legitimados** para promover el proceso *«los destinatarios del acto o resolución impugnada o quienes ostenten derechos o intereses legítimos en su revocación o anulación»* (arts. 151.5 LJS y 33.7 RPD-C)[460]. El empresario podrá interponer recurso de alzada contra la resolución de la autoridad laboral que no constate fuerza mayor y, posteriormente, demanda ante los Juzgados de lo Social en caso de que no estimen el recurso de alzada[461]. Evidentemente, los representantes de los trabajadores[462] y los propios trabajadores afectados por el ERTE también tienen un interés legítimo y, por lo tanto, podrán recurrir en alzada e impugnar la resolución administrativa en los mismos términos que el empleador[463]. La

---

460 La STS de 17 de febrero de 2022 (Rec. 244/2021, *Tol 8.882.368*) reconoce la legitimación activa de ELA para impugnar la resolución administrativa de la Dirección General de Trabajo, porque se acreditó interés legítimo en el conflicto [arts. 2.2.d) LOLS y 17.2 LJS]: ELA ha acreditado un vínculo especial y concreto entre dicho sindicato y el objeto del debate en el pleito, toda vez que, además de su condición de sindicato más representativo a nivel autonómico, ha acreditado un nivel de afiliación del 2,9% de la plantilla, así como un representante unitario en el centro de Basauri, debiendo destacarse que, la empresa, con sus propios actos, ha reconocido una representatividad significativa a ELA en el ERTE que nos ocupa, toda vez que constituyó una comisión representativa a nivel de empresa, compuesta por 13 miembros, en la que se incluye un vocal de ELA, a la que se dio traslado del ERTE para la comunicación de la documentación acreditativa y todas aquellas cuestiones que se deriven del reconocimiento de la situación de fuerza mayor por parte de la Autoridad Laboral.

461 STSJ núm. 4 de Valladolid de 20 de abril de 2020 (Proc. 204/2020).

462 El art. 4.1.c) de la LPAC no exige que la representatividad de los titulares de intereses colectivos, como las organizaciones sindicales, se extienda totalmente a la totalidad de los afectados a título individual por el acto administrativo que pueda dictarse, bastando que dicha representatividad sea parcial [SAN de 22 de octubre de 2020 (Proc. 332/2020)].

463 STSJ de Andalucía de 24 de junio de 2021 (Rec. 518/2021). Según esta resolución judicial, el trabajador impugna la resolución administrativa

legitimación pasiva corresponderá a la autoridad laboral (art. 151.5 LJS).

Para poder demandar a la autoridad laboral será requisito necesario haber **agotado la vía administrativa** ante el órgano superior jerárquico del que haya dictado la resolución, de acuerdo con lo establecido en los arts. 69.1 de la LJS y 33.7 del RPDC[464]. El **plazo** para la interposición del **recurso de alzada** será de un mes a partir del día siguiente a aquel en que tenga lugar la notificación, si el acto fuera expreso (arts. 122.1 y 30.4 LPAC)[465]; si el acto no fuera expreso el beneficiario podrá interponer recurso de alzada en cualquier momento a partir del día siguiente a aquel en que se produzcan los efectos del silencio administrativo (art. 122.1 LPAC). El plazo máximo para dictar y notificar la resolución será de tres meses (art. 122.2 LPAC). En el presente caso, la vía del recurso se orienta simplemente, a determinar si el órgano jerárquicamente inferior actuó con arreglo al ordenamiento jurídico, y la demora en la resolución expresa de este da lugar a la ficción

---

que acuerda la suspensión temporal por fuerza mayor y reclama la cantidad que hubiera percibido por diferencias entre el salario y la prestación por desempleo, y estas acciones no se encuentran excluidas de poder ser acumuladas según el art. 26 de la LJS.

464 Cfr. la SAN de 22 de octubre de 2020 (Proc. 332/2020); y la STSJ de Andalucía de 24 de junio de 2021 (Rec. 518/2021). En cualquier caso, la Administración debe atenerse al mecanismo impugnatorio que dispuso en la resolución administrativa. Por consiguiente, si remitió al administrado directamente a la jurisdicción social y omitió la procedencia de interposición del recurso de alzada, no puede invocar su ilegalidad en su propio interés y en perjuicio del administrado, ya que ello vulneraría la tutela judicial efectiva, el principio de buena fe y la doctrina de los actos propios [SSTSJ de Castilla y León de 19 de octubre de 2020 (Rec. 1207/2020) y 11 diciembre de 2020 (Rec. 950/2020)].

465 Por lo demás, como subrayan la SAN de 14 de mayo de 2021 (Rec. 388/2020) y la STSJ de Castilla y León de 14 de julio de 2021 (Rec. 320/2021), de la DA 9.ª del RD-l 8/2020, se desprende con claridad que a los plazos previstos en esta disposición normativa no les afectó la suspensión de plazos administrativos prevista en la DA 3.ª del RD 463/2020.

del silencio negativo o desestimatorio, que permite la impugnación jurisdiccional del acto presunto[466]. La resolución dictada en alzada agotará la vía administrativa y podrá ser objeto de impugnación ante la jurisdicción social.

La **demanda** deberá presentarse en el **plazo de dos meses a contar desde que se deba entender agotada la vía administrativa** (arts. 69.2 y 151.7 LJS y 46.1 LJCA)[467].

El art. 151.9 de la LJS regula con cierto detenimiento las diferentes posibilidades del **fallo** de las sentencias que se dicten en esta modalidad procesal estableciendo, con carácter general, que efectuará los pronunciamientos que correspondan según las pretensiones formuladas por las partes y, en concreto, dentro de las cuatro posibilidades diferentes que establece el precepto, se refiere, en su letra d), a la posible declaración de nulidad del acto impugnado por omisión de requisitos de forma subsanables de carácter esencial que hayan generado indefensión, disponiendo que, en tales casos, podrá disponerse la nulidad del procedimiento seguido a los solos efectos de retrotraerlo al momento en que se hubiera producido[468].

De esta manera, la norma *rituaria* laboral regula los efectos de la posible nulidad del acto administrativo por omisión de requisitos de forma de carácter esencial, que hayan ocasionado indefensión. De ello se desprende que la regla general en la calificación de los efectos de las irregularidades en el cumplimiento del

---

466 SAN de 28 de mayo de 2021 (Proc. 286/2020).

467 STS de 20 de julio de 2022 (Rec. 63/2022, *Tol 9.156.363*). Además, debe tenerse en cuenta que el art. 1.1 del RD-l 16/2020, de 28 abril, de medidas procesales y organizativas para hacer frente al COVID-19 en el ámbito de la Administración de Justicia, declaró hábiles para todas las actuaciones judiciales los días 11 a 31 del mes de agosto del 2020 [STS de 20 de julio de 2022 (Rec. 63/2022, *Tol 9.156.363*)].

468 En otro orden de consideraciones, la anulación de la resolución de la autoridad laboral produce efectos desde la fecha en la que ésta se dictó [STS de 22 de septiembre de 2021 (Rec. 75/2021)].

procedimiento administrativo no es la nulidad, salvo en los casos en los que el acto se haya producido con vulneración absoluta de las reglas básicas del procedimiento [art. 47.1.e) LPAC][469]. En los demás supuestos la sanción correspondiente es la de la anulabilidad (art. 48 LPAC) y ello siempre y cuando los defectos hayan producido efectiva indefensión ya que constituye principio general contenido en el indicado precepto que el defecto de forma solo determinará la anulabilidad cuando el acto carezca de los requisitos formales indispensables para alcanzar su fin o de lugar a la indefensión de los interesados, tal como contempla expresamente el art. 151.9.d) de la LJS[470]. Por otra parte, si la resolución administrativa que deniega la reducción de jornada o suspensión de contratos por FM resulta anulada, los perjuicios que hubiera provocado al litigante deberán suscitarse iniciando su reclamación administrativa con apoyo en la sentencia que anuló el acto y de no ser atendida la pretensión incoando el correspondiente procedimiento judicial por el cauce de la LJCA, siendo incompetente el orden social para el conocimiento de la pretensión adicional de indemnización de daños y perjuicios por ser un acto administrativo[471].

---

469 Cfr. la STS de 15 de diciembre de 2021 (Rec. 179/2021).

470 En este sentido, la STS de 15 de diciembre de 2021 (Rec. 179/2021) señala que de la omisión del trámite de audiencia en los ERTEs COVID-19 por fuerza mayor, en un supuesto en el que constan las alegaciones de algunas organizaciones sindicales, no deriva directamente la indefensión de estas si se tienen en cuenta los principios y finalidad de este especialísimo procedimiento; y, sobre todo, porque la entidad que ahora denuncia tal infracción pudo alegar y rebatir lo que estimó oportuno en el correspondiente recurso de alzada, obteniendo respuesta fundada en derecho por la resolución que puso fin a la vía administrativa y que aquí se impugna. Y ha podido, también, alegar lo que a su derecho ha convenido en relación con todas las alegaciones e informes obrantes en el expediente en el procedimiento judicial que finalizó con la sentencia aquí recurrida.

471 SAN de 24 de marzo de 2021 (Rec. 474/2020).

2. *La impugnación de la decisión empresarial*

Los trabajadores y sus representantes también podrán impugnar la decisión empresarial sobre la extinción de contratos o las medidas de suspensión de contratos o reducción de jornada en los mismos términos que en los despidos colectivos (art. 33.8 RPDC)[472]. La demanda deberá ser interpuesta dentro del plazo de caducidad de 20 días hábiles, siguientes a la fecha de notificación de la decisión empresarial de reducción de jornada o suspensión de los contratos realizada de conformidad con la resolución de la administración (arts. 59.4 ET y 138.1 LJS)[473], directamente ante los órganos de la jurisdicción social, sin necesidad de cumplimentar ningún requisito preprocesal (art. 64.1 LJS)[474]. Impugnándose la decisión empresarial por los representantes de los trabajadores es adecuado el proceso de conflicto colectivo, no siendo de aplicación el art. 151 de la LJS al no ser objeto del procedimiento la impugnación de la resolución administrativa que declara constatada la existencia de fuerza mayor alegada por la empresa[475]. En estos

---

472 SJS núm. 1 de Guadalajara de 23 de junio de 2020 (Proc. 309/2020). La SAN de 10 de diciembre de 2020 (Rec. 182/2020) aprecia la excepción de falta de legitimación activa del sindicato para impugnar una decisión empresarial de suspensión de contratos por fuerza mayor relacionada con el COVID-19 porque la decisión empresarial afecta a trabajadores de la empresa demandada que prestan servicios en diversas Comunidades Autónomas, sin que por el sindicato se haya acreditado que su ámbito de actuación se extienda a la totalidad de la empresa demandada ni su implantación en la misma, no constando por otro lado, que en la fecha de presentación de la demanda contase con representantes unitarios en dicho centro de trabajo, por cuanto el preaviso del proceso electoral promovido en dicho lugar fue anulado por laudo.

473 STS de 19 de enero de 2022 (Rec. 82/2021, *Tol 8.787.400*).

474 SSAN de 22 de diciembre de 2020 (Proc. 158/2020), 16 de junio de 2020 (Rec. 107/2020), 29 de julio de 2020 (Rec. 147/2020) y 30 de diciembre de 2020 (Proc. 109/2020).

475 SSTS de 27 de abril de 2021 (Rec. 159/2020) —que, además, destaca que carece de legitimación activa el sindicato al no constar que goce de una implantación suficiente en el ámbito del conflicto, habiendo acre-

procesos, tanto en los individuales como en el colectivo, se debe respetar el contenido de la resolución administrativa autorizatoria en tanto en cuanto la misma no haya sido impugnada, anulada o se haya dictado resolución suspendiendo su ejecutividad y, de esa manera, la demanda debe ser desestimada si la decisión empresarial se ajusta a los términos autorizados por la Administración, puesto que el desacuerdo con tales términos habrá de instrumentarse mediante la impugnación de la resolución administrativa por la vía del art. 151 de la LJS. Es decir, se podrá examinar la infracción empresarial de las prevenciones convencionales sobre información, consulta y evacuación de informes por parte los representantes de los trabajadores en la aplicación del ERTE[476] o la posible desviación empresarial respecto de los términos de la resolución administrativa, pero no se podrá verificar la concurrencia, o no, de la fuerza mayor ni la tramitación del expediente administrativo ni la fecha del hecho causante de la fuerza mayor[477]. Consiguientemente, si se discrepa sobre la concurrencia

---

ditado un nivel de implantación que no se proyecta sobre los centros afectados— y 17 de febrero de 2022 (Rec. 258/2021, *Tol 8.818.781*).

476 STSJ de la Comunidad de Madrid de 30 de septiembre de 2021 (Rec. 590/2021).

477 SSTS de 17 de febrero de 2022 (Rec. 258/2021, *Tol 8.818.781*) y 21 de diciembre de 2022 (Rec. 157/2022, *Tol 9.368.336*); SSAN de 15 de junio de 2020 (Proc. 113/2020), 29 de julio de 2020 (Rec. 147/2020), 3 de diciembre de 2020 (Proc. 131/2020) y 22 de diciembre de 2020 (Proc. 158/2020). Por lo demás, según la SJS núm. 2 de Vitoria de 27 de mayo de 2020 (Proc. 187/2020), la impugnación de la resolución de la autoridad laboral no puede condicionar el procedimiento de conflicto colectivo para la impugnación colectiva de la decisión empresarial en un ERTE previsto en el art. 153 de la LJS en relación con el art 138 del mismo texto legal; procedimiento que es de carácter urgente y preferente (salvo tutela derechos fundamentales) conforme a lo previsto en el art. 159 del mismo texto legal. Por consiguiente, no tiene sentido alguno que se pretenda condicionar este procedimiento urgente y preferente al procedimiento de impugnación de acto administrativo pendiente de señalar precisamente por su falta de urgencia, consecuente con la necesidad en este procedimiento de agotar la vía

de fuerza mayor, debe impugnarse necesariamente la resolución administrativa, que la constató, por el procedimiento del art. 151 de la LJS. Cuando no se haga así, dicha resolución habrá ganado firmeza y no será posible cuestionar la concurrencia de la fuerza mayor constatada en el procedimiento de impugnación de la medida empresarial correspondiente. Por lo demás, impugnándose a través del proceso de conflicto colectivo un ERTE por fuerza mayor relacionada con el COVID-19, alegando que realmente no concurre fuerza mayor, sino, en su caso, una causa de carácter económico-productivo, la invocación en el acto del juicio de defectos, irregularidades o vicisitudes en la aplicación o ejecución del mismo, supone una alteración de los términos del debate que genera indefensión a la demandada, sin que la estimación de esta excepción vulnere la tutela judicial efectiva, ni suponga incongruencia[478]. En fin, corresponde a la parte demandante desplegar en el plenario la actividad probatoria tendente a acreditar la desviación por parte de la empresa respecto de los términos de la resolución administrativa[479].

III. LA IMPUGNACIÓN DE LOS ERTES RED

El procedimiento de los ERTEs del Sistema RED se somete al régimen general de los ERTEs FM previsto en el art. 47.5 del ET y el desarrollo del período de consultas a los términos regulados en el 47.3 del mismo texto legal para los ERTEs ETOP, con las particularidades recogidas en el art. 47 bis del ET (art. 47 bis.3 ET) y que han sido desarrolladas por el RRED. Por lo demás, para que se produzca la suspensión contractual o la reducción temporal de la jornada se precisa la resolución de la autoridad laboral que la autorice y la decisión empresarial final sobre la aplicación del

---

previa que puede extenderse al menos a los tres meses de plazo para resolver la alzada.

478 STS de 23 de septiembre de 2021 (Rec. 89/2021).

479 SAN de 16 de junio de 2020 (Rec. 107/2020).

ERTE RED. Siendo esto así, hay que distinguir entre la resolución administrativa que autoriza el ERTE y la decisión empresarial posterior, con **dos regímenes de impugnación diferentes**, a saber: la primera, que requiere haber agotado la vía administrativa ante el órgano superior jerárquico del que haya dictado la resolución (arts. 69.1 LJS y 17.1 RRED) y cuyo conocimiento corresponde al orden social de la jurisdicción [arts. 2.n) LJS y 17.2 RRED], a través del procedimiento de impugnación de actos administrativos en materia laboral y de Seguridad Social *ex* arts. 151 y 152 de la LJS; y la segunda, bien de manera colectiva por el procedimiento de conflicto colectivo de los arts. 153 y siguientes de la LJS, bien de manera individual por el cauce del art. 138 de la norma adjetiva laboral.

Además, los arts. 148.b), 149 y 150 de la LJS permiten a la autoridad laboral iniciar el **procedimiento de oficio para denunciar determinados vicios en los acuerdos de consultas** (el fraude, dolo, coacción o abuso de derecho —prevenientes de la empresa— o la actuación connivente o fraudulenta entre la empresa y la representación de los trabajadores para simular conjuntamente la concurrencia en la empresa de la situación prevista en el acuerdo de activación, con el fin de que los trabajadores accedan fraudulentamente a las prestaciones del Mecanismo RED) (arts. 47 bis.3 y 47.3 ET y 12.2 RRED).

IV. MEDIDAS EXCEPCIONALES POR LA COVID-19

1. La suspensión del plazo de caducidad para impugnar el ERTE promovido por la empresa

La DA 4.ª del RD 463/2020 dispuso la suspensión de los plazos de prescripción y caducidad de *«cualesquiera acciones y derechos»* durante *«el plazo de vigencia del estado de alarma y, en su caso, de las prórrogas que se adoptaren»*. Como se desprende de la propia dicción literal del precepto, la suspensión prevista en esa norma alcanza a cualquier clase de acción cuyo ejercicio esté vinculado a plazos de prescripción o caducidad y, por ende, afecta al que resulta aplicable para ejercitar judicialmente la acción de impugnación de la decisión empresarial mediante la que se acuerda el ERTE[480]. Esa disposición se ha mantenido vigente desde la entrada en vigor del RD 463/2020 hasta su derogación por el RD 537/2020, que en su art. 10, con el título de *«Plazos de prescripción y caducidad de derechos y acciones suspendidos en virtud del Real Decreto 463/2020, de 14 de marzo»*, dispone que *«con efectos desde el 4 de junio de 2020, se alzará la suspensión de los plazos de prescripción y caducidad de derechos y acciones»*, y en su DD Única prescribe que *«con efectos desde el 4 de junio de 2020, quedan derogadas las disposiciones adicionales segunda y cuarta del Real Decreto 463/2020, de 14 de marzo, por el que se declara el estado de alarma para la gestión de la situación de crisis sanitaria ocasionada por el COVID-19»*.

En principio, el plazo para la interposición del recurso de alzada contra la resolución que resuelve el ERTE por fuerza mayor vinculada al COVID-19 no quedó afectado por la suspensión de plazos administrativos prevista en la DA 3.ª del RD 463/2020 (DA 9.ª RD-l 8/2020)[481]. Sin embargo, la DA 8.ª del RD-l 11/2020, de 31 de marzo, por el que se adoptan medidas urgentes complementarias en el ámbito social y económico para hacer frente al COVID-19, procedió a la ampliación del plazo para recurrir en vía administrativa. En efecto, a tenor de esta disposición, *«el cómputo del plazo para interponer recursos en vía administrativa o para instar cualesquiera otros procedimientos de impugnación, reclamación, conciliación, mediación y arbitraje que los sustituyan de acuerdo con lo previsto en las Leyes, en cualquier procedimiento del que puedan derivarse efectos desfavorables o de gravamen para el interesado, se computará desde el día hábil siguiente a la fecha de finalización de la declaración del estado de*

---

480 STS de 21 de mayo de 2021 (Rec. 26/2021).

481 SSAN de 15 de abril de 2021 (Proc. 376/2020), 5 de mayo de 2021 (Proc. 385/2020), 6 de mayo de 2021 (Proc. 386/2020), 10 de mayo de 2021 (Procs. 383/2020 y 403/2020) y 14 de mayo de 2021 (Proc. 388/2020).

alarma, con independencia del tiempo que hubiera transcurrido desde la notificación de la actuación administrativa objeto de recurso o impugnación con anterioridad a la declaración del estado de alarma», lo que se entiende *«sin perjuicio de la eficacia y ejecutividad del acto administrativo objeto de recurso o impugnación»*[482].

2. *La impugnación colectiva de los ERTEs por causas económicas, técnicas, organizativas o de producción relacionadas con la COVID-19 conforme a la modalidad procesal de conflicto colectivo*

La impugnación colectiva de los ERTEs por causas económicas, técnicas, organizativas o de producción relacionadas con la COVID-19 se tramitará conforme a la modalidad procesal de conflicto colectivo cuando los mismos *«afecten a más de cinco trabajadores»* (art. 1.1 Ley 3/2020)[483]. Además de los sujetos legitimados conforme al art. 154 de la LJS, estará igualmente legitimada para promover el citado procedimiento de conflicto colectivo la *«comisión representativa»* prevista para paliar la ausencia de represen-

[482] El recurso de alzada frente a la resolución denegando el ERTE FM no se ha interpuesto fuera de plazo teniendo en cuenta la ampliación de los plazos para recurrir establecida en la DA 8.ª del RD-l 11/2020, de forma tal que el cómputo se reinicia desde el día hábil siguiente a la fecha de finalización de la declaración del estado de alarma [SSTS de 17 de diciembre de 2021 (Rec. 182/2021) y 20 de enero de 2022 (Rec. 252/2021, *Tol 8.781.630*)].

[483] La STSJ de la Comunidad Valenciana de 2 de febrero de 2021 (Rec. 2232/2020), a la luz de lo dispuesto en el art. 1 de la Ley 3/2020, considera que los trabajadores no están legitimados para impugnar los ERTEs *ex* art. 23 del RD-l 8/2020, al tener que ser encauzada dicha impugnación bajo la modalidad procesal del conflicto colectivo, sin advertir que el art. 2.1.d) de esta disposición legal establece expresamente el carácter preferente y urgente de *«los procedimientos para la impugnación individual, colectiva o de oficio de los expedientes de regulación temporal de empleo por las causas reguladas en los artículos 22 y 23 del Real Decreto-ley 8/2020, de 17 de marzo»*.

tación legal de los trabajadores en los ERTEs procedentes de la COVID-19 (art. 1.2 Ley 3/2020).

3. La tramitación preferente de la impugnación de los ERTEs COVID-19

Hasta el 31 de diciembre de 2020 inclusive se tramitarán con preferencia los procedimientos para la impugnación individual, colectiva o de oficio de los ERTEs por las causas reguladas en los arts. 22 y 23 del RD-l 8/2020 [art. 2.1.d) y 2 Ley 3/2020]. Dicha preferencia *«se entiende sin perjuicio del carácter preferente que tengan reconocido otros procedimientos de acuerdo con las leyes procesales»* (art. 2.2 Ley 3/2020). No obstante, en el orden jurisdiccional social, *«los procedimientos para la impugnación individual o colectiva»*, no así los procedimientos de impugnación de oficio, de los ERTEs por las causas reguladas en los arts. 22 y 23 del RD-l 8/2020, los que se sustancien para hacer efectiva la modalidad de trabajo a distancia, las denegaciones de prestaciones extraordinarias por cese de actividad previstas en el art. 17 del RD-l 8/2020, las resoluciones denegatorias de solicitud del reconocimiento del derecho a la asistencia sanitaria y los procedimientos para la aplicación del plan MECUIDA establecidos en el art. 6 del mencionado RD-l 8/2020, *«tendrán carácter urgente a todos los efectos y serán preferentes respecto de todos los que se tramiten en el juzgado, salvo los que tengan por objeto la tutela de los derechos fundamentales y libertades públicas»* (art. 2.2 Ley 3/2020).

V. MEDIDAS EXCEPCIONALES POR LA DANA

De conformidad con las DD.AA. 10.ª y 12.ª de los reales decretos-leyes 6/2024 y 7/2024 y el art. 28 del RD-l 8/2024, se suspenden términos y se suspenden e interrumpen los plazos previstos en las leyes procesales para todos los órdenes jurisdiccionales en los órganos judiciales con sede en la provincia de Valencia del 30 de octubre al 1 de diciembre de 2024. Durante el periodo que transcurra desde el 2 de diciembre de 2024 hasta el 31 de diciembre de 2025, en el orden social de la jurisdicción social se tramitarán con preferencia los siguientes expedientes y procedimientos (art. 29 RD-l 8/2024): los procesos por despido o extinción de contrato por causa de fuerza mayor y por causas económicas, técnicas, organizativas y de producción derivadas de la DANA cuando se realicen por empresas beneficiarias de las ayudas directas previstas con ocasión de la DANA, así como aquellas que se acojan a las medidas contempladas en el art. 44 del RD-l 7/2024; los procesos derivados del ejercicio de los derechos a las ausencias justificadas y el Plan Mecuida extraordinario previstos en el art. 42 del RD-l 7/2024; los que se sustancien para hacer efectiva la modalidad de trabajo a distancia en los supuestos a que se refiere el art. 43 del RD-l 7/2024 y los procedimientos para la impugnación de los ERTEs por las causas reguladas en el art. 44 del RD-l 7/2024.